体育教学理论与实践

彭 筱 江小燕 王 耐 编

中国海洋大学出版社
CHINA OCEAN UNIVERSITY PRESS

图书在版编目（CIP）数据

体育教学理论与实践/彭筱，江小燕，王耐编. --青岛：中国海洋大学出版社，2022.5

ISBN 978-7-5670-3253-8

Ⅰ.①体… Ⅱ.①彭… ②江…③王… Ⅲ.①体育教学-教学研究 Ⅳ.①G807.01

中国版本图书馆 CIP 数据核字（2022）第 162479 号

体育教学理论与实践

出版发行	中国海洋大学出版社
社　　址	青岛市香港东路 23 号　　邮政编码　266071
出 版 人	杨立敏
网　　址	http：//pub. ouc. edu. cn
电子信箱	appletjb@163. com
订购电话	0532-82032573（传真）
责任编辑	滕俊平　　电　　话　0532-85902342
印　　刷	北京虎彩文化传播有限公司
版　　次	2023 年 9 月第 1 版
印　　次	2023 年 9 月第 1 次印刷
书　　号	ISBN 978-7-5670-3253-8
成品尺寸	787mm×1092mm
印　　张	18.5
字　　数	447 千字
印　　数	1—1000
定　　价	43.00 元

如出现印装问题，请致电 010-84720900 与印刷厂联系

前言

体育教学是学校体育教学系统的重要组成部分，在学校体育教育中具有重要的地位和作用。体育教学管理是按照体育教育规律，对体育教学工作进行计划、组织、控制、监督的过程，它既是体育教学活动正常运行的基础，也是提高体育教学质量的重要保证。因此，搞好体育教学管理，做好体育教学及管理的创新工作，对推动现代体育教学发展具有极为重要的意义。

体育教学是一个系统的、长期的发展过程，寻找适合学校办学特色与学生现状的体育教学管理模式是需要体育教师、学校以及相关主管部门共同努力解决的问题。事实上，我国体育界及教育界人士早已认识到了要提高体育教学质量，必须先搞好体育教学管理工作，他们也因此不断地进行探索，研究出了科学的教学管理方法，提出了许多建议和对策。为了全面推动现代体育教学管理工作的开展，科学实施体育教学及管理创新，提高体育教学管理水平及发展质量，笔者特撰写了《体育教学理论与实践》一书，以期为各级学校开展体育教学管理工作提供有价值的参考与指导，进而提高体育教学水平，优化体育教学质量。

本书分为十六章，第一章对体育教育进行了概述，第二章阐述了体育教学的主导与主体，第三章分析了体育教学理念的流变与概说，第四章论述了体育教学工作组织与管理的基本理论，第五章阐述了体育教学形态的变革与争鸣，第六章分析了体育教学方法体系的建构与运用，第七章阐述了体育教学方法与学习方法的运用与变革，第八章论述了体育教学方法、管理与评价，第九章论述了体育教学与教学设计，第十章分析了体育教学的诊断与评价，第十一章研究了学校体育课程，第十二章探讨了体育教学环境，第十三章分析了学校课外体育活动及课余体育竞赛管理，第十四章论述了现代体育教学健康与安全管理，第十五章分析了体育教与学策略的解析与运用，第十六章分析了体育教学策略的适配与设计。本书在体育教学管理研究中提出了具体可行的方法，在体育教学及管理创新方面同样提出了切实可行的对策，旨在为体育教学管理提供科学的指导，全面实现体育教学管理的发展与创新，进而推动体育教学的深入改革及优化发展。

本书在撰写过程中，借鉴了许多专家、学者的研究成果和观点，在此表示诚挚的谢意。由于笔者时间和精力有限，书中难免有不妥之处，敬请读者谅解并指正。

作　者

2021 年 2 月

前言

目录

第一章　体育教育概述

体育教育有别于劳动技能、德育、智育和美育教育，其突显了体育教育在未来社会中的价值和意义，其发展趋势体现了当今教育改革对体育教育的要求，因其具有鲜明的特点和功能，因此表现出更加明显的功效和必要性。在当今大力提倡和发展素质教育的时代背景下，它们之间又存在一定的共性，共同推动了全民综合素质提高的进程。

第一节　体育教育思想

一、体育教育的定义

对体育教育概念进行界定之前，体育教育无论在教育基本理论还是单纯的教育中都是必须在体育实践中才能体现和反映体育教育成果的，体育教育是教育和体育两者相结合的产物。体育教育的产生受到我国教育的影响和制约，这是由于人们对体育教育的认识不够充分。以下内容主要针对我国的“教育”和“体育”两者的涵义进行阐述。

（一）“教育”的概念

最开始的教育，并不是以一种词语形式出现的，而是在我国的甲骨文中以单字的形式出现的；“教育”一词最早出现于《孟子·尽心上》：“得天下英才而教育之”；最早对“教育”一词进行解释的是东汉年间的许慎，他在《说文解字》中说道：“教，上所施，下所效也，育，养子使作善也”。

教育是人们采用一定的手段和方法，把隐藏在人们身上的某种具有实质意义的东西引导和开发出来，对人们的发展和成长有着重要的意义。

总体而言，教育是经过精心设计和组织的，并能够促进个体社会化和社会个性化的实践活动。教育能满足人类自身发展的需要，能有意识、有目的、有计划地使学生身心获得全面、积极、有效的发展，由于它有其固定的内容、结构和程序，因此不能随意进行。

可以看出，作为一种教育方法，教育可通过一定的手段和方法促进社会的进步，它对人类社会的发展产生一定的积极影响。

（二）“体育”的概念

我国使用“体育”一词还要追溯到清末时期，1896 年上海南洋公学师范学校附属小学的《蒙学读本》首次提出“体育”一词，如“泰西之学，其旨万端，而以德育、智育、体育为三大纲”“体育者，卫生之事也”。那时的体育与人们的生产和生活有较密切的联系，从“体育”这个词的简单涵义来看，单纯指机体的基本活动，它是一种对身体发展有益的途径，作为一种社会现象或活动早在远古时期就已经产生，甚至可以与当时的劳动合为一体。

发展至今，人们对体育的目的和功能的理解也大相径庭，许多国家对体育目的的基本认识都趋向于增进人的身心健康发展，但世界各国学术界对体育的概念仍不能形成比较统一的认识，由于不同时代社会发展的特征和要求不同，有一点是毋庸置疑的——体育必须是以人体运动为基本手段和表现形式。此外，体育具有一定的教育性，是一种积极有效的社会行为，这些观点都有利于对体育概念和本质的深入研究。

就社会发展的角度而言，体育对社会政治、经济、文化等方面的进步起到一定的作用，体育还应该有助于提高全民的身体素质，因此体育具有双重属性，即教育性和社会性。

综上所述，体育是推动社会进步和发展必不可少的因素之一，也是以增进人们身心健康、提高生活质量、发展运动能力、促进社会和谐发展为目的的一种教育形式和社会现象。

（三）“体育教育”的概念

在我国最早提出“体育教育”这一概念的人是20世纪20年代的南京中央大学的体育系主任麦克乐。由于受到体育教育性质和功能等因素的影响，体育教育的概念随着时代的变化而变化，也就是说体育教育概念并不是一成不变的，而是根据社会的需求和时代发展特征的不同而界定的。由于体育教育概念的提出，使我国的体育教育、体育和身体体育等概念有了明确的划分。

1994年出版的《学校体育大辞典》中指出：“体育亦称体育教育，学习掌握体育知识技能、发展身体、增强体质的教育活动，是对人体进行培养和塑造的过程，是教育的组成部分。”随着《学校体育大辞典》的颁布，我国才开始使用这个词语，这个词才被用于国家颁发的一系列教育法规和文件中。体育教育主要有以下几种论述。

①以发展身体、增强体质为主要任务，体育教育指身体教育。

②体育教育活动包括：传授体育技能、传播体育理论知识和教授体育技巧等教育活动。

③通过身体技能的传授，来培养体育道德，通过身体活动传授锻炼身体的技能，增强体质，有计划的体育教育可以培养意志品质和体育的目的。

④体育教育对学生的身体教育和指导学生如何增强体质具有十分重要的意义，它可以促进学生进行全面的身体锻炼，做到有计划、有目的和有组织的锻炼，同时可以让学生更好掌握体育知识和培养良好的思想品德。

⑤体育教育以身体练习为基本手段，随着人类社会的不断发展，人类的体质也在不断增强。

这是一种为丰富社会文化生活、促进身心全面发展、提高人们的体育运动水平和基本活动能力而进行的一种有意识、有目的的身体活动和社会活动。

综合以上的几种观点，我们可以认识到体育教育是通过有意识、有目的和有计划地培养道德品质来进行体育文化传播、增进身心健康和社会适应能力为目的的教育过程或社会活动。

二、体育教育基础思想

纵观体育教育的发展历程，体育教育思想在历史的变迁中逐渐地发展和完善。随着社会和人类的进步与发展，我国的体育教育思想形成了丰富的内容体系。体育教育思想将在人文教育思想和科学教育思想的共同作用下朝着多元化的方向迈进，影响着体育教育思想的改革和发展。在我国教育事业发展中，体育教育思想的发展得到了逐步的推进，主要从国外引进并向具有我国特色的独立发展转变，由于社会形态的转变导致对社会成员基本素质和能力要求的转变，实际上这也使得我国的体育教育获得了更强的生命力。在这个过程中，体育由单一的生物学科向生物、心理、社会等多元学科发展。

体育教育发展是以某一种体育教育思想为主体，应充分地认识到体育教育作为一个独立的系统所具有的属性，究其根源，就是体育教育在其社会性与主体性之间选择的结果。它只有作为社会和教育系统的子系统与其他子系统联系时，才能理清我国体育教育思想发展演变的主线索，为体育教育思想在未来社会中的发展准确“把脉”，也只有这样才能进一步认清体育教育在我国发展史中曾经扮演的角色，以及它在未来社会发展和人类进步中所肩负的使命。

体育教育已经是体育事业发展必不可少的教育课程，同时也是体育事业发展必不可少的组成部分。

（一）体育教育思想的定义

《教育大辞典》对“教育思想”的定义为：“教育思想即对教育现象的认识，主要包括教育主张、教育理论、教育学说。大致分为两个层次：一是零星的、不系统的看法、想法、主张、要求与建议；二是指经过深入探索而提出的系统的教育理论、教育学说，在一般认识上，通常将“思想”等同于“观念”，在《新华词典（2013年修订版）》中，“思想”是指“客观存在反映在人的意识中，经过思想活动而产生的结果”，或是“念头、想法”“社会存在决定思想，思想又具有相对的独立性、对社会存在具有反作用”“观念，泛指客观世界在人脑中的反映，与意识、精神、思想等相同”。教育思想和教育观念在一定程度上并没有严格意义上的本质区别，只不过后者较前者更加具体化、感性化，但没有前者的系统性强。

体育教育基础思想首先具有社会性、时代性、阶级性和历史性及民族性等各种方面的因素，我国的体育教育思想正是在这种因素影响下，受到了我国的社会发展和特定社会环境、阶级利益及时代背景的阶段性影响。

受“思想”概念的影响，在一定的时代和社会背景下，体育教育基础思想对各种体育教育活动的开展具有纲领性作用。通过纲领性的作用，使人们充分认识到了我国教育的本质现象和教育的价值意义，同时了解到教育系统的特性、看法和功能等，这些都充分体现出较理性的一面。通过教育思想的充分体现，将直接影响和决定着具体教育活动的发展和价值功效，这属于意识形态范畴。体育教育思想还受个人思想的影响，决定着自身的世界观、认识水平、价值观和思维方式等，当具体指向某个人的教育思想时，会带有个性化色彩。

许多研究者也有对“教育观念”的具体定义，从宏观、整体的角度出发，在体育教育的目的、任务、本质、功能、特点及发展等方面所形成的相对统一、普遍、稳定的看法或主张，“教育观念是在一定的文化背景下对众多教育现象和教育实践的判断活动逐渐形成的关于教育的总的概括性认识”“教育观念是一种教育现象的认识集合”。

在教育哲学中，教育观念是人们对各种教育现象的观点、看法中比较稳定的深层内核，是人们较为稳定的教育价值和教育目标选择的趋向构架，是具有广泛规范意义的教育价值评价标准的总和。

教育思想和教育观念都是以对人的培养的有关问题研究为核心内容的一种思维方式。

（二）教育思潮

思潮在《教育大辞典》中解释为“某个时期流行较广、影响较大的教育思想倾向”，不难看出，要解释这个概念，首先要知道何谓“思潮”，思潮具有限时性、主流性、倾向性等特征，或是“在一定时期内反映一定数量的人的社会政治愿望的思想潮流。教育思潮作为思潮的下位概念，具有较大的声势和影响，有产生、发展、衰落的过程，有盛衰的社会原因，有一定的见解和主张，使教育思潮表现出明显的社会性、时代性特征”。

在人类漫长的教育史中，在微观上，教育思潮可以在一定程度上具体地涉及某项教育活动的开展；从宏观上讲，教育思潮包含的范围广、时空大、社会基础牢固。教育思想是教育思潮的具体表现形式，它直接影响着教育决策的形成，它们的形成都与当时社会和教育的发展状况及曾出现的经济主义思潮、教育的科技取向思潮、教育民主化思潮、教育个性化思潮、终身学习思潮等教育思潮，社会和社会成员对教育的要求等因素密切相关，某一时期的教育思潮不能等同于教育思想来解释，二者属于从属关系，是形成于特定时期各种教育思想的理论基础和导向。

（三）体育教学思想

一般情况下，教学的主要特征是以实现教育任务为目的，是教师的教与学生的学的双边共同活动。基于对“教学”概念的认识，体育教学使师生双方在教与学的相互作用下达到传授的目的，这不仅是实现体育教学目的和任务的基本途径，而且是掌握基本运动知识、技术和技能，增进身心健康，获得全面发展的活动。

要理解“体育教育思想”的涵义，就应先明白什么是“体育教学”，“教学”以课程内容为中介，是师生双方教和学的共同活动，是学校实现教育目的的基本途径，被认为是教师把知识和技能传授给学生的过程。

体育教学思想是以特定时期的社会状况和时代背景为前提的，反映了一定时期社会、教育、人们的需求对体育教学的要求。它是依照人才培养的要求，逐步形成的对体育教学活动的本质、功能、目的等属性的理性认识和看法，与学校体育思想有本质上的区别，因此不能将它们混为一谈，不难得出，体育教学以学校体育思想理论体系为基石，随着学校体育思想的变化而做出相应的调整，并且在学校体育思想的宏观指导下产生，以便更好地实现和完成学校体育教育的目的和任务。它既是学校体育思想的实践形式，也是学校体育思想在人才培养上的具体反映。

（四）学校体育思想

关于我国的体育教育思想，在体育学术界有很多种说法，形成这种原因的主要因素是学校体育在我国是一种子概念，并不属于主流概念，而逐渐形成的学校体育本质属性和我国的发展方向、目标及我国国情的基本发展规律等许多方面的看法和每个时期的不同主张是影响的主要原因，这是一种作为教育活动和社会想象而存在的。

受到社会主流教育思想和学校整体教育思想的影响，学校体育显然已经成为学校教育的重要组成部分，这是符合学校学科性质的，同时也是发展的需求，属于个性比较明显的特征教育思想。是人们在社会背景和时代发展中逐渐实践形成的，它非常具有社会性、民族性和时代性等，从整体来说属于学校体育观的反映。

学校体育思想以一定的教育思想为理论基础，它是学校体育教育发展的蓝本，对学校体育的管理和发展有着积极的指导作用，总领着学校体育的各项具体实践活动，指引着学校体育作用的发挥。学校体育思想是人们在一定社会和时代的学校体育实践活动中，直接或间接形成的对学校体育的认识或看法。因此，在一定的历史时期内反映了研究者们对学校体育本质的认识与看法，甚至形成一种学术流派。

三、体育教育思想的特点

（一）时代性

每当社会发展到一个新的阶段，就会表现出一个特定的时代特征，现阶段体育教育是保证社会正常、快速运转的重要支柱，是教育的重要组成部分。它在这个特定的时期内对所有的人和事赋予了与之相吻合的特性，也体现了社会现状及发展的要求，这种时代特征是各种社会现象和社会实践活动的综合体现，体育教育思想的确立符合教育改革和发展的趋势。

在战争年代，体育教育主要体现在培养军事人才上，随着时代的变迁，体育教育为人自身的全面健康发展保驾护航，现如今体育教育已不再是主要为战争服务。这说明，体育教育思想产生了与之相呼应的变革。

（二）民族性

体育教育作为促进社会发展和民族进步的途径之一，我国对国外成功体育教育思想的借鉴也在增加，世界各国间的相互沟通和交流也在不断加强，根据我国自身的实际需求和现状，通过全面地分析和对比，经过“去其糟粕，取其精华”这样的整合后，应将两者进行有机地结合，切实地与本民族发展需求相符合，同时也体现了本国特色，只有这样体育教育思想才能反映出世界发展趋势。

（三）指导性

体育教育思想从整体上规定了当今或未来一段时间内体育教育的总体发展方向，是对体育教育将来发展的判断。

这种具有预见性的主张结合体育教育自身的特点，是对当前体育教育核心理论的认识，主要是根据时代发展特征和人们的共同需求和功能而得出的具有科学性的结论，体育教育思想控制着具体的实施过程，包括教育目标、任务的制订，教育内容和方法手段的选择等。

（四）长期性

体育教育思想能对未来体育教育的发展做出科学、合理的预测，受特定时期社会整体状况的影响，能结合社会发展的特征得到社会普遍认可的、关于体育教育核心内的认识，并且对体育教育在一段时期内所能发挥的功能和价值做出正确的判断，在一定的社会环境下从宏观上深刻阐述了体育教育的本质和终极目标。

体育教育思想对体育教育各个方面的发展所产生的决定性作用是能长期而稳定发挥的。

第二节　体育教育的发展趋势

伴随着我国体育教育发展历程中的各种体育教育思想，我国的体育思想强调的是“育体”，在自然主义体育思想基础上，军国民体育思想、体质教育思想、运动技术教育思想等学校体育思想都着重于对机体锻炼效果的追求，相对于快乐体育思想的发展，体质教育思想不是特别注重个体的心理体验和育心方法等影响，快乐体育思想等则偏重于个体的心理体验，突出的是育心体验。

只有将正确、合理、科学的体育教育思想和谐、平等地融合在一起，才能反映出体育教育为社会发展服务的功能，给体育教育旺盛的生命力和可持续发展的能力和空间，也不会忽视体育教育对社会主体人的关心，还能创建出具有中国特色的现代体育教育思想。

一、“知识经济”的时代背景

“知识经济”概念的正式提出源于 1990 年的联合国研究机构，到 1996 年经合组织（OECD）又对这一概念加以明确地界定，认定其是建立在知识和信息的生产、存储、使用和消费之上的经济形态，将其定义为以知识为基础的经济。

知识经济的产生是科学技术发展的结果，在 21 世纪之初，虽然我国总体来讲在相当长的时期内仍然是以工业化为经济发展的主要内容，但以知识和信息为标榜的知识经济潮流也已经袭来，并逐渐强大。

知识的产生、发展、传播、运用、创新等都是以人为载体的，这就决定了知识经济社会的本质是营造一个以人为本的能力社会。人的知识、智力和创新能力已经代替了土地、资本和劳动力而成为主要的生产要素，它以智力为主要资源，以高技术产业为支柱，而且还是所有财富的核心，知识是社会发展的基础。随着信息时代的发展，以人力资源为依托进行创新性体育发展与我国的传统农业经济时代相比具有新型经济形态；与工业时代相比意味着我国必须具备知识型人才和创新型人才，以人力资本为基础使我国体育教育得到增长和发展，

知识型人才和创新型人才的蓬勃发展通过信息时代的传播，可以更加快地表达出来，并得到迅速发展和及时更新。

知识经济时代的一切都以知识为基础，具有无限性、快捷性、敏感性、辐射性和替代性等特点，而知识成为最基本的生产要素，所有的经济行为都依赖于知识的存在。

创新是知识经济的核心，创新的速度、价值取向决定着知识经济最终的成败。在知识经济时代，经济效益的提高主要依赖于知识的创新、技术的革新。知识经济是社会的第一资本、第一资源和首要目的，归根到底，人及其知识、智能和能力成为全社会运作的主体和核心力量，它是一种人本主义经济。

学习化社会的形成不仅是知识经济的重要特征和必然要求，也是知识经济成败的关键因素之一。

二、人文主义教育思想与科学主义教育思想相互渗透的发展趋势

（一）符合社会发展和知识经济时代对人的需要

未来我国必定是以人为本的知识能力型国家，知识和能力将为我国的发展提供基础和核心动力，这一切的实现都必须借助我国以人为本的思想，并在科学主义教育思想的影响下，对我国的体育教育起到积极作用。通过体育教育思想的发展，反映出我国在发展体育过程中对基本运动技术、原理、体育竞技和卫生保健知识的掌握，反映在体育教育过程中

有效地进行终身锻炼的意识、能力、习惯的培养，使得终身教育将成为教育发展的必然趋势和要求。

（二）符合体育学科和体育教育发展的迫切需要

科学主义教育思想具有的对科学知识的崇尚特性，应大力弘扬其传授运动知识的作用，这将使人文主义教育思想的本质，人文精神在学校体育教育过程中得到合理、正确的发扬和充实。

对于人文主义教育思想和科学主义教育思想在体育教育中的地位，实质上并没有、也不应该有主次之分，二者对体育教育的发展都起着举足轻重的作用，所以应该辩证地去认识和理解二者的作用和价值。

在关于“最需要通过体育培养学生的能力”的问题研究中，通过华南师范大学体育学院陈琦教授对 1711 名大中小学生和 369 名教师进行的专项调查表明，社会需求和主体需求是需要相互结合在一起的，运动知识和技术的掌握及学生进行终身体育能力的形成也是需要相互结合的，这种相互结合有利于学生身心全面发展和增强学生体质，通过两者的相互结合可培养学生终身体育意识。

其结果明显表现出了人文主义教育思想与科学主义教育思想在体育教育过程中的重要性，以及人们对它们的迫切需求。

第三节 体育教育的本质

一、体育教育的构成要素

（一）体育教育的内容

教育内容是教育者和受教育者相互作用的中介，是教育实施的载体和教育价值的体现，体育教育目的和目标的实现以及体育教育功能的体现都需要体育课程作为纽带。体育教育内容也是教师体现自我价值的一种形式，为学生展示个人综合能力提供了机会，对学生和社会产生积极的影响。

体育教育内容的选择和确定，在微观上要认真研究教学中的各种实际条件和可能获得的支持，在宏观上要判断、把握社会发展和人类进步的需要。

1. 目的与目标

体育教育本质和功能在整体和宏观上对人和社会所产生影响的综合体现，主要受社会发展和人的总体需求的影响，在非特殊情况下，体育教育目的的实现需要若干个体育教育目标作为铺垫。体育教育的目的规定了体育教育的发展方向，一旦确定就不能更改，体育教育的本质因其所具有的较强灵活性、层次性和阶段性，在一定层面上它可以因教育对象的不同而有所调整。

2. 体育教师

体育教师在体育教育过程中，对体育文化起到一定传播作用，这种传播的意识，从最早的古人就已经有了，“师者，所以传道授业解惑也”这句话就可以充分体现出来。体育教师工作职能不仅是体育知识和技术的传播者，更是体育知识和技术的培养者。在教育过程中体育教师所采用的教学方法，体现了体育教师是具体组织者，教学内容以及其表现出的教学风格，体现了体育教师是体育教育的控制者和执行者，体育教师的人格特征和基本素养等都会影响到体育教育目的和目标的实现，对受教育者产生一定的影响。

3. 教育环境

在我国体育教育中环境因素是必不可少的因素，其中包括场地的使用、器材的运用、天气的变化、地理位置、人际关系和运动氛围等因素。以上这些都是体育教育过程中必须的因素，这些因素都在无形中或者有形中影响着体育教师的个人素养和体育教育的价值观，以及对工作的责任心等，同时也使学生对体育的态度和动机在个性和价值观情感等方面有一定的作用，这些因素能直接影响体育教育的实施进程及效果。

4. 方法

由于体育课程内容种类繁多，所以体育教学方法是课程内容快速、有效、合理地传授给学生的措施和途径，受教育内容的教授时间和效率要求及知识量大小等因素的影响，因而所使用的方法较多也较灵活。

教师、课程和学生三者发生关系的桥梁，是在我国社会中比较普遍存在的一种现象，其最终目的都是为了能够在规定时间出色地完成教学任务。

5. 学生

学生是教育的对象和目标，不管是任何类型的教育都是通过学生的行为和行为改变来实现和证明自身的价值和意义的，任何正确形式和任何正确性质的教育在一定意义上都对学生起到积极引导作用，体育教育的国际水平和体育教育的功能都是通过学生的身体练习来实现和展现的，所以说学生是知识的延续者，是知识的接受者，也关系着体育教育是否能正常进行。

学生的生理、心理、运动水平、学习能力等方面，需要其进行大量的身体练习，而学生在体育教育过程中的实际状况将直接影响到体育教育的效果是否能顺利实现。

6. 反馈与评价

反馈和评价是体育教师根据学生的实际情况有针对性开展的，实施教学计划和教学内容，并通过有效的教学方法和积极的教学态度对学生进行快速有效的调整和改进。由此可见，体育教育过程是一个复杂的动态过程。

学生可以通过教师的评价、他人评价，为以后的教学积累经验，并注意随时反馈和评价，从而力保取得最佳的教学效果，以及自我评价等活动的开展，找到准确的解决办法，及时发现自己的不足，从而提高学习效果。

（二）体育教育的本质特点

1. 实践性

对于体育教育来说实践才是检验教学成果的有效途径，对于运动技术的学习和技能的掌握，必须要通过反复多遍的练习和亲身体会，才能达到有效的目标和要求，在具体的体育教育过程中，只有听、看、想象是远远不够的，所以在此过程中一定要注意亲身体会。

身体练习表现为两个方面，一方面是教师的身体练习，其目的是通过直接的感官刺激使学生形成动作表象，是一种以直接感知为目的的教学方法，这种练习较多的表现为教师在教授过程中所做的动作示范，它加强对动作概念、路线、方向等方面的理解和定型。另一方面是学生在学习和掌握动作技术过程中的身体练习，并在此过程中加强对理论知识的理解和应用，其中包括变换练习、模仿练习、完整练习、分解练习、重复练习等方法。这种学习过程主要经过泛化、分化、巩固和自动化几个阶段，各种运动技术和技能的形成必须经历反复的身体练习才能获得。

体育教育培养学生的体育思想、行为、习惯和兴趣、道德等，传授体育文化给学生，通过不断的身体练习实践才能得以形成、巩固和发展。

2. 娱乐性

体育课程内容有部分是对人的生理和心理起到放松和调节作用的，可使人的心情愉悦，除了运动技术的学习之外，其中的体育游戏和体育舞蹈的举行都是可以使人们在繁重的工作和学习中得到放松的，如体育竞赛和体育赛事的欣赏，社区体育的举办可以让人在生活中获得释放。

举办的各种各样的体育竞赛和体育活动，可以使人们的生活更加丰富，通过灵活的组织，可以加强人与人之间的沟通，在这个过程中不仅可以让个人得到锻炼，还可以使小团体和俱乐部等得到很好的锻炼，通过锻炼调节他们紧张的情绪，舒缓烦躁的心理，从而促进人们心理健康地发展。

3. 健身性

体育教育的健身性是在频繁的身体锻炼中体现的，主要是为了提高身心健康发展，具体表现为呼吸系统的改变、神经系统功能的提高、心血管系统功能的提升和内分泌系统调节功能的稳定性增强等。

健身性的体现还需要教师根据学生的实际情况来进行安排，结合课程内容和学生实际水平安排适量的体能锻炼，不仅能使学生逐步获得良好运动技术和技能，也使他们的身体和心理方面都有了良好的变化，既有利于人的全面发展，也有利于引导正确的社会风气。

4. 连续性与阶段性

对运动技术的学习必须遵循由简到繁、由易到难的规律，人们从最开始的学前教育和初级教育再到中等教育和高等教育都是属于人们在接受体育教育，这四个阶段完全充分体现了阶段性和连续性，任何专业、任何学校的学科课程中都不能缺少体育教育，从入学的那天就已经开始接受体育教育并开始进行体育锻炼了，在人的一生中，体育教育始终没有被中断过，因此它受学生实际运动水平和身心特征的影响较大。

体育教育的连续性有利于学生明白自己的需求和兴趣爱好，明确自己的发展方向，有利于学生对完整体育知识的掌握，培养良好的运动习惯和为以后离开学校后的终身体育教育打下坚实的基础。

在我国的体育教育中，这种连续性由于包括各个阶段，所以我国的体育教育还包括阶段性，必须认识到，在制订体育教学计划中，多采用分阶段性的方式进行体育教育，主要是通过循序渐进的方法对学生进行有效的体育教育的教授和提高。同时还能有效避免伤害事故的发生，为运动技能的形成提供科学依据，这样便于学生对运动知识和技术的快速掌握。

5. 效果持续性

通过长时间反复的练习后，这项运动技术的结构和原理特征将在学生的脑海中形成深刻的痕迹，学生能自如地运用运动技术，逐渐形成对该运动的兴趣和习惯。

现在，在部分中学和许多高校都开展了体育俱乐部教学，利于学生对某项运动技术的深入学习，当学生进入社会后，这项运动技术仍然能保证他们顺利进行自主性的身体锻炼，有效地提高学生的运动积极性，更好地满足学生的运动兴趣需要，学生对体育锻炼的态度、价值观等的认识也将获得一定的进步，运动技能也会得到提高，体质得到持续、稳步地巩固和提升，这些对学生的身体锻炼意识和行为所产生的影响将是长期，乃至终身的。

6. 环境特殊性

由于体育教学多以实践为主，受体育课程内容及体育教育目的目标和特点的影响，体育教育不仅可以在室内和室外进行，还可以在校内和校外开展，一些隐形的环境也将对体育教育产生影响，大量的室外教学也会受限于气候与温度的变化。体育教育在教学空间上表现出较明显的特殊性。

环境的不同对体育教育也是会有一定影响的，各种体育运动技术由于需要许多的器材和适当的场地，以上两方面的硬性措施有了，接下来就是需要体育的氛围，学校和班级的运动氛围，人与人之间的关系和体育课堂上的氛围及场地器材的布置等都是影响参与者的动机和态度的，甚至包括参与者的价值观和情感品德等。

7. 内容多样性

体育教育的内容是根据学校和班级的情况而定的，然后参照学生个人情况和场地情况等多种因素，这些都是比较直观的体育运动。还有一些比如说生理卫生和健康教育等属于体育课程的重要方面，这些都是与运动技术有关的，运动休闲和体育欣赏也属于体育教育，这种讲授的主要是运动原理或者是保健方法和裁判方法等，以上这些都充分反映了体育教育内容的复杂性和多样性，同时也体现了学科综合性。

二、体育教育的功能

某事物在特定的环境中所能发挥的作用和能力就是其功能；体育教育在一定的环境和条件下对人和社会所能发生的作用和功效，就是体育教育的功能。

（一）体育教育本质功能

体育教育的本质功能：通过有计划、有目的的身体练习，在参与体育教育的过程中，学生和体育教师都在生理和心理上承受着持续性的运动负荷刺激，对增强体质、增进健康有积极的促进作用，有利于机体新陈代谢的加强以及各项器官功能的改善和提高。体育教育的本质功能主要表现在以下几个方面。

1. 提高运动系统功能

促进骨骼的生长发育，提高运动系统功能，通过体育锻炼能有效增加肌肉力量和工作持续性，能积极预防骨折、骨裂等疾病的发生，对于处在生长发育阶段的青少年来说，为了有效提高骨的坚固性和抗压能力，使骨长度增加、骨直径增大、骨密度增加，就必须坚持进行适量的体育锻炼，其能有效促进骨骼的生长，使关节活动的范围和幅度加大，有利于运动损伤的预防和良好形态的形成。

2. 提高运动能力

增强运动能力不仅可以增强心肺功能，还可以通过长时间的锻炼使人体肺活量增大，有利于增强机体对氧气的摄取和利用，有利于改善机体的呼吸功能。

体育锻炼还会有一些良性变化，在体育运动过程中，心脏发生运动型肥大现象，具体表现有心脏容积增大、心脏肌肉增厚等，这些良性变化提高了心脏的泵血功能，提升了血液运输氧气的效率。

3. 神经系统和内分泌系统调节功能增强

神经系统功能的增强体现在一些对抗比较激烈、动作速度较快的项目上，如乒乓球、羽毛球、篮球等。主要表现为机体内各种激素的分泌量趋于相对平衡，兴奋与抑制功能的稳定、完善以及反应灵活性的增强等方面，具有一定的稳定性和控制性，能有效保持机体物质代谢的正常进行。

4. 促进心理健康

体育教育针对当今社会的亚健康，有很多大的帮助，他可以使人们充分认识到自身的身体状况，经常从事自己所喜欢或擅长的体育娱乐活动，对调节心理有积极的促进作用。扩大自己的交际圈，有利于提高社会认知能力和人际交往能力，增加对各种社会角色的认识，能更好地表现出自信、自尊、拼搏、竞争、团结协作、相互信任等心理品质。

5. 提高机体对自然环境的适应能力

为了提高机体对自然环境的适应能力，我国的体育教育基本都是在户外进行的，这种教育环境的设置，为适应外界的环境提供了很多条件和机会，也有利于提高学生的免疫力和抵抗力。

6. 增强消化系统的功能

消化系统主要是对食物进行消化和吸收，长期的体育锻炼不仅可以促进消化系统中各个器官的功能，还可以帮助物质在消化道被完全分解，充分吸收促进身体生长发育，并给机体提供必要的营养物质和能量，提升机体的代谢效率和能量供给，增加消化液的分泌，提高消化系统中各种酶的活性。

（二）体育教育一般功能

1. 传承体育知识和文化，形成运动技能

通过进行体育教育不仅可以使学生学习良好的体育道德和体育精神，还可以使学生掌握一定的体育健康知识，培养学生的运动兴趣和爱好习惯等，通过体育知识和爱好兴趣的培养，可以使学生充分认识到体育教育的价值观，使学生可以进行自主锻炼，逐步掌握运动的技能技术，通过技术能力的提高逐步形成终身体育教育的意识。

2. 培养良好的思想品德和顽强的意志品质

体育教育通过对学生进行积极地思想品德教育，能较好的培养学生的集体主义精神和集体荣誉感。

集体活动可以消除和克服一些心理障碍，主要体现在比赛场上和场下队员之间的表现，也可以充分调动队员之间的积极性。使学生有种集体荣誉感，也容易使学生形成坚毅、自信、积极向上、吃苦耐劳、勇于拼搏、果断等优良品德。

3. 扩展人际关系，提高社会交往和适应能力

体育教育具有灵活多变的教育方法，能有效培养学生的人际交往能力，相互之间形成谦让、平等、尊重、互助、信任的默契关系，能从别人身上吸收有利于提高自己的学习方法，如分组教学法、讨论法、探究法、合作练习法等，通过自觉的对比较快地发现自己的不足。

由于体育活动具有一定的开放性，为人际关系的发展提供了保证。这些都有助于学生今后能更好地适应社会，不仅扩展了人际交往的范围，同时也提高了社会交往能力，获得更好的发展。

4. 有助于民主和法制意识的形成

体育运动的参与者首先要了解体育的规则，这就形成了一种对体育参与者的约束和要

求，充分体现了体育运动的公平性和公正性。这种情况在任何国家和地区、任何人和任何民族，不管是体育参与者的身份和权利地位有多大，都是必须遵守的。

体育的规则不是由一个人或者是某一国家控制设定的，它是能够体现民主的一种规则，不受任何外界因素制约。

这是为了保证体育比赛的公平性和体育运动员的合法权益性，体现了体育比赛的公正性和公开性，在体育比赛过程中，更是对每位体育体运动员的合法权益进行保护，体育运动员享有自愿参加和退出的权利。

5. 培养正确的审美观

个人审美观的形成关键受限于个人的意识形态以及对美的认识和判断标准及受社会发展和时代特征的影响。通过体育教育能形成和培养学生对身体形态、人格精神、动作技能等方面的美学判断标准和能力。发展至今，人们对美的判断标准逐渐丰富，有“骨感美”“人格美”“自信美”“健康美”等。

不论是参与体育活动的运动员还是观看者，都有利于其正确审美意识和观念的形成，都能在享受体育锻炼的过程中在身体、技能、精神等方面获得满足和升华。

三、体育教育的未来发展

（一）体育教育理念的终身化转变和健康性要求

在20世纪60年代法国的教育家保尔·郎格朗就已经提出了终身教育思想的概念，这一概念的提出迅速成为世界的主流教育模式，对世界的教育制度和教育内容、方式等都产生了巨大的影响和改变，使体育教育思想和体育教育发生了很大的飞跃。

随着我国的素质教育和基础教育改革的不断深化，国家开始更多地关注和重视学生离开学校后是否能够自己进行体育锻炼，离开体育教师后是否能够在今后的社会中和未来生活中进行体育学习、注重体育锻炼。为了实现我国现代体育教育的发展目标，促进学生在校期间的身心健康发展和体育知识学习，让学生明白体育锻炼不仅仅局限于学校，国家开始出台一些政策来调控这一现状。

2004年国家教育部办公厅在《关于开展“体育、艺术2＋1项目”实验工作的通知》中指出：“通过学校组织的课内外体育教育和艺术教育活动，让每个学生在九年义务教育阶段能够掌握两项体育运动技能和一项艺术特长”，这是学生终身体育的有利促进措施，是切实树立终身体育思想，并使之成为必备的一项生活技能，促进学生的全面发展。

现代社会经济和生产力的发展，更加注重学生的自主学习能力和欣赏体育的能力，体现了体育教育的发展逐渐向具体目标定位，通过享受体育和健康生活体现了学生可以根据自身实际条件为自己选择和定制科学的、合理的锻炼方式，让学生通过自学获取体育锻炼的健康知识，使学生具有终身体育的意识，从体育中获得终身效益。

体育教育必须使学生明白注重体育与健康两者的关系和对未来生活、学习及工作的重要性，突出健康意识、行为和价值观的教育，形成良好的个人健康生活方式和锻炼的习惯、能力，为今后更好地学习和工作提供保证。

（二）体育教育目标和功能的多元化

由于现代社会和人类的综合性、整体性发展需求，体育教育的功能和目标向着全面性的道路发展，并发挥其多功能性和综合性优势。通过现代体育教育，不仅增强学生体质，强调体育教育对人的整体效应，还要通过身体运动积极开发学生的思维能力和创新能力，提高身体素质，掌握运动技术、提高运动能力，掌握体育与健康知识、技能和方法，培养学生良好的思想道德和意志品质，规范他们的行为，形成正确的体育价值观和健康观，并具备一定的审美标准和能力。

体育教育的目标和功能日趋扩大，养成终身进行体育运动的意识、习惯、兴趣和能力，是发展人际关系和社会交际能力的重要表现，在具体的实施过程中还应加强理性的分析，突出重点。

（三）体育教育内容的全面性和广泛性

结合未来社会对人才规格和培养模式的更高要求，受体育教育目标和功能多元化发展趋势的影响，在《课程标准》中就将体育（与健康）课程的学习划分为运动参与、运动技能、身体健康、心理健康和社会适应五个领域，体育教育内容在整体上要继续扩大体育教育的教育价值体现，这也正是体育教育内容全面性和综合性的体现。加强体育教育内容个性化和社会价值的彰显力度，反映出了现代人所应具备的基本体育素质，它将体育教育的社会性和教育性进行了有机的结合。

体育课程三级管理体制的实施使我国的体育教育内容更加丰富，让更多的地区和学校有了自己的特色，体育教育内容体系更加完善，更好地体现了世界性与民族性相结合，现代性与传统性相协调的发展道路。

（四）体育教育方法的多样化和组织形式的灵活性

针对不同类型和性质体育教育内容的传授，使体育教育的组织形式不再以集体教学为唯一选择，体育教育的组织形式应打破以往“教师一言堂”“以教师、教材、课堂为中心”的模式，许多新型、现代的教育方法和学习方法广泛地产生并运用于体育教育实践过程中，体育教育方法数量也逐渐增多，除了不断提高课内与课外的联系外，体育教育应在条件允许的情况下加强校内与校外的交流，让学生更多地接触社会。现代社会要求人与人之间的友好、和睦相处，这有利于积极开发他们的个性思维和创造意识、能力，使理论与实践结合更加紧密，同时也要求人与自然、人与环境、人与社会之间的协调发展，以便更好地认识社会，重视学生主体地位的体现，加大教师主导作用的开发。

体育教育内容的综合性也促使体育教育方法必须发挥其整体效益，转变成为以集体授课为基础，保证正常教学任务和目标的完成，充分结合分组教学、小团体教学、自学、讨论等方式进行，为体育教育组织形式的多样化提供了发展方向，也能给学生更多、更好的自由发展空间，从而推进终身体育能力的发展进程。探究式教学法、合作式学习法、发现式教学法、网络教学、主题式教学等，越来越明显地表现在体育教育的各个环节中。

（五）体育教育评价的综合性和长效性

当前的体育教育改革主要是针对体育教育实施的各个方面的极端性和终结性等因素进行检查和评价。为了让体育教育更好地发挥本质功能和教育对象能够长远持续，此次体育教育的改革就是以长久健康发展为原则，持续发展为动力。

通过体育教育评价的实施，让体育对象能够全面地认识自己，清楚了解自己在体育中存在的不足。为了能够对评价对象做到全面有效的评价，体育教育评价主要是从不同角度和多样性进行对体育对象进行评价，建立一个综合性的评价标准，在此基础上建立起促进学生发展的体育教育评价体系。

将客观评价与主观评价相结合，对其进行合理地调控，最终指向的是体育教育和评价对象的未来。充分认识自己的优势与不足，核心思想是通过各种评价方法的运用来及时发现问题，形成正确、客观的自我概念，保证体育教育今后的发展效果和正确方向，及时地、有针对性地主动寻找长期或短期的改进措施和方法，为获得更高层次的发展奠定基础。

为了能够保证评价的准确性，我们要做到单性评价和综合评价相结合、自我评价和他人评价相结合、定性评价和定量评价相结合等多方位、多角度的全面评价，并随时进行有效的监督和检验。

（六）体育教育与全民健身

1995 年 6 月国务院发布了《全民健身计划纲要》指出要发动全社会关心全民健身计划，青少年和儿童的健康成长关系到国家的富强和民族的昌盛，所以以青少年和儿童为重点，努力做好学校体育工作。

对学生进行终身体育的教育，各级各类学校要全面贯彻党的教育方针，培养学生体育锻炼的意识、技能与习惯。

该纲要为了更好地提高全民的体质，从发展的立场明确指出了终身体育的重要性，强调了体育教育对实施全民健身计划的重要性，对满足人们日益增长的健身和健康需要、实现终身体育具有积极的促进作用。

1. 体育教育培养学生正确的体育观，形成终身体育意识

通过各种体育教育活动的实施，激发其内在的参与动机，使学生树立持之以恒的决心，并通过不断的运动实践而获得巩固，使学生对体育目的和功能做出正确的判断，促进终身体育意识的形成。

体育观包括人们对体育的价值、意义和态度等方面的看法，是人对体育在人类和社会发展中所起作用的认识。

2. 体育教育使学生具备一定的运动知识、技术和技能

体育教育作为教育的一部分，通过参与体育教育活动，学生能掌握运动技术，形成运动技能，及全面、系统地获得运动基本知识、保健方法、锻炼方法、卫生知识等。

在日常生活中进行科学、有效的自主锻炼，提供必要支持，承担起对学科知识的传授和传承责任。

3. 体育教育促进学生运动兴趣、习惯和爱好的形成

从学前体育教育到高等体育教育，尤其是到了初中和高中阶段，学习内容的数量、广度和深度都有明显加强，从而形成正确、稳定的运动兴趣、爱好和习惯，体育教育内容从最简单的基本活动能力的培养开始，如走、跑、跳、投、攀、爬等，逐渐延伸和扩展，这有利于学生在充分了解各项运动技术特征的基础上，为学生终身体育的实施提供保证，为以后进行更加深入和系统的体育学习指明方向，体育教育内容涉及田径、球类、体操、武术、舞蹈等项目的技术教学，学生应结合自己的实际条件正确选择符合个人需求和运动能力的运动项目进行练习。

4. 体育教育为“全民健身计划”的实施提供了人力和物质支持

《全民健身计划纲要》指出：“各种国有体育场地设施都要向社会开放，加强管理，提高使用效率，并且为老年人、儿童和残疾人参加体育健身活动提供便利条件”。

虽然各专业的学科设置、人才培养最终目的和价值体现方式等有较大的区别，但就各专业所涉及的研究范围而论，我国高等体育院校开设的专业主要有体育教育专业、人文社

会专业、人体科学专业、民族传统体育专业、体育保健康复专业等。另外，这些都有力地支持了全民健身计划的顺利开展，目前，它们都能深入到普通群众的体育活动中担负起组织、实施和指导等工作。体育教育是一种有意识、有目的、有计划的以身体练习为基本手段，以增强身心健康，培养良好的道德品质和社会适应能力为目的的教育过程，随着我国社会的不断进步，在以后的日子里我国的体育教育一定会有质的飞跃，做到全面提升。

第二章　体育教学的主导与主体

第一节　体育教学中的体育教师

体育教育作为五育之一，是提高人的体质、促进健康、传播体育文化的根本所在，是培养全面发展的人的重要途径。体育教学又是体育教育最基本、最重要的一部分，其中涉及体育教师和学生两个基本要素。在增强青少年体质的今天，体育教育将在提高青少年体质方面发挥重要作用，而开展体育教学、振兴体育教育的希望在体育教师，他们是人体的“雕塑师”，为发展学生体能、技能、传播体育文化、塑造学生灵魂而默默奉献着。体育教师的职业精神和职业能力直接关系到体育教学的成败，体育教师应该具有开拓意识、创新精神与创新能力，在教学过程中要充分发挥主导作用，有效控制教学环节，促进学生的全面发展。

在传统体育教学中，教师的角色行为可以用“教书匠”来概括，教师仅仅是通过讲解、示范向学生传授体育知识和技能；而在新课程理念指导下的体育教师应该是学生学习与成长的引路人，是学生自主学习、自主发展的组织者、指导者、参与者、研究者、服务者，是教学全过程的管理者。

一、体育教师的主导性

体育教师和学生是体育教学活动的主要承担者，是体育教学系统中两个最基本的要素。其中，体育教师是负责体育教学的专门人员，承担着传播体育文化、传授体育知识、技术、技能、促进身体健康、提高民族素质的使命。相对于处于不成熟生长时期的学生而言，教师闻道在先，在体育教学中起主导作用。这种主导作用主要体现在：教师要先于学生认真钻研教材，研究学生的个体差异，在此基础上设计教学，优化教学过程；启发学生的学习主体性，引导他们掌握知识，学会学习。所以正确理解教师主导性对于提高教学质量是至关重要的。

二、体育教师主导性的内容

综观国内外课程改革的历史，教师往往成为课程改革的关键因素。教师在教学中的地位和作用对教学效果有着决定性的影响。新一轮的体育课程与教学改革中，要求体育教师在教学中充分发挥自己的主导作用，主要体现在以下方面。

（一）贯彻体育教学指导思想

不同时代有着不同的体育教学，从五四运动到20世纪30年代，推行的是欧美的自然主义和实用主义体育；从抗战到解放战争，推行的是一种战时体育思想，实际上是一种民主主义体育；中华人民共和国成立后，出现了“运动技能教育”“体质教育”等体育教育思想；新体育课程改革中，又树立了“健康第一”的指导思想。指导思想的更迭体现的是不同时期人们对体育教学的不同认识。而体育教学的指导思想总是体现在体育教材中，更体现在教学实践中，体育教师的重要任务之一就是在教学过程中贯彻先进的体育教学指导思想，以先进的、正确的教学思想作指导，才可能产生先进的、科学的、合理的体育教学实践。

（二）对体育教学活动的总体设计

体育教学是一种集体活动，只有进行精心的教学安排设计才可能全面实现体育教学的整体目标和功能。首先，体育教师是教学活动的设计者。好的体育教学设计可以充分调动学生学习的积极性、主动性，使学生参与到教学活动中，全面完成教学任务。要精心进行教学设计，就要求教师全面把握体育教学的任务、教学内容的特点和学生的个性等要素。其次，体育教师是教学活动的组织者。一节体育课，如果时间安排合理，活动安排紧凑，内容安排恰当，负荷安排适当，就能激发学生的思维和学习的动力。再次，体育教师是教学活动的管理者。体育教学是在开放的环境中进行的，这就对教学管理提出了更高的要求。作为管理者的体育教师是通过对教学活动的调控来实现其管理功能的，如对教学环节、教学节奏、教学环境的调控等。

（三）对教学内容、方法和手段的选择

体育教学的培养目标不同，就决定了体育教学内容、教学方法和手段的不同。在体育课程中，教学内容的选择既要考虑当前的体育教学思想、体育教学目标、也要考虑学生的身体素质和已有的技能水平。教学内容的选择应该体现时代性、民族性、世界性、文化性、健身性、知识性，应该根据实践灵活选择和安排。

体育教学方法和手段是为实现教学目标和提高教学质量服务的。教学方法和手段的选择应综合考虑体育教学的目标、教学内容的特点、学生的差异等因素，坚持以理施教与以情施教相结合、发挥教师主导作用和发挥学生的主体作用相结合、严密的课堂组织纪律与生动活泼的教学氛围相结合、激发学生的练习兴趣与培养学生刻苦锻炼的精神相结合，这就要求体育教师掌握一定的体育教育学、教学论方面的理论知识，运用系统的观点，综合考虑体育教学过程的各个要素，合理地进行统筹安排。

（四）引导学生的学习，激发学生的积极情感

学生是学习活动主要的执行者，教师的主导作用就体现在如何影响、引导学生的学习。一方面，教师需要帮助学生将所学的零散的体育知识串联起来，形成与认知能力相联结的“知识板块”，并能灵活地、有创造性地运用到生活实践中；另一方面，就是引导学生学会学习。在这个知识激增的时代，知识的广博性与学生有限的学习时间和精力之间的矛盾决定了培养学生的学习能力是至关重要的，只有掌握了一定的学习方法，才能更自主、灵活、有创造性地进行学习。体育教师的职责就是深入到学生的学习过程中，让学生在明确学习目标的基础上，掌握科学的学习方法和思维方法。

另外，体育学习不是机械的活动，情感对于学生来说是非常重要的，是苦涩低效的学习还是愉悦高效的学习关键要看学习者本身对所学内容的情感如何，愉悦的学习气氛关键在于教师的情感诱导，体育教师应该努力使学习充满无拘无束的气氛，使学生能够“呼吸自由的空气”。

（五）创造适合学生学习的体育教学环境

任何体育教学都离不开教学环境，较其他学科教学环境而言，体育教学环境往往具有

特殊性。这个环境是开放的，具有挑战的。体育教师应该是良好的、安全的体育教学环境的创造者，能够通过创造优质的体育教学环境，帮助学生掌握体育技能，发展对体育的兴趣。

良好的教学环境的创设要求教师热爱学生，充分了解学生，也就是说，师生之间应该有心灵的沟通和交流。加拿大教师安妮·福莱斯特和玛格丽特·莱茵哈德在她们的优秀著作《学习者的方法》中谈到，在每个学校的班级里要“创造一种轻松的气氛”，教师就需要从下面几个方面努力：①师生平等、相互尊重、相互关心，相互合作，这种新型人际关系将成为动力，促进学习主动性的发展。②营造民主的课堂氛围，让学生敢于发表不同见解。③掌握沟通的艺术，善于通过目光和表情与学生沟通。

三、正确发挥体育教师主导性的条件

在体育教学中，教师是闻道在先、知之较多者，教师主导作用能否充分发挥决定着教学的成败，正确发挥体育教师的主导性应具备以下 3 个条件。

（一）更新教育教学观念

作为一名体育教师，只有对当前的体育教育改革的理论背景、教育思潮动向等宏观形势把握得比较清楚，在了解教育发展的大趋势下，才能够更确切地知道自己在微观领域、在自己的岗位上应该具备什么样的能力和知识，从而改进自己的工作。不少基层体育教师对于体育教育改革指导思想和教学模式的变化并不了解或一知半解，导致了行动上的盲目甚至错误，比如把快乐体育误解为“放任学生”“放羊式”教学，把体质教育误解为训练运动员式的枯燥的教学。因此，体育教师一方面应该明确当前社会对体育教学的要求和期待，如增强体质、促进健康、终身体育等理念，同时了解教育教学领域有关知识观、学生观、人才观等的更新；另一方面，要明白体育学科的本质和时代使命，要能够把社会的需要同学生的学习有机地联合起来，只有这样，才能在发挥主导作用时保持正确的方向。

（二）丰富的教育科学知识和精深的体育专业知识

教学是一门科学，它有自己内在的规律，违背规律的教学必然是低效的甚至是失败的。所以，体育教师应该通晓学生身心发展规律，熟知教育教学规律，掌握体育教学的原则、方法，这样才能唤起学生学习的兴趣和积极性，提高教学质量。

专业知识是体育教师承担体育课程必备的有关知识，是体育教师专业能力的基础，包括体育科学基础理论（例如运动解剖学、运动生理学、运动生化等）、体育专业技术与理论（各体育专项动作技术及其原理）、体育专业教育技术与理论（体育保健知识、运动技术教学训练方法学、体育竞赛学、体育健身方法等）以及体育教学论等。教师在教学的过程中不能仅局限于动作技能的传授，而应该渗透一些运动解剖、生理、体育健身、保健知识，帮助学生学会锻炼、学会如何维持健康的生活方式。

（三）熟悉学生

作为体育教师，必须熟悉自己所要主导和培养的对象。因此，在教学活动开展以前，教师就应该了解学生的统一特征，如同一年龄阶段的身体和心理发育特征、体育学习的兴趣、期望等，更要注重学生的个体差异，了解不同学生的体育学习的经验，在体育学习中的困难、身心发展中的个性等，建立详细的有关学生身体状况和锻炼情况的档案，做到在教学中心中有数。只有这样，教师才能熟悉学生，才能把运动技能教学与学生的自身条件很好地结合起来，做到因材施教。

第二节 体育教学中的学生

体育教学活动的另一个基本要素是学生，是指在教师的指导下从事体育学习的人。在教学过程中，学生既是认识的客体，又是认识的主体。相对于客观知识本身而言，学生是客体，即相对于社会的要求、新的教学内容和教师的认识而言，学生处于一种被动的状态，需要教师有目的、有计划、有组织地引导，将一定教学要求转化为学生内部需要，将新的教学内容转化为学生的素质。充分认识学生的客体性和客体地位，有利于体育教师发挥其主导作用。

然而，相对于客观知识的学习而言，学生又是主体。因为学生是活生生的、具有主观能动性的人，是学习的主人，外界的一切影响只有也必须经过学生主体的主动吸收、转化才能真正产生教育影响。教师的引导只是外因，任何体育知识技能的传授都必须通过学生独立自主的学习才能掌握。因此，处于教学过程中的学生同时处于主体和客体地位，是主体和客体的统一。

一、学生学习的主体性

所谓主体性是指学生在教学中的主观能动性。具体包括以下几点。

一是独立性，它是指每个学生都是一个独立的个体，他们是多样化的，因此对于同样的教学影响，他们的发展过程不同，发展结果也存在差异。发挥学生主体性首先应该认识到学生的独立性。

二是选择性，它是指学生对于任何教学影响不是盲目地、无条件地接受，而是根据自身主观兴趣、爱好、能力有意或无意地进行选择。

三是调控性，它是指学生在学习过程中可以根据自己的状态进行自我管理、监督和激励。

四是创造性，它是主体性的最高体现形式，是指学生在教学活动中有自己独特的学习方法，或者是形成与众不同的观点、见解等。

五是自我意识性，它是指学生在学习过程的自我认识，包括自己在教学过程中的地位、状态、情感、行为等。学生认识自己越全面、越客观，主体性也就越强；反之亦然。

二、学生学习主体性的内容

体育教学活动以学生为主体，学生是通过自己的能动性、自主性而自觉地参与到教学过程中，从而对教学产生影响。

（一）学生对体育教学内容的选择性

学生在体育学习过程中的主体性主要表现在选择性上，亦即对学习内容、学习方式的选择。尽管这种选择是在体育教师进行内容筛选后进行的“有限选择”，但是它对于满足学生学习的兴趣和需求的个性差异有着重要作用，是学生主体性发挥的重要体现。

（二）学生在体育学习过程中的自主性

学生在体育学习中的自主性可以表现在：学生可以根据自身状况安排自己的学习进

度、自己选择学习内容和学习方法、进行自我调节和控制，挖掘自身潜能等。

（三）学生在体育学习过程中的能动性

学生在学习过程中的能动性主要表现在以下两点：一是他们对体育教学活动、课外体育锻炼的积极参与；二是他们根据自己已有的体育知识经验、体育态度主动同化外界的教育影响，并进行吸收、改造、加工，或加以排斥，使新、旧体育知识不断地进行新的整合。

三、充分发挥学生主体性的条件

课堂教学中必须培养学生的主体性，这是提高课堂教学质量和素质教育的必然要求。在教学中弘扬学生的主体性，并不是说要排斥教师的主导作用，而是坚持“教师主导和学生主体相结合”的原则。在学生主体性培养的过程中，教师应注意以下几方面。

（一）确立现代学生观

现代学生观是相对于“应试教育”下，把学生看作是“知识的容器”这种观点形成的。现代学生观认为，学生是独立的个体，每一个学生就是一个独立的世界，具有独特的人格特点和价值，不能幻想用统一的标准要求个性千差万别的学生群体，而应该尊重学生的个性，因势利导，促进其自我价值的实现。教师应该确立现代学生观，把学生当作活生生的生命主体，尊重学生的主体性，发挥学生的主观能动性，在教学活动中努力激发、引导学生主体性的形成。

（二）发挥教师的主导性和创造性

学生主体性的发挥有赖于教师的主导性。新课程改革后，体育教师有了一定的自主设计空间，有选择教学内容、教学方法的自由，有利于创设优化的教学管理机制，发挥自己作为主体的创造性，同时培养学生的主动性。

（三）营造民主、和谐、愉悦的课堂教学气氛

真正民主的教学应该是和谐的、融洽的，是学生主体性培养必不可少的条件之一。无论是教育管理者，还是体育教师、学生，都应该充分认识到领导者、教师、学生虽然在知识、经验方面有差异，但是在人格上都是平等的，应该相互尊重。在体育教学中，教师要通过问题设计引导学生积极思考，并鼓励学生敢于发表不同的见解，从而充分调动学生的主观能动性。面对学生的个体差异，教师应该因材施教，尤其注重激发后进生的自信心和主动性。总之，民主和谐的课堂气氛有利于教师获得学生的尊重和爱戴，学生因“亲其师而信其道”。

（四）尽可能为学生提供主动参与教学活动的机会

参与意识是学生对体育教学活动积极投入的意愿。学生有了参与意识才会有强烈的投入欲望，才会有积极的参与行为。学生的参与意识必须依靠教师的启发诱导。因此，在体育教学设计中，教师应该以高超的教学能力和精湛的教学艺术进行有效指导，增强学生的参与意识，端正参与动机，提高参与能力，诱发学生的参与意识，从而体现学生的主体作用。

（五）注重学习方法的指导

良好的学习方法是学生进行自主学习的前提条件，是提高学生学习效率的重要保障。学生学习成绩的差异，在很大程度上表现为学习效率的差异；而学习效率的差异，又往往

表现为学习方法的差异。教师在体育教学中要进行学习方法的渗透，要让学生学会求知、学会观察、学会思维、学会操作，形成较强的学习能力，掌握必要的学习方法，只有这样，学生的自主学习活动才能顺利进行，自我发展能力才能得到提高。

（六）善于培养和调动学生的非智力因素

对于学生来说，非智力因素是直接影响认知效果的意向因素，它包括动机、兴趣、情感、意志和性格诸方面。非智力因素对学生素质发展有着巨大的促进作用，直接影响学生智力因素的发展。智力因素决定一个人能不能干的问题，而非智力因素决定一个人想不想干的问题，因此，在教学中应有目的地注意培养学生的非智力因素，增强学生学习的自主性。研究如何提高学习兴趣、启发情感、引起学习动机，增强意志等非智力因素对学生的影响。

第三节　体育教学中主导性与主体性的关系

新型的师生关系是真正确立学生主体地位的根本保证，即在生活上要尊重学生，做学生的朋友，在教学中和学生处在平等的地位，教师从知识的传授者、占有者的权威地位切实转变为学生学习的引导者、指导者，变“授之以鱼”为“授之以渔”，把学生当成学习的主人，传授学生探求知识的方法。

一、体育教师主导性与学生主体性相辅相成

教师的主导性是指教师在学生整个学习过程中表现出来的指导性；而学生的主体性是指学生在学习过程中的自我定位、自我调控和自觉行为。教师主导性和学生主体性的连接点是“学习过程”，即教师是针对学生的学习过程进行有效指导，学生的主体性主要是“在学习过程中的主体性”。

教师的主导性和学生的主体性是统一的、相辅相成的。发挥教师的主导性就是为了更好地发挥学生的主体性学习；学生的学习离不开教师的指导，学生主体性发挥的越充分，越需要接受教师的指导。正确地“导”和主动积极地“学”融为一体，才是有效的教学过程。教师的主导性主要在于：谙悉教学大纲，明确教学目标，创设教学情境，了解学生兴趣和需求，并在此基础上设计教学过程，激发学生的学习积极性，使师生融洽、互相配合地达到教学目标。学生的主体性表现在参与教学过程中的自主性、能动性和自觉性。因此，在体育教学中，教师的主导性和学生的主体性是相辅相成和相互促进的关系，是一个事物的两个方面。

二、正确发挥体育教师主导性是充分发挥学生主体性的前提

素质教育强调学生是学习和发展的主体，在体育教学中要重视弘扬学生的主体性，要让学生主动地、生动活泼地进行体育学习；学生的主体意识越强，教师越应该进行积极有效的指导。学生的主体性是在教师的主导下一步步发挥的。因此说，正确发挥体育教师的主导性是充分发挥学生主体性的前提。

教学中，充分发挥教师的主导作用，是发挥学生主体性的前提条件，教师的主导性发挥的越充分，学生的主体性就越可能得到体现。具有良好素养的教师都会注重对教材和对

学生的研究、把握，把自己独到的理解和较新的视点融于教学方案中，使学习的主客体的知识、文化的内存被充分地激活，从而为学生主体性发挥创造条件。

（一）体育教师的职业特征和素养决定了教师的主导作用

教师的社会特征是“知识的源泉”“伦理的化身”“社会价值的代表”，在教学过程中的具体体现就是教师按照社会的要求，以及反映社会需要的教育目标来设计、组织、实施教学活动，指导帮助学生通过积极主动的学习掌握知识、技能，发展各种能力，并形成一定的思想观点、价值准则和个性品质。作为体育教师，都接受过专门的教育和训练，“闻道有先后，术业有专攻”，他们在思想、知识、能力等方面都要高于作为教育对象的学生，这就使他们能够胜任对学生的指导和帮助。

（二）教师主导要着眼于学生的主动

新体育课程强调在体育教学中调动学生的学习主动性，将课堂还给学生，这是指教师为学生发挥主动性创设情境并加以引导。所以我们应该辩证地看待教师的主导性和学生的主体性，使二者都得到适度发挥。

第三章　体育教学理念的流变与概说

从方法论来看，体育教学实践中存在的问题是对教育理解的问题、认识的问题、知识储备的问题。从认识论来看，“一种理念首先意味着一种眼光”，“一种眼光意味着一种教学智慧”。诚如一位哲人所说，“眼光不同，对所有事情的理解就不同。”由此而知，教师对教育教学理论问题的有关思考，对教育理论、教学理论的不同观点取舍，影响与制约着教师对教学模式和教学方法的选择。例如，教学是以向学生传授知识、技能为主，还是以发展学生的能力为主。虽然这是教师对教学不同认识的反映，却是区分传统教学观还是现代教学观的分水岭。不同的观点不但影响着对教学设计目标的选择，还影响着对教学内容和教学方法的选择。前者反映出教师仍然是传统“教”的本位思想，后者体现教师是“学”的本位思想，同源于我国素质教育以“提高学习者能力”为目标的思想。诚如学者张华所言，“教学方法的选择本质上是教育价值的选择，明确着特定的教育价值观及相应的课程与教学目标，是选择教学方法的基本前提。”

为此，当我们从这一哲学本体论出发转向教学，检视教学、对待教学的时候，就会衍生出教学方法学必须在认识论中才能被恢复的结论。巴班斯基曾做过类似的研究，他在考察教师运用新的教学方法时发现，往往一些训练有素而又有丰富工作经验的专业教师，却不能很快掌握新的教学方法。因而，教学不仅仅是以认知为中心的过程，还是可检测性的直线流程。同时也是“认识你自己”，更重要的是“改变你自己”的知情意行。这一点，正如奈勒（Kneller G. F.）所说，“哲学解放了教师的想象力，同时又指导着他的理智。追溯各种教育问题的根源，从而以比较广阔的眼界来看待这些问题。教师通过哲学的思考，可致力于系统地认识并提炼各种问题。那些不能用哲学去思考问题的教育工作者必然是肤浅的。一个肤浅的教育工作者，好也好的有限，而坏则每况愈下。”学者易言，引发我们来思考这一观点具有的意义。打个比方，一部《论语》，把握其中的思想是理解的目的，至于它是刻在竹片上还是木片上，则与理解本身无关，这就像从炼金术的思维方式过渡到化学的思维方式一样。恰如伽达默尔所言：“历史研究的最高兴趣不在恢复历史原貌，而在于理解历史事件的意义。”因为，难以确立的正是这种新的思维方式。一旦新的思维方式得以确立，我们就会用一种新的形式来指导自己的教学，旧的教学方式就会连同旧的思维外套一起被抛弃，旧的教学就会消失。因为这些问题是与我们的思维方式相伴随的。这一点，诚如黑格尔所断言，“一个民族，如果没有思想，就像一座庙装饰得再富丽堂皇，却没有至圣的神。”这一命题揭示出，教学实践活动及其结果是教学理念主体主观意向的投射表述。教学理解伴随着相应的教学行为，而教学行为又凝聚着相应的教学理解。如赞可夫认为应该发展人的一般能力，通过能力的转化来解决学习的发展，提出了教学与发展的理论；加涅针对知识的获得，提出一套从简单到复杂的学习层级理论：激发动机——告诉学习者目标——指引注意——刺激回忆——提供学习指导——增强保持——促进学习迁移——引发操作、提供反馈。并认为以此规划自己的教学可获得好的效果。正如约翰·奈比特在《亚洲大趋势》中有一段非常中肯的评述：“文化以‘植入’的形式影响着个体，个体以‘行为’的形式接受着文化。”揭示出教学是人存在方式的自我理解与批判。不同的教学范式集中表达并反映着人特定的存在方式，折射着不同时期的时代诉求，烙印着教育的转向和发展。如行为主义流派把教学推向了科学化，但它泯灭了人的存在，把教学变成了技术性的机械化。如认知主义流派提出知识的获得要与学生的认知发展相适应；要根据学生认知的能力有效安排教学程序，为知识的获得开辟了最为恰当的认知“时刻”，历史上任何学派学说的教育理论都没有丧失生命力，它们独特的视角、活动的方式等，都可对今天教学理论的建设提供有益的指导和帮助。为此，考察不同时代教学流派的意蕴与思想，有助于加深人们对教学的认识，解释和预测教学现象及其发展，拓宽我们思考的视野，摆脱旧观念的束缚，启示与孕育教学实践的新视域、新行为。实现学习理论、应用理论、创造理论，以获得更高的教学成就。因而对此驻足研究与理解，可把体育教学认识得更为透彻，把人的教育理解得更加彻底。这无疑是十分重要的，也是十分必要的。

对此，纵观教育发展历史，从 19 世纪行为主义思想问世以来，各种学派、学说的进程不断发生着流变与激浊扬清，至今这一进程仍在持续。这一发展阶段产生的原因至少有三个：

第一，工业社会的教学理论难以适应知识社会发展的要求，其教学实践难以与人的可持续发展要求同步。面对这种尴尬的情形，人们不得不在反思传统教学理论局限的同时寻求解答、谋求新的发展路径。

第二，终身教育的产生、学习型社会的提出，特别是 90 年代以来计算机技术和网络通信技术在教育中的应用，为教学理论的发展带来了崭新的前景；建构主义等理念的逐渐兴起及其对传统教学理论的挑战，成为新的主要标志。与传统的教学理论相比，这些教学理论提出了一种全新的知识观、学习观、教学观、师生观，其倡导以学为中心的教学设计和学习环境设计，基于发现、领会、开放教学等，不断引发教育改革和社会反响。

第三，传统教学实践基本假设的师——生的主——客关系受到建构主义、人本主义理论、后现代主义理论等的挑战。要求学习者与教学者、学习伙伴、教学内容产生相互作用，从而实现全方位的教学互动。这种情形迫使研究教育者重新思考教与学的角色定位和相互关系问题。引发学习理论、教学理念和教学模式不断兴起与改变，各种理论与实践主张可谓异彩纷呈。可以说近 20 年来，教学理论进入了多种理论交锋、各种教育思想激荡的时期，既充满彷徨困惑，又充满挑战和发展机遇。无疑教学理念正在经历着一场深刻的理论与实践范型的革命。因而，辨析透视这些纷繁激荡的变革力量，把握其理论发展走势或倾向与实践的主要流变，可支持扬弃教学思维、促进理念迁移、易学易用。将有利于广大教师理解新课程的问题，发展创新和实践能力。诚如有专家指出，为了适应新技术的交互功能，有必要重新构建教学理论模式。可以肯定，上述这些异彩纷呈的理论与实践主张，正在开创教学设计研究与实践的崭新图景。

综上所述，人们从行为主义思考探讨学习与环境的关系，到认知主义关注学习的心身与记忆关系的论述，再到建构主义追求知识认知与发展智力及个性的关系，不断掀起相应的大量研究和探讨。这些经历了不同历史时期并各自积累了具有一定进步意义的成果。其产生不是偶然的，它是人类社会发展到一定历史阶段的文明产物。这些教育思想经久不衰，具有不可磨灭的时代性、普适性。为当前我国广大教师实现教学研究的转型，提供了诸多的启示和不竭的思想动力。按照唯物认识论“存在——认识——行为”的开端和出发点，可把这一历程的教学理论与实践解析分为三大取向：知识取向的教学理解（侧重于知识性积累的拥有）、能力取向的教学理解（侧重于知识的把握与创造）和个性解放取向的教学理解（侧重于实现人的发展与解放），帮助把握连接教学理论与教学实践的理解。马克思曾指出："人们按照自己的物质生产的发展建立相应的社会关系，创造了原理、观念和范畴。"

需要指出的是，虽然纵观教育发展的历史，人类对于教与学活动的构想与安排做的努力已经有了较为古远的历史。其思想源头可以追溯到古希腊先哲柏拉图、亚里士多德和我国孔子等圣贤。然而，我们也应看到，由于时代背景不同，历史上的一些教学方法也有明显的时代局限性。正如马克思指出，"每一个原理都有其出现的世纪。"一个时代的理论总是受到时代精神的影响，教学理论与方法也是一个具有鲜明时代特征和现实针对性的理论概念。其产生不是偶然的，它是人类社会一定历史阶段教育发展的特征。其形成也是伴随着社会文明演化的阶梯而日益丰实。派生了从经典到现代教学的理论与方法，形成了广泛的内容体系。体育教学方法论的研究既是学科发展的基础，也是学科水平的体现。因此，对各种教学论文化履迹的概览，可以帮助我们从不同的角度去认识体育教育的传承、价值、意义和功能。深化和求解教学背后的不同教育语境与多样化的特征，拓展我们认识的视野深度与广度，为促进体育教学体系发展和研究提供参考。

第一节　知识取向的教学流变与争鸣
——侧重于知识积累的拥有

在漫长的历史岁月中，学校教育主要是采用师徒教学制。随着近代工业的发展，这一教学制难以适应大机器生产所带来的标准化、质量、效率的要求。如何培养大批的、符合工业革命需要的能看图纸和懂操作的统一性人才就成为当时教育的主要使命。于是 17 世纪捷克教育家夸美纽斯的班级授课制应运而生，为知识趋向教育的普及奠定了基础，符合了工业革命需要培养大批统一型样板人才的教育使命。这种观念体现在教育领域，通常把拥有知识的多少作为人才的标志。

从某种意义上来说，任何教育都负载着一定的价值。这一命题的出现无疑也要求学校教学进行相应的格式化调整，引发理论和教学向其靠拢。于是以行为主义生物观为描述的机械式的传习技术和整齐划一的操练就成为体育教学的时代范式，统一负荷、统一进度、统一标准成为体育教学的规格特征。

一、行为主义教学观在体育教学的论纲与争鸣

在这一思潮引领下，沿着这一轨迹，"探索并发现一种规律，依此规律，寻找一种方法，使教师因此可以少教，但学生可以多学。"在 19 世纪与 20 世纪交替之时，产生了强调学习与行为关联的"行为主义教学理论"。由于这一教学理论的出现与当时被称为时代精神的达尔文进化论密切相关，也是"达尔文的孩子"。受其影响该理论以生物成长作为人的发展模式，立足于外部的指导，转化、发展为学习性活动，为教学目标的规范性、明晰性，教学过程的可控性、可预见性，教学结果的可及时检测性，做出了贡献。为人们迈

向科学地、客观地揭示教与学的过程本质，科学地进行教学规划及构建教学设计理论与学科，提供了基础性的先导。

行为教学论在学校体育应用的特征就是要求教师掌握塑造和矫正学生行为的方法，为学生创设一种环境，尽可能在最大程度上强化学生的优良行为，消除不良行为。如对学生的好行为及时给予各种形式的强化——赞赏、表扬、榜样示范等，就会使学生能够保持这种行为，消除不合适的行为。对于困难学生的学习，可把学习目标分解成很多小任务，并且一个一个地予以强化，帮助学生尽可能做出正确反应，使错误率降低到最小限度，从而提高学习效率。但如果能灵活运用成功教学法、程序教学法等，以学生为中心，鼓励学生按最适宜自己的速度学习，就会收到好的教学效果。总之，行为学习理论有很多原则和方法值得我们学习、领会，根据实际情况有选择地加以运用，就能收到事半功倍的学习效果。在这一思想的指导下，涌现出程序教学法、循环练习法、情景教学模式、成功教学模式、动作技能形成规律等教学方法和手段。

二、认知主义教学观在体育教学的论纲与争鸣

由于人类学习实践是极其丰富极其复杂的，“刺激—反应”及直觉顿悟只能解释人类知觉水平上的一些学习行为，而对人类学习同时伴有的思维水平上的学习行为就显得无能为力了。于是当行为主义教学理论在20世纪初风行时，另一种认知主义教学理论流派于20世纪60年代也发展起来。其先后经历了传统认知心理学和现代认知心理学两段历程。以传统认知心理学：为基础的教学论有：以格式塔心理学为基础的顿悟理论，如科勒的学习论；以场心理学为基础的认知场学习论，如勒温的学习论；以信息加工理论为基础的信息加工学习论，如加涅的累积学习理论。以现代认知主义心理学为基础的认知学习论，如皮亚杰的建构主义学习论、布鲁纳的认知结构学习理论、奥苏伯尔（Ausubel）的认知同化学习理论等，知识取向的教学理解的向度和观点如表3—1所示。

表3—1 知识取向的教学理解的向度和观点

向度	知识取向的教学理解的观点	体育教学表征
本体论	倾向于将教学看成是一个刚性的、外在客观给予的，独立于人之外的、不以人的意志为转移的世界，而人基本上只是一个接受者的角色	技能第一、学习就是接受、成绩至上
认识论	知识是真理的、客观的、刚性的，是可以按照秩序、规则、规律与基本关系进行教学的。学习者与技术的关系性质直接决定学习的效果	统一负荷、统一进度、统一要求、统一考核
人性论	人只能发现世界的客观法则，主体的行动已经被外界条件的公式化所规定与决定了，外在世界不以人的意志为转移	顺从、服从、无个性、组织性、纪律性
方法论	倾向于普遍主义，人只能按照客观的、公式化的、可以重复的方法与步骤去获得外部世界的知识，知识不以人的意志为转移	标准化、全国千校、万校一个大纲、一个面孔
取向	知识取向的教学历程实现了学科生物性改造的功能，但反映出指导思想上如果仅停留在物质和有形的层面来理解体育教学，只重视其形而下的东西，而看不到形而上的东西，无疑是走不远的	

由此可知，知识取向的教学理解遵循的是“目的论范型”的准则，这种范型只注重达到目的的手段是否有效，而行动目的本身是否合理却不在其视野之内。目的是给定的，不是反思的。体育知识取向的教学论经历了第一代和第二代的发展历程。其模式主要由对象、目标、策略和评价四大要素构成。

第一代显著的特征是基于达尔文生物进化论、条件反射线性设计和直观顿悟决定论的理念为支持的。其教学理论与实践模式的主要标志是：在学习理论方面它是以行为主义的联结学习（即刺激—反应）为理论基础，其特点可以概括为：在教学设计过程中应强调四个基本要素，着重解决三个主要问题。四个基本要素：教师、学生、教学媒介和教学评价。三个主要问题：我们去哪里（教学目的是什么）？我们如何去（教学策略与教学媒体是什么）？我们如何知道何时到哪里（我们测量什么，评价什么）？

第二代教学理论与实践模式是以“联结—认知”学习作为理论基础。其显著特征是基于客观主义、认知层级关系的线性设计和学习者与条件关系的决定论理念为支持的。该模式是在第一代教学理论模式基础上，吸取了心理学的大脑认知研究的优点，并结合认知层级关系对教学内容的重要影响而发展起来的。

综上所述，行为主义教学论与认知主义教学论，以“管理学习、提高教学”为教育目标，这一不足是时代打在它们身上的烙印。正如马克思指出，“我们只能在我们时代的条件下进行认识，而且这些条件达到什么程度，我们便认识到什么程度。”受达尔文进化论与客观主义思想的影响，它们只能用进化的观点去观察教学、应用学习，解释教学与学习发展的方式是自然而然的事情。正是它们的兴起才迈开了教学科学研究的步伐，为后来的研究奠定了基础。正如杜威所言，每一个终点就是一个新的起点，每一个起点又来自于前一个终点。几乎后来教育、体育教学的新发现和新理论都直接或间接支持了它的基本思想。在今天的体育教育中，我们仍然处处感受到这一教学理论的影响，享用着它的指导。

第二节　能力取向的教学流变与争鸣
——侧重于知识的把握与创造

一、建构主义教学观在体育教学的论纲与争鸣

进入20世纪，随着信息论、系统论、控制论等科学思想的多元涌入，教学逐步从行为主义教学论和认知主义教学论的机械思维中解脱出来，催生新的教学理论。教学研究领域也“走出了仅作为教育心理学之应用学科的狭隘领域，开始运用多学科的话语来解读教学的无尽意义”。“越出了历史悠久的传统教育所规定的界限。它正逐渐在时间上和空间上扩展到它的真正领域。在这一领域内，教学活动便让位于学习活动……而逐渐成为主体了。”

在这一背景下，在20世纪最后十年“建构主义教学论”应运而生。其强调参与者教学观也日益取代接受者教学观，知识不再是纯粹客观的、普适的简单规则，而是与观察者个人、与认识者个人的参与相关。学生生活及其个人知识、直接经验也可作为教学内容的一部分，一起参与对教材知识的理解。个人的热情、个人的探究、个人的见解都构成知识

必不可少的组成部分。教学本身就蕴含了个人系数，教学过程就是学习者个人参与知识建构的过程。以个人建构、探究获得成为教学的特征。没有过程，没有探究，所谓教学是没有意义的。杜威认为，“教学乃是通过操作把一个有问题的情境改变成为一个解决了问题的情境的结果。”

因而，建构主义教学论认为，教学的立足点应“为理解而教”“为学习而设计气以学生主动建构知识为中心，尊重学习的个体差异，注重互动的学习方式，充分发挥主体性、能动性、创造性。促使学习者在参与意义中获得知识，在开放的对话中获得新的理解和新的知识。使学生在这一过程中投入自己的热情、困惑、烦恼、欣喜等个人情感，从面向知识结论转向在丰富的、复杂的真实情境中体悟知识、生成知识。以大量的附着知觉等隐性知识系统作支撑，在不确定的、复杂的情境中亲自探究、发现过程之美，而不再是对简单结论的记忆。这些正是时代发展对教育提出的迫切要求。因此，建构主义教学论一问世就受到世界各国的极大关注。

这些理念为学校体育教学的再认识提供了新的视角，为学校体育教学的再生长注入了改革的活力，形成了新的教育视域。由此引发了学校体育的教育目标、课程与教学的不断调整以适应这一挑战。涌现出选项教学、合作教学、探究教学、分层教学和支架教学等教学方法。启发我们认识到体育教学是知识与技能、过程与方法、情感态度与价值观教育共生的结果。任何教育，如果只重视一部分人类的能力并且围绕它来组织课程教学，把它视为完整标准而过分强调，那么这种教学就不可能成为最好的教学。我们重新审视学科教育的属性与作用及其在学校教育的位置，弄清体育教育与人的素质和社会可持续发展之间的关系，以体育为媒介将不同文化属性整合到课程与教学中去。从学科的特点出发，努力探寻“学科教学观与学习主观能动性的研究”“学科科学性与人文性的研究”“学科教学活动的丰富性与教学目标价值取向多元性的研究”“学科知识观变化与学习方式变革研究”的新路子，发挥学校体育“德智体”多因素育人的潜在因素，把德育、智育、美育等有机地统一在体育教学活动的各个环节，才是最根本的价值所在。让每一个学生都能在“教学”中享受体育，学习“懂”“会”“乐”的和谐。形成既是运动又是教育，既能锻炼又能娱乐的两者不可偏废的关系，在应用建构主义理论指导教学时，有必要先厘清学习目标，以确定其适用性。

二、多元智能教学观在体育教学的论纲与争鸣

教育究竟是什么？教育应该给学生什么？教学是教授学生知识，还是发展学生智能？怎样评价学生的“聪明”？面对这个既古老又常青的话题，美国哈佛大学心理学家加德纳教授在《思维的框架：多元智能理论》一书中，提出的智力结构新理论——多元智能理论回答了这个问题。他认为，人类有八种智能，智能的不同组合只是表现出个体间的智能差异。不存在谁比谁更聪明，只存在谁在哪一个领域、哪一个方面更擅长的问题。正是由于不同智能之间程度和组合的不同，人类才会拥有苏格拉底、爱因斯坦、毕加索、米开朗基罗、乔丹、帕瓦罗蒂等不同领域的杰出人物。如果有人非要追问这六个人谁的智商更高，谁更聪明一些呢？用多元智能理论的眼光来看，他们都拥有高度发达的智力，他们都取得了无与伦比的成就，他们的聪明都毋庸置疑，也难分高下。多元智能理论的提出使我们摆脱了传统智商理论把人分成三六九等的局限，深入理解了人类智能的本质。揭示出智能组

合的不同，学生学习的表征与方法也不同。这一光辉思想在学生的长处与短处之间架起一座教学的桥梁，引发了我们对这一问题的思考。我们要考虑学生之间的个体差异，尽可能为每一位学生设计适合其发展的教学与学习方式，那么每一位学生都有可能得到最大限度的发展。为此，实施体育新课程的个性化教学，开展“为最近发展区而设计”的教学策略与学习策略的研究，以帮助不同学生获得更好的个性化发展，能力取向的教学理解的向度和观点如表 3—2 所示。

表 3—2 能力取向的教学理解的向度和观点

向度	能力取向的教学观点	体育教学表征
本体论	教学是社会性活动，教师的职责是创造条件引导学习者学会思考和行动，帮助学习者反思所知及其过程、建构知识和促进能力发展	注重运动爱好和专长形成，奠定终身体育基础
认识论	知识是自我建构的，学习不是简单的传递，认知是在有意义学习中发生的，教学交互性、情境性、对话性的关系直接决定学习的效果	实施选项、探究、合作、自主教学，促进有意义学习发生
人性论	以生为本，学习不是控制，学习者是伙伴，革新了学习者作为接受者的角色，使学习者成为知识的建构者、发送者和创造者	尊重学生需求，以学生发展为中心，帮助学生学会学习
方法论	精选教学内容、方法和手段，提供多元教学选项，促进学习者有意义学习的发生，获得更丰富的体育文化知识	改革课程内容和教学方式，努力体现课程时代性
取向	实现了学科社会性的功能，但社会理性多和文化理性少的反映出指导思想上还是仅停留在学科层面理解体育教学，没有人的行为和关系的发生机理，没有使自身进入教育的本体领域普遍化，虽立足于教育还是不能站起来说体育就是教育	

综上所述，能力取向的教学理解认为，教学的本质存在于“过程”的动态性。诚如美国著名心理学家和教育家布鲁纳所言，教学应该提高学生对所学事物掌握、转换、评价和迁移的能力。他说，教学的实质就是使学生充分发挥其探究、发现的能力，从而获得知识发展能力。在教学中，最好不要把学生当作被动的接受者，而要把学生当作主动参与知识获得的人。又如，苏联哈尔拉莫夫和巴拉诺夫认为教学过程是多方面的，而且是综合的，教学与个性发展的所有方面是紧密相联的。哈尔拉莫夫认为：学生的能力发展与教养是教学的重要功能。巴拉诺夫认为教学有这样几层意义：帮助学生形成知识、技能、技巧；形成世界观的信念；达到一定的教养、文化教育水平；发展学生的才能。这些观点启示我们改变以往的体育教学观，在教学思想上树立欣赏学生的理念。老师要多发现学生的优点，多给学生以鼓励。实践证明在打骂中成长的孩子，很少有自信心。我们要在教学组织上走出统一进度、统一负荷、统一传授和统一掌握知识的误区，要根据学生智能的不同因材施教，实施个性化教学，“扬长带短”。发挥每个学生的潜力，让每一个人都找到努力的方向，体验到成功的感受。需要注意的是虽然建构主义教学论、多元智能理论的教学实验日益高涨，其自身还处于建设之中，尚未派生出丰实的教学体系，误用和滥用无疑将严重阻碍和影响其真实功效的发挥。

第三节 解放取向的教学流变与争鸣
——侧重于实现人的发展与解放

当今，人类社会已进入新知识经济时代，以解放个性为基础的新知识教育形态日益凸显，正成为不可阻挡的世界潮流。这一进路体现了教育文明发展所遵循的规律，可以发现学习与人性的探究与争论一直是古今中外哲学家为之肄精竭虑的问题，教育理论界仍没有结束关注与驻足。马克思指出，自由个性是人的个性发展的最高阶段，并把实现自由个性作为共产主义解放人类的宏伟目标。也诚如郭文安、靖国平所论，当代教育是对于人的独立个性的追求与探索。

在这一背景下，衍生人本主义和后现代主义的个性教育教学论应运而生，并得以广泛传播，得到世界各国教育的关注，也成为当今国际教育发展中最为响亮的口号和研究的热点。正如俄国学者科瓦力廖夫所言："人的个性化是现代化文明发展的大趋势。"因而，把握和借鉴"人本主义教学论"和"后现代教学论"以个性解放为取向的教学理解、合理吸收其思想的精华部分，进而廓清 21 世纪的体育教学发展的路径与使命，就成为当今体育教学方法应用尤为重要的逻辑起点。这不仅是体育教学理论发展的需要，也是体育新课程得以有效实施的要求。但是翻检现有的成果就会发现，对这一关系的研究没有突破性进展，尚需要继续求索。因而对此驻足研究、发掘与探析，以便把体育教学认识得更为透彻，把人的教育理解得更加彻底。这无疑是十分重要的，也是十分必要的。

一、人本主义教学观在体育教学的论纲与争鸣

在教育的发展过程中，一般认为，在工业革命初期教育的任务是以积累知识为目的；在工业革命后期教育的任务是把知识更好地变为能力。随着工业革命的进程迈入 21 世纪信息社会，一些教育家开始意识到目前教育这一普遍形式的要求，从根本上说只是要提高社会生产率和劳动质量，满足人类的物质需要。而未来人类社会的发展则要求，以人的个性完善、发展、愉悦和幸福为目的。只有明确人的个性发展，才是人类自身孜孜以求的价值目标。正如斯宾塞在教育论著中所说，"记住你管教的目的应该是养成一个能够独立的人，而不是一个让别人来管理的人。""因为人类完全是在自我教育中取得进步的。"

在这一新思潮的催进下，针对行为主义教学论、认知主义教学论等"设计好教学是学习的标志"，就会自然而然地促进学生的能力发展。20 世纪 60 年代，以马斯洛(Maslow)、罗杰斯（Rogers）为代表的人本主义教学观提出了"教学是人自身的学习，本质上是解放人的一种活动"，"真正的学习经验能使学习者发现他自己独特的品质，发现自己作为一个人的特征"。反对知识至上主义，反对灌输与压制，反对统一的评价，要求教学不是秩序的理性控制，而应是学生"享有"自由的过程。推崇人生来就有学习的潜能，人是学习的主体，自己建构对世界的认识。要求教学的目标既不是教学生学会知识技能，也不是教学生学会怎样学习，而是要为学生提供一种促使他们自己去学习的情境；促进个体学习的自我实现，引导学生从教学中获取个人的意义。正如大卫・杰弗里・史密斯所说："所谓教学，我认为乃指一种关怀。教学隐含着解放的价值关切或人文关怀的意义，

个性自由是教学不可缺的‘调和剂’。”

人本主义教学观体现出只有个性解放的教育才是永恒的追求，体育教育的使命应是解放而不是控制。体育教学的乘数效应不仅仅在于关注教学过程是一个完成知识学习的过程，还是一个蕴含着丰富情感、人生哲理的教育性使命过程。正如教育家杜威所说："给孩子一个什么样的教育，就意味着给孩子一个什么样的生活!"

这一教学观，为体育教学打开了一个新的研究视域窗口，开启了新的路向和使命、责任和判断。启示我们体育教学可以分为三个阶段去实施这一目标：一为运用多样化方法的练习阶段，使枯燥的练习变得津津有味；二为挖掘教学内容的情趣美和着力于教学过程激发学习积极性的阶段，使沉闷的学习变得生机盎然；三为复现知、情、意、行多维知识面孔，让学生“享有”懂、会、乐的学习与体验阶段。正如苏霍姆林斯基所说：“建立学习跟知识之间的和谐，是学校面临的最重要的实际和理论问题之一。”

二、后现代主义教学观在体育教学的论纲与争鸣

纵观人类社会的发展史，人类实践活动可粗略地划分为两种向度，一种是外向度的，即“改造外部世界为实践”；另一种是内向度的，即“改变主观世界为实践”。在工业文明时代，人依附于物，人的内向度实践的每一次进步总是需要靠外向度实践的前进而拉动，外向度的实践是时代进步的先锋和决定力量，带有主导性。然而，当时代跨越工业文明，逐步进入知识时代时，一切都发生了意想不到的变化。“内向度的实践在历史上第一次摆脱了被动适应的地位，开始以一种前瞻性的超越现实的姿态，引导和提携外向度的实践”；即“人类由改造客观世界变为自我挑战、改造主观世界为前提”。对此未来学家阿尔温·托夫勒认为，工业社会的特点是标准化，而知识社会的特点是个性化、多样化、创造性、自主性。

这一视界的萌新，引发人们从关注外向性知识的存在走向内向性知识的思考，从根本上颠覆了人类旧有教育的整体化、同步化的永恒绝对理解方式。要求教育提供更多的个性选择，解释出知识的更大变动性和对一种事物、现象认识的全方位性。

反思 20 世纪以来的教育和课程历程，以重建适合新世纪基于个人发展的课程为己任。如多尔（Doll W. E）、斯拉特瑞（Slattery P.），高夫（Gough N.）等理论家以后现代主义思想为武器，对现代课程理论范式进行了深入的批判与重构，并提出了一些富有建设性的实践建议。如关注学生作为“整体的人”的自由发展理念，注重激发“学习文化”的体验和深层意义；摒弃灌输式，提倡课程多元与回归生活世界，重建合理的师生、生生关系，促进交往对话；寻求个人理解的知识建构，推崇建设富有个性的学校文化。如质疑现代知识的合法性、反对教育秩序的客观性、批判科学理性在教育中的作用、破除教师教育的作用等。虽然不可否认在这些理念中，破多于立，具有相当多的不完善之处。但后现代主义作为一种矗立于时代潮头的大“思想范式”，无疑为我们解放思想提供了一个有益的视角和崭新的尺度。

这一“思想范式”，启示我们从以下路向予以研究应用：

第一，学习是学习者对自身经验的不断认识、反省与改造，因而教学应是个性的、多元性的、开放的。为此，应关注“整体的人”的发展理念，注重激发个性“学习文化”的体验和深层意义。教育培养能够享受体育娱乐、能够理性锻炼、富有个性运动特色的人，

个人经验比知识更重要，教育的可能性取决于个体利用知识以应对现在和未来环境变迁的能力。为此，体育学习应是一种鼓励，是一种愉悦，是一种解放，而不是责备与强制。

第二，学习是境域化的、个人化的，教学是解放，是师生平等的对话，教师是引路者和共同成长的伙伴。为此，体育学习与教学组织的形式要自由组合、自由选择练习手段和自由支配练习时间，体育教学应该让学生感受、体验和理解自主学习的自定目标、自主评价、自我调控。体育教学活动，是师生之间、学生之间交往互动与共同发展的过程。

由上揭示出，21世纪体育教学所倡导的必然是在充分发挥个人主体力量的基础上的积极主动的个性化学习。唯有这种解放人的学习才是体育教学的使命。需要指出的是，人本主义教育、后现代主义教育等解放取向的理解，并不仅仅在于它提出了一种新的解释，更重大的意义在于它给传统体育教育观念带来的巨大冲击，其分析与倡导的个性化、差异性、多元性、开放性等可使我们由独白走向对话的解放性教学路向，可为我们体育教育理论研究与体育教育实践的改革和转换带来新思想、新观点、新活力；能够为我们提供一个从全新的角度来理解21世纪体育教育的路向与使命，进一步推动体育新课程理论与实践的发展。这一点对于我国正在开展的体育新课程具有重大的意义。虽然其理论还有待于进一步研究和完善，但它给体育教育教学带来了崭新的思想，提出了新的尺度，可把我们引向殷切向往的、实现人的个性自由发展的体育教育目的地，这是值得尊敬的，理解和把握这一点无疑是十分重要的。它不仅是现代学校教育的一种努力目标，更是未来学习化社会所必需的一种理念，从而也成为现代教学论的精神之一。”诚如我国学者刑永富所论，人本主义教学观、后现代主义教学观为解决教育现代化三对根本性矛盾——“教育生产性与生态性的矛盾、教育科学性与人文性的矛盾、教育物质性与精神性的矛盾”的失衡与冲突的难题，提供了视域和转换策略，可与现代主义互相补充，解放取向的教学理解的向度和观点如表3—3所示。

表3—3 解放取向的教学理解的向度和观点

向度	解放取向的教学理解的观点	体育教学表征
本体论	教学意义何在，教学不是“传授”“灌输”“塑造”，真正的教学能使学习者发现他自己独特的品质，发现自己作为一个人的特征，而在于“改变你自己”	从群体的教学理解，因材施教的个体教学理解
认识论	学习的最高目标是“解放”“唤醒”“爱”和“引导”，教学活动尽可能地发展学生的个性，强调学生个性的“自我实现”，积极引导学生在经验、知识、理解等方面有所提高，教育学生具有独立的人格以及能力	发挥集体教学的传统，实施自由教学、创生教学、体验教学
人性论	关注学生作为“整体的人”的全面发展理念，注重激发“学习文化”的体验，重建合理的师生、生生关系，实现教学对生命意义的开启	教学不是控制，教学是师生共同的旅游
方法论	教学的目的不是“创造出色的教授”，而在于“相互学习关系的创造”和“高水准学习的实现”；探讨的中心不是教材的解释和教师的技能，而是着眼于每一个学生学习的最大发展区	鼓励多样化的教学，转变学习方式单一的情况，促进学生交互合作的意识
取向	阐述了人的行为和关系的发生机理，完全实现了体育教学不仅是一个完成体育知识学习的过程，还是一个蕴含着丰富情感、人生哲理的全面教育过程。可以站起来说，体育就是教育	

第四章　体育教学工作组织与管理的基本理论

良好的体育教学工作的组织与管理是体育教学质量的重要保证，也是体育教师的能力要求。体育教学工作的组织与管理涉及多方面内容，各方面都应得到妥善的处理。

第一节　体育教学组织与管理概述

一、学校体育组织与管理的基本原理

学校体育组织与管理的基本原理有多种，如人本原理、系统原理、责任原理、动态原理等。充分认识这些原理对体育教学组织与管理具有重要的促进作用。

（一）人本原理

1. 人本原理概述

人本原理注重人的积极性的调动，在体育教学组织与管理中，应注重以人为本。在管理过程中，注重人的各方面需要的满足，促进人的全面发展。

高校体育教学改革要充分体现人本主义观念，即以人为本，要对每一个学生的需求都表示足够的尊重，要对学生的兴趣和动机选择给予充分满足，并实施分层教学，具体要以学生运动技术能力的个体差异为依据进行，鼓励学生坚持学习自己感兴趣的体育课程，对学生的体育潜能不断挖掘，从而不断实现更高的体育教学目标。

在管理系统中，人是管理活动的核心，各项管理手段的运用最终会作用于人，通过人来发挥其相应的作用。因此，在体育教学中，应注重人的能动性的发挥。

2. 人本原理在学校体育教学组织与管理中的应用

在学校体育教学的组织与管理系统中，人本管理原理的应用就是研究和解决如何体现以人为本的思想，使人性得到最完善的发展的问题。具体来说，人本原理在学校体育教学组织与管理中的应用主要通过以下管理原则表现出来。

（1）行为原则

行为是人们思想、感情、动机、思维能力等因素的综合反映和外在表现。意识是人们的内在行为，动作是人们的外在行为。人的动机支配着人的行为，而人的需要又决定着人的动机。行为原则，就是对人的需要与动机进行了解，以人的行为规律为根据来进行管理。对行为原则进行贯彻，必须对人的心理反应进行了解，使人的动机得到激发，以便人的心理适应性得到提高。

（2）动力原则

在体育教学组织与管理中，应运用各种动力，激发学生进行体育的学习。动力有很多

种，包括精神上的和物质上的。物质方面的动力，最常见的就是指奖学金，通过发放奖学金来激励学生进行学习；精神动力则是指运用精神的力量来激发人的积极性，保持对学生的尊重和关心，帮助其建立远大的理想等。

（二）系统原理

1. 系统原理概述

系统原理的重要理论基础是整体效应观点。所谓的系统原理就是通过对系统理论的运用，细致地系统分析管理对象，从而使现代科学管理的优化目标得以实现。因为新的有机整体的形成是系统各要素合理的排列组合的结果，伴随着新整体的构成，新的功能、特性和行为等得以出现，即具备了各要素在孤立状态下所没有的性质，产生了放大的功能，即产生了“1＋1＞2”的效果，因此系统的整体功能之和可以大于各要素在孤立状态之和，且功能的放大程度与系统的规模成正比，即系统规模越大，结构越复杂，系统功能就可能越大。

2. 系统原理在学校体育教学组织与管理中的应用

系统原理要求管理者在学校体育教学组织与管理中必须遵循以下管理原则，以促进学校体育教学组织与管理工作的顺利、高效完成。

（1）“整—分—合”原则

“整—分—合”原则可以简单地概括为整体把握、科学分解、组织综合。遵循“整—分—合”原则要求管理者应做到以下几点：

第一，要树立整体观点。扩大整体效应，实现整体目标是最终目的，但其大前提是整体观点。

第二，正确分解，要明确分解的对象。分解是对管理工作的分解，分解要围绕着目标进行。管理功能要求人、财、物等要素统一，因此必须抓住分解这一关键。

第三，重视分工与协作。分工是非常重要的，还必须进行强有力的组织管理，使各环节同步协调，有计划按比例地综合平衡，既分工又协作才能提高功效。分工要搞好，协作也要搞好，这是对“整—分—合”原则进行贯彻的要求。

（2）相对封闭原则

相对封闭原则是指任何一个系统内的管理手段必须形成一个由连续的相对封闭的回路构成的完整的管理系统，进而才能形成有效的管理运动。一般来说，管理系统存在着两大基本方面的关系：一是本系统内部各要素之间的关系；二是它与外部相关系统之间的关系。学校体育教学组织与管理系统内部形成有效的管理运动，必须使系统内的管理手段、措施构成一个连续的封闭回路。

（三）动态原理

1. 动态原理概述

动态原理是对管理对象的变化情况进行及时把握，对各个环节进行不断调节，以使整体目标得以实现的规律概括。任何一个管理目标的实现都是不易的，因为人、财、物、时间、信息等管理对象是不断变化的，处在不断发展的过程中，随着管理对象的变化，计划、组织、控制、协调等各个环节也必须相应地进行变化，以对管理对象的变化进行动态地适应，从而使管理目标的实现得到保证。

2．动态原理在学校体育教学组织与管理中的应用

（1）保持弹性

管理系统受多种因素的影响，各因素之间的关系也具有复杂性，在管理中对所有问题的各种细节进行正确把握是很困难的，因此在管理过程中必须留有余地，保持一定的弹性，以适应客观事物各种可能的变化，保证管理活动的正常进行，这就是弹性原则。在管理中如果弹性较小，其原则性就较强，适应能力就相对较弱；如果弹性较大，其适应能力就较强，适应环境就较快。因此，弹性大小的确定没有一个绝对的标准，要以不同的管理层次要求、不同的管理对象和不同的管理目标为主要根据。一般来说，管理弹性可以分为局部弹性和整体弹性，也可以分为消极弹性和积极弹性。在学校体育教学组织与管理实践中，既要注意局部弹性，又要注意整体弹性，要采取遇事“多一手”的积极弹性，避免遇事“留一手”的消极弹性。

（2）重视反馈

系统把信息输送出去，又将其作用结果反送回来，并对信息的再输出起到调节控制的作用就是反馈。重视通过反馈来控制管理的过程具体是指通过信息的反馈，对管理者未来行为进行控制，使行为不断逼近管理目标的过程。只有通过不断的反馈，才能促成管理目标的实现。

（四）竞争原理

现代社会竞争无处不在，在竞争的过程中，人们不断取得自身的进步。对于体育运动来说，竞争更是其突出特征，在体育教学组织与管理中处处存在竞争，时时有竞争。有竞争就有压力，有压力就要奋斗，就要拼搏。实践证明，竞争可以激发个体的工作热情，激发个体的进取精神，充分挖掘个体的潜能，从而能够促使个体创造性地工作，去克服各式各样的困难；此外，竞争还可以使组织集体充满生机和活力、促进内部团结、增强团队凝聚力。

在学校体育教学组织与管理过程中，应用竞争原理时应注意以下几个问题：

第一，竞争的同时应相互交流、提高。竞争原理强调竞争过程中的互相交流和互相提高。增进参与人员之间的友谊、团结与合作，并培养其团队精神是任何体育竞争行为的目的。

第二，评价或制裁要公平、公正。竞争和评价、制裁是同时存在的。评价或制裁的标准应采用定性和定量相结合的方法，尽量采用定量，标准要做到公平、公正，只有这样才能保持竞争的良性循环。

二、体育教学工作组织与管理的具体内容

（一）体育教学过程管理

体育教学组织与管理的目的在于提高教学质量，保证体育教学目标的实现。合理的体育教学组织与管理有利于教学秩序的稳定和教学质量的提高。体育教学组织与管理主要包括以下方面。

1．体育教学计划的组织与管理

体育教学计划是体育教师根据相应的体育教学文件以及学校的体育教学工作而制定的

准确的体育教学文件。体育教学计划主要包括学年教学计划、学期教学计划、单元教学计划和课时教学计划。体育教学计划是体育教师根据国家的教育方针和《体育（与健康）课程标准》，通过结合本校的实际制定的体育教学工作文件。学校的体育教学计划是教师开展各项教学活动的重要依据，一般对其的管理包括三个方面：对制定体育教学计划的管理、对实施体育教学计划的监督和调控、对体育教学计划的执行状况进行考评。

2. 体育课堂教学的管理

体育课堂教学中，教学组织形态的选择对教学效果具有重要的影响。良好的体育教学组织形态能够促进学生的人际交流，激发学生的学习心理，并符合教材的特性。

各项体育教学活动多是以课堂教学的形式开展起来的，课堂教学是体育教学工作的重要组织形式。对体育课堂教学的管理是学校体育教学组织与管理的中心环节，对其管理的主要内容包括：确定班级形式、编制教学课表、制定课堂常规、备课与上课、体育课成绩的管理等方面。

（1）确定班级形式

在体育教学过程中，班级是其基本组织形式，各项体育教学活动都是以班级为单位而开展的。编班和班额对于保证体育课的教学质量具有十分重要的作用。编班方式应根据学校的体育设施条件和师资力量情况进行，还可采用俱乐部教学形式，还应根据具体的项目特点来确定班额。体育教学的班级编制多种多样，可把一个年级的学生编制为若干个班级，也可将两个班级编制为一个复合式班级。另外，可根据学生的运动水平、运动兴趣以及性别等标准来划分班级。

除了班级教学的教学组织形式之外，分组教学也是重要的教学形式。分组教学是将班级分为若干个小组，教师根据小组的特点进行相应的教学指导。分组教学又可分为同质分组和异质分组：所谓同质分组是在分组之后，同一小组内的学生在体能、技能和兴趣爱好等方面大致相同；所谓异质分组则是将不同体质、运动水平的学生分为一组，便于两组之间开展竞争。

（2）编制教学课表

编制教学课表对提高教学质量和教学效果具有重要的意义，在编制教学课表时，应注意体育课之间的时间间隔，并合理分配相应的场地和器材。在教学实践过程中，为了弥补教学场地和器材的不足，可将同一进度的班级分别排到不同的时间进行相应的教学活动。

（3）制定课堂常规

课堂常规是体育教学组织与管理的重要依据，对于师生的教学活动具有一定的约束和规范的作用。良好、规范的课堂常规有助于形成良好的课堂教学秩序，对于教学活动的开展以及学生良好的思想品德的形成等都具有良好的促进作用。课堂常规是多方面的，包括道德常规、秩序常规、人际常规、安全常规和学习常规等内容。

制定规章制度是体育课堂教学组织与管理的重要手段，对体育课堂纪律的维持具有重要的作用，它可以维护体育教学的和谐关系，也可以保证体育场地器材的正确使用，并为每个人提供了体育教学日常的行为规范。

规章制度的合理制定是前提，严格执行是根本。这就要求规章制度在制定完成后要将制度中规定的要求在课堂教学中严格对照实行。所以，在制定规章制度时，应特别注意以下几个方面的要求。

①规章制度应具有合理性。在制定规章制度时要考虑到学生的年龄和能力，要能被学生所理解和接受。在体育课中，安全制度的制定是最重要的。

②规章制度应具有可实施性。制定的规章制度必须是可操作的，能够贯彻和执行的。

③规章制度应具有一致性。体育教学中的每项规定必须明确。

④制定的规章制度要力求简洁明了。规章制度不能模棱两可，而应该清楚地说明做什么、该如何做。

（4）维护课堂秩序

①体育课应建立明确的规范和学习常规。为保证体育课堂教学的有效性，体育教师应该给学生建立一个明确的规范和学习常规。体育教学常规必须要符合学生和学校的实际，并具有教育性。

②学生应严格遵守课堂常规。体育规章制度制定后，学生应严格遵守教师制定的课堂常规。体育教师应注意不能意气用事，而应根据规范采取行动。体育教师应合理使用指导与指令。在体育课堂上，体育教师应合理使用指导与指令，能够明确地指导学生应该做什么、不应该做什么。体育教师能够清晰准确地为学生提供体育学习的具体目标、内容、方法等方面的信息。使学生对学习什么、如何学习等都有一个较为清楚的认识和了解。

③体育教师应善于集中学生的注意力。在体育课堂教学中，体育教师能够将学生的注意力集中在相关的学习内容上，在体育教学活动转换的过程中，体育教师能够及时准确地发出信息，使学生能够更好地明确体育教师的意图，跟上体育教学的进度和安排。

（5）体育课成绩的管理

在对体育课的成绩进行管理时，体育教师应对体育成绩的考核形成正确的认识，将相应的考核作为提高教学效果的重要手段，并制定科学、合理的考核体系，对学生的学习进行客观的考核。在考核中应重视学生平时学习态度的评价；处理好病伤学生的缓考与补考以及残疾学生的免考；做好及时登记、计算、汇报成绩等方面的工作；为改进考核内容、标准、办法提出意见或建议。

3．体育教学质量评估

在对教学质量进行评估时，应根据一定的质量标准对体育教学的质量及其优劣进行评估。通过对教学质量和教学效果进行评估，有助于体育教学的管理者更加科学、全面地了解体育教学工作开展的实际状况，对于教学质量的提升并为相应的方针政策的制定提供科学合理的依据。针对体育教学质量进行的评估是多方面的，具体可分为领导评估、专家评估、校际评估、自我评估和受教育者评估等多种类型。

4．意外伤害事故管理

在现代体育教学实践中建立风险处理机制，能使体育教学始终保证在安全的基础上进行，具体来说，学校应根据风险可能发生的几率和严重程度做出不同程度的判断，建立可靠的风险处理机制，将可能发生风险的因素降到最低。

一般来说，风险由客观事物和人为主体构成，具体如下。

（1）客观事物构成的风险

这主要是指体育教学周边环境所带来安全隐患的风险。例如，在每堂体育课程开始之前，体育教师、场地或器材的管理人员要对所用器材进行全方位的检查，如篮球架是否牢固、单双杠是否结实、场地周边是否有障碍物或利器等。

(2) 人为主体构成的风险

这主要是指由于学生安全意识不强、身体状况不适、对于所学运动技能的掌握不扎实等导致的运动中出现错误动作而引发受伤等安全隐患的风险。例如，学生在体操课上练习倒立动作，由于没有掌握正确的保护动作而使颈部重重着地，造成严重的颈部伤病，或在足球运动中运用不正确的铲球动作导致手腿部损伤等。

在对人为伤害进行管理时，应强化“预防为主，安全第一”的思想意识，在此基础上采取各种有效措施，确保将各种安全事故的发生率降到最低。另外，在相应的事故发生时，还应做好意外伤害事故的现场处理及管理。和其他学科的教学内容不同，体育教学的主要授课内容几乎全部是以身体运动为主。因此，在体育教学过程中，应加强对学生的安全管理，对学生的每一种行为都要严格观察，随时排除风险隐患。

体育教学活动中的意外伤害事故的预防措施主要包括：确保教学活动的各项场地设施和设备符合国家相应的安全标准；学校应采取相应的监督措施，确保教职工能够采取相应的措施预防和消除可能造成学生人身伤害的危险；学校还应建立健全各项管理和保护学生安全的各项规章制度，并且应保证各项规章制度能够得到严格的执行；另外，在开展相应的体育运动竞赛时，还应制定严格的安全检查流程，确保各个环节的安全。

在发生意外事故时，应进行正确的判断，并做出及时的应对和抢救措施，还应做好相应的通报和信息发布工作，稳定师生和家长的情绪，并从源头上消除谣言传播的可能性。

(二) 体育教学的课程管理

我国的体育课程管理实施三级管理体制，即国家、地区和学校三级管理。三级管理体制不仅有助于国家对体育教学工作的宏观筹划和管理指导，还能够更好地发挥地方和学校的自主性、积极性和灵活性。

1. 国家对体育课程的管理

国家对体育课程教学的管理表现为：教育部对体育教学的基础教学课程进行规划、确定相应的课程内容标准、并制定相应的课程管理政策。具体而言，教育部制定的《体育(与健康)课程标准》对课程的内容提出了总体的要求，但是并没有做出明确的、具体的要求，这给地方和学校留下了可供选择的空间。

2. 地方对体育课程的管理

地方一级管理部门对体育课程的管理如下：地方教育行政部门以国家课程管理政策和本地实际情况为依据，制定本省（自治区、直辖市）课程计划和标准。地方教育行政部门根据《体育（与健康）课程标准》与本地区的具体情况，制定出本地区的课程实施方案，报教育部备案，并在本地学校中组织实施。

3. 学校对体育课程的管理

学校根据国家相应的体育教学的规定以及地方的要求，结合本校教学水平以及学生的实际情况来确定相应的体育教学的内容，合理开发和选择多种体育教学的课程。其对自身的体育教学课程的管理内容为：学校根据上级的课程方案，结合本校实际，选编符合本校实际的体育课程教学方案并组织实施。

（三）教学信息的组织与管理

教学信息的管理需要教学得到高质量的评价，并且能够得到相应的反馈。应在充分发挥学生的主体地位的基础上，优化信息传播的结构，使得教学信息能够快速得到传递，并且能够及时得到反馈，师生之间形成良好的协调配合。因此，在体育教学中，应注重教学信息的科学管理。

在课程的开始部分，教师首先应简明扼要地向学生说明本次课的基本任务，并根据课程目标来安排相应的准备活动。在课程的基本部分，尤其是基本部分的前半段，教师的讲解较为重要；在课程的后半部分，讲解要有针对性，练习较为重要。在课程的结束部分，教师对学生进行相应的点评。

（四）学生体质与健康管理

增强学生的体质和健康是学校体育教学的重要任务之一，对学生体质与健康管理的基本要求有如下几方面。

1. 建立健全组织机构

学校应建立健全学生体质与健康检测的组织机构，定期对学生的体质健康状况进行检测，并将其纳入具体的体育工作计划之中。一般对学生的体质健康状况进行检查的内容包括：学生的身体形态发育状况、生理机能以及身体素质与运动能力水平。

2. 建立各项管理制度

对学生体质健康状况进行管理，应建立相应的学生健康管理制度和伤残、体弱学生的体育活动管理制度，切实增强学生的体质和健康水平。在体育教学过程中，应严格按照相应的管理制度开展相应的活动。另外，还应建立学生健康档案，进行编写、登记，便于随时查阅。

3. 加强对学生健康教育

加强学生体质与健康方面的宣传和教育工作，如卫生与生活习惯教育、心理卫生教育、性教育等，通过丰富多彩的形式进行健康教育，吸引学生参与其中。

4. 开展检查评估

要对学生的体质与健康状况进行经常性的检查与评估，并进行深入的分析和研究。针对研究的结果开展相应的宣传教育，并制定有针对性的措施，改善和增强学生的体质健康水平。

（五）运动负荷的组织与管理

体能与身体健康状况具有重要的关系。在体育教学过程中，可通过各种体育游戏、身体素质练习以及技能练习等来促进学生体能的发展。通过对人体施加一定的运动负荷，能够促进人体的适应性改变，从而促进人体体能的增强。体能的发展并不是一朝一夕能够完成的，需要学生积极主动地进行锻炼。

体育教师应调动学生参与体育运动的积极性，组织学生进行身体锻炼，使得学生在承受相应的运动负荷的同时，真正体验到运动的乐趣。体育教师应根据学生的具体情况，选择合适的练习内容，确定符合学生生理状况的运动负荷，促进学生体能素质的发展。

（六）体育教学的财物、环境的管理

财物是体育教学顺利开展的重要保证，对其进行管理包括对体育经费的管理和场馆器材的管理两方面。

1. 体育经费管理

在体育教学过程中，应对经费进行合理计划、使用，进行科学监督，加强经费的经济核算，提高管理水平，为学校发展提供必要的经济保障。应按照相应的财政法规制度，对学校的各项经费进行预算。

2. 场馆器材管理

对场馆器材的管理要做到：计划配置、合理保管、充分利用、科学保养，保证体育教学过程中场地器材的使用。具体而言，包括场地设施管理以及器材设备的管理两方面内容。

（1）对场地器材设施的管理应建立相应的管理制度和使用计划，体育场地设施的管理制度包括场地使用规定、场地管理人员岗位责任制、场地目标管理条例等。使用计划包括训练、教学、竞赛、维修等方面的计划。

（2）对体育器材进行管理时，应对相应的器材设备进行登记保管，并注意定期保养和补充，在使用时应按照规章制度进行领用或借用。

三、体育教学组织与管理的基本要求

（一）明确体育教学的目标

1. 为学生制定明确目标

在体育教学中，一旦学生确立了目标，就会更加主动地去实现它，这会激起学生强烈的学习动机。因此，为学生制定明确的学习目标对提高学生学习的积极能动性是至关重要的。

2. 确保目标的实现

体育教师在制定学习目标时，应确保目标能够实现，并使学生相信目标是可以达到的。虽然不一定很容易就能达到目的，但是学生应该有机会和潜力实现。

3. 为目标制定具体的步骤

在制定学习目标时，体育教师要帮助学生为目标制定小的、可以实现的具体步骤。长期的目标需要被分成一系列更小的短期目标，每个小目标的实现可以被看作是学生向整体目标迈进的一步。当目标被划分为可以完成的小目标时，似乎更容易达到。

4. 为目标制定切合实际的实现时间

体育教师在设置实现目标的具体时间时，要以能促进体育教师和学生进行计划和组织为标准进行设置。实现时间也可以被看作成功地实现短期和长期目标的参考，同时是评价学生是否按时实现目标的标准之一。

5. 为实现目标做好详细记录

在实现目标的过程中，应对实现目标做好详细的记录。这样可以使目标更清楚易懂，易于让学生对目标进行组织、安排。这样做有利于学生将目标内在化，成为其主观意识。这一目标应该贴在学生能够看到的地方（在保证安全的情况下），并将已实现的短期目标划掉，这样做会收到意想不到的教学效果。

（二）促进学生自我认识能力的培养

培养学生正确认识自我的能力是激发学生取得成功的关键。体育教师应提高学生的自我期待值，学生自我期待值的提高有利于促进学生体育学习，提高自信心。体育教师要为学生提供指导和鼓励的信息，在给学生提供的信息中，首先是自我意识，即提高学生的自信心、自我期待值，充分激发与调动学习热情；其次为学生提供与运动技能认知概念相关的信息。体育教师通过这种方式，激发与调动学生学习体育的积极性和自信心。

教师应根据学生的实际能力，调整学习目标；了解学生的身心准备；帮助学生设定具体、合理的体育学习目标；给学生充足的学习与练习时间；合理安排时间，设定具体时间段，使学生有可供利用、做自己事情的时间；建构鼓励、支持学生体育学习的身心环境；当学生身心发展都达到一定程度时，帮助他们再进一步；为学生准备各种情景训练，以使他们在遇到突发或特殊情况时能应对自如等。

（三）促进体育教学水平的提高

现代体育教育是教育的一个重要组成部分，因此，现代体育教学的组织与管理也必然具有一定的教育性。我国体育教育教学的总体目标是“以人为本”，因此，现代体育教学组织与管理也应突出“育人”的特点，在育人的基础上去调动学生的积极性、主动性。

为获得优质的教学效果，体育教师需要用系统的思想和方法，综合、分析和研究体育教学的各个组成因素以及它们之间的关系。体育教学的组织与管理活动应促进体育教学实践的开展，为教学目标的实现、教学任务的完成以及教学过程的顺利实施提供前提和保障。

第二节 体育教学组织与管理的方法

一、宣传教育方法

宣传教育方法是通过宣传和教育等方式，使人们围绕着共同目标而采取行动的一种方法。宣传教育方法有着一定的依据，其客观依据就是人们对思想活动发展规律的正确认识。在现代体育教学组织与管理中，采用灌输、疏导和对比等教育工作方法是使管理目标得以实现的有效方式，这些方法可有效激发行政管理人员、教练员和运动员的工作热情，是各项工作开展的前提。另外，宣传教育方法对其他管理方法的综合运用起着传播、解释的优化作用。

宣传教育方法的特点与作用主要体现在以下几个方面。

（一）注重疏导性

宣传教育方法的疏导性主要表现为通过宣传教育的方式，动之以情、晓之以理，启发人们的自觉性。针对被管理者的思想问题，必须正视，不能回避。因此需要进行因势利导，才能达到教育的实效。

（二）宣传教育的先行性

宣传教育的先行性主要体现为以下两个方面：通过宣传教育，被管理者可以对管理方法和决策有充分的了解，同时可以思考自己如何配合行动；在管理过程中各项决策实施之前，通过宣传和教育，还可事先预测到人们可能产生的各种反应，制定相应的宣传教育措施予以预防，从而强化其正面效应，抑制可能产生的不良效应。

（三）宣传手段和方法的灵活性

宣传教育的灵活性主要体现为：由于时期和管理对象不同，思想基础、性格类型、价值观念和需求等方面也存在着差异，宣传教育工作需要依据不同的时期和不同的管理对象，对宣传教育的内容和重点、形式和手段进行确定，保持灵活性和针对性。

（四）宣传教育具有一定的滞后性

由于人们的认识和思想是对客观事物的反映，所以只有在事情发生之后或有些苗头的时候，才能对被管理者进行一些思想教育工作。滞后性对管理者有着一定的要求，管理者要从实际出发，科学地、正确地分析已经发生的问题，做到以理服人，这样才能使思想教育真正落到实处，使人们的动机从根本上得到激发。

通过宣传教育，既可激发学生参加体育活动的热情，指导学生自觉、主动地参加运动锻炼，还可调动学生体育工作各方面的积极性，从而推动学生体育工作的广泛开展。实践证明，对有关学生体育的方针、政策、规章制度等执行的好坏，与对其所做的宣传是否得力有关。尤其对正处于受教育期的学生来说，只有加强对他们的体育宣传教育，才能取得更好的效果。因此，要通过班会、周会、板报、墙报、电视、广播、期刊报纸以及各种类型的体育娱乐、竞赛与表演活动等方式，大力进行体育宣传，教育学生积极参加体育运动锻炼，促使学校相关领导、管理人员和广大体育教师重视学生所参加的体育活动或工作，这样不仅能提高教学管理的水平，对学生自身的发展也有重要的意义。

二、行政方法

所谓行政方法，是指依靠各级管理机构和领导者的权力，运用行政手段，按照行政系统规范进行管理活动的方法。行政方法是由行政管理系统采用命令、指示、规定、指令性计划和职责条例等行政手段，对其各子系统进行调节与控制的一种方法。由于该方法上下级之间的关系非常清晰，上级发布命令，下级服从上级，因此，行政方法的运用应遵循本部门的实际和管理活动的规律。同时，行政方法的运用也对上级领导者的领导素质提出了较高要求，不仅要求领导者具备较高的理论政策水平，而且还应具备较强的组织管理能力，以有利于体育教学组织与管理质量的提高，促进组织与管理的功效，促进体育教学目标的实现。

行政方法的特点主要表现在以下几个方面。

（一）权威性

在体育教学组织与管理过程中，行政方法是否有效，所发出指令的接受率以及上下级之间的沟通，在很大程度上取决于管理者的权威。因此，不断地完善和健全各级体育教学组织与管理机构，强化职、资、权、利的有机统一，努力提高各级管理组织和管理者的权威性，是行政方法得以有效运用的基本条件。

（二）纵向性

行政命令的传达执行通常是通过垂直纵向逐层进行的，很多时候，下一层次只听上一层次的指挥，对横向传来的命令、规定等，基本上可以不予理会。因此，行政方法的运用通常表现为上级对下级的指挥和控制，其强调纵向的自上而下，反对通过横向传达命令。因此，行政方法还具有纵向性的特点。

（三）强制性

行政方法具有一定的强制性，这主要是因为行政方法是通过各种行政指令来对管理对象进行指挥和控制的，这些指令是上级组织行使权力的标志，下级必须贯彻执行。需要强调的是这种强制是指“非执行不可”的意思，与官僚主义的强迫命令有很大不同，它对人民的要求是在思想上和行动上服从统一意志，强调原则上的高度统一。

（四）针对性

在运用行政方法时，应依据不同的管理对象、目的和实践进行有针对性的改变，其针对性主要体现在实施的具体方式、方法上。由此可以看出，行政方法也具有一定的局限性，往往只对某一特定时间和对象有用。由此，我们可以得出结论，在运用行政方法进行管理活动时，既不能把它看成是唯一的方法，也不能不顾对象、目的和时间的不同而滥用。

（五）稳定性

行政方法具有相对稳定的特点，这主要是因为行政管理系统具有严密的组织结构、统一的目标、统一的行动、强有力的调节和控制，对于外部因素的干扰具有较强的抵抗作用。

三、现代管理方法

（一）奖惩法

奖惩法是指在体育教学中运用表扬、奖励先进学生，批评、惩罚落后学生的方式来管理学生的方法。奖惩法如果运用得当，能很好地提高教学的质量和水平。正确地运用奖惩法应注意以下两点。

1. 要全面实行表彰和奖励

第一，要表彰和奖励在课堂上表现突出或在各种竞赛上获奖，以及成绩进步迅速的学生；第二，要表彰和奖励积极参加体育运动锻炼的学生。

2. 奖励与惩罚相结合

奖励和惩罚要做到赏罚分明，学生取得成绩时要受到表扬和奖励，学生犯错时要给予批评和惩罚。

（二）隐性管理法

隐性管理法是指教师依据课时计划进行教学目标控制、教学过程控制和教学效果控制之外，间接影响学生心理状态和行为的控制方法。在体育教学中，如果隐性管理运用得当，会对学生起到潜移默化的作用，从而提高教学的质量和水平。隐性管理主要包括以下几种方式。

1. 动作启发法

在体育教学的过程中，体育教师的手势、走动以及各种表情动作等都传递出一定的信息，学生接收到这些信号，就会做出改变。体育教师的手势具有一定的引导作用，手势动作成为辅助体育教师课堂管理的语言的外部表现形式；体育教师的面部表情也有一定的潜在的调控作用，如表现理解的微笑和思考式的点头则表示教师对学生的鼓励和期待；表示满意的微笑和赞许式的点头，则表示出教师对学生所做行为的肯定，师生之间的这种默契的互动能形成良好的教学氛围，提高教学的质量。

2. 情感交流法

在体育教学中，有一部分学生经常会出现一定的负面情绪，如怕学、厌学等。这些负面情绪对教学质量的提高将产生直接的不良影响。这些负面情绪的产生，原因有很多，但最主要的原因还是教师讲课缺乏生动性和趣味性，难以引起学生学习的兴趣，也就是说教学缺乏情感，师生间的互动不够。因此，作为一名优秀的体育教师，在课堂上必须要善于通过情感交流，去完成预定的教学计划，从而达到既定的教学目标。

3. 语气引导法

语气引导法是体育教学中教师常用的方法之一。在体育教学过程中，教师把声音的音质、音量、声调、语速和节奏等加以组合变换，融声、色、情为一体，并运用到语气上，能对学生产生一定的诱导性影响，帮助学生将注意力集中在技术动作学习上。

在教学过程中，体育教师主要通过身体行为和有声语言来传递自己的思想和信息，而通过情感、动作、语气等的运用，能及时纠正课堂上出现的各种偏离现象，从而保证教学活动的顺利进行。

（三）柔性管理法

柔性管理是一种现代管理的方法，它是相对于刚性管理而言的，倡导采用非强制性方式，对人的心理施加潜在的影响，管理者的主要职能表现为协调、激励和互补等。柔性管理更加人性化，便于组织和管理。柔性管理在体育教学中主要表现为以下几方面。

1. 个体重于群体

学生个体具有很大的差异性，这就要求在体育教学中应分别对待。“一刀切”的教学方法不可能实现因材施教，促进学生的共同发展，而柔性管理的运用，能很好地解决这一问题。

2. 肯定重于否定

心理学认为，“尊重”是人的基本需求，包括别人对自己的尊重，如支持、赞美、接受等。如果人在这方面的需求得不到满足，就会产生自卑、软弱心理。在教师对学生进行管理时，特别是在对其进行评价时，应注重对其进行积极的肯定，使其心理得到一定的满足。具体而言，在进行柔性管理时应注意以下几个方面。

（1）注意刚柔互补

刚性管理强调规范性和强制性，这种管理方法可以确保教学过程有章可循，目标明确，可操作性较强。但是思想过于保守，传统守旧，容易陷入机械化和简单化，而柔性管理则能弥补这一方面的不足，配合使用，能收到良好的效果。

（2）注意柔性管理效果的滞后性

在刚性管理中，管理者的意志与被管理者的执行是同步的。而在柔性管理中，被管理者的执行明显落后于管理者的意志。

（四）其他管理方法

1. 加强学生自身的管理，让学生管理学生

让学生进行自我管理是一种良好的方法，通过建立相应的学生自我管理体制，不仅能够实现学生能力的发展，还能够减轻教师的工作量。这种管理方式还能够在学生之间形成

良好的氛围，并且相对自由灵活，更加易于管理。学生通过自我管理，能够发挥其积极性，并且能够充分发展其在管理方面的能力，这对于学生的全面发展具有重要的意义。

2. 加强家庭、学校、社会的全方位管理

体育教育管理需要学校、社会、家庭等各方面进行积极的配合，这样才能够实现更好的管理。因此，在体育教学组织与管理过程中，学校的相关管理部门应积极联系家长，保持良好的沟通和交流，使得家长能够了解到学生的学习动态，并且能够对体育教学提出相应的意见和建议，从而促进体育教学组织与管理的优化发展。在体育教学组织与管理过程中，还应积极听取专家和学者的意见和建议，对教学组织与管理进行科学的改进。

3. 进行感情交流，实行感情管理

热爱体育运动的学生，其性格大多乐观开朗，能够与他人建立良好的关系。因此，这类学生和体育教学之间很容易形成良好的关系。在进行教学组织与管理时，教师可与学生进行主动沟通和交流，解决学生的现实问题，从而能够有的放矢地开展管理工作。

第三节　体育教学组织与管理的基本内容

一、体育教学组织与管理的总体要求

体育教学的组织与管理过程是一个复杂的过程，需要进行周密的安排，并且要求各方面之间进行密切的配合，这样才能够保证体育教学活动的正常开展。一般可将体育教学组织与管理的过程概括为“制订计划—安排实施—再制订计划—再实施”这样一个连续发展的过程。

（一）加强体育教学的全面质量管理

体育教学活动管理的最终目的，就是不断提高体育教学的质量，加强体育教学的全面质量管理，不仅需要落实到体育教学活动的全过程中，还要落实到学校教学组织与管理的所有环节中。具体而言，就是要强化体育教学活动的全过程的质量管理和加强体育教学的全员性质量管理。

（二）突出体育教学活动的专业化特征

体育教学活动具有很强的专业性，这就要求我们能够把握体育教学的机制，进行渗透化管理，并经常检查管理的效果，从而建立科学、有效的教学组织与管理制度。与此同时，学校还应使体育教师的管理主体作用得到有效的发挥，同时控制好其他的教学因素，并注重教学活动的各种信息反馈，保证体育教学活动能够正常、顺利地开展。

（三）形成体育教学组织与管理的方法特色

经过不断研究与实践，当前我国已经基本形成了一些体育教学组织与管理的特色，如在指导思想的管理上，把育体与育心、社会需要与学生需要、校内体育教育与社会终身体育结合起来；在教学内容的管理上，将民族性与国际性、健身性与文化性、实践性与知识性、统一性与灵活性结合起来；在教学的宏观控制上，把行政管理与业务督导、统一要求与分类指导、基本评价与专题及特色评价结合起来；在教学过程的管理上，把教师主导作用与学生主体作用、以理施教与以情导教、教学的实效性与多样化、严密的课堂纪律与活

泼的教学气氛、激发学生兴趣与培养刻苦精神结合起来，这些都体现了我国体育教学活动管理的总体要求，即形成体育教学组织与管理的方法特色。

二、体育教学组织与管理的计划

在制定相应的体育教学组织与管理计划时，应对学校体育教学的各项工作进行科学考虑、合理安排。各项管理计划的制定，既要保证能够充分调动各方面的积极性，又能够促进教学质量的逐步提高。具体而言，学校体育教学组织与管理的计划包括以下几个方面。

（一）体育教学计划

1. 体育教学工作计划

体育教学工作计划是贯彻国家制定的体育教学大纲和教材、科学地安排整个教学工作、顺利完成教学工作目标不可缺少的文件，是体育教师进行体育教学的主要依据。它包括全年教学工作计划、单元教学计划和课时计划等。

2. 学年体育工作计划

学年体育工作计划是在长期规划的基础上，概括国家的教育和体育方针、上级领导机关的指示精神、学校工作的中心任务及要求，在总结上学年或上学期体育工作的基础上，结合学校体育工作的实际情况制订的。

3. 课外体育工作计划

课外体育工作计划是学校体育工作计划的一个重要组成部分。它包括全校课外体育工作计划、班级体育锻炼计划和个人锻炼计划等。学校应结合本校实际与学生的具体情况来安排相应的课外体育工作计划。

（二）业余运动训练计划

学校业余运动训练是学校体育的一项重要任务，积极开展业余训练可以增强学生体质，提高运动技术水平。它可以分为个人训练计划、集体训练计划、学年训练计划、阶段训练计划、周训练计划、课时训练计划等。业余训练计划是增强大学生运动员专项素质的重要保证，应针对大学生运动员的运动特点合理制定计划。

（三）运动竞赛计划

运动竞赛计划是检查教学质量、衡量运动训练水平、选拔优秀体育人才的重要手段。它包括年度竞赛计划、学期竞赛计划。制订运动竞赛计划时应考虑和上级竞赛计划相吻合，在时间安排上要尽量利用节假日时间，在项目安排上除考虑竞技体育项目外，还要考虑到学生喜闻乐见的项目。

（四）教师培训计划

时代总是处于不断发展变化之中，这就要求教师在教学过程中不断学习新的知识，不断提高自身的素质。在制订教师培训计划时，要考虑到每个教师的业务水平及学校体育的发展水平、年龄层次，要结合教学的实际情况，在不影响教学的情况下轮流培训。教师培训计划是增强教师素质的重要形式，同时，还应加强教师思想意识的发展，促进其自我提升。

（五）场馆、器材使用计划

制定场馆建设、维护和器材购买、维修计划，应考虑到学校体育的发展情况，同时要考虑到实际情况，合理地配置有限的财力、物力资源。场馆、器材计划制定的最低限度是保证各项教学活动能够正常开展。

三、体育教学组织与管理的检查与评价

学校体育教学组织与管理的目标能否实现，以及相应的体育教学计划能否正常执行，在很大程度上决定着能否对体育教学组织与管理的过程进行有效的控制。在高校体育教学过程中，经常会出现原有的工作计划与现实情况发生矛盾的情况，这时就需要采取相应的措施保证体育教学组织与管理目标的实现。如果无法发现其中的问题，并且不能及时进行必要的信息反馈，就无法消除问题，从而影响体育教学效果，不利于体育教学目标的实现。学校体育教学组织与管理的检查与评价，是全面贯彻党的教育方针，实现学校体育目标的重要措施。

在对体育教学组织与管理工作进行评价时，其具体步骤如下。

（一）明确体育教学组织与管理评价的目的

解决为什么要进行评价是进行体育教学组织与管理评价的首要环节。而且，任何一项体育教学组织与管理评价活动，都是在一定的目的指导下进行的。体育教学组织与管理评价的具体目的不同，评价的内容、组织形式和方法也不同。

（二）成立评价小组或评价机构

体育教学评价小组或评价机构是体育教学组织与管理评价的主体。成立体育教学组织与管理的评价小组或评价机构时，要依据具体的情况确定组成的性质、规模及其人员组成。体育教学组织与管理的评价小组或评价机构可以是具有长期的连续性和稳定性的，也可以是临时性的。但是，无论是什么样的评价小组或评价机构都必须要具有权威性。体育教学组织与管理的评价小组或评价机构一般由分管领导和专家组成。

（三）制定评价标准和指标体系

确定体育教学组织与管理的评价目的之后，就需要解决评价什么的问题了，也就是对体育教学组织与管理的评价目标进行分析并使之具体化。体育教学组织与管理的评价者要对评价指标进行认真研究，并尽量通过试评获取典型或实例，以便统一尺度，进而制定合理的体育教学组织与管理的评价标准和指标体系。

（四）收集体育教学组织与管理的评价信息

收集信息也是实施体育教学组织与管理评价的一个重要环节。在高校体育教学评价过程中，收集信息的方法主要有以下几种。

1. 观察法

评价者依据指标内涵的要求和评价对象的特点，有目的、有计划地直接进行自然状态下或控制条件下的观察进而获取评价信息资料。

2. 问卷法

评价者通过书面调查来了解评价对象，从而获取评价信息。

3. 访谈法

评价者依照访谈提纲，通过和评价对象面对面谈话或者是小组座谈会的方式直接搜集信息。

4. 测验法

评价者依据评价内容编制一定的等级量表和标准的试题，用以收集评价信息。

5. 文献法

评价者通过查阅与评价对象有关的文字记载的材料，进而收集评价资料。

（五）判断体育教学组织与管理的评价结果

在收集到了有关评价对象的资料后，就要对其进行加工处理。只有依靠对评价资料的加工处理（反馈评价结论、意见或建议），才能做出科学的、正确的判断。同时，指出评价对象的优点及其存在的问题，并分析原因，进而提供改进办法和措施。在实施评价的过程中如发现方案有缺陷，必须及时修正。

第五章　体育教学形态的变革与争鸣

教学的变革与争鸣是体育教育的运动表现形式与作用方式，是对体育教育的一种具体化的理性认识活动，烙印着教育的转向和发展。它反映和表现着体育教育发展的可持续指向，验证着教师是传统还是现代教学的思想和行为，可为教师将教与学的策略运用到具体教学活动中提供选择性指向。从系统论来看，任何系统都是一定形态的集合，又在一定的形态中运行、延续、演化，不存在没有形态的系统。因而，教学是体育教育形态构成集合的总称。因此，研究教学必须研究它的系统以及它同形态间相互作用的方式。例如，教学关系着重解决为什么而教的问题，学习方式重点解决机体怎样学的问题，教学方式主要解决怎样影响机体去学的问题。因而教学变革与争鸣是认识教学论的途径、解决教学文本的钥匙。本文从教学变革与争鸣着眼，辨析探讨教学系统和教学关系、教学方式、学习方式的嬗变与发展。目的是理清新旧教学形态的本质、范式、论纲与争鸣，科学把握有效教学的实施。因而，捕捉教学变革与争鸣中隐含的本质形态、观念表达、逻辑关联性，解析教学关系和方式相互依存、彼此渗透、内在转换和沟通的共性。揭示其积极变化和努力的方向对体育教学的影响与启示，可促进实现我们在体育教学的认识从低级走向高级深化；踏准教学发展的方向，孕育和提升我们的教学水平，以期能为我国体育新课程的实践应用提供参考。

第一节　传统教学论与现代教学论的论纲与争鸣

从教育科学发展的视角来看，传统教学论与现代教学论之间既有联系又有区别，它们之间呈现出批判与继承的关系，它们对当代教学理论的发展以及教学实践都产生着重要的影响。对传统教学论与现代教学论的探讨不仅是体育教学论体系研究的重要课题，也是当今教育研究的重要课题。因为它不仅有利于增强教学理论的科学性，而且有助于广大体育教师更好地认识教学，利用合乎时宜的理论来指导教学实践，提高教学质量。为此，本书从概念、基本的范畴体系和体系特征等角度对传统教学论与现代教学论加以比较研究，帮助大家把握理论，应用理论。

一、传统教学论与现代教学论的论纲与争鸣

对于传统教学论和现代教学论的含义，目前在教育理论界还没形成统一的认识，区分的标准也不尽一致。因为“传统”与“现代”本来就是一对相对的概念。在我们今天看来，夸美纽斯的教学论属于“传统教学论”，但相对于中世纪乃至启蒙时期来说，则是“现代教学论”。因此，区别“传统”与“现代”应以是否反映某一时代社会变革和科学技术的最新成果为标准。凡是自觉地反映那一时代社会变革和社会科技成果的都是“现代”的，而未曾反映的则属于“传统”的。

（一）传统教学论的论纲与争鸣

根据“本质—观念—存在”的逻辑结构，对于传统教学论基本范畴梳理和比较、归纳和概括、研究和确认，可以从中发现传统教学论基本范畴以“教授之术”为出发点，来统摄“教学”“教和学”“教学原则”“教学方法”“教学组织形式”等概念范畴。如赫尔巴特在其《普通教育学》中提出了三个基本范畴：“统觉”“管理”“教学”。凯洛夫《教育学》是“以教师为中心，以教学为中心，以教材为中心”。因而，传统教学论的逻辑起点为教学，而基本概念和范畴则为：“教学”“教学过程”“教学目的与任务”“教学内容”“教学原则”“教学方法”“教学组织形式”“教学评价”等，并以这些基本范畴演绎和构建其教学论体系。在运用这些基本范畴的逻辑展开体系结构上，传统教学论遵循了这样的顺序，即教学的概念、意义、任务、教学过程的本质、特征，最后是对实践的可操作性的理论阐述，包括教学内容、教学方法、教学原则、教学组织形式、教学评价等。教学过程的实践便有著名的“明了—联想—系统—方法”的四段教学法和“感知—理解—巩固—应用”的教学过程。

（二）现代教学论的论纲与争鸣

现代教学论的立足点是“会学”，逻辑点是“能力”，终点是“发展把知道“知识是什么”改变为“知识是为什么、做什么”。认为教育不应仅限于给予学习者坚实的知识基础和培养他们对学习的兴趣，更要培养人的行为和能力并深入精神生活。把学会认知、学会做人、学会做事、学会生活作为检验真理的标准。诚如马克思曾经说过：“一个事物的概念和它的事实，就像两条平行线一样，向前延伸，可是彼此不得接近，永远不会交叉。”

二、体育传统教学论与体育现代教学论的特征与区别

（一）体育传统教学论的体系特征

传统教学论经历了夸美纽斯、赫尔巴特、凯洛夫等几代教育人的努力与心血，其体系相当完备并有深厚的实践基础，概括起来，其理论体系的特征与表现为：

①传统教学论首先关注的是教师的“教”，即课堂知识的传授，在教学内容上重视按照学科逻辑顺序组织教材，强调以教材为中心，实行分科教学；在教学方法上，主张教师的课堂讲授和学生的接受学习；在教学组织形式上，强调课堂统一教学。因此，传统教学论遵从教的过程和顺序来建构其理论体系。

②在师生关系及地位方面，传统教学论强调教师权威至上，教师在教学中起主导作用，学生必服从教师，崇尚对学生的惩罚。

③传统教学论强调对教学的概念、意义、任务、教学过程的本质、特征以及教学论的学科性质等理论性问题进行探讨，以及对实践的可操作性的理论进行阐释。

（二）体育现代教学论的体系特征

现代教学论是在对传统教学论反思批判的基础上产生的，其理论体系表现出一些新的特征：

①传统教学论不同，现代教学论首先关注的是学生的“学”，关注学生的自主探索与积极参与知识的建构；强调学生的个体差异，主张按照学生的认知特点和兴趣爱好进行教学；关注学生认知的整体性特点和学生的生活实际，强调综合课程；在教学组织形式上，主张小组活动和学生间合作学习。因此现代教学论是以学生的“学”逻辑起点，构建起

“以学为本”的现代教学论体系。

②在师生关系及地位方面，现代教学论强调学生在教学活动中的主体地位，一切以学生的学为中心；教师不再是知识的权威，而是学生学习的合作者、帮助者和促进者。学生有对权威质疑的权利和自由。因此，现代教学论的最大特征就是关注学生的个性、生命、情感。

③现代教学论以“教学—人—存在”的逻辑为起点。以教学实践中的“学习解决”为目的，以可持续发展为“价值”基础，以学习、教学活动联结的“自觉”为范畴；把教学目的、任务和教学过程、教学方法与“人的存在”构成为理论体系。这一体系使现代教学论永远“为学习而设计”，充满“为理解时刻而教”的生命活力。

基于这一视域，现代体育教学论的体系特征有以下几方面：

①以基于人的自由、充分的全面发展为基本价值取向，体育教学目标向多元化方向发展，体育竞技性、健身性、休闲性、娱乐性、社会性、生活性将更进一步地显现加强，以适应社会发展对人才培养的需要，体现出学校体育以人为本和人文性的回归。

②以健康第一为指向，以三维目标为框架，体育教学向整体化、效益化、科学化的综合方向发展，提倡向科学要质量，向方法要效益，为体育新时期教学改革与持续发展提供存在的基础和意义。

③以尊重并提升人的主体性为出发点，体育教学向多层次性方向发展。它以“三自”为指导，满足不同学生对知识内容和结构的要求，以展现既能参与又能观赏的文化价值。

④以实现个性化、社会化为基本立足点，体育教学向多水平性方向发展，根据不同学生的水平发展，分别制订出教学的不同选择标准、不同模式的评价标准，由重结果向重过程转变。

⑤以掌握体育科学知识和终身体育为主，学校体育向开放性方向发展，把学校、家庭、社会联结起来，构成大体育的课堂理念。

三、新体育教学论的哲学思考

迈入 21 世纪，新知识经济催发了人的主体意识觉醒和主体地位的确立。在工业化时代被压抑的个性化需求开始觉醒，以表现个性化解放的浪潮席卷了整个社会，成为不可阻挡的世界潮流。如何使人按照个性差异来自由发展，就成为学校体育教育无法回避的问题。正如学者郭文安、靖国平的研究认为，21 世纪教育是对于人的独立个性的追求与探索。诚如马克思指出，自由个性是人的个性发展的最高阶段，并把实现自由个性作为共产主义解放人类的宏伟目标。有学者指出，学校体育应以培养人作为自己的标识，显然能不能表达这种新的关系，能不能把这种视域纳入实施就成为 21 世纪学校体育教学必须有的思考。由于不同的体育教育理念与范式集中表达并反映着人特定的存在方式，折射着不同时期的时代诉求，烙印着不同的教育价值转向和发展。因此，本文拟对此作一梳理评析，释义新旧世纪体育教学的发展与应当努力追求的方向，以期更为完整、准确地把握新世纪学校体育教学的视域和范式，为其走入新课程提供支撑。

纵观人类社会的发展史，世界各国从来没有像今天这样重视教育。这是因为人类社会的持续发展从“外向型的实践变革改造世界”，开始迈向“内向型的主观世界的变革改造世界”。知识经济的本质是创新，创新意识、创新精神、创新能力，这些都离不开人的思想解放。因而有个性的、有创造力和开拓精神的人才一跃成为时代腾飞最富革命性、创造性、主导性的生产力，成为拉动人类世界飞速发展的动力系统。恰如未来学家阿尔温·托夫勒所言，工业社会的特点是标准化，而知识社会的特点是个性化、多样化、创造性、自主性。由于这一视界的萌新与我们今日人类的生存和命运息息相关，都是人类生存和发展下去所要亟待解决的问题。其影响也不可避免地波及以人的发展为基础的教育领域。翻转从外向性知识的存在走向内向性知识的思考，从根本上颠覆了人类旧有教育“授—受”的标准化、统一化的永恒绝对理解方式。要求教育提供更多的个性选择，给予更大的个性化知识支配。曾如美国学者库姆斯在《对现代教育的挑战》一书中提出，“现代教育满足人类的物质性需要，知识经济时代的教育则更多地满足人类的精神性、文化性和个性选择的需要。”

（一）新知识经济时代体育教学的视域

这一“思想范式”打破了学校体育大一统的教学方式，颠覆了传统学校体育关于教育的解释。燃犀学校体育教学，反思质疑20世纪以来的体育教育和课程基础，引发学校体育教学范式的转换，以期重建适合新世纪基于个人发展的体育课程。这一思路分野，使学校体育由寻求普遍性的教育规律走向寻求个人情境化的教育意义。推动学校体育从简单提高人的自然性存在概念的内容，变为向丰富个性化有意义的生活概念的内容迈进。从教育“人”的角度来看，学校体育的任何一种规定都涉及人及其活动。因此，不能离开人的活动来理解和把握证明。因为它不仅影响着人未来的生存和发展，而且还制约着人的主体活动要素。正如马克思在《关于费尔巴哈的提纲》中指出：“社会生活在本质上是实践的、人的本质是社会关系的总和。”因而，21世纪体育教学视域——应以人的完整性和全面发展为核心，满足全体学生对体育学习高质量、多样化的广泛需求，为每一个学生提供适合的体育运动方式。鼓励个性发展，让每个孩子的运动潜能都得到充分发展，养成他们终身体育的观念、能力与终身享受体育运动的乐趣，为人的全面发展增砖添瓦。形成与新世纪发展要求相适应的体育教育机制，缩小我们学校体育同发达国家在质量上的差距。使中国学校体育的教学质量达到世界先进水平，解决一句话“人人上体育课并不等于人人享受体育课”的问题。如德国人文学家恩斯特·卡西尔所言，“如果没有去把握它的核心实质和本真形式的意愿或能力，充其量不过是从表面借取一些个别因素，那么这些因素不可能转化成真正的生成能力或动力。”

（二）新知识经济时代体育教学的范式

如果说工业革命时期学校体育教学观第一次从行动上肯定了人的身体性发展价值，那么新知识经济时代的学校体育则是第一次在理论上确立了个性化教学的地位。使体育教学活动不再是仅以集体直觉为基础，使个性化学习成为学校体育教学围绕的“太阳”。由此，21世纪的体育教学范式——就是为全体学生学习体育提供更加广泛、多样、灵活的机会和平台，努力保障全体学生终身体育兴趣的养成。为此，体育教学应因人而异、因材施教，尊重个性差异，弘扬个性，即体育教学需要实施的是区别对待，而不是一视同仁，从而确保个体在个性潜能上都能获得充分发展。诚如学者李秉德认为，“它不仅是现代学校教育的一种努力目标，更是未来学习社会所必需的一种理念，从而也成为现代教学论的精神之一。”

为此，“以学生为主导、教师为主体”成为体育教学的核心价值观，“学生的需要是第一需要”成为体育教学内容选择的主导，“为学习而设计、为理解而掌握”成为体育教学的思想，分层教学、多元教学成为衡量体育教学方法的根本标准，既重视过程又重视结果成为体育教学评价的追求。把教推向学，支持学习者基于自身发现而展开的学习。尽力在教学中建立自由学习的度，促进自主学习力量的释放；引发着眼于形成个性“知识传递”的教学环境，关注学习者“潜能”存在的多样化、多类别、多层次的“选项”教学、分层教学等个人理解的自主建构。告诫我们体育学习不是标准化的统一，体育学习不存在差生，每个学生都有自己的学习领域，有自己的学习类型和认知风格。只要根据学生的喜爱去教学，有意义的学习就能发生，学生终身体育的行为就可能养成。从而实现知与行的统一，“学而时习之，不亦说乎”，让学生获得愉悦的情感体验。如果说传统体育教育更多的是从“如何教”的角度强调体育教育的话，那么新体育教育观则是从“如何学”的角度进行体育教育的探讨；在指向对象方面，传统体育教育解决的是教学组织设计的逻辑问题，而新教育观则从知识与人、知识与生活、知识与社会，燃犀体育教学的集体性与个性化、体育教学的融合和建构。把学习内容的情趣美着力于教学过程的组织体验下，激发学生形成运动体验的乐趣和成功进步的循环感觉。正如苏霍姆林斯基所说：“建立学习跟知识之间的和谐，是学校面临的最重要的实际和理论问题之一。”

第二节　传统与现代体育教学关系的变革与争鸣

教与学的关系问题，是教学论形成和发展的逻辑起点，是对教学活动中要素基本构成的认识和确立。对其的研究一直是教学理论研究中的一个重要课题。教学是教师通过一系列认知、判断和推理获得的客观教学实践活动。教学实践活动无论在何时、何地都是以观念为先导的。可以说，对教与学的关系有多少种理解，就会有多少种不同的教学理论体系。如何科学、正确地认识和理解教与学的关系问题，就成为教学方法应用的逻辑起点。这不仅是教学理论发展的需要，而且也是体育新课程得以有效实施的要求。明确回答这个问题对于体育教师专业化的提升与发展有着积极的意义和作用。

一、教与学关系的历史争鸣与论纲

教学，作为人类社会实践之一，一直具有鲜明的现实针对性。从教学论发展的历史来看，教与学的关系本质存在两个问题，即“为什么教学”和“怎样教学”的反映。换言之，即教学的合目的性和教学的合规律性的指向问题。其核心是辨析对教学目的的认识，其落脚点是对课程内容及教学方法的选择和确定上。例如，从先秦儒家开始，我国古代教育家就已经开始认识到教与学之间有一定的联系，提出了“教学相长”的思想。孔子把学习过程概括为“学—思—习—行”，提出“学而知之”“学思结合”“知行一致”“温故知新”等命题；《中庸》进一步把教学过程具体化为“博学之—审问之—慎思之—明辨之—笃行之”。俯视总结出诸如“因材施教”“启发诱导”“循序渐进”等教学原则和教学方法。需要指出的是，我国古代教育家从学生学习的角度进行教学活动的认识，这与现代意义上的教和学的辩证统一是趋向一致的。遗憾的是，我们学习了理论、应用了理论、却没有贡献理论。

同样在西方，古希腊哲学家苏格拉底认为，知识是一切人德行完美的基础，知识不是通过教师直接传授给学生的，而是通过一系列有技巧的对话（提问、争辩），是教师帮助学生接受正确知识的过程。为此，苏格拉底主张用“产婆术”的启发式对话法引导学生自己思索，自己得出结论。还有柏拉图提出的“知识即回忆”，即教师的作用就是要调动学生内在因素的教学思想，昆体良提出培养学生自学能力，他们都点出教与学关系的指向性。

上述这些思想充分体现了古代教育家对教与学关系和方法的理解与认识。随着教学理论和实践的深入发展，到近代教学理论逐步分化为“教”与“学”两条路线，并分别沿着这两条路线不断深入和系统化，建立起“教的理论”与“学的理论”，范畴，即以赫尔巴特为代表的传统“教学”研究范式和以杜威为代表的现代“教学”研究范式。

（一）传统“教与学”关系对体育教学的影响

在传统“教与学”的关系上，为教学理论奠定基础的，无疑是 17 世纪捷克教育家夸美纽斯和他的《大教学论》。夸美纽斯从教学从属于自然发展规律的哲学理念出发，从未分化的“教”或“学”的经验层面总结和表述，提出了适应自然的教学观及“便易性”“彻底性”“简明性”与“迅速性”等有效教学的原则及方法。继夸美纽斯之后，英国教育家洛克的“经验论”、瑞士教育家裴斯泰洛齐的“要素教育论”、法国思想家卢梭的“自然教育论”等都不同程度地坚持和推动了教与学关系研究的取向。但第一次明确提出并建立有效地实施教与学“四段论”的（即明了、联合、系统、方法），后又被发展为“五段教学法”（即预备、提示、联系或比较、总结和应用），并在世界广为流传的是德国教育家赫尔巴特。赫尔巴特强调系统知识的传授，重视教师的主导和管教作用，把教学活动看作是一种向学生传授知识和技能的关系，即“教学就是教授”。他构建了一种以教师为中心、以关于“如何教”为主要内容的理论体系，成为现代教学中的“传统教育派。

其后，凯洛夫基本上沿袭了赫尔巴特的理论范式，总结出“教师为中心、课堂为中心、教材为中心”“如何教”的理论体系。在“教什么”上，把“双基”（即基础知识和基本技能）提到首要地位（体育则是三基），注重知识的累积性学习，认为教学活动是一种特殊的认识过程。在“怎么教”上，丰富和发展了赫尔巴特的“教学过程阶段理论”，根据不同的教学任务和内容，提出了课的类型和结构理论，将课堂教学的基本过程和阶段进一步规范化。

在教与学的关系上，形成了一套完整的以教学过程、教学内容、教学原则、教学方法、教学组织形式及其教学评价为主要内容的理论体系，即从“教师如何进行教学”的角度对“为什么教”“教什么”和“怎么教”等问题进行了细致研究，揭示了一些教学活动的基本规律，比如，间接经验与直接经验之间的必然联系，掌握知识与提高思想的必然联系，教师主导与学生主动性的必然联系等，使人们对教与学关系问题的认识较之以前更为科学，更为全面。

（二）现代“教与学”关系对体育教学的影响

在现代“教与学”的关系上，把教学活动的重心从教师的教授转向学生的学习，突出强调学生的主体地位和作用，是 20 世纪 90 年代由建构主义、人本主义等再造发展而成的，是由美国实用主义教育家杜威建立的。正是由于杜威的“以教师为中心”转变为“以儿童为中心”理论的兴起，引发人们关注对学生学习活动的研究，才为日后以“学生如何学”为主要研究取向的教学理论的诞生奠定了基础，开辟了道路。这个理论虽然不是尽善尽美的，但起到了“拓荒者”的作用。后来出现的一些新的教学理论与方法，都是在这个基础上或在批评这种理论的过程中形成、发展起来的。可见现代教学理论的形成也是伴随着教育履迹演化的阶梯上升而日益丰实的，它有以下观点可供我们分享。

关于“为什么学（教）”，现代教学理论认为，人生来就有学习的潜能，学生是学习的主体。教师要尊重学习者的兴趣和爱好，尊重学生自我发展的需要，在教学内容设计上给学生以充分的自由，允许学生根据自己的兴趣和爱好以及自我理想来选择有关学习内容，而不应该强行地灌输给学生不喜欢的东西。知识是自我建构的，学习不是简单的传递，认知是在有意义学习中发生的。外部信息本身没有意义，意义是学习者通过新旧知识经验间反复的、双向的相互作用过程建构而成的。如学会数理化走遍天下都不怕，学生就不学，这个外部信息本身没有意义了。

体育教学时教师不能无视学生的这些经验，另起炉灶，从外部装进新知识，而要将学生现有的知识经验作为新知识的生长点，引导学生从原有的知识经验中“生长”出新的知识经验。如实施了体育选择学习满足了学生的愿望，学生爱学，教学才有意义。正如杜威提出“教育即生长”“教育即生活”“教育即经验的连续不断的改造”，认为教育就是促进个体天生本能、欲望生长的过程，“教育不是把外面的东西强迫儿童或青年去吸收，而是使人类与生俱来的能力得以生长”。

关于“学（教）什么”。现代教学理论提出，知识植根于学习者的经验，知识源于社会的建构。不是因学科知识的基本特征放之四海而皆准，才导致学生对知识的认识与要求。恰恰是通过学生的理解，学科知识才进入学生个体的经验，成为有意义的学习，学科教学才获得存在的意义。

这一观念廓清了体育教学的重点是注重知识之间的关联、学习经验、自然性以及生活本身的回归；关注学习者个体内部（如情感、心理、潜意识等），促进学习者经验的自我发现。如在新《体育课程标准》中明确提出，“要关注学生的个体差异和不同需求，使每一个学生得到更好的发展”“改变学生的学习方式，帮助学生学会学习”“关注学生终身体育意识和积极的人生态度的形成”等。杜威认为，教育应与儿童眼前的生活融为一体，加强与儿童生活经验、社会现实的联系。他强烈反对以既有知识为中心的教材和由这种教材所组成的学科课程，认为教材的源泉应该是儿童自己的活动所形成的直接经验，课程中占中心位置的应是各种形式的活动作业，如游戏、讲故事、观察以及手工等。

关于“怎么学（教）”。现代教学理论要求，“教”的目的是为了促进“学”，教师应成为教学过程的组织者和指导者，学生学习的帮助者和促进者，使学生真正成为学习的主人，而不是“外部刺激的被动接受者”，教学的价值就在于为每个学习者提供真正有助于个性解放和成长的经验，教学要重视人的存在，强调学习的内部动机。反对那种教学过于强调外力的塑造和教师权威的模式。注重人性化教学，强调以学习者为中心的分层教学、情感教学、成就感教学等。

这一释义拨开了体育教育教学的迷雾，冲破“授—受”的狭隘认识，激发对学生个体学习潜能的理解与施教。在“教师是主导，学生是主体”等共享话语下催生了课堂教学的新风貌。着眼于形成“知识传递”的教学环境，强调关注学习者“潜能”的存在，支持基于学习者自身意义发现而展开的“选项”教学等。为个性化的教与学，架起一座希望的桥梁。从因材施教的“思想范式”看待教育教学，从差异性、生成性、流动性思考教育教学，重新审视和比较体育教育教学多了什么、缺少什么、应该为学习者做好什么。开启在教学中怎样实现“自由学习”的教育思想，建立自由学习的度、自主学习力量的释放。如何在体育课程目标、课程内容、教学方法和学业评价上，植根学生的学习经验，关注学生兴趣、习惯、能力培养的终身体育意识；面向全体学生，关注个体差异，从多角度、多方式改变单一的学习模式，多方面、多层次营造学习环境，激发学生运动兴趣和培养学生自学自练的能力，促进和激发学生运动体验的乐趣及成功进步的感觉。为此，新《体育课程标准》要求：“体育教学应在师生平等对话的过程中进行”，学习与教学组织的形式要“自由组合、自由交往、自由选择练习手段和自由支配练习时间”，“体育教学应该给学生自主学习的自定目标、自主评价、自我调控”的感受、体验和理解，“体育教学活动是师生之间、学生之间交往互动与共同发展的过程”，“自主探究与合作交流是学生学习体育的重要方式”，“形成一种探究的学习氛围，应是体育教师提高教学质量的一个重要方面正如杜威所论，教育过程中，不是教师教给儿童既有的科学知识，而是让儿童自己在活动中取得经验，“教育最根本的基础在于儿童的活动能力”，“使儿童认识到他的社会遗产的唯一方法是实践”，即“从做中学”。

受其影响，体育教学的这种“教的理论”取向，具有以下几个基本特征：一教学中要创设出生生对话、师生对话、交互教学、合作教学的教学方式。

——尊重学生的个体差异，为每一个学生的发展提供合适的课程。

——尊重学生对学习方式的选择，让每一个学生选择到自己喜爱的项目。

——自主、合作、探究学习是高级能力的学习，应注意适时结合教学需要而应用。

——改变灌输与机械学习的方法，让学生成为学习的主人。

——教学时，教师应尊重每一个学生，平等对待每一个人。

——让学生“学会学习”是教学的责任，教学要以学生发展为中心，帮助学生学会学习。

——加强体育与其他学科知识的整合，关注学生现存的经验，注重学生价值观的形成和丰富学生成长的经历。

——开发、建设、利用各种教育资源和现代技术，让学生在科学中、社会中、生活中学习体育。

——帮助学生养成终身的运动爱好和锻炼习惯，是体育教学成功的标志。

受其影响，体育教师的这种“教学活动”取向，具有以下几个基本特征：

——要求教师应该是学生学习的引导者，而不是导演者。

——要求教师应该是学生学习的指导者、启发者，而不是指挥者。一要求教师应该是学生学习的合作者、促进者，而不是教授者。

——教师也是学习者，而不只是传授者。

——教师应是教育教学的研究者，而不是消费者。

二、传统教学关系与现代教学关系对体育教学的影响与辨析

杜威教育思想与赫尔巴特教育思想的对立，成为区分“传统教学”关系与“现代教学”关系的分界线。这也正式标志着教学理论已经逐步分化为以研究教师的教授活动为主要内容的“教的理论”和以研究学生的学习活动为主要内容的“学习理论”的两条研究路

线。这两条研究路线的区分常常被概括为“三中心”的对立，即儿童中心与教师中心、经验中心与书本中心、活动中心与课堂中心的对立。“沉舟侧畔千帆过，病树前头万木春。”是非在争论中明晰，学术在争鸣中进展，改革在争辩中推进。正是由于“现代教育”和“传统教育”在教与学关系问题上的这种对立、论争，才促使教学理论研究的重心由教师的教授转向学生的学习，教学内容由静态的书本知识转向动态的社会生活经验，教学方式由教师的单向灌输转向学生的自主活动学习，也预示着日后教与学这一关系范畴，必然走向辩证统一和有机结合的发展趋势。

上述理论为恢复和发展体育教学“本应”具有的“教学相长”的教学关系提供了理论基础。从根本上动摇和改变传统体育教育教学那种只重视教师的教学，无视学生主体的教学关系。代之以尊重学生人格、发挥学生主体地位的师生平等合作、教师主导一学生主体教学相长的新型教学关系和师生关系。无疑在一定程度上客观地反映了现代社会对体育教育教学的人本主义要求。

然而众所周知，适应现代社会发展要求的师生关系、教学关系的确立不可能是一蹴而就、一帆风顺、毕其功于一役的。从根本上讲，由于我国存在着区域二元差别、城乡二元差别等，我国体育教学现代化的过程、体育现代教育教学制度与现代教学关系的确立和完善也必然要与国家的发展过程相适应。恰如伽达默尔所说：“这种不可完成性不是由于缺乏反思，而在于我们自身作为历史存在的本质。”为此，传统教学派与现代教学派对立的性质也不能简单地归结为保守与先进或者落后与改革的斗争。传统教学派“三中心”的：“教师中心论”，无疑是落伍于时代的保守观念，如前所述是对教学关系“本应”意义的颠倒。但传统体育教学奉行班级授课制和集体教学组织形式和制度，由于适应我国社会教育大众化、普及化的要求，也适应我国国情特色对学生进行全面体育科学文化教育的要求，无疑是科学的，应予以保留和发扬。

现代教学派“三中心”的“学生中心论”，其精神实质无疑是符合现代社会培养人的独立性的要求，符合教育民主思想先进的教学观念。它是对传统的“教师中心论”的匡正，但如果不符合我国国情就会矫枉过正。当前我国国情是班级大、人数多，教师一人面对众多个性迥异的学生，在场地器材不完善的情况下，这种“以学生为中心”的教学组织形式和制度也是难以克服的问题。毫无疑问，这在客观上必然造成难以因材施教，可能连教学也无法完成，这在目前体育教学中并不是罕见的状况。正如当年赫尔巴特针对卢梭的“自然教育”主张提出的尖刻批评：“把人给‘自然’，甚至把人引向‘自然’，并在‘自然’中锻炼，这只是一种蠢事。”教学能够完全以学生为中心吗？学生终究是待发展的青少年，学生的学习和发展既有自主实施、自主生成的一面，也有需要指导、需要管教的一面。以教师为中心是不对的，但是教师适宜的指导和管教，对于学生正常的正确的发展，却是永远不能取消的。

三是学习方式不是学生拿来就用的“学具”。它是以学生个体的身心发展为基础，并潜移默化地受学生所处的学习环境的影响，在教师指导和训练下，逐步形成和完善起来的。所以，不能片面地仅把学习方式看作是完成特定学习任务的工具或手段，更不能把学习方式的转型看作如汽车调头般简单的事情。要充分认识学生的个体特征、环境及教师的有效指导对学生学习方式形成与转变的影响，加以有效迁移方可顺利实现学习方式的建立与完善，促进学习能力的形成。正如美国哲学家赫舍尔在解释存在的意义时说：“最高的问题不是存在，而是对存在的关切。”

综上而述，我们认为对传统与现代学习方式的研究，如不从普遍性的必然对学习方式变迁的背景、构成思想的情境进行分析和探讨，就去对学习方式品头论足是毫无益处的。如美国学者斯蒂文·贝斯特理性所说，“反思不能只限于所见到的那些概念或陈述，还应包括使这些概念或陈述得以诞生的背景。”研究从文化现象和知识的地位考察了传统学习方式走向现代学习方式的历史嬗变，指出了时代是奠定学习方式变革的应然性基础。从反对两元对立的角度解释了新旧学习方式的关系与构建。提出了学习方式犹如一个可以随时代迈进多次擦去字迹的黑板，它渗透在过去、现在、未来的时间之中。主张学习方式是一种历时兼共时的建构，这两个视角既相辅相成又各踞一隅。对其的理解与认识需要从连续的历时态和间歇的共时态两方面去理解才是真理。因而，对于“学习方式”的看法，不要简单地看待，应有前事是后事之师的辩证观点。应通过对传统学习方式走向现代学习方式的历史重建来把握学习方式的材料意义，而且整体理解其内在意义才是可为的。犹如法国著名哲学家福科（Michel Foucault）的观点，应将“后现代”看成一种态度，而不是看作一个历史时期。

三、体育学习方式的类型与概说

从理论上讲，把握学习方式的前提之一，是对其科学的性质有一个正确理解与合理设定。人们恰恰在此问题上分歧最大。它分别代表着传统教育与现代教育的不同理解。以往由于我们对其相互的关联重视不够，致使体育新课程虽有新主张和新理论却难以连接与确立。反思其中缘由，问题的症结还是“思”的超越不深。概括而言，学习方式的本质具有三重规定性，即共约性、工具性和可解释性。三种属性对应着三种基本关系，即“学习方式——教学方式”的关系、“学习方式——社会发展”的关系、“学习方式——人”的关系。以下沿着学习方式的分类，这一框架进行主体性、应然性、实然性与已然性的“注解—论证”“批判——前导”“建构——更新”的批判与诠释，把真理尺度与价值尺度有机地统一，让大家把握应用。

（一）根据学习内容分类，可以把学习方式分为接受学习和发现学习

作为一种基础的学习方式，接受学习是一种古老的学习方式，随着人类社会的发展，已积淀形成人类学习的本性，成为人类主导的学习方式。由于人类社会早期生产力低下及认识能力不足，其反映的本质是模仿、记忆的内部加工、复制和再现的这一直观的思维方式。美国另一位心理学家奥苏贝尔对接受学习展开了探讨，澄清了人们过去的一些模糊认识，如接受学习与发现学习的关系，接受学习与有意义学习的关系。从理论上有力论证了接受学习不一定就等于机械被动的学习，并为有意义的接受学习提供了理论支持和实践指导，也为多种学习的融合奠定了基础。当代教学实践表明，接受学习并没有退出历史舞台，而以改造的状态和更强的态势与其他学习方式融为一体，共同为学生发展服务。因而奥苏贝尔认为，“学校的主要任务是向学生传授人类文化知识，而接受学习是学校中最基本的学习方式……但它必须是有意义的接受学习。”

由奥苏贝尔的研究而知，发现学习是在接受学习的基础上发展起来的一种新型学习关系，学生通过自主探索、实验、思考，在原有知识的基础上建构新的知识。其整合了“知性”与“经验”的关系，能够使学习过程最大限度地展开。为从根本上改变接受式学习的

单极方式找到了可行之路。为每个学生富有个性的发展奠定了更为坚实的基础，有利于培养学生创新意识和实践能力，成为 21 世纪教育与改革中最大的亮点。因而，我们不能武断地认定体育（刺激—反应）接受学习就是机械学习或被动学习，这不利于学习的发展，因为人类的认知是由低级走向高级的，二者缺一不可，二者各有利弊，要互为基础，相辅相成。

（二）根据学习形式的内在品质，可以把学习方式分为自主学习和他主学习

自主学习是建立在“人是有主观能动性的，能积极地与客观事物相互作用”的认识基础上的，是学习的最高境界。是指学生个体在教师的引导下，自主确定学习目标、制订学习计划、选择学习方法、监控学习过程、评价学习结果的学习。以弗拉维尔为代表的认知建构主义学派认为，自主学习实际上是元认知监控的学习，是学习者根据自己的学习能力、学习任务的要求，积极主动地调整自己的学习策略和努力程度的过程。

他主学习则是建立在“人是被动地、消极地适应客观世界”的认识基础上的。在他主学习中，学生过多地依靠外界的力量，需要别人不断督促，一旦少了外界的管束则学习容易处于放任状态。但他主学习是迈向自主学习的阶梯，“皮之不存，毛将焉附”就是这个道理。

因而，在体育教学中，教师要引导与培养学生对为什么学习、能否学习、学习什么、如何学习等问题有自觉的意识和反思。适时帮助引导学习者自己选择学习内容，由“要我学”变成“我要学”。在学习中从终身体育的角度，特别强调学生体育自主学习的重要性，就是要改变长期以来大多数学生的体育学习属于他主学习的状况，促进全体学生终身体育能力的发展，实现学生自主学习方式的养成。对其梳理发现，学生自主学习受以下特征的影响与制约。

（三）根据学习的组织分类，可以把学习方式分为合作学习和独立学习

合作学习是指学生在小组或团队中为了完成共同的学习任务，有明确的责任分工的互助性学习。合作学习以学习小组为基本的组织形式，体现了体育集体教学的生生互动促进学习的优良特征。在学生相互帮助共同达成教学目标的过程中，培养学生完整的认知行为的同时，把体育新课程提倡的“三维目标”（知识与技能、过程与方法、情感态度价值观）有机整合起来。

独立学习强调的是学生自己思考、自己计划，独自完成学习任务。独立学习是合作学习的基础，两者之间是一种水涨船高、相辅相成、互相促进的关系。假如合作学习中每个成员都有较强的独立学习能力，对每个问题都能提出自己独到的见解，那么这样的合作学习就会在一个很高的平台上运行，这样的合作才是有效的、有意义的。否则，合作学习很可能会流于形式。同理，有效的合作学习也会促使学习者在相互合作、相互学习、互相砥砺中不断加深对问题的认识，久而久之，个人解决问题的能力也会不断提高，最终提高学生独立学习的能力。

因而，教师在体育教学中要把单个练习和综合练习、自主练习和合作练习等有意识地匹配与有机整合，使学生能够适应不同的学习方式，避免只对一种学习方式过度匹配而忽视了其他学习能力的培养。

（四）根据学习实质的联系，可以把学习方式分为有意义学习和机械学习

奥苏伯尔（Ausubel）是美国当代著名的教育心理学家，他的有意义学习理论不仅在

美国有很大的影响，对我国教育心理学的理论发展和教学改革也产生了重要影响（见表5－1）。因此，有意义学习是体育新课程关注的一种学习方式。有意义学习是学习者原有的认知结构中必须有适当的知识与新知识产生联系。新的内容或知识的观念与学习者认知结构中已有的事物表象，与已经被理解的知识产生联系，那么就会产生有意义学习。如果新知识不能和旧知识产生实质性联系，那么这种学习就是机械的。对此，认知学习理论有一个很重要的方法“先行者组织”策略，可以帮助解决此问题。如教师在教学篮球课时，针对学生不易理解的内容，可课前运用“先行者组织策略”要求学生提前进行资料准备，通过查询与收集有关材料帮助学生形成原有知识和新知识的联系。这也恰同我们传统教学的课前“预习”，遗憾的是我们没有对此办法形成明确实施的意图与具体的教学操作步骤与策略，以至使其仅仅成为教学程序的机械运行，没有带来更多的教学效果。

表5－1 奥苏伯尔的学习分类理论

学习的种类	接受学习	发现学习
有意义学习	有意义接受学习	有意义发现学习
械学习	机械接受学习	机械发现学习

奥苏伯尔学习理论的意义不仅在于他主张有意义的接受学习，构建了课堂学习的四种类型。更重要的是指出了如何建立学习者良好的认知结构与特征，使我们理解了产生有意义学习必须具备三个条件：

①在学习者的认知结构中，是否有吸收并固着新观念的上位观念；

②在学习者的认知结构中，起固着作用的观念是否清晰分辨；

③在学习者的认知结构中，起固着作用的观念是否巩固。

奥苏伯尔的学习分类理论，对教师教学目标决策至少有三方面的意义：

一是教师在确定目标时应考虑如何帮助学习者进行有意义学习而不是机械学习；二是根据不同学习类型的关系确定教学目标的层次；三是根据影响学习的认知结构的三个特征，选择有助于学习者形成良好认知结构的教学目标。

（五）根据学生对所学内容的感受程度，可以把学习方式分为间接学习和体验学习

体育的课堂学习大多是间接学习体育知识与技能，在短时间内要学习大量的知识和技能，其学习过程是以模仿性和反复练习为特征。由于体育学习属于逆向建构，学习者的高峰体验必须在技能熟练应用的基础上才能感受、理解体育，发现体育与自我的关联而生成情感反应，并由此产生丰富的联想和深刻的领悟。由于反复练习是体育技能学习的必经之路，这些单调、乏味、艰苦、不断重复的技能练习易使学习者身心疲惫，继而产生厌烦的情绪影响学习活动。因而，在体育教学设计中，教师要灵活运用多种教学模式与同质的学习方法帮助克服这一不足。如挖掘教材内容的情趣美，实施快乐体育学习；在教学组织形式上，实施“低起点、小步子、多形式、快反馈”的体育学习；在教学方法上，巧用降低难度法、层次学习法、游戏法、趣味练习法等不断变化的方法吸引学生的注意力，从易到难，层层推进完成身体练习，改变部分教材学习的枯燥性，从而使学生在兴趣盎然的练习

中体验学习，提高教学质量。

上述对学习方式的不同维度进行的区分，可以帮助我们发现它们之间存在着相互关联、相互渗透、彼此融合的关系。启示我们应当用一种全新的思维对待学习方式，要用“关系性思维”（整体性思维）将任何一种学习方式看成是“学习方式群”或“学习方式体系”中的一种，而不是孤立地认识它们。这样，我们就会有一种整体的、深刻的教学思路。如将“接受学习和发现学习”与“有意义学习和机械学习”组合时，便会得到有意义接受学习、有意义发现学习、机械接受学习、机械发现学习；将“有意义学习和机械学习”与“合作学习和独立学习”组合，便会得到有意义合作学习、有意义独立学习、机械合作学习、机械独立学习；将“合作学习和独立学习”与“间接学习和体验学习”组合，能得到合作式间接学习、合作式体验学习、独立式间接学习、独立式体验学习。这样的组合能使我们全方位、立体地对某一种学习方式有全新的认识，有利于我们更好地运用学习范式推进体育新课程的实施。

三、体育学习方式的设计与应用

研究表明，教师教的方式决定学生学的方式。为了达到预期的学习效果，教师必须把教的方式与学生学的方式相匹配。国外学者在讨论学习方式与教学方式的关系时指出，教师的教学方式并不是要完全依据学生的表现来教学，而是要在教学方法与学习类型之间争取某种平衡。平衡状态便是教学在某种程度上以学生偏爱的方式进行，教师应该识别并帮助学生客观地认识自己所偏好的学习方式。对于学习方式不同的学生，教师应均衡地实施匹配策略，以使每一类学生都有机会按自己偏爱的方式接受教学的影响，避免只对一种学生实施过度的匹配而忽视其他学生的需要。为此，体育学习方式的构建要实现下列三个方面的转变，一是学习方式上，从接受式学习向以自主体验、互助交往为主要特征的学习转变。二是教学方式上，从以规范动作的讲解示范为主要形式的直接呈现向以学生体验、感悟为主要形式的间接呈现方式转变。三是师生互动方式上，由传统的教师教、学生学的单向传递活动转变为师生双方相互交流，相互沟通，教学相长，共同发展。

（一）构建有利于学习方式转变的教学结构

这种设计突破传统以教为主的体系，建立以学生学习和发展为中心的新体系。不仅传授知识与技能，还善于把实践—体验—自主探究等教学方式结合起来，重视挖掘创设学生“学中做”“做中学”的途径与方法，把学习的过程还给学生，把教学过程变成学生学会学习，主动建构知识的过程，从根本上实现学生学习方式的转变。如领会式教学模式，在快速跑学习中，教师首先让学生带着问题练习，然后提出为什么有的同学跑得快，有的同学跑得慢，让同学们进行总结。紧接着让同学们再练习，再总结，在做中不断改进与提高，完成学习目标。从而激发学生主动学习的积极性，有助于提高学习效率。

（二）着眼学习过程，创新呈现方式，引导教学方式和学习方式变革

这种设计通过设置多样化的学习过程和练习方法，以连续不断的排列与衔接层层促进学习驱动力，激发学生的主动性和学习兴趣，为“学习而设计”的转变提供了途径和手

段，如以水平四——田径模块“接力跑”课堂教学为例进行阐述。

表 5－2 水平四——田径模块“接力跑”课堂教学

课时教学目标	1. 借助合作跑的过程，理解加深接力跑的集体合作思想，体验掌握“上挑式”“下压式”传接棒技术动作 2. 提高高速跑的能力，发展身体协调反映快速等的身体素质 3. 以游戏形式激发学生参与学练的主动性，改变教材练习的枯燥性 4. 提高学生合作探究、互帮互学的能力，明确团结的优秀品质及 1＋1＞2 的道理	
课序	达成目标	教学内容描述
1	通过游戏接力传话，帮助同学领会团结合作的意义	游戏接力跑传话：老师向每队第一个同学传话，然后该同学跑回本队依次传递给最后一名同学。一是相互之间距离 8－10 米。二是耳语传话，不得大声说话。最后看哪队最快，而且传话正确
2	通过多种游戏，改变教材枯燥性，促进学生合作探究互帮互学的团队精神	1. 分组火车快跑，每组纵队后而同学双手搭扶在前面同学肩上，听哨音开始比赛 2. 分组手拉手跑，平行站立相互拉手，听哨音开始比赛 3. 分组抱腰跑，平行站立相互抱腰，听哨音开始比赛 4. 分组挎时跑，平行站立相互持肘，听哨音开始比赛 规则：松开的队为输，距离 20—25 米，让同学们意犹未尽，又不疲劳 教学提示：每种形式跑的比赛前，让同学们组织尝试，体会总结后再比赛
3	借助不同游戏专项练习，保持学习热情	1. 分组 8 人，左斜线 45°接力拉手跑比赛。每组同学前后斜线 45°站立相互距离 8－10 米，听哨音开始比赛。第一个同学跑向第二个同学，然后用左手去拉第二个同学右手，然后跑向第三个同学，第二个同学用左手去拉第三个同学右手，然后第三个同学去拉第四个同学左手，其后第四个同学去拉第五个同学右手，前跑转弯越过标志物，依次进行，拉第五、六、七、八个同学右手，最后所有同学手拉手一起冲过终点线，看哪队最快 2. 分组 8 人，右斜线 45”接力拉手跑比赛。其他相同。拉手相反 规则：松开的队为输 教学提示：每种形式跑的比赛前，让同学们组织尝试，体会总结后再比赛
4	学习“上挑式”“下压式”传接棒技术动作	1. 分组慢走学习“上挑式””下压式”传接棒技术动作 2. 分组慢跑学习“上挑式“”下压式”传接棒技术动作 3. 接力比赛体会 2 次 教学提示：接力跑的比赛前，让同学们组织尝试，体会总结后再比赛
5	游戏与放松结束	师生同乐，老师站在圆圈中心，大圆圈（向前欢快跑）—小圆圈（向后欢快倒退跑）—大圆圈游戏与放松结束

（三）创设学习情境，激发学生主动学习

好的学习情境设计，具有吸引学生主动学习的“磁力”，培养学生形成学习策略的体验，进而做到学会学习。借用学生先前的认知结构进行迁移，对促进技能建构有着积极的意义。如在健美操教学中老师教学生左边的动作组合练习，要求学生自己思考练习右边的动作组合练习。老师教一种动作组合，要求每组学生思考总结，创编出新的组合，交流展示。上述练习设计这一结构特点，体现了教学情境服务于以学生为主体的教学活动功能，让学生经历知识的产生、发展及运用过程，使得有意义的接受学习、探究学习、合作学习等方式得以有机结合，可有效促进与改变传统教学单一接受的学习方式。

（四）改革练习设计，转变教学方法，促进学习方式的变革

耐力跑是学生比较厌烦的一项练习，作为体育教师采用何种练习手段来调动学生的练习兴趣和积极性，是颇费神思和周折的。例如，采用“蛇尾追蛇头”“两蛇相争”“火车挂箱”“分段接力”等教学设计就可以较好地解决此问题，促进学习方式的变革。以下教材拓展的程序与方法可以帮助实现学习途径多样化、问题设计开放化、练习内容生活化。

综上所述，学习方式的变革是体育基础教育课程改革的重点所在。学习方式包含着策略方法的技术性和情感态度的精神性两个层面，有着丰富的内涵。本文以学习方式从传统走向现代为主题，探讨了学习方式现代化的社会学、心理学、教育学的多学科原因，总结出学习方式变革的必然性、可能性、应然性基础；探讨了学习方式，从以单一性和被动性为特征的传统学习方式，转向以多样性和主动性为特征的现代学习方式的逻辑过程；追寻了现代学习方式以实现人的精神内涵为目标。指出在学习方式变革中，出现的非此即彼式的片面抛弃传统学习方式，肤浅理解现代学习方式所带来的形式主义的弊端；提出了要辨证继承传统学习方式的优点，深刻地理解现代学习方式的本质，使得学习方式的变革真正落实到人的发展上。

（五）体育学习方式的应用

第一阶段，体育的特点是习得性、重练习、重形态、重经验，初始学习易于枯燥。围绕这一特点，该阶段体育教学的方法与手段要为学生提供多样化的练习。从多角度、多方式改变单一的学习模式，多方面、多层次营造学习环境，激发学生运动兴趣，促进学习能力的形成。让不同练习的刺激性与新颖性使学生遗忘学习过程中的枯燥性，为促进体育认知和情感的培养等奠定基础。现在我们在体育学习中常常只强调学生完成体育学习的任务，而很少追问学生的情感反应，是不会获得成功的。有如人类学家拂而德·吉尔宁指出：“文化的传输不像倒水，从一个容器倒进另一个容器。”

第二阶段，《论语·学而》说：“学而时习之，不亦说乎！”不仅指出了学习过程中知与行的统一，更强调了由此所获得的愉悦的情感体验。为此，该阶段体育教学的组织形式应重视挖掘学习内容的情趣美和教学组织过程的快乐享受。努力利用教学资源燃发学生对学习快乐的理解与施教；促进和激发学生体验运动的乐趣和成功进步的感觉。开启在教学中实现“个性学习”的教育思想，建立自由学习的度、释放自主学习的力量；着眼于形成“知识传递”的教学环境，关注学习者“潜能”的存在，支持基于学习者自身意义发现而展开的“选项”教学、分层教学等。诚如马克思所指出的，“人只有作为自己本身的产物和结果才成为前提。”

第三阶段，体育学习方式需要重视依靠情感整体协同机制的支持、运用和关注、培育，尽量制造有助于大脑支持体育习惯形成的条件，以帮助学生养成终身体育意识和积极的人生态度。如帮助学生理解“健康工作五十年，幸福生活一辈子”的含义。如提供“学习意义”的体验，复现知识多维面孔，让学生“享有”懂、会、乐的全过程。促进学生天生运动本能的生长，学生爱学，教学才有意义。为此，该阶段体育教学的模式应“授人以渔”，采取扩充和补救等教学措施，使教学方式适应学生学习的个别差异。帮助学生学会学习，教会学生在课外享受运动，体验运动快乐。实践证明，没有养成运动习惯，就不会产生对体育的热爱。诚如哈贝马斯所言：“（人类）物种所学习的，不仅是对生产力发展具有决定意义的、技术性的、有用的知识，而且包括对相互作用结构具有决定意义的生长一

实践意识。”

目前正在进行的体育新课程改革将促进学生学习方式的变革作为教学改革的重中之重，力图以学生学习方式的变革为着眼点，发起一场教学领域彻底而深刻的变革，最终促成学生学习方式的变革，使学生得以健康地发展。同时这也深刻地反映了现代教学论研究思维方式的转变。因而，作为一名体育教师，应借着体育新课程改革的契机，转变自己的研究思路，研究学生学习方式变革的背景、特征，并以此为基点对教学价值观、教学功能观、教学关系及教学方式等诸多面的建构进行探讨，以便更好地帮助、引导学生，实现学生学习方式的正变革，正如雅斯贝尔斯所说：“教育是人的灵魂的教育，而非知识和认识的堆积。通过教育使具有天资的人，选择自己成为什么样的人以及自己安身立命之根。谁要是把自己单纯地局限于学习和认知上，即便他的能力非常强，他的灵魂也是匮乏而不健全的。”

第三节　传统与现代体育教学方式的变革与概说

经文献检索、资料查询后发现多年来我国学者没有对“教学方式”的研究，只有拓展性的话语“实现教学方式和学习方式的转变”。这一缺失阻碍了对“教学方式”科学性的完整认识，导致我们只能从一些只言片语来把握它的存在，难以从它的理论发展和实践逻辑为教学活动提供指导。日常用语“方式”是指说话做事所采取的方法和形式，只要约定俗成就可以了，但“教学方式”作为教育教学专业的一个科学概念，必须要有明确的内涵与外延方可指导我们的教学活动。科学和哲学告诉我们，任何一种学科，都必须存有已然、应然、实然三个递进的学说才是完善的。因而，教学方式不再是一个可有可无的范畴。必须对其区分考察，厘清它的准确内涵与理论形态，为课堂教学提供完备的理论支撑。基于此，本文对传统与现代教学方式进行客观省察、理性分析与概括，并尝试构建关于教学方式的概念与应用，以强化其教学功能与作用。

一、体育教学方式的构成与实施

（一）教学方式概念的界定与解析

一般说来，涉及定义的方法问题，常采用“种概念+属差”的方法。首先要确定它的上位概念（种概念），其所属的概念系统；其次，要明确它的内涵，即这个事物区别于同一系统中其他事物的属性（属差）；最后，划定其外延，即包含哪些具体的东西。其中，如何揭示概念的内涵是关键所在。依据这一思路尝试对教学方式给出以下解释与定义。

第一，我们认为，教学方式首先是一种价值观。它可以唤起某种预期，传递一种信息：如果以某种方式做出反应，就可以得到某种效果。它是教师对教学活动认识的客观表现，隐含折射着一种教育理念。如具有现代教育价值观的教师就会采用“以学为主”的教学方法和形式。反之，如具有传统教育价值观的教师就会采用“以教为主”的教学方法和形式。

第二，教学方式是选择教学方法与手段的形式表述与细化，是衡量教与学要素、功能和关系的尺度。其上位承接理念的归属与界定，下位对接实践应用的效力与实现。如“关注学生的学习过程，实现教学方式和学习方式的转变”，否则“皮之不在，毛之焉存”。

第三，教学方式是教育的基本活动形式。支配着教师怎样教，对教师的教学行为具有导引作用。是教师依据自己所追求的目标，以及教学的实际状况，对教学形态选择与运用、重组或再造的认知。

在一定程度上，上述概括说明了教学方式含有三种属性之间的关系。突出了教学方式存在着两个特点：一是，教学方式具有指向性和集中性，鉴别教学行为、方法的选择。二是，支配着教师怎样教的取向，对教师的教学行为具有导引作用。

研究认为，教学方式属中位教学观，介于教育理念与教学策略之间；与教学模式一样同属于中位教学观，但教学方式与教学模式是有实质区别的。教学模式是从策略上支配着教师怎样教的取向，对教师的教学组织与方法具有指导作用。教学方式则是从教学指向和形式上导引着教师怎样教的设计，对教师的教学行为具有导向作用。诚然，两者都对教师的教学行为发生作用，存在着千丝万缕的联系与具体行为的重叠、交叉，均可属于中位教学观念的范畴，可视为一体，但在逻辑上却是一体两面。教学方式是立足于指向上导引教学，教学模式则具体于实践应用上构建教学。为此，教学方式的外延是一个很宽泛的概念，它是反映一定教育理念在教学的表现形式与作用方式。而教学模式的外延却没有那么宽泛，它本身的制定或选择受教学模式指导思想的规范与制约。

据此，我们认为教学方式的内容构成是可以明确的，它既是一定教育理念的表现形式与作用方式，又是编织教与学关系的理性认识。可为教师将教与学的策略运用到具体教与学活动中提供选择性指向。因而可给出如下的定义：是在一定的价值观指引下，有目的、有计划对教学形态进行作用的理性认识。它以教学形态为落脚点，以学习理论、教学理论和教育传播学理论为基础。为教师把教与学的策略选择运用到具体教与学活动中提供行为性指向。质言之，它回答了在教学设计之前“我要带领学生去哪里的问题气对教学过程、方法或技术的选择具有导教、导学的制约作用。依据上述属性与含义，我们认为教学方式的功能：它不仅大大地影响着教学效率，也深深地左右着教育者行为的发生与改变。制约着教学活动的组织与教学行为的生发，可为教学活动提供预期的决策。诚如老子在《道德论》中所说，道生之，德蓄之，物形之，势成之。

教学实践表明，一个完整的教学过程应包括课前、课中和课后三个阶段。教学方式的任务：应为教学前确定教与学形式、选择教学媒介、组织协作活动、形成教学形态、达成课程目标提供决策。即为教师将教与学的策略运用到具体教与学活动中，提供理性和直觉思维的认知图式分析。为此，教学方式的应用体现三个准则：

一是有价值规定性。蕴含有规定性的教学判断，能反映出一定教育理念的倾向、主张、态度等系统观点的取向。

二是有原理性。能为消除教与学设计的矛盾性、预期教学设计方案的假设提供理论解释。

三是有逻辑性。是指具有组织要素的属性，能明确教师将做些什么、学生做些什么，可为教学活动组织形式的建立提供预期决策。

（二）体育教学方式的构成和组织

由于教学方式是一个广泛使用但含义又不明确的教育教学用语，以下先对体育教学方式构成的内涵与外延进行梳理分析；接着分别概括教学方式的宏观水平与微观水平的构建与实施，最后以具体的教学案例加以说明，以促进对教学方式的理解与把握。

通过上述考察，我们可以看到体育"教学方式"是一种具体化的理性认识活动，是联结教学设计的一座桥梁。可为理解教学、设计教学和加工教学提供行为性导引。研究对象表明，教育理念属于上位概念、教学方式属于中位概念、教学设计属于下位概念。教学方式的本身并不去研究教学的本质、规律、方法与手段，它只是导引教育理念，为教师的教学设计施以具体的意向性选择。系统论指出，世界上一切事物、现象和过程都是由不同元素的层次构成的。按照这种观点，我们认为教学方式是个体认知的表达，可由低到高区分为三个层次与三个成分：

第一，教学方式是一种内部认知的准备状态，它可使某些行为的出现成为可能。例如，一位具备现代教育理念的教师，在一般情况下总能够按照以学生为主体进行教学设计。同样一位学习态度认真的学生总会认真按时完成作业。

第二，教学方式的形成不是先天的，而是通过与环境的相互作用而形成改变的。通过学习的形成可影响个体教学方式选择的内部状态。

第三，教学方式的形成受个体自我意识的组织与监控，包含认识、情感、意志三种成分与顺从、认同和内化的社会模式。

依据皮亚杰的同化理论，"主体对客体的认识程度完全取决于主体具有什么样的认知结构。"我们认为，教学方式受个体自我意识的组织与监控，可包含三种成分：

一是认识成分。教师对现代教育理念的认知度决定着他的教学方式的偏向。

二是情感成分。教师对教学方式认知体验的成功，可强化其对该教学方式选择的自爱、自尊和自豪感等。

三是意志成分。成就感的产生，可激励教师对该教学方式进行自我检查、自我监督和自我追求的整体性概括，形成牢固的行为模式。

因而，教学方式的发展存在着个体从客观自我意识向主观自我意识的过渡，从他律向自律的过渡，从无性意识向有性意识的过渡。不但能影响个体对自我的调控，还可以对同一群体的发展产生顺从、认同和内化的社会模式或榜样。这一命题应引起我们的关注。教学方式伴随着相应的教学理解，教学实践活动及其结果是教师主体观意向对教学方式的投射对其的理解有助于促进发展，能够帮助每位教师在普通教学条件下提高教学水平。诚如学者张华所言，"教学方法的选择本质上是教育价值的选择，明确着特定的教育价值观及相应的课程与教学目标，是选择教学方法的基本前提。"

从认识论来看，"一种理念首先意味着一种方式"，"一种方式意味着一种教学设计气从方法论来看，体育教学实践设计的问题是对教育的理解问题、认识问题、知识储备问题。诚如一位哲人所说，"眼光不同，对所有事情的理解就不同"。正如美国社会心理学家阿尔波特（G. W. Allport，1935）指出，"认知是心理和神经中枢的准备状态，它通过经验来对对象或情境施加直接或间接的组织。"《中国大百科全书》则把其作为"掌握和运用知识技能条件并决定活动效率的一种个性效率特征"。

（三）体育教学方式的实施

由此可见，教学方式是一种有计划、有目的的理性认识，是一种目标导向的系列活动。在实施教学方式之前，为教师进行必要的准备，即确定教学意向，选择教学方式找到实施教学活动的思路与目标。诚如教育家杜威认为，知识不仅包括"知什么"而且包括"知如何"，不仅包括客观事物属性与联系所反映的认识结果，而且还包括知道怎样去操作和行动。国外学者告诉我们，教学方式的研究不仅包含理论的启蒙也应有实践的行动，只有把教学方式的研究与教学实践结合起来才是完美的。因而，科学地概括教学方式的实施运用，以助广大教师对这一情境作一理解，建立既深入实际又可超越其上的行动。借此讨论影响教学方式适配的内外条件、组织层次、建构模式等，帮助深刻理解教学方式实施的基本思路。

1. 体育教学方式实施的路向

根据系统论和分类学两者在知识学习的具体规律，对其概括、组织可以抽象出更具体的类型理解，促进教学方式的自我解释活动。基于此，赖格卢斯（Reigluth，C. M.）在1983年主编的《教学设计的理论与模型》中提出："行为的主体（Audience）、行为的动作（Behavior）、行为的条件（Condi－tion）和行为的程度（Degree）"的分析因素。我们认为教学方式的实施可分为两种模式：一是"目的—目标计划"模式；二是"目标—手段计划"模式。正如学者顾明远在《教育大辞典》中指出，"事物属性与联系的认识，表现为对事物的知觉、表象、概念、法则等心理形式。"

第一种模式的组织层次，是从目的到目标的取向。按照目的与目标之间是一般与特殊、普遍要求与具体结果的关系，来表明教学方式这种行为在一定的框架内所要达到的程度。以"教学总目标—课程目标—单元目标—课的目标"为水平描述，依据教育理念或理论进行阶梯型的寻绎选择与之相应匹配的教学方式，推进教学形态的展开。由于该模式从关注课程外在方案的进行到注重教学方式实施的情景，试图通过指明在何种情景下以何种方式来描述教育方式的选择，教学方式的产生是"文本"与解释者之间通过对话创造出来的，这样可使教学方式更贴近目标，但对制订者提出了较高的要求。因而，对这一模式的运用要求具有相当的理论结合实践和经验，适合于对现代教育理念具有整体概括能力的教师。

第二种模式的组织思路则不同，是从行为目标的形式到策略技术的取向。按照从具体到抽象，从个别到一般，它先把宽泛的目的一步一步分解为具体目标，然后根据教育理念或理论的界说，选择合适的教学行为。以"教育理念——教学目标——教学方式——教学行为——教学组织"为水平描述，引导教学方式展开。因而，这一模式的运用体现了行为的更具体性，适合于对现代教育理念尚不具备整体概括能力的教师。不足之处是，由于一系列的设计没有经过理论处理，教学方式难以确定范围，不能保证教学形态的设计符合教学结果的预测。

2. 体育教学方式的实施策略

教学方式作为一种意向活动，尽管前面在理论逻辑上对其进行了一定程度的宏观阐释，但如果没有微观实践条件的帮助和支持也难以获得成功。为了使这一研究变得更科学化，可从以下路向进行研究应用的探讨。这是一种成功的逻辑推衍，希望能给教师提供参考由此而知，教学方式是关注教学设计在宏观水平上对教学内容的范围、组织和排序的预期决策。可为我们在教学前对教学结果（概念关系图）的假设提供解释情境和行为导引，对教师备课时的认知控制有积极的效应。我们认为掌握这些知识后，可显著促进教学设计水平的提高。需要理解的是，教学方式的揭示不是让你成为一种机械的人，而是让你成为有足够余地施展才华和个性的人。正如加涅所说，"所谓的教学策略，就是帮助学习者以自己的努力达到某一作业（目标）的计划。"为此，对其驻足与讨论的目的是帮助我们进一步考察加深对课堂教学的认识，解释和预测课堂教学现象及其发展。拓宽我们思考的视野，启蒙孕育教学方式的新视域、新行为来指导实践。便于我们把体育课堂教学认识得更为透彻，把体育教学理解得更加彻底。因而，对它的研究是十分重要的，也是十分必要的。

二、现代体育教学方式的论纲与特征

（一）现代体育教学方式的论纲

现代体育教学方式以“教师主导、学生主体”的关系进行论纲寻绎。组织开发“为学习而设计”“为理解时刻而教”与“最近发展区”的教学活动，促进学生学习内隐情感的生发和外显技能的融合。以知情意行为导向，创立了有效的十大体育教学模式。如快乐体育教学模式，强调激发主动性，强化感受性，着眼发展性，渗透快乐性和贯彻情感性。如成功体育教学模式，

利用低起点、小步子、多成功、快反馈等，实现下列三个方面的转变：

（1）正确认识和发挥教师主导作用，注重引导全体学生全面发展与主动发展；充分发挥学生学习的主体性，激发、维持并强化学生学习的主动性、积极性和创造性，让其享受学习成功的喜悦；发扬教学民主，处理好师生关系，促进师生和生生间的沟通、接触与相互作用。

（2）对学习情境施以暗示、成功激励的原理，促进角色转换，引发和培养学生主体意识，促使他们自觉投入学习，主动开展学习活动，在不断进步的活动中获得充分发展。

（3）依据马克思关于人的活动与环境相一致的理论，借鉴现代心理学的研究成果，建立了“选项教学”“分层施教”“情感驱动”“合作对话”“意义建构”等基本原理将知识的系统性、活动性、审美性与愉悦性融为一体。克服了传统体育教学方式重讲、重练、无情境的缺陷。凸显了现代体育教学方式不仅重视客观目标的实现，而且也重视潜在的、主观的心理教学效果。

体育教学力求产生四个方面的体验：一是充分的运动，在生理上获得快感；二是学到了新知识，明白了新道理；三是技术上有所提高，收获了成功的体验；四是在运动中与同伴相处和睦、愉快。由此更好地实现了体育教学的价值存在。

其论纲的目标有以下几个方面：

①教学方式是实现学生学会学习的过程。现代教学方式不只是传递“文本课程”一课程计划、课程标准和教科书的知识，而是体验课程一感受、领悟、思考课程的作用方式。完成知识传授与学会学习的统一。遵循课程标准变革的“为学习而设计”的体悟，实现学生“学会学习”的目标取向。转变传统教学单纯满足知识的传递与接受的价值观，回到确立以学生主体健全发展为指归的价值观。

②教学方式是师生交往、积极互动、共同发展的过程。“体育新课标”强调，教学是教师的教与学生的学的统一。为此，教学方式要创设师生、生生交往的互动，情感体验与知识分享的共同发展过程。构建以自主、探究、合作为基本特征的“体育学习共同体”，平等交流合作，共享、共创知识的师生、生生互动，全面健康发展的教学方式。

③教学方式重结果更重过程。教学方式是达到教学目的的活动程序，所以必须重结果。基于学生学习存在的客观差异，以及同一个学生在不同方面也存在差异的事实。为

此，“新课程标准”强调重结果更重过程的教学。在向体育教学要求结果的同时，充分尊重学生客观存在的差异因材施教，实施多层次、多组合的选项学习、自由度学习。在教学方式上力求做到整体推进与个别化相结合，既要有对个别资优学生可创设高于同级目标的教学方式，又要有对学习困难者的特别指导。努力改变了传统教学统一进度、统一负荷、统一标准、统一要求的不足，使每个学生都能各得其所、各展其长。

(4) 教学方式要着眼于学生成长的价值观。“一切为了每个学生的发展”是体育新课程标准的核心理念。教学方式既重视学生认知领域水平的提高，又重视学生在情意领域的发展。发展学生特长，扬长带短，促进学生发展的教育选择，减轻学生担心失败的心理负担，让学生获得成功的体验，获得学习乐趣，变厌学为乐学，走向热爱体育、终身体育。

(二) 现代体育教学方式的特征

第一，科学化特征。提倡向科学要质量，向方法要效益。

第二，教育化特征。更加重视教学活动中“育”的因素，从而使“教学”演化为“教育”。

第三，心理化特征。更加注重培养以健全人格为核心的心理素质，使体育活动进入学生的内心世界。

第四，社会化特征。要求体育教育内容与方法要全方位体现出学校体育，既是体育又是文化，既是锻炼又是娱乐，既是运动又是教育，既能参与又能观赏的社会文化特征。

第五，人文化特征。培养学生理解体育是人文化的载体，文明进步的阶梯，触摸社会的舞台，人通过体育学习可以发现人在文化和文明中自觉意识的体现。能树立人的信心，重塑人的价值，回归人的世界。

第六，终身化特征。教育学生关怀生命、保护生命。要将体育贯穿人的一生，提高人的健康水平，为人的生命服务。

(三) 体育教学方式的发展与展望

现代体育教学方式的发展与展望的进程，是拓宽教学空间，追求整体效益；缩短教育者与受教育者的心理距离，缩短教学内容与学习者的需求距离。

基于这一视域，现代体育教学方式有以下发展趋势：

(1) 教学对象——发展人的概念，教育的核心是做人。

(2) 教学目的——唤醒健康意识，弘扬体育精神。

(3) 教学模式——追求多元，把握目的，满足需求。

(4) 教学内容——拓展运动外延，充实健康空间。

(5) 教学过程——突破模仿，指导创新，重在参与。

(6) 教学方法一尊重差异，启发内化，和谐愉悦。

基于这一视域，现代体育教学方式要在以下方面进行转变：

(1) 从单纯为教学服务到为学生成长与发展服务的转变。

(2) 从人为的教育到为人的教育的转变。

(3) 从重结果到重过程的转变。

(4) 从重“三基”到重全面素质发展的转变。

(5) 从与感情无关到与感情相关的转变。

(6) 从教学的统一性到“三自”多样性的转变。

(7) 沟通“课堂”和“生活”两个世界，催化体育教育向生活乐趣转变。

(四) 新旧体育教学方式的哲学思考

上述揭示传统的体育教学方式，本质上是教学认识观。它认为教学活动是一种特殊技能的认识过程，教学方式的任务就是捕捉自然世界的生物本质和真理的认识过程。历史表明，我们在教学方式的使用与选择中有一个致命缺陷，只关注知识如何学得更快、更多，而对“为什么教学”和“怎样教学”这样一个目的论、价值论问题并不关心。反映出指导思想上如果仅停留在物质和有形的层面来理解体育教学，只重视其形而下的东西，而看不到形而上的东西，无疑是走不远的。借用上述马克思观点，“体育首先是人自身的自然过程，然后是人以自身的活动引起、调整和改变与自然之间的变化过程。”“社会一不管其形式如何一是人们交互作用的产物。”

为此，从教学论的高度看，体育教学方式有两个维度要抓好不可偏颇：一是打好向下的（技术）维度；二是发展向上的（文化）维度。当前我们只关注打好向下的（技术）维度是不足的。因为，人类社会所以需要体育活动，不仅是因为社会个体要受到先天不可抗拒的同化和异化规律的新陈代谢的制约，也需要体育支撑和呵护健康。还有人类个体的文化意识不是先天遗传而来，而是后天习得的结果。人的这种反映特性，决定了人需要选择一种特殊的传递形式一体育。这就决定了体育教学方式既具有指向个体生命结构与功能存在的属性，也有“人化”的养育职能。为使这条“规律”永不停息地起作用，体育教学不能没有为人类撑腰的“人化”功能发展的方式。诚如孔子所说：“质胜于文则野，文胜于质则史。文质彬彬，然后君子。”“质”是人的自然方面，“文”是文化、文明的方面。文质彬彬即自然和文明两方面结合得很好。质的方面偏胜，就过于扑野；文的方面偏胜，则会琐屑空疏。一定要文质彬彬，把自然的状态加以升华，在文明层面返归于自然，才能达到人格的完成（君子）。

正如康德从哲学的高度把教育分为两种：自然的教育方式和实践的教育方式。“自然的教育”方式视人为自然存在物，教人保养和训练，使人按自然规律生长发育；与此不同，“实践的教育”方式把人作为理性存在物，旨在教人遵循理性的法则即道德规范，促使人从自由王国走向必然王国。这一命题表明体育教学方式不能单纯关注学科自然状态，要从自然中走出来。如果仅仅立足于本学科内的认识来促进社会发展是初步的，还远远不够深入。体育要为促进社会进步做贡献，除了发挥本身作用外，还要有自然而升的社会发展规律和文化演变的自觉，扩大自己与之有亲缘关系的教育领域，帮助社会实现与人的对话，为人的教化培土。

因而，当我们以“生命生活观”审视体育教学方式的时候，教学方式就不再是那种简单意义上的、没有人的生成与生命意义的、抽象的认知方式，而是一种人的生命得以展开、生命领会与精神自觉的生成过程。“体育新课程标准”倡导把教学方式指向于“现实的生活世界”，在精神实质上与人的可持续发展理念在本质上是同一的，因此，促进传统教学方式向现代教学方式转变。改变传统的教学方式中学生被动地记忆、重复练习的程序和答案，走入以对话、互动、合作和共同成长为核心的全新教学方式。正如学者钟启泉所言，在所有的教学之中，进行着最广义的“对话”……不管哪一种教学方式占支配地位，这种相互作用的对话是优秀教学的一种本质的标识。

第六章　体育教学方法体系的建构与运用

第一节　体育理念性教学方法的辨析及对体育教学的影响与启示

学者裴娣娜在《现代教学论》① 一书中认为现代教学论是由多种理论基础组成的。这一价值判断认为教学方法是由不同层次组成的。教学思想理念可认为是教学的“上位”，因为，任一教学方法都是教育思想理念的脚注，都对教学方法具有本质性、概括性和指导性的论断。理念性教学方法是实现教学方法的立足点和出发点，是教师选择和运用教学方法的“指南针”和“导航器”。这正像巴班斯基所指出的：“教学方法的本质特点是理念的方向性。理念赋予方法说明其本质的方向性，方法乃是理念的运动形式。”②

纵观现代教育发展的历史，几乎每一种成功的教学方法都反映了其特定的教育教学思想理念的方向性，作为其外化形式在实践中发挥作用。教学方法渗透着教育价值判断的取向，任何一种教学方法都离不开价值理念性的指导。因而，理念性教学方法的构成是教育思想理念特定的内容体系与价值的综合反映结果。一定的理念支配着一定的行为，教育也不例外。教学方法的改革不能撇开教育思想理念，单纯就方法论方法，这样无论采取何种措施，都不能见到效果。只有把教学方法与教育理念统一起来去认识、去研究、去改革，教学方法在实践上才会有新的突破。从而得出论断，理念性教学方法是体育教学方法体系的构成与存在，是体育教学方法体系的组成部分。

一、理念性教学方法的概念和辨析

理念性教学方法是教学方法的准绳，属于教学方法的上位概念。其体现着各种不同教育理念流派的特定教育价值取向，规范着教学方法的设计、选择与实践方式的行为方向。为教学方法的应用设计提供有力的理论支持，是教学方法实施的重要思想基础。故应明确区分不同教育理念流派教学方法的行为的准则性、目标的针对性、实施的程序性、载体的模式性和内容的法定性。例如，行为主义教学理念强调外在刺激的强化作用，主张通过奖惩物的控制和安排来调动学生学习的需要。再如，认知主义教育理念注重学生内在的认知需要，主张通过增强教学认知的吸引力来激发学生的学习需要。又如，建构主义教育理念力求消弭教育将狭隘的理性和抽象的推理过程视为完整人生的标准加以过分强调的弊端。其强调基于学习者自身经验和最近发展区的主动建构过程的“情境”“协作”“会话”和“意义建构”的学习机制，把教推向学的新型学习方式，力求为教学发现更多的联合因素。

① 裴娣娜. 现代教学论 [M]. 北京：人民教育出版社，2005.

② 休金娜. 中小学教育学 [M]. 北京：人民教育出版社，1984.

又如，人本主义教育理念以其独特的哲学认识论，通过对人与世界的诠释，认为人有自我实现的内在需要和独特潜能，因而关注成功体验的作用，重视学习的自由感和成就感，注意发挥学习者的主体地位。又如，多元智能理论，使我们深入了解了人类智能的本质，摆脱了传统智商理论的局限，为教育理论与实践带来了突破性的启示。这些理论告诫我们，人没有聪明与不聪明之分，每个学生都有自己的优势智能领域，每个学生都存在八种不同智能不同程度的组合，每个学生会以不同的方法来学习、表征和回忆知识。教学要认识、尊重和充分利用个体智能差异，应针对每个学生的不同需要而使用不同的教学方法，充分发挥每个人的智力潜能，最大限度地利用个体特征促进学习，根据学生的长处与短处致力于学生的整体发展。又如，后现代主义课程批判了现代主义知识观的僵化、封闭的弊端，以解放知识的多元观和有机观为奠基，提出了以流动性、生态性、交互性、包容性为特征的后现代课程目标观，可为全面审视我国基础教育课程的现状，实现课程的转换及正在进行的新课程改革提供富有建设性的依据与参考。

由此可见，理念教学方法不仅是一种教育观，而且也是一种人本观、社会观。一方面，它反映着社会实践的决定性，即教学是社会有机整体的一部分，是随着社会历史发展而形成、演化和进步的，它与社会各因素具有复杂多样的关联性。另一方面，它表现为理念教学方法是一个特殊的观念表现，存在多种多样的社会性和文化价值性的取向，与人的存在形式和生活形式等都存在着复杂的关联，这些因素交织在一起对教学方法发挥着作用，内化于教学的实践活动之中，也体现在教学方法的选择与优化过程之中。它可以使教师反省自己日复一日的教学行为的合理性，重新思考那些习以为常的教学行为，更加自觉地运用教育理论对日常教学进行自我监控和调整，真正实现由“工匠型”到“专家型”教师的转变。

但需要指出的是，理念性教学方法不具有操作性，不能直接运用于学校各科的教学之中，而是通过影响教学主体的思想、观念，渗透到各科具体教学的设计和实施中。其宗旨和构想旨在使教师在教学设计时，能够在拟真教育情境中，面对复杂的教育问题做出选择和判断，生成文化自觉的元专业性的见识。它能帮助教师从不同的角度、不同的变量和因素去考虑看待教育教学问题，富有成效地思考和提升已有的教育经验，解决基于教师个体经验教学实践性的决定和决策。正如美好的理想一样，虽不能保证我们拥有美好幸福的生活，但它确实能够有所帮助，并让这些事情变得更加可能。也恰如美国学者吉布森所说：“全球化新教育的思想……给教育研究和实践提供了崭新的尺度。”①

这些教育思想概念体系，在教学发展的过程中，从哲学、社会学、文化学、教育学等领域都对教学方法与学生身心发展规律进行了深入探讨，逐步确立了其教学的基本原理与方法，对于改变教师的思维方式，推进教学的改革与发展，优化教学活动，促进学生全面发展，无不具有重要的价值。近年来，随着教育全球化浪潮的不断迈进，这些具有深远历史渊源的思潮向教育领域全面涌入。迫使体育教育工作者不得不对其与体育教育的关系重新进行全面深入的研究探讨与思考，以揭示其对我国体育新课程教育与应用的启示。所以，对其进行驻足和研究是必要的和有意义的。

① 汪霞. 从结构主义到后结构主义：教育观的演变［J］. 全球教育展望，2012（12）：9—16.

二、理念性教学方法对体育教学的影响与启示

我国新一轮基础教育课程改革对课程目标、结构、内容、实施、评价和管理进行了全面调整和定位。其观念之新、范围之广、力度之大，是新中国成立以来前所未有的，也是我国近代教育史上所少见的。可以说，这一新课程改革的形态不同于中国传统教育发展的逻辑，也有别于西方理论视野勾画出来的现代教育形态。其源于中国特色的改革和建设发展模式的勾勒，其源于当代全球化教育新路向的关联，使新课程改革正经历着一场“非古非西”的变革。改革是有意识的前进，就目前体育新课程实施存在的问题状况来看，转变教育和教学的思想，清除头脑中原有的与新课程不相适应的观念，改变与新课程不相适应的教育教学方式和方法，有赖于教育理论的传播促进教师对其深刻理解，否则难以使广大基层教师摆脱在体育新课程改革中所面临的困境。由此揭示出如何让广大体育教师如同专业研究者一样，真切感受全球性的、国际化的教育理论，并将其纳入自己的知识体系，进而亲身实践这些理论，转变教育教学行为，应该说，这是摆在当前学校体育面前的一项重大任务。诚如马克思在《黑格尔法哲学批判》导言中指出：“真理的彼岸世界消失以后，历史的任务就是确立此岸世界的真理。”①

教育改革既需要先进教育理念的指导，也需要成功的价值判断的支撑。改革是有意识的前进，有什么样的教学观、学习观就有什么样的教学行动。为此，以下选取一些与体育新课程教学有关联性且影响较大的教育理论价值判断，帮助广大教师加深对理念性教学方法的认识，取其真理为我所用，回应新课程教改的要求。提升其适应性及专业性，促进教师专业化教学能力的发展。

（一）行为主义教育理念对体育教学的影响与启示

行为主义是20世纪教学理论的代表性学派。虽然它忽视了学习过程的开放性和学习中的交互作用，也不重视学习者的内因、思想意识和情感意志，只有对知识学习方面的要求，但它的出现使学校课程教学设计第一次有了系统的、高效的评价方式。为教学组织行为及计划指标的构建、执行、沿用提供了诊断工具和程序；为如何“安排”教学提供了一系列的准则，使教学评价有所依据，至今仍是非常可取和不可缺少的。它有以下理念性方法可帮助教师提升教学环境、催化有效教学，使教学生涯走上新的台阶。

1．行为主义学习观的影响与启示

行为主义学习理论认为学习的本质是行为的变化，即学习活动发生后，学习者要有可观察、可测量的外在变化。要让学生做出合乎需要的行为反应，就必须在行为发生后有强化性的效果。如果一种行为得不到强化，就会逐渐消失。在学习过程中加强练习和反复刺激，是促进学习效果的良好方式。斯金纳认为，教育是按照“刺激—反应—强化”的程序进行的，应将学习内容按照一定的逻辑顺序组合起来，引导学习者循序渐进地去掌握，所以强化训练是解释机体学习过程的主要机制。② 虽然行为主义理论由于过分推崇“学习行为”的量化效率性，忽视了“人”的学习价值，把学习送回“生物的怀抱”。但其强调教学的效率性仍然是现代教学的出发点，也是体育新课程的旨归。

第一，强调反复练习是体育学习的重要条件。

体育实践证明，强化是体育学习的重要基础。“刺激—反应”的学习原理与运动技能

---

① 韩庆祥，张艳涛．马克思哲学的三种形态及其历史命运［J］．新华文摘，2010（22）：35－41．

② 钟祖荣．学习指导的理论与实践［M］．北京：人民教育出版社，2001．

学习理论密不可分，体现运动技能形成和发展的过程，即泛化、分化、巩固和自动化的四个阶段，是一套刺激—反应的运动链联系系统。因此，要让学生做出正确的动作反应就必须在学习过程中适时地给予强化，而体育学习中的练习就是强化的重要表现。学生在最初观察和模仿教师的示范动作之后，还不能完整地掌握动作，只有通过反复练习才能强化正确动作，巩固刺激与反应之间的联系，避免动作记忆的消退和遗忘，最终建立巩固的、自动化的动力定型。因而，对其如何科学把握仍是体育新课程关注的重点。

第二，反馈刺激是增强教学效果、提高教学质量最好的方法。

概括地说，学生在练习中及时获得教师的反馈信息，会缩短学习的时间和过程。同时获得心理上的关爱，会提高学习的效果。因而，通盘考虑体育教学情境的各种可能性，协调看待有关体育教学如何根据学习者的特征，提供支持交流的教学情境的选择，指明每一类学习结果需要的“适配性”媒介，为学习者提供精确的反馈就至关重要了。行为主义者桑代克所说：“满意或不舒适的程度越高，刺激—反应的联结就越强或越弱。”① 布卢姆认为：“掌握学习的实践证明，良好的反馈可以起到激励作用，使学生在以后的学习中表现出更浓的兴趣、更强的决心，形成良性循环。”②

2. 行为主义教学观的影响与启示

行为主义教学观以“刺激—反应”说为理论基础。桑代克认为，全部教学无非是一种训练——培养对某种刺激引起反应的过程。一定的成绩产生一定的反应，而联结刺激和反应的是知识。这种思想支配教、控制学，教学过程基本上是一种灌输，以生物化的解释，抹杀了教学的社会性。但它改变了前世纪教学主要凭教师个人经验与体会来指导，没有人来评教的弊端。使教学不再停留于经验的推断而有了确凿的实证分析，增强了教学的精确性、可靠性，体现了现代教学有效性的精神，丰富了现代教学的理论方法。因而它可帮助教师充分认识到影响学生行为的各种因素，通过对因素的操纵，可以预防不良学习行为的发生，并引导其产生预期行为。

为此，这一思想对于综合改革教学内容、方法和形式，使学校体育教育、教学过程达到最优化，提高教学质量仍具有较高的科学性，可帮助深化对体育课教学本质与规律的认识。

第一，其重视课程内容的范围和顺序的逻辑性，为系统教学做好了准备。

第二，它预设了学习目标、学习方向和学习过程的教学策略与方法，保证了认知目标的实现。

第三，把时间视为有限的资源，以阶梯结构相互勾连，加以最大限度地利用教学要素的活动，不游离于浪费，保证了教学组织的最有效实施。

第四，它为诊断教学行为的表现与预期达成的教学效果、提高教学质量与能力提供了规准。

3. 行为主义评价观的影响与启示

首先，如何教学的目的都需要结果的论断，但其只重结果不看过程，不管学习者的差异和能力，所以考查结果是偏颇的。

其次，仅根据考试分数的指向表征形成评语，指出学习者的弱点是不完整的。

---

① 傅维利，王维荣. 关于行为主义与建构主义教学观及师生角色观的比较与评价［J］. 比较教育研究，2000（6）：19—22.

② 吴伟宁. 新课程学生学业评价的理论与实践［M］. 广州：广东教育出版社，2004.

再次，没有从知、情、意、行整体考虑学习者学习的历程，割裂了知识学习与智能发展统一的教学目标的全面化。展开对学习评价方式更高的理论层次上的综合与概括，有助于把学习评价问题的研究推向新的更高起点，使之与信息时代生产方式与生活方式相适应。

最后，需要指出的是：第一，尽管行为主义教育理论有这样或那样的缺点，但是，正是他们的兴起才点燃了教学成为科学研究的对象，为后人的研究奠定了基础。几乎后来每一学科的新发现和新理论都直接或间接支持了它的基本思想。在今天的体育教育中，我们仍然处处感到早期行为主义教育理论不可磨灭的影响，享用着它的指导作用。第二，虽然这一理论由于其历史局限性，学习的类型只能适用于人类机械记忆学习、联想学习等。但高级学习的前提条件是建立在低级学习基础上的，人的发展正是从低级学习走向高级学习的。

（二）认知主义教育理论对体育教学的影响与启示

认知主义教育理论是当今世界一种重要的国际性教育思潮。它产生于德国格式塔学派的顿悟学说，继而受认知心理学的影响驻足于知识与人的学习能力、认知能力的研究，使“如何教”的合规律性、合理性等教学论的一些基本问题得到认真探讨。根据受教育者的心理活动规律确立了教学过程的阶段、手段和方法。运用心理学成果及其实证为心理学和学校教育的结合开辟了道路，成为一种有效指导教育教学的理论。由于其只注重知识认知的记忆积累，把学习看成是信息的加工过程。虽然有利于教学内容与计划的完成。但这样的教学忽视了其他各种学习方式的存在，并把它推到了极端。把生动活泼的体育学习囿于认知领域，难以拓宽学生的视野，贯通时代创新的要求，抑制了学生主动性和创造性的发展。虽然后期奥苏伯尔、布鲁纳、布卢姆、加涅等人的新思想促进了从更多元的角度研究该理论，但其对“人”的缺陷还是存在的。

1. 认知主义学习观的影响与启示

认知学习理论强调整体学习观，强调教学性创造情境引起学习者的反应，重视认知学习理论的操作性，关注目标的预期学习结果，突出了理论与实践的结合，但其较少考虑情绪、意志等因素对于过程的具体作用，把能力仅仅归结为大量有组织的知识。忽视了人的思维能动性的作用，这一点应引起我们的注意。我们应把握认知主义整体教育观，例如，学习是认知结构的形成和改组，重视学生学习的迁移能力、主观能动性等教学设计，可帮助我们优化和提高教学水平。

第一，外部刺激的接受取决于学习者内部的心理结构，而不是外显的刺激与反应。

认知学习理论告诫我们，教师的教学信息要引起注意，必须打通学生的多种感觉通道。这要求我们注意运用多样变化的学习情境条件，引起注意、引发动机，激活感受。不仅仅要“引起”，同时还要给予“维持”。这是引起注意的理想效果。如音调、手势、动作、表情，还可以通过提问、演示、图解等引发学生的兴趣，以达到产生警觉的目的。

第二，学习的基础是学习者内部心理结构的形成与改组。

认知学习理论告诫我们，学生良好认知结构的形成，是从良好的教材结构同化过来的。要重视在旧知识和新知识之间设置中介的联接，启发思维，由此及彼，同化新知。

第三，不平衡的原则，即个体认知结构进行学习不成功，则会导致结构失衡。

认知学习理论告诫我们，由于学生的认知发展就是观念上的平衡状态不断遭到破坏，并不断达到新的平衡状态的过程。因此，教师应当善于创设问题情境挑起冲突，使学生在利用已有的知识、经验和能力解决问题时产生观念上的不平衡，同时学生能够较为清楚地看到自身已有知识的局限性，从而努力通过学习活动达到新的、更高水平的平衡。在教学中要为学习者的主观能动性创造情境，使学习者作为一个积极的参与者出现。

第四，迁移的原则，新的认知结构会受到以往认知结构的影响。

认知学习理论告诉我们，学习材料既要以归纳序列提供，又要以演绎序列提供。在学习过程中要注意掌握一般原理，构造合适的问题情境。注意培养学习者的认知策略以及认知的能力。

2. 认知主义教学观的影响与启示

认知主义教学观反对行为主义教学观限于直悟“刺激—反应”的积累和学习就是行为改变的结果。强调对教学内容认知逻辑的教法加工；强调对学生学法、认知思维水平的组合。其“发现学习理论”“有意义的学习”等理念打破了长期以来追求高效率学习与对人的呼唤之间的矛盾、传授系统知识与学习兴趣之间的矛盾，较为契合 21 世纪教学论发展的时代精神，从中可窥见新世纪教学论解放人的基本特质。

根据以上认知学习理论关于学习的基本观点，国内外研究者们提出了一系列指导教学设计的原则，国内学者将它们归纳为以下认识，可为我们丰富体育新课程教学活动的整体特征，全面深刻地理解教学活动，提供帮助和保证。

第一，要使学生学会学习，就要注意培养学生学会学习的策略，以及认知能力。

第二，用直观的形式向学习者展示学科内容结构，应该让学习者了解教学内容中涉及的各类知识之间的相互关系。

第三，学习的材料要以归纳序列提供，又要以演绎序列提供。应适合于学习者认知发展水平，按照由简到繁的原则来组织教学内容。这儿所说的由简到繁是指由简化的整体到复杂的整体。

第四，学习以求理解，才能有助于知识的持久和可迁移。

第五，向学生提供认知反馈，可以确认他们的正确知识和纠正他们的错误学习。虽然行为主义教学理论也强调反馈的重要性，但行为主义教学理论一般将反馈作为一种假设检验。

第六，学习材料应体现辩证冲突，适当的矛盾有助于引发学习者的高水平思维。

3. 认知主义评价观的影响与启示

认知主义的教学评价与行为主义几乎同出一辙，以“掌握知识多少”为评价目的。评价缺少全面性，仍然是单方面、直线式、孤立化的评价。以形成性的测试揭示学生学习中存在的问题，协助他们矫正错误，分数仍然是评判学生的最重要的标准。虽然有布卢姆“掌握学习理论”的存在，但其目的依旧是纠正错误、提高成绩，缺少对学生发展的教学性与发展性的思考，不适应素质教育评价的要求，应引起广大体育教师的注意。

最后应指出的是：认知主义教育理论揭示了学习过程的某些机制和具体过程，对于处理体育学习的认知性内容可给予极大的指导，是教师必备的知识。但它却脱离了社会实践来研究人的认识活动，把学习归结为单纯的心理过程和意识系统，把人的认识活动归结为纯粹的认知行为，甚至类比或等同于计算机对信息的机械加工，从而表露出其片面性。事实上，人的一切自觉能动的活动都应是认知、情感、意志三个子系统协同配合的结果。在体育学习中，学生的学习不仅表现在认知方面，还表现在动作技能、情感、态度等方面；学生的学习不仅受学习者已有认知结构和内容逻辑结构的影响，还受其他主客观因素（如个人的情感、意志、个性、自然环境和人文精神等）的影响。因此，在体育教学中，不能把学生的学习只聚焦在认知上，而忽略其他非认知因素。虽然，其存在一些不足，但认知主义教育理论所发挥的作用，对体育及教育和教学改革的引领地位是不容否认的，至今人们对认知主义教学模式依然兴趣盎然。

（三）建构主义教育理念对体育教学的影响与启示

建构主义理论是20世纪80年代以后兴起的，是当今世界一种重要的国际性教育思潮，对世界各国的教育产生着重大影响。建构主义是继行为主义和认知主义以后的进一步发展。与行为主义和认知主义相比，建构主义更加关注学习者如何以原有的经验、心理结构和信念为基础来建构自己独有的精神世界。建构主义教育理念是新课程的支柱，其把教推向学的理论，深深影响到学校教育的各个层面，其教师地位与作用看法，对我国新课程教育教学影响较大，其思想和主张已深深地渗透在我国新课程之中，指导着我们的教育教学。建构主义教育理论有以下理念方法，可帮助教师在教学中发现更多的联合因素，体会为“学习而设计”的可行性和有效性，使教师成为拥有新课程知识“财富”的人。

1. 建构主义学习观的影响与启示

关于学习的含义，建构主义认为，学习是获取知识的过程，但“知识不只是通过教师传授得到，而是学习者在一定的情境即社会文化背景下，借助其他人（包括教师和学习伙伴等）的帮助，利用必要的学习资料，通过意义建构的方式而获得”。强调学习是学习者在学习过程中（“情境”“协作”“对话”和“意义建构”的学习环境），产生一种与人、事、物的互动或接触，这种互动是一种内化建构的过程。这意味着学习是主动的，学习者不是被动的刺激接受者。外部信息本身没有意义，意义是学习者通过新旧知识经验间反复的相互作用过程建构而成的。

2. 建构主义教学观的影响与启示

建构主义强调，学习者并不是空着脑袋走进教室的。在日常生活中，在以往的学习中，他们已经形成了丰富的经验，小到身边衣食住行，大到宇宙、星体的运行，从自然现象到社会生活，他们几乎都有自己的一些看法和主张。有些问题即使他们还没有接触过，没有现成的经验，但当问题出现时，他们往往可以基于相关的经验，依靠他们的认识能力，形成对问题的某种解释，作出合乎逻辑的假设。所以教师不能无视学生的这些经验，而要将学生现有的知识经验作为新知识的生长点，引导学生从原有的知识经验中“生长”出新的知识经验。

3. 建构主义评价观的影响与启示

由于建构主义强调认识主体在知识获取过程中的主动性、独特性和社会性，所以建构主义认为，教学评价应该在活动中进行、在任务中进行、在表现中进行、在协商中进行、在合作中进行。应给学习者一个具体、生动的印象，应通过各种形式将上述各种评价情境中的活动式、任务式、表现式予以加深。其理论基础是来自建构主义的认知弹性理论。如前所述，认知弹性理论倡导随机访问教学，而活动式评价由于具有多样性和灵活性，能较好地适应这种教学形式，同时，它能够充分展示学生的个性特征、能力特征和学生的认识过程，是一种非常有效的学生作业评价方式，也是新课程倡导的。

最后指出的是：建构主义教学设计模式关注教学活动中学生的主体性作用，强调学生面对具体情境进行意义的建构，这相对于具有客观主义特点的行为主义教学设计模式和认知主义教学设计模式是一种进步。它使人们重新认识了学习的性质、教师的作用和教学的本质，重新认识了现代化、信息化、全球化时代教学的目的、任务和方法，为我们改革传统教学带来了良方。这是一种极具魅力的教学设计模式，其广泛实施将是一场学习的革命、教学的革命。当然，这些模式还处在不断的争论、发展和完善中，需要研究和思考的问题很多，实施中的挑战亦不可低估。

（四）人本主义教育理念对体育教学的影响与启示

人本主义学习理论产生于20世纪70年代，以马斯洛、罗杰斯为代表，也是后现代教育思潮的一部分，是在人们为了使教育适应“后工业社会”，对教育的“现代性”进行深刻反思的基础上形成的。以人本主义心理学为基础的人本主义教育理论认为，人生来就有学习的潜能，学生是学习的主体，可以对其进行弘扬个性学习能力的培养。倡导学习的关键在于使学习具有个人意义，现代社会中最有用的学习是了解学习过程、促进认知和情感的统一、以便培养出完整的人的学习。

1．人本主义学习观的影响与启示

人本主义学习理论认为，学习是人固有能量自我实现的过程，学习的实质在于形成和获得经验，学习过程就是经历的过程。因此，应从人的直接经验和内部感受来了解人的学习行为。他们认为，学习是发挥人的潜能、实现人的价值的过程，在这个过程中，学习者的自我参与、自我激励、自我评价和反思具有重要作用。正如人本主义代表罗杰斯所说：“学习即理解，是个人对知觉的解释过程；学习即潜能的发挥，人具有学习的自然倾向或学习的内在潜能，学习是一种自发的、有目的和有选择的学习过程；学习即‘形成’，人在学习过程中获得知识和经验，获得如何进行学习的方法或经验。”[①]

2．人本主义教学观的影响与启示

人本主义教学观主张尊重学习者的本性与要求，主张教学的职能是“把人充分地培养成为名副其实的人，而不只是提供人力资源”，教学的价值就在于为每个学习者提供真正有助于个性解放和成长的经验，教学要重视人的存在，强调学习的内部动机基础。反对那种过于强调外力的塑造和教师的权威的教学；注重人性化教学，强调以学习者为中心的教学、陶冶情感的教学、成就感教学、安全感的学习气氛。用罗素的话来说，我们不应当把学生当作手段，而应当把学生的发展本身当作目的。这种价值观强调学生的自由与独特性、整体性、自我指导性，认为学生自我学习的理智训练、心智的发展和完善比理性知识的目的更为重要，人格的陶冶比知识的掌握更重要。这种强调学生个体自由发展的教学价值观，与强调满足知识需求的教学价值观相比，给了学生以自主的人的地位，学生已不再被当成是为适应外在的目的而被训练的对象，而是在学校和教师的帮助下，完成一定阶段自我实现的人。正如，人本主义心理学家马斯洛和罗杰斯所强调，教师要尊重学习者的兴趣和爱好，尊重学生自我发展的需要，在教学内容设计上给学生充分的自由，允许学生根据自己的兴趣和爱好以及自我理想来选择有关学习内容，而不应该把学生不喜欢的东西强行地灌输给他。

3．人本主义评价观的影响与启示

人本主义评价观认为，用测验成绩的记录表明学生学业等级，有利于选拔优秀生，淘汰差生，对教师了解学生的差异情况也是有利的；但易使差生破罐破摔，偏离学校教育的目的。实行多种水平评价可改变这一现象，从某种程度上讲多种水平评价不仅可以使优秀学生看到自己的潜力，也可以使差生发现自己有进步，以便不断向标准靠近，同时可激发家长配合学校作必要的鼓励和帮助。这符合了教育评价是促进学生发展的目的。正如心理学研究指出，被证明失败的学业评价不但不能激发学生努力，还会强化这种不良后果的再

① 张振华，唐杰．论四种学习理论在体育教育的贡献与缺陷［J］．巢湖学院学报，2010（3）：157－161．

度发生。这是违背基本规律和因材施教的原则的。

最后需要指出的是，人本主义价值观所反映的，是人们站在不同的立场上对教育的不同看法。从19世纪中叶一直到现在，造就“完整健全的人”与“满足社会的需要”两种课程教学价值取向一直是矛盾的。教育在当代社会受到重视的最根本原因，是它对社会发展尤其是经济发展所具有的巨大的促进作用。因此，社会本位的价值取向大行其道并不令人感到意外。但是任何事情都有一个限度，在为追求经济发展的目的而忽视学科的自身逻辑，并且在教育中日益压抑人性的发展激起人们的反思。人本主义价值观的出现，提醒人们开始重新重视课程的学术价值与教育的人文价值是历史必然的反映。当今天人本主义教育理论已成为国际发达国家基础教育课程改革的主旋律，主体教育、全纳教育已经成了现代课程教学价值取向演变的趋势。正如我国《基础教育课程改革纲要（试行）》明确提出：“改变课程评价过分强调甄别与选拔的功能，发挥评价促进学生发展、教师提高和改进教学实践的功能。”但人本主义教育过于推崇自我学习，间接否定教师的主体作用，遗忘了学生的知识是在教师引导下形成与掌握的。学习若失去了教师，也就失去了教育的本质，失去了学生发展的内在依据，因此是不足的，应坚决反对的。

（五）多元智能教育理念对体育教学的影响与启示

多元智能理论自20世纪80年代在美国兴起以来，立即在美国和世界许多国家引起强烈反响并获得广泛好评。20多年来，多元智能理论已经成为各国进行教育改革的重要指导思想和理论基础。迄今在美国有难以计数的教师以多元智能理论为指导进行课堂教学改革，并获得显著的成效。多元智能理论克服了传统智力观念在认识上的褊狭，提出了更加科学的关于智力本质的认识。这些观点可为我们科学认识智力的本质提供新的教学方法，是人类对智力本质认识上的巨大飞跃。

1. 多元智能理论学习观的影响与启示

多元智能理论倡导的学习观是每个学生都有自己的优势领域，有自己的学习类型和方法，学校里不存在差生。因此教学应该为每个学生创造多种多样的学习场景，给每个人以多样化学习选择的权利，选择和创设多种多样适宜的、能够促进每个学生全面发展的学习方法和手段。使其扬长避短，从而激发每个人的潜能，充分发挥每个人的学习个性。为此，加德纳提出了个性化教学。个性化教学是以教师了解每一位学生兴趣爱好、家庭背景、学习风格、智能特点等为前提，进而确定最有利于学生学习的学习方式与学习策略，以求学生形成个性化学习方式，获得更好的发展。

2. 多元智能理论教学观的影响与启示

多元智能理论所倡导的教学观是一种“对症下药”的因材施教观：一是针对不同学生的智力特点“对症下药”教学，二是针对不同学生的学习特征“对症下药”教学。因为学生智力表现形式具有多样性和复杂性，因而无论什么时候，不论多么优秀的教师，都不可能找到一种适合所有学生的方法，它表明传统“一刀切”的教学与学习方式严重阻碍了学生的个性发展。如果我们考虑学生之间的个体差异，尽可能为每一位学生设计适合其发展的教学与学习方式，那么，每一位学生都有可能得到最大限度的发展。如果教师不能根据不同学生特点，不断变化教学方法和手段，就会导致部分学生的智力得不到适当的培养，这对个人和社会都是一种巨大的浪费。

3. 多元智能理论评价观的影响与启示

多元智能理论的评价认为，由于受传统的以语言和逻辑—数理能力为核心的智力观念的影响，传统教育把学科分数和升学率作为评价教育质量的主要标准。学校教育教学活动错误地估计了学生的学习潜力，更多地倾向于训练和发展学生的语言和逻辑—数理能力，忽视了学生其他多方面的能力训练和培养。根据加德纳的多元智力理论，我们就应该摒弃以标准的智力测验和学生学科成绩考核为重点的评价观，树立多种多样的评价观。多元智力理论所主张的教育评价应该是通过多种渠道、采取多种形式、在多种不同的实际生活和学习情景下进行的、确实考查学生解决实际问题的能力和创造出初步的精神产品和物质产品的能力的评价。教师应该从多方面观察、评价和分析学生的优点和弱点，并把这种由此得来的资料作为服务于学生的出发点，以此为依据选择和设计适宜的教学内容和教学方法，使评价确实成为促进每一个学生智力充分发展的有效手段。

最后需要指出的是，多元智力理论的意义，当然并不仅仅在于它提出了一种对于智力的新的解释，更重大的意义在于它给传统教育观念带来的巨大冲击。在教育观念上，多元智力论为我们提供了一种个人发展的模式，从而使我们能够从一个全新的角度来理解学生发展，审视我们对学生的评价。这一点对于我国正在展开的素质教育改革，尤其具有重大的意义。对于广大教师和教育工作者来说，把握多元智力理论并真正理解其内涵，从而树立正确的学生观、教学观和评价观，必将加深对素质教育的理解，推动素质教育进一步深入发展。当然，加德纳的多元智力理论也存在着一定的不足，即它倾向于对学习进行静态性的智力描述，而对学习的动态性智力解释，还有待于进一步研究和完善。

（六）后现代主义教育理念对体育教学的影响与启示

20 世纪 80 年代以来，课程及教学研究领域开始受到后现代主义的“洗礼”，形成后现代课程观与教学观。不过，与后现代主义一些“消极的、极端的”观点不同，后现代课程与教学观倒是有许多积极的、建设性的观点。后现代课程观试图超越以“泰勒原理”为代表的具有理性主义性格的“课程开发范式”，确立“课程理解范式”，把课程作为一种多元“文本”来理解。它试图从过程发展、对话、探究、转变的角度，而不是从内容或材料的机械角度出发来界定课程。因此，建构性、开放性、生成性、多元性是后现代课程观的基本特征，而对话、互动、主体性则是后现代教学的展开形式。

1. 后现代主义学习观的影响与启示

后现代课程与教学思想等方面的种种认识都蕴涵着破除学习方式的祈求，呼唤着解放学习方式的渴望。例如，学生主动探索知识的发生与发展；从过去的倾听者、接受者、受益者转变成主动者、建构者、实践者；课程的重点是学习和自我发现；注重知识之间的关联、学习经验、自然界以及生活本身的回归；关注学习者个体内部（如情感、心理、潜意识）的平衡。后现代课程的这一思想观点，在体育课程标准中有些都已明确提出。例如，《体育课程标准》指出，“要关注学生的个体差异和不同需求，使每一个学生得到更好的发展”“改变学生的学习方式，帮助学生学会学习”“关注学生终身体育意识和积极的人生态度的形成”等。

2. 后现代主义教学观的影响与启示

后现代主义教学观主张教学具有开放性和灵活性，不再是预定的、不可更改的；鼓励教师和学生发展一种平等的对话；认为教师不再是知识唯一的拥有者，而是引导者、聆听者等。后现代课程的这一思想观点，在体育课程标准中有些已明确提出。例如，《体育课程标准》指出，“体育教学应在师生平等对话的过程中进行”，学习与教学组织的形式要“自由组合、自由交往、自由选择练习手段和自由支配练习时间”“体育教学应该给学生自主学习的自定目标、自主评价、自我调控的感受、体验和理解”“体育教学活动，是师生之间、学生之间交往互动与共同发展的过程”“自主探究与合作交流是学生学习体育的重要方式”“形成一种探究的学习氛围，应是体育教师提高教学质量的一个重要方面”。

3．后现代主义评价观的影响与启示

后现代主义认为，现代主义评价基本上是一种区分手段，考试主要是为了甄别而非对话。评价的依据是学生获得了多少知识。对此，后现代评价理念消解了现代主义评价标准的精确性、稳定性、封闭性和简单性，强调评价标准为：其一应是模糊、动态、开放的；其二是评价的协商性；其三是评价应淡化教师的权威，倾听不同意见，是不同个体、不同团体的评价。

最后指出的是，多元与整合已经成了现代课程价值取向演变的趋势。后现代主义独特的视角已毫无忌讳地坦言，其分析与倡导的差异性、多元性、开放性等，为我们教育理论研究与教育实践的改革和转换带来了新思想、新观点、新活力，可把我们引向所殷切向往的目的地。但后现代主义教育思想尚无多少成功的经验，其理论体系亦尚未成型，其基本理念还存有争议，可操作性较少，难以在实践中实施应用。但其思想可为我们教育现代化的发展提供借鉴，反思现代性，认清西方国家在教育现代化发展历程中的片面与缺失。其弥足珍贵的批判性格、超越意识和探索精神应是我们值得学习与借鉴的。

第二节　体育原理性教学方法的建构与运用

一、原理性教学方法的概念和辨析

原理性教学方法是人们将教育思想应用于课程实施领域的一种指导性方法取向，是解决教育哲学思想、教学规律、教学方式与教学实践链接问题的方式，是教育思想与学校课程实施之间发挥中介作用的方法，是教学普适性的方法和技术。它上接理念性教学方法的指导，下接学校不同课程的教学内容，其目的是尝试说明产生优质教学方法的某些基本条件，对各种教学方法应用的可能性作比较分析，努力展示有成效地运用这些程序的条件、范围和广度，力求多侧面揭示方法本质的出发原理与相对性，弄清各种教学方法的本质和教学过程的职能。正如学者张力为所说：“原理是可以转化为方法的，无论哲学原理、科学原理或其他知识领域的原理，都可以在一定的条件下向方法转化。原理本身是关于事物本质和规律性的观点与知识体系。它本身只说明‘是什么’‘为什么’，并不直接解决‘怎么样’‘如何做’的问题。因此，原理本身还不是方法，只为方法的形成提供理论与科学的依据，属于方法的理性原则。”①

二、体育原理性教学方法的建构与运用

按照教学方法的媒介特征、功能和学生学习活动的特点进行分类，原理性教学方法应属于教学策略的范畴。如可分为：行为主义原理性教学方法、认知主义原理性教学方法、建构主义原理性教学方法、多元智能原理性教学方法、人本主义原理性教学方法、后现代原理性教学方法。

（一）体育行为主义原理性的教学方法与运用

行为主义教育理论强调“刺激—反应”作为行为的基本单位，学习即“刺激—反应”

---

① 张力为，任未多．体育运动心理学研究进展．国家体育总局体育科学技术成果专辑［M］．北京：高等教育出版社，2000.

之间联结的加强，教学的艺术在于如何安排强化，教学的目的就是提供特定的刺激，以便引起学习者的反应，所以教学目标越具体、越精确越好。以下闪光的理念可为体育新课程提高教学媒介、教学方法的效率，为促进教师在特定的时间内完成更多的教学任务、学生能学到更多的东西提供策略与指导。

观点之一，学习就是塑造行为，外部激励能够推动学习力的发生。

教师要掌握塑造和矫正学生行为的方法，为学生创设一种环境，尽可能在最大程度上渲染激励鼓动，强化学生的优良行为，消除不良行为。例如，对学生出现的良好行为及时给予各种形式的强化，如赞赏、表扬等，以此使学生保持良好行为，消除不良行为。

观点之二，学习者的行为受到环境因素的影响。

行为主义认为，强化行为、改变行为的主要动力，是有机体“操作”环境的效果，学习是学生与其环境之间相互作用的结果。例如，对于学习困难学生的学习，运用“成功教学模式”，可把学习目标分解成低起点、小步子等，并且一个一个地予以强化，帮助学生尽可能做出正确反应，使错误率降低到最小，从而提高学习效率。例如，学习效率的实验研究表明，视听并用所取得的效果远远大于纯视觉或纯听觉。多种感官并用，学习效率最高。我们要通盘考虑体育教学情境的各种可能性，协调看待有关体育教学如何根据学习者的特征，提供支持交流的教学情境的选择，指明每一类学习结果需要的“适配性”媒介，为学习者提供精确的反馈。

观点之三，学习结果的形成主要依靠强化。

通过强化练习正确反应，消退错误反应，才能提高学习效果。经过多重强化和连续强化可以把有效的行为保持在一定强度的水平上。在学习过程中加强练习和反复学习，是取得良好学习效果的方式之一。一种复杂的体育技战术的学习需要通过一系列“刺激—反应—强化”才能实现。教学策略的选择与应用，可以采用由易到难、由简到繁，逐步逼近、累积的方法，从单一的练习逐步递进到综合练习。

观点之四，学习行为不予强化，则反应就会减弱。

例如，教师在课堂上让一个学生做运球上篮练习，学生做得很好，教师就可以竖起大拇指表扬“很好、真棒!”那么教师的笑容和评语就会强化（加强）学生行为。学习效果的反馈能够加强学习动力的机制，要求我们在教学时需要综合考虑以下几方面的因素。

一是在学习动作技能时，对学习者正确或错误的反应都提供适当的反馈，是增进教学效果的关键因素。

二是在技能初期练习时，教师应将注意力集中到能够提高技术动作的规范指导中，尽可能地通过不断指导和提供适宜的反馈信息来引导学生练习。

三是在技术动作有所提高的情况下，教师应随之提高反馈策略和水平。如技能学习初期阶段讲授大致的动作要领，动作中期提供反馈指导精细动作要领。教师对动作技能关键、要点的详细分析，应在学生初步掌握动作技能后进行，而不是在初学阶段。

四是简单动作的练习应尽可能地接近完整的技术动作，而不是对技术动作施以人为的影响。如为了动作完成的准确而降低动作的速度。练习过程应在模仿完整动作或测验的条件下进行。

五是根据记忆规律，过度学习达 150%，保持效果最佳。技能学习后期阶段应采取密集练习，保持练习的质量和持续的时间，以便于技术动作的提高。

观点之五，科学的教学控制和测量有利于体育学习行为的形成。

比如，体育课教学密度和负荷量的指数在 1.6～1.8 较为合适。再如，组织练习内部各要素、各成分、各部分之间的组织形式与时间的衔接。又如，运动技能的应答行为的输入（接收和分析信息）、中间过程（控制和决定）和输出（运动）的教学过程控制。对于教材的学习来说，最开始学习的动作保持的时间最长，其次是最后学习的动作，中间学习的动作保持的时间最短。又如，有效的教学指导需要有较为合适的参考标准，仰赖教学控制和测量的设计，反馈教材的逻辑性与教学组织步骤性。

教学设计在确定学习目标、分析和组织学习内容、选择教学方法和媒介时，要注意对时间和空间、组织顺序的各种因素进行科学的"排列"和"组合"。比如需要确定哪些教学环节、各个教学环节占用多少时间、应用教学媒介和教学方法进行教学活动时能否进行互动等体现科学性、整体性、协调性的理念，要求我们要按照以下原则进行考虑。

一是根据具体的教学目标、教学对象及教学内容恰当地选择教学环节，把握好每个环节的任务，同时合理地分配各个环节的教学时间。

二是选取教学环节后，要具体设计教学各环节，如采取何种手段引起学生注意，采取何种方法、运用何种媒体呈现有关内容等。如基本教学设计组织形式为5～6个练习，经过前2～3个练习后，学生学习的兴趣就会由兴奋逐渐转入抑制，为此，下一个练习的设计应考虑选择一个能重新唤起学习者第二次兴奋的适配性策略。

三是教学程序的"总装"要做到知识递进与组织递进的和谐，使之从整体上形成最佳的组合，以保证整体功能大于各部分之和。

2. 体育认知主义理论的教学方法与运用

认知主义教育理论强调学习是认知结构的建立与组织的过程，重视整体性与发现式学习。其中代表性的理论有布鲁纳的"发现学习理论"、布卢姆的"教育目标分类学"、奥苏伯尔的"认知同化学习理论"、加涅的"信息加工理论"等，这些理论已成为体育新课程改革的指导，在今天体育新课程的教育实践中发挥着越来越重要的作用。认知主义教育理论有以下经典方法，可帮助教师提升认知视角，确定教学策略，完善教育教学方式。

观点之一，布鲁纳的"发现学习理论"。

布鲁纳以其对学生认知和发展的大量研究为基础，提出了一系列颇具影响的教学与学习理论。他的教育论著已成为教师案头必备的书目，其中发现学习理论对教学影响十分深远，该理论以关注"学科结构"为起始，以"发现问题"为逻辑，以"解决问题"为手段，以引导学习者由"被动接受"知识转化为"主动发现"知识为目的。正如布鲁纳所说，"在知识大爆炸时代，应寻求新的方法来向新的一代传授那些正在快速发展的大量知识。"其方式主要是培养学生在完成学习任务时的（主动性、探究性和合作性）三个基本行为和认知取向。

发现学习理论在体育教学中实施的目的，就是改变传统体育学习偏重于机械记忆、浅层理解和简单应用的情况，培养学生学会生存、适应社会的实践能力。

发现学习理论的教学法特点是强调学习过程、强调直觉思维、强调学习动机、强调知识组织的方式。

发现学习理论体育教学的组织实施步骤为：创设情境、提出问题、发动引导、传授策略、开展研究、得出结论、展示交流、评价反思等。

需要注意的是：

第一，强调发现学习，在教学过程中不能偏离"以身体练习为基本手段"的基线，务必使学生理解该学习的基本结构。

第二，注意及时反馈，保持目标的指向性，防止放任自流。注意强化时机，即在什么时候给学生提供反馈指导信息。注意强化条件，即在什么条件下，达到目标所需要的知识水平。注意强化方式，即用什么方式编制教学程序。

第三，一个教师不可能仅用发现法来教学，一个学生也不可能仅凭发现法来学习，要注意与其他教学方法相结合。

观点之二，布卢姆的“掌握学习理论”。

针对传统学科教育片面强调课程内容的难度，导致学生缺乏学习兴趣，不能为广大学生接受，造成大量“差生”的情况，布卢姆提出了“掌握学习理论”。其目的一是使大多数学生能够掌握教师所教授的内容，二是为教师找到“为掌握而教”的手段。“掌握学习理论”有以下教学策略。

策略一，给学生第二次机会。

其指导思想就是用个别指导与矫正来弥补集体教学的不足。方法是采取诊断—矫正的办法。通常是把教材分解成时长为1～2周的单元，在教学过程中每个学习单元之间要进行评价，通过这种评价发现并弥补群体教学中的学习误差，了解每个学生尚未学会的东西，以改进教学过程。在具体方法上，采取在每个单元完成之后进行“诊断测验”的方法，发现学习中存在的问题，对于未通过测验的学生，由另一位教师有计划地进行与第一次不同的讲解，一直到他们掌握有关教学内容为止。这种方法被称为“给学生第二次机会”。正如布卢姆认为，这种教学与评价方法不仅使得大多数学生对所学知识达到掌握的水平，更重要的是使他们获得有效学习的自信心，这将为学生进一步学习奠定坚实的基础。

策略二，“优等生”和“中差生”配对进行学习，相互“纠正错误”。

布卢姆在实验中发现，最有效的纠正程序是让“优等生”和“中差生”配对学习，相互切磋。这种方法可让学生在小组中相互发现错误，同时这样的训练，不仅对“补救生”有益，而且对“优等生”也是有益的。一般每个小组的人数最好是3～4人，检查错误的时间为半个小时左右。

策略三，教学的计划性。

布卢姆指出“掌握学习理论”具有很强的操作性，可以按照以下步骤实施：一是教师要尽力为学生找到适合的教材；二是找到能够为学生提供适合的学习方法的优秀教师；三是在学习时间上因人而异，因为研究发现，只要给每一个学生足够的时间，全体学生都能达到熟练掌握的水平；四是在每一个单元开始时应给学生提供学习内容、时间安排以及单元学习结束后所要实施的测试项目，让学生有计划地为测试及早做好安排。

综上而述，为实现这一目的，教学必须十分注意学生的个体差异，并以此制订出相应的教学对策，因人而教，这是总体原则。

观点之三，布卢姆的“教育目标分类学”。

布卢姆的“教育目标分类学”被认为是20世纪影响最大的教学理论之一。在布卢姆看来，教育目标是组织教学、课程编制和教育评价的基础。因此，对教育目标进行精心设计是掌握学习理论实施的基础和关键。布卢姆认为，可以将所有智力上的成就目标（或教育目标）简单地分为五类：主题知识、与主题相关的专门技能、表现能力、成熟思想和行为习惯以及构成学校智育目标的理解力。主题知识包括明确内容、增加学生理解力的规定与建议，这是教师要教、学生要学并最终运用到真实情境的知识；专门技能是那些与主题相关的具体能力；表现能力是指学习者潜在的能力和学习构成中整合的表现力。

因而，可把全部教育目标分为三个不同领域：认知领域、情感领域和动作技能领域。

按层次水平由低到高划分为六个类别：知识、领会、运用、分析、综合和评价。每一类别下面又包括一系列亚类。这样整体目标不再聚为一团，而是分化为可以操作的具体目标。一般的教学目的便和实际教学活动联系起来，教学活动目标具体了，教学评价也就有了依据。改变了过去我国教育教学目标笼统的弊端，比如："发展学生的运动能力""培养学生的意志品质"等。这种目标虽然没有错，但难于操作，无法有效评定。我国新体育课程目标的设计与编制都是在对其的经验教训总结下而形成的。下面围绕新课程目标设计作一评述，为广大教师测验设计和课程开发、把握目标的性质、目标与标准的关系及其在教学中的应用，提供参考与指导。

第一，目标（总目标）要表示出学习内容的维度。

例如，高中体育与健康课程的学习目标采用综合取向模式描述内容标准，分为结果性目标和体验性目标两大类。前者指向学习活动预期应达到的标准，用于"运动技能"和"身体健康"学习领域；后者指向学生心理感受、体验和情感教学的表现描述，用于"运动参与""心理健康"和"社会适应"学习领域。

第二，目标（学科目标）要推论出给定学习者的认知形式与结果。

例如，《体育课程标准》采用的是一种综合的课程学习目标取向模式。根据体育与健康课程的实践性特征和体育知识、技能的操作性特征，将学生通过课程学习应达到的目标表示为层级结构，分三个层次，即学习领域（高中体育与健康课程设置为两级学习水平"水平五、水平六"）、学习科目（高中体育与健康课程学习科目内容有"球类项目""体操类项目""水上或冰雪类项目""民族民间类项目""新兴运动类项目"和"健康教育专题"六个系列组成）和学习模块（体育与健康课程学习模块是由某一运动项目"如篮球、有氧操、轮滑等"相对完整的若干内容组成，一般为 15～18 学时，可分为初、中、高三级学习；学生每完成一个模块的学习且成绩合格即可获得 1 个学分）。

第三，目标（教学目标）要给出评价教学任务的样例与类目。

例如，新课程体育教学目标的拟定方式分列为展开性目标、表现性目标、行为目标三个维度，常被直接称为"三维教学目标"。即知识与技能、过程与方法以及情感、态度与价值观三维目标。诚如一学者指出，只有实现三维目标有机整合的教学才能促进学生的和谐发展、全面发展，缺乏任一维度的教学都会对学生的整体发展不利。当然，这并不意味着三维目标对人的发展是等值的，教师要从不同学科、不同学段、不同学生基础背景以及教材等课程资源特点的实际出发，以灵活多样的方式整合三维目标。而不是直接把"三维目标"当成不可变化的具体教学设计乃至教学评估的依据。

根据这种见解，三维目标可分为三个领域：情感、心理运动和认知。情绪发展和社会性发展目标属于情感领域；心理运动目标包括操作和运动技能的获得；学生心智和理解的发展目标属于认知领域。

情感领域目标要考虑到学生自我意识、个性成长和情绪的发展，它涉及学生的态度和价值观。在这一领域，教师关注的是帮助学生弄清个人与社会的关系。

心理运动领域与肌肉技能和协调能力的发展有关。这一领域包含的目标是"运动技能和技战术的掌握与形成"。虽然每一种心理运动任务中都渗透着心智能力，但其主要的焦点是发展操作的技能而不是促进心智能力的增长。

认知目标集中在个体智能的增长。它既包括各项运动基本认知能力的获得，也包括更高要求的目标，例如解决问题的能力、识别关系的能力、检查原因和结果的能力，以及其他一些被称为理解的能力。学校体育中最基本的外在目标主要是在这一领域。

认知目标包含两个方面：一是帮助学生发展深层的认知理解力，完成学校体育教育教学的任务。二是帮助学生发展运动技能，使他们能够自主进行终身体育锻炼。

综上所述，布卢姆的“教育目标分类学”在体育课程与教学中的意义在于：一是化整为零、各个击破，具体落实、易于操作。如认知领域分为“知识、理解、应用、分析、综合、评价”六个亚类。情感领域分为“接受、反应、评价、组织、价值”决定行为特征的五个亚类。动作技能领域分为“知觉、模仿、操作、准确、适度、习惯化”六个亚类。二是分层理解、总体把握、目标明确、便于调控。厘清了教学时要学哪些知识，哪些先学，哪些后学，哪些是已知的，哪些是未知的，心中有了整体规划。有利于学生有效地掌握系统知识，形成合理的知识结构。

布鲁姆的学说，改变了传统教育教学目标只有单一行为结果目标评价的旧有模式，弥补了传统体育教育的课程观过于强调“社会中心”和“知识中心”，对于学生需要、学生自身发展以及学生能力和素质的培育多有忽略的不足。建立了以促进全面发展为目标的多元、多样的评价方式，全面反映了学生学习的过程和目标达成的新体育课程标准。为体育新课程改革的实践，为我国课程论的建设增添了有分量的内容，为体育新课程最终能够成功落实提供了重要保证。

观点之四，奥苏伯尔的“认知同化学习理论”。

奥苏伯尔认为，认知结构的稳定性和清晰性是影响有意义学习的主要因素。为此，他提出了著名的有意义学习理论。如何使有意义学习得以发生，奥苏伯尔认为必须具备两个条件：①学习者表现出一种把新学习材料同他了解的知识建立非任意的、实质性联系的意向；②学习任务对学习者具有潜在意义，即学习任务能够同学习者的知识结构联系起来。

为促进有意义学习的设计和编排，他提出了两大原则：逐渐分化原则和综合贯通原则。还就如何贯彻上述两大原则提出了具体应用的策略：先行组织者教学策略。先行组织者——是指在安排学习任务之前呈示给学生的引导性材料。其主要功能是，使学习者在能够有意义地接受、学习新材料之前，在新、旧知识之间架设起“桥梁”。该模式由三个阶段组成，分别为呈现先行组织者、呈现学习材料或学习任务、增强认知结构的组织。例如，学习者没有学过网球，为保证教学的良好实施，教师须提前安排学习者先行了解学习关于网球的新材料，建立新、旧知识之间的联接。这有些类似我国传统的课前预习。

综上而述，奥苏伯尔的“认知同化学习理论”对教学设计理论、学习模式取向的转变有很大的影响，是教师必备的知识。在体育课程与教学中的意义是改变了传统“严明”的接受式课堂教学环境，将教学推上了有意义的开发和设计的轨道，为体育教学开启了“选项”学习的先河，以及分层施教设计的先河。他提出的先行组织者逐渐分化、综合贯通等原则和方法，有助于教学内容的设计和教学序列的安排，适合于学生认知结构的组织特点，促进了学生对知识的学习、巩固和运用，对我们理解自主、合作、探究的学习方式，帮助我们转变观念，充分认识各种学习方式的重要性和必要性，积极主动、创造性地组织实施各种学习，走出学习的误区有积极的意义与作用。诚如苏霍姆林斯基所说：“建立学习跟知识之间的和谐，是学校面临的最重要的实际和理论问题之一。”但他的教学设计原理也存在着不足之处。如他的有意义接受学习，注重从一般到个别，有利于学生掌握概念之间的联系，省时且容易操作，但学生迁移能力较弱可能会降低有意义接受学习的效用。

观点之五，加涅的“信息加工理论”。

加涅研究的“信息加工理论”建立起一个研究学习的新体系，代表着此领域的最高成就，标志着科学心理学与学校教育的结合进入了一个崭新的阶段。正如美国心理学会给他颁发“应用心理学杰出科学奖”的通报所说：“加涅在人类学习领域做出了出色的、有重大影响的工作，形成了学习层级理论，清楚地、才华横溢地阐明了人类各种学习与教法之间的联系，促进了人们对学科内容的研究和课程设计，激起人们把学习心理学运用于教育的兴趣。”

加涅的“信息加工理论”对体育教育教学的影响与启示在于：

首先，信息性（教学信息传播的形式与途径、干扰与确定）对体育教学技能习得的长期含糊不清的许多心理行为概念作出了明确解释。在体育认知过程中，外部世界给予主体适宜的刺激就可激活学习者内部大量积极潜在的学习认知。加涅认为，所谓教学，意味着精心合理地安排一系列外部事件（教学活动）以支持学习的内部过程。在一堂课中，有一系列的活动作用于学生，使他们能在知识、技能等各方面由此及彼，从一种心理状态进入另一种心理状态，从现有基础进入到用其学习成就证明的目标水准。各种外部活动组合在一起，这就是“教学”。由此，加涅提出了他的教学过程的理论——九大教学事件（教学活动）。

其次，从学习层级理论（由低级到高级八类学习）阐清了认知、情感和动作技能三个领域在体育教学的关系，学习的层次理论如表6－1所示。为我们提出了每一类有效学习的性质、条件以及它们的教育含义。加涅认为，从信息加工的视角来看，任何一个单一的学习动作，都有其起始和结束，在一个学习动作持续进行过程中，有许多不同的加工（或转换）。加工可以是依次有序地进行，也可以是两个或更多的加工阶段同时进行，互相影响。

表6－1　学习的层次理论

生成（学习者生成）	呈现（由教学提供）
课的导入	
1．激活对学习活动的注意 2．建立学习目标 3．唤起兴趣与激发动机 4．对学习轰动有一个预先的了解	1．获得对学习活动的注意 2．交代学习目标 3．激发注意力与动机 4．提供预览
课的展开	
5．回忆相关的原有知识 6．加工信息和事例 7．聚焦注意力 8．运用学习策略 9．练习 10．评价性反馈	5．帮助回忆原有知识 6．呈现信息和事例 7．引导注意力 8．指导或提示运用学习策略 9．提供或指导练习 10．提供反馈
11．小结与复习 12．学习迁徙 13．再次激励与结束	11．提供小结与复习 12．促进迁移 13．提供再次激励与结束
课的评估	
14．评估学习 15．评价性反馈	14．实施评估 15．提供反馈与矫正

最后，从一个维度学习结果的类型与另一个维度每类学习的内部条件和外部条件，阐明了体育学习与教法之间的联系，提出了创设不同教学安排的设计原理与方法，课堂教学信息流程结构示意图如图 6－1 所示。可为我们新课程设计提供有益的借鉴与参考，极大地促进了体育学科内容的研究和课程设计。

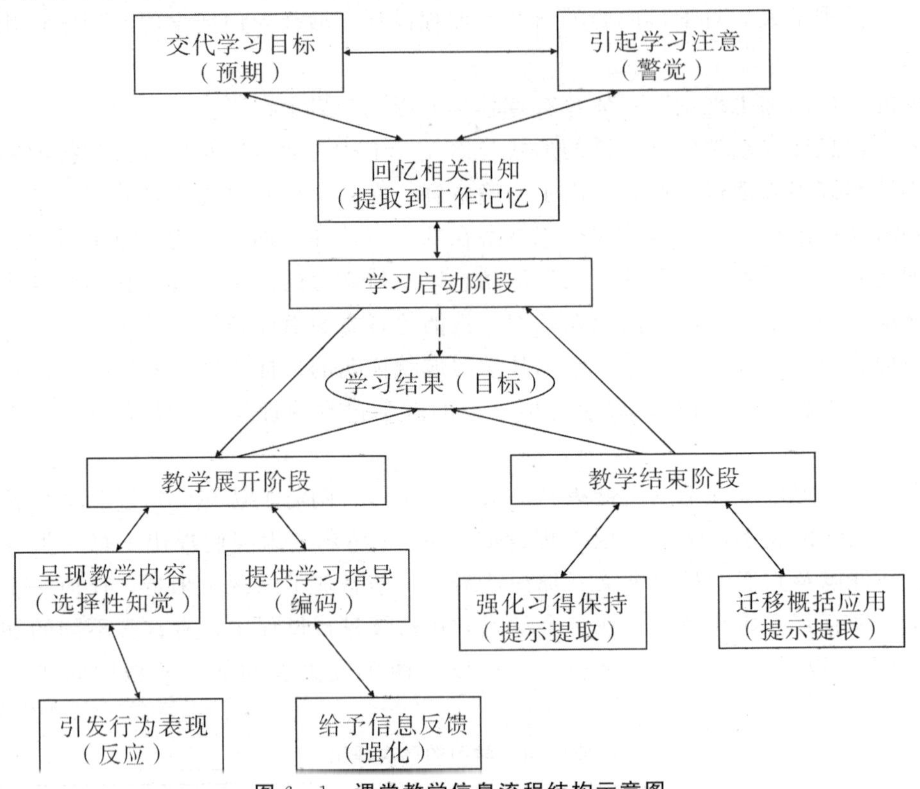

图 6－1　课堂教学信息流程结构示意图

综上而述，上述案例把加涅信息加工理论置于课堂的导入、实施、结束的情境中加以考察，并从理论上结合实践对教学的各个环节因素及其关系给予重新解释与阐述。力求为广大教师展示当前教学设计的前沿性成果，提供新教学设计的借鉴与选取，明确教学努力的方向，甄别教学设计与实际教学进程之间的差距，为学习理论、应用理论、贡献理论积聚新教学实践智慧的良机开辟源泉。

3. 体育建构主义理论的教学方法与运用

建构主义理论是当今世界一种重要的国际性教育思潮，对世界各国的教育产生着重大影响。其思想和主张已深深地渗透在我国新课程之中，指导着我们的教育教学。建构主义教育理论有以下显著的理念性方法，可帮助教学发现更多的联合因素，体会为学习而设计的可行性和有效性。

观点之一，学习不是由教师把知识简单地传递给学生，而是由学生自己建构知识的过程。

该理论告诫我们，一是学生对于教师所讲的内容有一个“理解”或“消化”的过程。学生在先前的学习活动和社会生活中，已经掌握了一定的体育知识和思维模式，因此，“理解”就并非只是弄清教师的“本意”，而首先是学习者依据自身已有的体育知识和经验对教师所讲的内容作出“解释”，从而形成对自身有意义地建构“创造性的理解”。因而，体育学习活动就是通过学生自身主动的建构，使新的学习材料在学生头脑中获得特定的意义，从而在新的学习材料与学生已有的体育知识和经验之间建立实质的、非任意的联系。二是由于学习是学生主动的建构活动，不是对知识的被动接受。因此，教师不应仅成为“知识的传授者”，而应成为学生学习活动的促进者。在教师主导学生主体的理念下，教师应驻足了解学生真实的思维活动。发挥“引路者”“启发者”“伙伴者”和“示范者”等多重角色的作用，使学生感到“有趣”“有用”，从而调动学生的学习积极性。促进学生主动建构，帮助学生更好地掌握体育知识和技能，养成终身体育习惯。

观点之二，教师必须为学生的学习活动建构一个良好的学习环境。

体育学习活动这一主动建构过程，必然受到教学媒介和外部环境的影响，教师必须根据教学对象、教学内容和教学环境的具体情况，在开始新的学习活动前，帮助学生获得必要的经验和预备知识。

同时，在组织上，教师还应当努力培养出好的“体育学习共同体”，这个共同体的特点是：每个人都会得到应有的尊重和理解，提倡开放性，使不同见解能充分交流，能够进行自我批评，善于接受各种合理的新思想，形成一种平等、互动的关系。例如，合作学习小组、小伙伴学习组、篮球爱好学习小组等。

观点之三，教师必须高度重视对于学生错误的纠正。

学习是一个“同化与顺应”的过程，并非知识的简单积累，纠正学生的错误在教学中具有十分重要的地位。“纠正”可以帮助学生明确错误原因，学生的错误不可能单纯依靠基本的示范和反复练习得以纠正，还应有一个“自我否定”“自我反省”的内在“观念冲突”作为必要的前提。因此，有效帮助学生纠正错误，教师应注意提供适当的外部环境促进学生的自我反省并激发其“观念冲突”，如适当的提问和举反例就是引起“观念冲突”的有效方法。

观点之四，教师应充分注意学生主体建构多元化的特征。

由于认识活动是主体主动的建构，学生建构会呈现多元化特征，表现出一定的差异性或个体特殊性。即使对于同一体育学习内容，不同的个体由于知识背景、学习经验和思维方法等方面的差异而可能具有不同的学习过程。该理论告诫我们，教学不能仅停留于对共性的普遍认识，还应更为深入地去了解各个学生的特殊性，并在教学活动中真正做到“因材施教”。

建构主义教育理论，对体育教育教学的影响与启示有以下三点。

第一，教学不仅是知识的传递，更是知识的处理与转换。因此，教师不应只是知识的呈现者，他应该重视学生对各种现象的理解，倾听他们的想法，洞察这些想法的由来，并以此为依据，引导学生丰富自己的理解。这就需要教师与学生共同针对某些问题进行探讨，在交流与质疑的过程中，了解彼此的想法，从而作出某些调整，学习者对问题理解的差异便构成了宝贵的学习资源。为此，教师不应简单地教，而是围绕建构学习具有的六个核心特征：积极学习、建构学习、累积学习、目标指向学习、诊断型学习和反思型学习，成为学生意义建构的帮助者、促进者和引导者。

第二，摆脱强调以教师为中心、以教材为中心、以课堂为中心的传统教学理论、教学观念和教学设计，作为教学的手段和方法向学生传授知识，学生被动接受教师传授知识的状况。采用“为学习而设计”的教学方法、教学模式。教师以组织者、指导者和促进者的身份，利用情境、协作、对话等学习环境要素充分发挥学生的主动性、积极性和首创精神，最终达到使学生有效地实现对当前所学知识的意义建构的目的。

第三，建构主义要求教学过程情境化。因此，我们给学生学业评价也应该相应地提供一个问题情境或任务情境，这样就可以更清晰地对学生进行过程评价和结果评价。

4．体育人本主义理论的教学方法与运用

人本主义提出，教育的目的是培养人格健全、和谐发展和获得自由的“完人”。这样的“完人”，首先是多种潜能得以发挥，表现为各个层次的需要得以和谐实现；其次是情意发展与认知发展的和谐统一，包括情感和情绪的发展，认知理智和行为的发展，以及情意与认知、感情与理智、情绪与行为发展的统一。为了实现人本主义的教育价值和目的，罗杰斯提出需要建立和实施并行课程（知识课程、情意课程和体验整合课程），组织意义学习作为教学的基本动力。并指出“意义学习理论”具有两种类型：一为无意义学习，比如无意义内容的学习。这类学习只涉及心智，不涉及情感或个人意义，与“完人”无关。二为意义学习，是指一种使个体的行为、态度、个性以及在未来选择人生道路时产生重大影响的学习。这不仅仅是一种增长知识的学习，而且是一种与每个人的经验都融合在一起的学习。

这一思想具有新视野的理念性方法，可在教学中体现“自由学习”的教育思想，进行自由学习和自主学习，从人文性的角度看待教学、思考教学。“意义学习理论”的基本观点如下。

观点一，人性有一种天然的学习倾向。

人性具有天生的自然性行为（个体情感、意志、愿望、合作意识、创新精神和实践能动性）与表现形式（学习态度、情感态度和价值观），教学与学习应尊重人性的这一重要表现形式。人作为主体，其理想人格是自然性、社会性与自主性的健全发展。作为培养人的学校体育，其价值取向应定位在这种理想人格上，谋求人的伦理精神、审美体验和求真意志的统一。促使体育教学实现这种价值取向成为可能。改变目前偏重技能教育、忽视学生个性和自我意识的教育倾向，要转而关注适宜学生个性“学习”的多元方式，多元智能的开发，情感、意志的发展，健全人际关系的形成，自我认识的提高，实现有利于进行完整的人的教育的转变。

观点二，意义学习通常是在学生认识到学习材料与自己的目的有关的情况下出现的。当学生看出他所学习的东西能够保持和发展自我时，他就会进行意义学习。对学习的意义理解不同，会影响到学习的方向、质量和速度。

依据该理论，高中阶段的学生开始意识到他的独特个性，感觉到自我存在的价值，感觉到自我理智的力量、情感的满足、意志的独立与自由。同时，还实实在在地认识到自我与自然、社会之间自在的有机的联系。因而，着眼于学生学习自然性之发展的体验，不只是指引学习认识、控制与利用自身的天然性，更是为了使学生在精神上与自然融为一体、发展学生的自然体验，谋求人与自然的和谐发展，为学生自我体验创造机会。“体验”根植于人的精神世界，着眼于自我、自然、社会之整体的有机统一。休伯纳认为，教育者应努力“揭示在课程和学校行为中被隐藏或埋没的道德价值和精神价值”。

观点三，许多意义学习是通过学生的实际活动进行的。

学生是学习的主人，他们能对教育影响加以选择，而不是无条件接受。纯技术纯方法化的体育教学程序和学习，不可能让学生成为学习的主人，落实发展个性的自我实现，达到“解放”教学目标，实现“授人以渔”的体验。为此，在教学与学习的表现形式上，要关注从学习与行为、学习与认知、学习与发展、学习与生理、学习与动机的不同层面的创设，展现多种不同的智能情境和学习情境，以此为依据选择和设计适宜的教学内容和教学方法，才能完成新时代赋予学校体育的形式教育与实质教育的统一任务。

观点四，学生（包括他的认知活动和情意活动）的自发学习，往往是最持久和最深入的学习。自发学习的关键是获得学习的自由。

学生学习的有效性增强，学习效率就高；学生学习的自信心增强，学习的热情就高。对此，国内学者有相应的总结，例如“五步教学法”：亮——亮学习目标，明确学习任务；议——师生对教材进行理解，交流议论；练——进行分类练习，巩固和深化新知；测——根据达标情况，交流学习体会；评——自评、点评、抽样评，让学生了解学习结果。

观点五，凡是与自我概念相矛盾的学习往往对个体是一种精神威胁，因而容易遭到拒绝。自我概念是指一个人的价值观、信念和基本态度，是一个人对自身存在的体验。

当代心理学认知不协调的理论指出，人总是力图使自己的认知协调一致，不自相矛盾。当学习者发现某种新知识与自己已有知识矛盾时，就会产生认知不协调。这一命题指出，人本主义理论的成功学习体验有利于学习的实现，不仅能增强学生的责任感、自尊感和归属感，还能使每个学生体验到学习的欢乐。由于焦虑程度的驱使，沮丧的学习体验会导致学生缺乏自信心，丧失继续学习的热情。人未来的生活方式是多样的，生活选择的方向也是多方面的。因而，在制订教与学授课计划时可以考虑多种教学方式，在目标确定方面，应作出高中低三种目标，学习目标的达成应考虑多种可能性，有的完全达到、有的则是部分达到、有的仅仅是为了打基础，从而使学生产生一种内在的学习需求，自觉投入到学习活动中。需要指出的是，强调学习有难易区别和针对性，这样做并不是意味着对部分人的“放弃”，而是因材施教，使大多数学生在进行下一步教学之前，都达到要掌握的水平，为下一步骤学习不断成功开辟道路。

观点六，意义学习在当代多变的世界中应是对学习过程的学习。

实施意义学习，着眼于学生社会性之发展的体验，不仅是为了认识社会的发展规律，以有效适应社会，而且是为了使学生在精神上与社会融为一体，发展学生的社会体验，使学生养成合作、同情、理解、关爱等诸种主体意识。着眼于学生自主性发展的体验，尊重并提升学生的个性、自我知识，特别是要让学生清醒地意识到自己作为一个学习者，同样也是知识与文化的创造者。让学生在自我反思、自我体验的过程中，实现自主性发展。实现作为一个社会人所需要的科学、道德、艺术的统一，这不但能提升个人在自然、社会、自我认识每一个方面的境界，而且能促进学生自然性、社会性、自主性的健全发展。

作为后现代教育思潮的一个重要“思想范式”，人本主义为教育研究开启了新的范式。他们试图超越传统教学授受方式的狭隘认识，从一个新的视角指出了教育教学研究发展的新方向——自由学习，为我们新课程弥补不足走向实施自由学习的可行性和有效性增添了崭新活力，可以帮助那些对学习和教育失去兴趣、丧失信心的人找回希望，为改革当前重视教师的权威、忽略学生自我发展，使学生一直处于被动的学习角色具有重要的启示。它呼吁倾听处于边缘地带的声音，有利于摆脱理性教育的羁绊，开创素质教育新的改革与发展。正如罗杰斯提出，真正的学习“不是将无助的个体牢牢绑在凳子上，就是青少年在源源不断的好奇心的驱使下，不知疲倦地吸收自己听到、看到、读到的一切有意义的东西。”

5．体育多元智能的教学理论方法与运用

多元智能教育理论与我国多年来倡导的素质教育改革理念不谋而合，由于其对于我国当前教育改革和实践表现出较强的指导性和适用性，因而自引进以来便得到了理论界和一线从教者的广泛关注和一致认可。目前全国范围内自发或有组织地在本校实施多元智能教育或进行多元智能相关实验和研究的中小学校已有百余所。为此，对体育多元智能理论的理解与把握是必要的。体育多元智能理论方法，可帮助教育者的教育教学思想超越传统狭隘智能的认识，启发对学生个体学习潜能的理解与施教。为个性化的教与学架起一座希望的桥梁。从因材施教的“思想范式”看待教育教学，从差异性、生成性、流动性思考教育教学，重新审视和比较体育教育教学多余什么、缺少什么、应该为学生做好什么。

观点一，从差异性、生成性、流动性思考教育教学。

在教学内容上，应当从过去以教材为中心的单一知识传授，转变为以差异性为轴线，以生成性为纽带，与现实生活紧密联系的流动性教学内容。在教学方法上，应当从过去以知识量为目标，以模仿练习为基本方法的浅层记忆理解“练中学”为表现形式的填鸭教学，转变为以能力为目标，以交互式活动为基本方法“做中学”的开放式教学。在教师角色上，应当从过去完成知识的传授者转变为“为学习而设计”的组织者和“个性学习”的设计者。

观点二，对学生个体学习潜能的发展开展教学。

教师必须从学生的经验出发，在教学之前认真考虑学生原有的知识经验，使新知识落在学生“最近发展区”，以强项促弱项与学生的个体潜能紧密结合。教师在教学过程中应适时地给学生提供独自组合、批判和澄清新旧知识差异的机会，进而建构自己新的认知结构。教师要创设良好的学习情境，建构适当的问题情境，注重现有教学内容的调整，使学生在认知上产生“矛盾”，从而发挥学习的主动性、积极性和创造性。

最后需要指出，多元智能学习理论还不成熟，在实践应用中不可照搬、盲目推崇、断章取义、生搬硬套、误用和滥用，否则将严重阻碍和影响多元智能理论功能的发挥。因此，结合实践及时对其进行反思，保持正确认识和准确定位，对于实施的顺利进行是非常重要的。我们今天倡导新的学习方式，要做到理论与实践相结合，有效促进学生的学习。并不是所有的学习领域和学习主题都需要用多元智能的组织形式，也不是所有的学习领域和学习主题，都需要用多元智能的学习方式来进行，世界上没有一种万能的方法能统领全部教学实践。教学实践证明，多种方法结合才能大有作为。

6．体育后现代主义理论的教学方法与运用

后现代课程观是针对近代学校教育受日益强化的技术性支配，形成了以学科为中心的课程结构，结果出现了人与自然、人与社会、人与其自身失调的批判基础上产生的。从历史角度看，该理论的产生有其必然性，其全新的观念对我国当前基础教育课程改革具有重要的启迪意义与建设意义。实际上，我国新课程及其教学已经在一定程度上受到了它的影响。

后现代主义教育理论有以下破旧立新的教学方法，可帮助教师的教育教学思想从时代

“喧嚣的回响”看待教育教学，从知识的多元观、有机观、开放观思考教育教学，重新审视和比较体育教育教学的未来。

观点一，在知识观方面，提倡多元观和有机观。

后现代多元知识观认为，知识的产生或获得不再是外部强加的，而是有其自发性，知识的增长方式不再是线性的累加，而是转化性的变革。伽达默尔认为，不论文本还是解释者都内在地镶嵌在历史性之中，解释者不可能摆脱自己被历史时代所限制的理解视域，而以一种纯粹的意识进入到解释对象之中。

后现代有机知识观认为，知识的现在、过去与未来是生成的、是有机的，而不是复制的。要求知识由科学世界向生活世界回归。知识是生活的知识，不是追求某种所谓的“本质”“基础”“真理”等抽象的、外在于人的幸福的对世界及人的规定，而是为现实的、活生生的人服务的。

该理论启示我们，要允许学生知识创造性的表现，鼓励学生对多元的追求和对差异、边缘、“异端”的认可。提示我们教学时只有尊重知识多元的状态，各种知识才能产生碰撞，从而产生创造的火花。要把科学的知识引向生活世界，不做书呆子，为学生的未来生活奠定基础。正因为如此，罗蒂指出，“将知识看作再现准确性的意图是毫无必要的，应该摒弃知识的神秘性和寻求优越地位的企图，而把知识作为现实中对新问题的解答来看待。”

观点二，在课程（教材）观方面，课程不再是那种预先设定的内容，而是通过参与者的行为和相互作用建构的，是经过协商不断生成、创造出来的。

该理论启示我们，每一个学生都是课程的创造者和开发者，而不仅仅是实施者。因此，允许学生与教师在会谈、互动和对话之中创造出比现有的封闭性课程结构更为新颖的学科秩序与结构。教师角色不再是原因性的，而是转变性的。课程不再是跑道，它成为跑的过程本身，而学习则成为意义创造过程中的探险。对此，《体育课程标准》有了突破，改变了过去“唯教材”，把教材视为“圣经”的做法，提倡教材的“创生”“开放”及学生的“自主”，如“教材改革应有利于引导学生利用已有的知识与经验，主动探索知识的发生与发展，同时也应有利于教师创造性地进行教学，教材内容的组织应多样、生动，有利于学生探究，积极开发并合理利用校内外各种课程资源。”“教材要有开放性和弹性。在合理安排基本课程内容的基础上，给地方、学校和教师留有开发、选择的空间，也为学生留出选择和拓展的空间，以满足不同学生学习和发展的需要。”

观点三，在教师观及师生观方面，教师不再是知识的真理的化身。

我国新课程理论及其实践也有新的认识和初步的变化，教师已从过去的知识垄断者、主导者、仲裁者转变成协调者、引导者、合作者；而学生则从过去的倾听者、接受者转变成主动者、建构者、实践者。新课程理论认为，对于课程，教师应当成为课程的研制者、开发者，而不仅仅是接受者、消费者、传递者，这样才能使课程不断“创生”、拓展；对于学生，由于知识只有靠学生的自我建构，才能真正被其所内化。基于此，教师应当是“平等者中的首席”，扮演着协调者、促进者、合作者、支持者以及资源顾问的角色。

观点四，在教学观方面，强调教育要面向全体学生，而非面向其中的少数优秀者。

这和我们一再强调教育的大众化、反对所谓精英教育、应试教育一样，平等对待学生，不再以单纯培养学生的知识为旨归，而是主张知识、能力和素质的全面发展。与当前我国新课程重视学生的个性、开展活动课程是一致的。

该理论启示我们，必须摒弃通过学校课程为学生提供全部知识的想法，承认学校教育仅仅是终身学习的起点，因此教育的宗旨乃是夯实终身学习的基础。更加强调培养学生的个性、创造精神和创新能力与“素质教育”相通，即不像过去一样单纯强调行为目标，而是更加注重在行动中或学习过程中培养学生自身的能力和素质。

后现代教育作为一种新的教育理论范式，有着独特而丰富的内涵，反映了一种新的课程观。可为我国21世纪基础教育的课程目标建设提供可资借鉴的模式，为我们探讨21世纪基础教育课程目标时，弄清我国现行课程目标与理想课程目标的差距都富有极大的启发意义。

第三节　体育操作性教学方法的建构与运用

一、操作性教学方法的概念和辨析

操作性教学方法是学校教育各门课程独有的具体教学方法总和。每种方法具有的特性，只适用于特定的科目学习与固定的程序和模式。具有“方式的具体性”“内容的特定性”“程序的稳定性”和“应用的可操作性”等特点。落实在教学行为和手段上的具体方法，或者叫“学科具体教学法”。正如有学者认为，学科具体教学法与特定的教学内容相结合，它具有相对固定的教学程序，运用于一些特定的教学方式和手段。诸如讲授法、演示法、练习法、游戏法、竞赛法等。学科具体教学法使用的合适与否，与教学内容的契合程度有很大关联。要注意两个方面：一是，方法本身的合理与否。比如分散练习法用于新授课教学上可能会不合适。二是，方法使用的合适与否。比如发现法用于复习课教学上可能也不一定合适。因为，每种方法都有其优点和缺点，当一种教学方法产生效果时，它就有效，反之就无效。

二、体育操作性的教学方法与运用

1. 行为主义教学策略：“程序教学法”的运用

程序教学模式是行为主义教学的经典模式，对世界教育产生过深刻的影响，至今仍在教学中使用，其教学方案有很多特色值得我们学习、领会。根据斯金纳的设计，程序教学的过程是，把教学内容根据学习过程分解成许多小步骤，并按一定逻辑排列好，每一步骤根据学生回答问题后，通过出示正确答案，使他们确认自己回答的正误，然后再进入下一步骤的学习，程序教学指导过程如图6－2所示。如领会式教学模式，在快速跑学习中，教师首先让学生带着问题练习，然后提出为什么有的同学跑得快，有的同学跑得慢，让同学们进行总结。紧接着让同学们再练习，再总结，在做中不断改进与提高，从而完成学习目标。根据斯金纳的程序教学理论，体育的学习机制主要可以包括以下几个指导性原则。

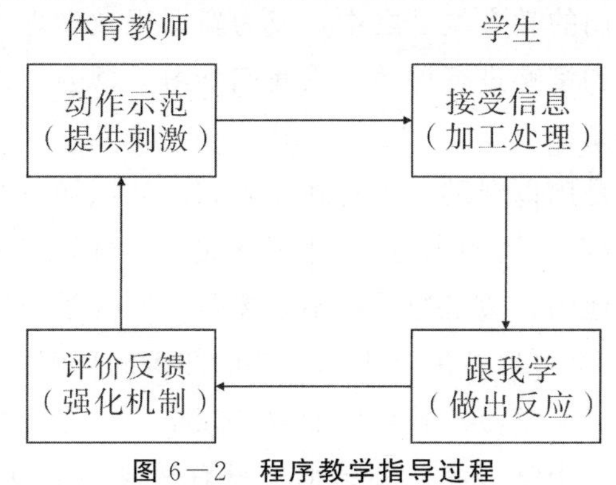

图6—2　程序教学指导过程

（1）小步子原则

是指把运动技能的学习内容按其内在逻辑关系分割成许多细小的单元。这些小单元称作小步子。分割后的小单元按一定的逻辑关系排列起来形成程序化教材，以确保学生由浅入深、由易到难、循序渐进地学习。这个原则有一定的价值，尤其是对当前体育新课程改革中提出的单元教学起着重要的作用。但需要注意的是，在单元的划分上要由具体的教学性质和任务来确定步子的大小，不能完全像斯金纳主张的那样把步子分割得越小。

（2）积极反应原则

斯金纳认为，传统教学主要是教师传授知识，学生被动接受知识的过程，学生很少有机会对每一个学习内容做出反应。要改变这种消极学习的现象，就要求学生在上述“小步子”（每一单元）的学习内容中都要做出积极的反应。体育教师要注意按单元内容之间的联系组合起来进行动作示范，要求学生“跟我学”，并通过练习、展示等方式使学生做出反应，引导学生循序渐进地掌握技能，以保持积极、持久的体育学习动机，提高学习效率。

（3）即时反馈原则

是指当学生展示所学运动技能（做出反应）后，必须及时使他们知道其动作展示是否正确。这就要求体育教师对学生的“反应”给予“即时确认。”尤其是对学生做出的正确动作要给予及时强化，从而提高学生学习自信心。体育新课程所强调的体育学习评价的反馈与激励功能，就是建立在此基础之上的。

（4）自定步调原则

是指在体育学习中应该让学生根据自己的基础和潜力制订学习计划，培养学生自主学习的能力，强调个体化的学习方式，并不断通过练习纠错、评价反馈等措施，引导学生达到学习目标。

（5）低错误率原则

是指在小步子的体育学习内容引导下，学生可以尽量避免可能出现的错误“反应”，提高学习效率。该设计比较突出的优点在于它能保证学习者在学习中得到即时反馈，使学习者在每一个学习小步子上都得到强化，较好地适应了差异性和多样化的个体需求，从而克服传统教学设计中过于侧重整体而忽视个体的不足。

2．认知主义教学策略：“先行者组织”教学法的运用

先行者组织策略是认知主义教学的经典策略，其基本主张与我国课前预习类似，已经

自觉或不自觉地渗透在我们的教育教学之中，成为新课程教学理念的重要支柱，下面对其理论的由来、背景、方式和策略进行评述，供我们学习、领会、选择运用。

（1）先行组织者策略简介

组织者是个比喻，就是用以帮助学生对新知识和旧知识加以组织和联接。如果在讲新知识之前呈现“组织者”（即所谓的先行），那么就成了先行组织者。犹如我们来到一个大城市之前，手中有了一张地图，边走边看就不会迷路。同样学习新知识之前，如果学生手中有了一张“认知地图”，就可以帮助学生加强新旧知识的理解。

奥苏伯尔非常强调有意义学习，其重要的教学策略——先行组织者就是根据这个原理而产生的。奥苏伯尔认为，当学习者认知结构中没有适当的上位观念可以同化新观念时，教师可以在教新观念之前，给学习者一个引导性的材料，它比将要学习的新材料具有更高的概括程度。然后，学习者利用这一材料去同化新的学习材料。这就是先行组织者的基本原理，通过先行组织者，帮助学习者对所学内容进行加工。

（2）先行组织者的程序

先行组织者由两个阶段组成，每一阶段都遵循奥苏伯尔信息加工的原理。

第一，呈现先行组织者。教师在让学生确定目标后，向学生提供先行组织者。教师要向学生解释组织者，因为先行组织者本身也是一种观念或是一个概念。必要时，教师要向学生列举组织者的基本特征，解释特征并加以例证，帮助学生理解组织者，呈现组织者时应该简明扼要。在这一阶段的最后，教师要帮助学生意识到自己认知结构中与组织者和学习新材料有关系的知识，以便学生能更好地利用组织者同化新的学习材料。

第二，呈现学习任务或学习材料。在这一阶段，教师将遵循逐步分化的原则将学习材料呈现给学生。“逐步分化”是奥苏伯尔组织教学内容的原则。在教学过程中，“逐步分化”是将较大范围的概念或概括分化为较小范围的概念或概括。也就是将概念分化为不同的层次，使学生独立学习不同层次的知识，了解不同层次知识之间的关系，使学生形成良好的认知结构。

例如：一位教师在教学“篮球”前先让学习者观看篮球的录像，她说：“篮球可分成哪几部分……”随后又把学生带到球场进行演示，指出各部分的变化与动作要领。其目的与作用是什么呢？加涅在信息加工理论中所指出，人的短时记忆容量是有限的，然而，解决一个问题需要考虑若干个知识点与已知条件和未知条件的关系，往往使短时记忆的负荷超载，难以胜任。但是，如果一个知识点的各个方面经过练习而紧密地结合在一起，并达到自动化的熟练程度，那么，这个知识就可以在头脑中表征为一个知识组块，在运用时就只需占据较少的短时记忆空间，从而使更多的空间用来考虑问题的其他方面，如问题的已知条件、未知条件与该知识点的联系，以及该知识点与其他有关知识点之间的关系等。因此，这样的知识就能在问题解决的过程中有效地与问题的各个方面发生联系，促成眼前问题的顿悟和解决。例如，一个学生如果头脑中没有形成运球、传球、投篮的图式，那么在学习中要考虑的概念有运球、传球、投篮。这时，短时记忆的容量差不多已经挤满了，就很难考虑这个定理和问题中其他各个方面的联系。结果，只能采取盲目尝试的办法去解决问题，不能达到顿悟水平。往往会表现出顾此失彼状态，结果出现最常见的也最令人头疼的“粗心”现象。

（3）先行组织者的新进展

近年来，研究者们在奥苏伯尔“先行组织者”概念的基础上，提出了更为宽泛的“组织者”概念。即认为“组织者”一般在要学习的材料之前呈现“先行组织者”，但也可以放在学习材料之后呈现。它既可以是在抽象、概括性上高于学习材料的材料；也可以是具体概念，在抽象、概括水平上低于原材料的知识。总的来说，“组织者”可以分成两类。

第一类是陈述性组织者。陈述性组织者与新的学习产生一种上位关系，目的在于为新的学习提供最适当的类属者。如“什么是篮球”等指向概念和特征的范畴。奥苏伯尔等人进行了一系列实验。他们发现，通过给学习者提供一些适当的陈述性组织者，可以使新知识与原有认知结构快速发生联系，有助于学习与保持。例如，奥苏贝尔做了一个实验，实验要求两组被试有关钢的性质材料。实验组在学习该材料之前，先学习一个陈述性的“组织者”，这一组织者强调了金属与合金的异同，各自的利弊以及为什么要冶炼合金。控制组在学习该材料之前，先学习炼钢和炼铁的历史，虽然这个材料可以提高被试的学习兴趣，但没有提供可以作为理解钢的性质的观念框架。结果在学习钢的性质材料之后，两组被试的学习成绩产生了显著差异。实验组平均分数 16.7，而控制组平均分数 14.1。

研究表明，“组织者”对言语和分析能力较低的学习者可以起到更大的作用，因为这些学生自身不能发展一种适当的图式把新旧材料联系起来。陈述性的“组织者”不仅用他们能懂的语言为学习提供了适当的固定点，而且也促进了他们有意义学习的倾向，避免了不必要的机械记忆。

第二类是比较性组织者。比较性的组织者用于比较熟悉的学习材料中，目的在于比较材料与认知结构中相类似的材料，从而增强新旧知识的可辨别性，如“怎样运球投篮”等指向目标细分量化，是程序步骤的范畴。通过大量的研究发现，比较性组织者指出了新旧知识的异同，增强了原有的起固定作用的观念的稳定性和清晰性，所以当先学的知识不稳定和不清晰时，采用一个比较性“组织者”比过度学习新材料效果更好，当原有的知识本身就已经很巩固和清晰时，提高可辨别性的唯一方法，就是过度学习新知识。

这一命题揭示，在陈述性知识的概念或原理的学习中，呈现一系列相关的比较材料，以便连续比较概念的有关特征与无关特征，有利于促进概念的形成。有时，即便没有实际呈现比较性组织者，但只要学生形成了一种比较新旧知识的意愿，同样可以促进学习与保持。

无论是陈述性组织者（陈述性知识），还是比较性组织者（程序性知识），在策略运用中都要注意两点：一是，教师要慎重选择教学内容的难度。教学内容必须适合学习者的能力水平，一方面要简化教学信息，另一方面要能产生新的信息，有利于知识的运用。二是教师呈现教学内容时，要遵循“不断分化”和“综合贯通”的原则。从纵的方面来说，要遵循一般到具体、不断分化的原则；从横的方面来说，要加强概念、原理、课题乃至章节之间的联系。教师在教学中应引导学生努力探讨观念之间的联系，指出它们的异同，消除学生认识中表面的或实际存在的不一致部分，把握概念、原理的本质。

3. 建构主义教学策略："抛锚式教学、随机访问教学、支架式教学"教学法的运用

在建构主义教学模式中，较有代表性的、成熟的教学策略有三个：抛锚式教学（即情景教学）、随机访问教学和支架式教学。这些模式能够帮助我们正确把握体育教学设计、优化课堂学习、增进学生的理解力。

（1）抛锚式教学

抛锚式教学也称为情境教学、实例式教学或基于问题的教学，就是根据事先确定的学习主题，在相关的实际情境中选择某个真实事件或真实问题，在课堂上展现出与现实中专家解决问题相类似的探索过程，教师提供解决问题的原型，并指导学生的探索。这种教学使学习在与现实相类似的情境中发生，以解决学生在现实生活中的问题为目标，对于培养学生解决问题的能力和探索精神有重要作用。

该模式主要强调以技术为基础的学习，抛锚式教学设计主要目的是"使学生围绕一个完整的问题情境，产生学习的需要，并通过镶嵌式教学以及学习共同体中成员间的互动、交流，使学生在探究事件或解决问题的过程中自主地理解知识，建构意义。"

抛锚式教学设计有两条重要的原则：①教学活动紧紧围绕某一"锚"来设计。所谓"锚"即某种类型的个案研究或问题情境。这种教学要求建立在围绕探索问题的基础上，因而被形象地比喻为"抛锚"，因为这类事件或问题被确定了，整个教学内容和教学进程也就被确定了（就像轮船被抛锚固定一样）。②教学的设计应允许学生对教学内容进行探索。如允许学生探索问题的多种可能解答、发展有关体验的表征、学生自己生成项目等。③抛锚式教学由5个基本环节组成：围绕问题、确定情境、自主学习、合作学习、效果评价。其目的是培养学习者解决问题的能力，让每一位学生成为实践者。

情景教学不仅是建构主义教学观的必然要求，同时也得到认知心理学的支持，叫作"情景认知"。这一领域的最新研究表明，认知活动具有情景关联性，即特定"情景"或"场合"不仅能够决定我们对事件意义的理解，还能影响我们的知觉内容及学习方式，并且会对记忆产生深远的影响。

（2）随机访问教学

随机访问教学也称随机通达教学，是基于建构主义学习理论的"认知弹性理论"发展起来的。认知弹性理论认为，人的认知随情景的不同而表现出极大的灵活性、复杂性和差异性。基于认知弹性理论的随机访问教学，是指对同一内容的学习安排在不同时间多次进行，每次的情境都是经过改组的，而且目的不同，分别着眼于问题的不同侧面。也就是说，学生可以随意通过不同途径或不同方式进入同样教学内容的学习，从而获得对同一事物或同一问题的多方面认识与理解。这种教学避免抽象地谈概念的一般运用，而是把概念具体到一定的实例中，与具体情境联系起来，有利于学生形成背景性经验，针对具体情境并用于指引问题解决的建构。以使学习者对同一内容或问题进行多方面探索和理解，获取多种意义的建构。这里的"访问"原是计算机科学术语，主要指在互联网上对不同网站进行搜索、访问。"随机访问"即自由地、随机地从不同角度访问、探索、建构同一内容。这实质上是"换一个角度看问题，换一个情景解决问题"的教学模式。

（3）支架式教学

建构主义倡导的“支架式教学”，是在苏联著名心理学家维果斯基理论的基础上发展起来的。他在“文化历史心理理论”的基础上提出了著名的“最近发展区”理论假设。他认为，儿童的心理发展存在两个水平：第一个是“实际发展水平”，第二个是“潜在发展水平”，两个水平之间的区域被称为“最近发展区”。支架式教学的基本特征是重视社会交互知识和文化在知识理解和意义建构中的作用，认为儿童认知能力的发展不仅是一个个体的过程，还是一个社会和文化的过程。这种教学模式是社会性建构主义教学观的集中体现。

“支架”原意是建筑行业使用的“脚手架”，这里用来形象地说明通过一套概念框架，帮助学习者理解特定知识、建构知识意义的教学模式。通过支架（教师的帮助）把管理学习的任务逐渐由教师转移到学生手里，最后撤去支架。这里用来比喻对学生解决问题和建构意义起辅助作用的概念框架。它根植于学生的“最近发展区”，通过支撑作用，学生的认知发展不断从实际水平提升到潜在水平。教师的作用就在于使这样的概念框架尽可能完善。支架式教学包括以下几个环节：①预热：将学生引入一定的问题情境，并提供可能获得的工具。②探索：由教师为学生确立目标，用以引发情境的各种可能性，让学生进行探索尝试。在此过程中，教师可给以启发引导，提供问题解决的原型，而后要逐步增加问题的探索性成分，让位于学生自己去探索。③独立探索：教师放手让学生自己决定探索的方向和问题，选择自己的方法，独立进行探索。这个环节，不同的学生可能会探索不同的问题。

另外，当今的建构主义者重视教学中“学习共同体”成员间的相互作用，合作学习、交互式教学已在我国新课程体育教学中提倡采用。

4. 人本主义教学策略：“非指导性教学、学习者中心教学、成就感教学”等教学法的运用

下面列举一些人本主义教学理论，在教学中以有意义操作任务为情境的教学设计模式。由这些模式所统领的教学能够激发学习者“亲其师、信其道”，使体育课堂学习和谐活跃，产生激情，有效地推动学生非智力因素的发展。

（1）“非指导性”教学模式

“非指导性”教学模式是以人本主义心理学为基础，着眼于学习者人格发展，以学习者为中心的教学模式。其理论强调学生“自我实现”潜能的作用，教师仅仅起“促进”作用，所以叫“非指导性”教学。罗杰斯认为，传统教学中的“教授知识”最多是给学生一些陈旧过时的知识，这种“依赖知识、依赖训练、依赖接受某些被教授的东西是毫无用处的”。“非指导性”教学理论首先基于对人类的基本信任，相信人类的天生潜能是积极的，只要后天提供一定的条件，潜能就会自然而然地释放出来，潜能也因而得到实现。

罗杰斯认为，非指导性教学有一个时间上的序列，该序列包括以下几个阶段：①阐明辅助情境。教师创设一种和谐民主（可接受）的教学气氛，师生明确在教学中应该对共同关注的问题取得一致性意见，使学生得以无拘无束地、自由自在地交流自己的想法。②提出问题。由学生提出各自感兴趣的问题，教师对所提问题进行接纳与澄清，经过讨论后形

成小组成员共同感兴趣的问题，从而明确教学目标所在。③提供资源，共同讨论。在明确教学目标之后，教师提供一些小组讨论可利用的资源，如书籍、录音、访问有关人士，鼓励学生表达积极的或消极的情感。坦诚待人，乐意接受他人意见，认真参加小组讨论，共同探索问题。教师也可以根据学生需要进行教授，但不能代替学生下结论。所提问题也总是处在流动变化之中。

在非指导性教学中，教师要注意以下几个方面：一要创设心理自由和心理安全的环境；二要建立良好的师生关系；三要以真诚的态度对待学生；四要无条件接受学生；五要移情性理解学生。

（2）学习者中心的教学

该主张认为教师要成功进行以学生为中心的教学，必须具备以下几个特质：①信任学生：如果教师能相信学生具有发展自己的潜能，则应该允许他们有机会选择自己的学习方式；②真诚的态度：卸下教师的面具，感知学生的心理感受和体谅学生；③尊重学生：尊重学生的人格、情感和意见，不随意批判学生，不使学生感到威胁；④了解学生：深入了解学生的内心反应，并设身处地地站在学生的立场了解学习过程。

（3）人性化的教学角色

强调个人选择、师生关系及班级气氛等条件的重要性。师生关系不但能增进学生深入学习或了解自我，而且是有效率教学的特征。基于此，教师欲使教学有效，必须设法建立良好的师生关系。

（4）安全感的学习气氛

一个班级是一个小型的社会体系。从班级心理学的观点来看，学生只有在没有威胁的情况下，才有可能产生最容易、最有意义及最佳记忆的学习。如果班级是一个使学生羞辱、苛责、轻视或贬抑人价值的地方，自然威胁到学生对自己的知觉，也干扰学生的学习。比如，阅读能力差的学生被指定在班级中大声朗读；行动笨拙的学生被强迫参加竞技比赛。这些学生的自尊心必然受到伤害，觉得没有安全感，因而会有拒绝学习或逃避学习的倾向。

（5）成就感教学

人本心理学家强调个人的自我知觉是决定行为的基本因素。为了培养学生积极的自我观念，学校应重视成就感教学，使学生在学校活动中获得成功的满足，肯定自我价值，逐渐形成一个健全积极的自我观念。在教学上，应依据学生的个别差异因材施教，实施个别化的教学，减少学生在团体中的挫败感。在评价方面，应重视学生的自我评价，避免学生间的相互比较。

（6）价值澄清教学

价值澄清教学承认人有选择的自由和自我决定的能力，它通过一些教学活动，协助学生对自己的信念、情感、行为做自我分析和自我反省，从而理清自己的价值观、确立自己的形象。

（7）陶冶情感的教学

人本主义心理学家认为将知识与情意的教学分开是一件不可思议之事，这两者是相互关联，相辅相成的。在陶冶情感教学方面，人本心理学家提出下列重要的教学策略：①在教学中，教师宜将自己的情感真诚地流露出来，使学生了解教师的内心感受；②教师要了解学生的需要和情感，并协助学生建立积极的情感；③安排适宜的情境，使学生有机会探索自己的情绪，或学习感知别人的情感，以及得到被尊重、被接受和被了解的经验。

人本主义的这些诉求指出了现代学校的“未完成性”，无疑给当代体育教育改革以较大的启迪，值得从事体育教育的工作者高度重视，对体育教育教学的影响与启示在于以下几个方面。

第一，体育教育的途径应重视“自我实现”，促进学生的全面发展。人本主义主张教学要激发学习者的潜能，重视学习者的意愿。因此，体育教学必须坚持“以人为本，促进人的全面发展”的教育方向。一方面，使每一个学生都投身到体育活动中，并在教学活动和身体锻炼中得到提高，体验到体育的乐趣，领略到体育的魅力；另一方面，就是要因材施教，防止体育教学中“吃不饱”与“吃不了”的现象出现。因此，帮助学生找到一条最能有效发挥他个人创造性和个性才能的学习途径与策略，鼓励学生去发现和发展最适宜自己的活动内容、活动方式和活动习惯，激励他们超越自我、体现个性、实现自我。

第二，体育教育的模式应遵循“授人以渔”原则，鼓励学生的自主学习。人本主义强烈反对以教定学的行为，主张“非指导性教学”与自我实现论。为此，体育教师不应只是传授体育技术技能和基本理论知识的教育者，更重要的是要培养学生学习的能力。即所谓的“授之以渔”而不是“授之以鱼”，形成终身体育的习惯。

第三，体育教育的方式应重视“意义学习”，复现知识性的多维面孔。人本主义强烈反对重知轻情，或知、情分离的传统教育，提倡人本主义的意义学习。意义学习不单纯追求增长知识，更看重在其过程中把每个人各部分经验都融合在一起的学习。在罗杰斯看来，学习是一个有、无意义的连续体。在这个连续体的一端是无意义学习，这是一种机械灌入式的学习，不仅无法引起学习者的兴趣，而且会成为一种沉重的学习负担，使学习者感到厌烦、枯燥。而在连续体的另一端是有意义学习，这是一种“自我主动的学习”。使其自我潜能充分发挥出来，成为富有创造性的、人格健康发展的、能进行自由选择并为这个选择负责的人。

第四，体育教育应重视培养学生良好的道德品质与行为习惯。人本主义学习理论强调道德教育，认为理想的学习是将道德教育贯穿于教学之中，渗透于实践学习过程的各个环节，使学生寓教于乐，在不知不觉之间形成健全的人格。

最后需要指出的是，“非指导性”教学模式针对传统教学只注重人的理智发展，片面训练人的认识能力，而忽视学生情感培养。该模式提出了教学目标应该以人的本性为出发点，把教学作为促进自我实现的工具，开发人的创造潜能，形成人的独立个性，最终目标是培养真正自由独立、知情合一的“完整的人”，这些都是值得提倡的。但是它过分强调以学习者为中心，必然会削弱教师在教学中的作用。同时，完全放弃课程内容对学生的教育作用，对教学可能也会产生不利影响，应辩证看待该模式合理运用“非指导性”教学模式。

5. 多元智能教学策略：“分层次教学、以强带弱发展性教学、多维目标发展教学”教学法的运用

加德纳认为，教学目标的多样化和教材选择的多样化是实现个性化学习内容的教学策

略的关键，多元智能教学策略如图 6－3 所示。为此，有以下教育教学要素供大家学习、领会与运用。

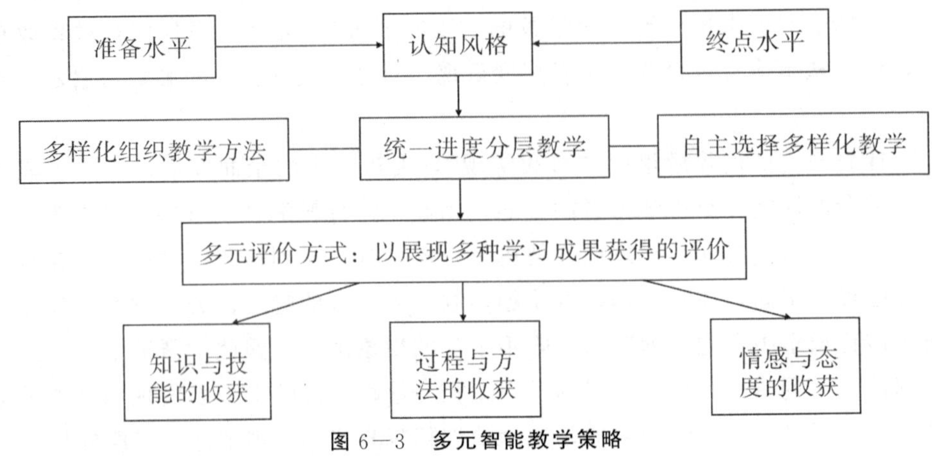

图 6－3 多元智能教学策略

（1）分层次教学

根据布鲁姆的目标分类法，可将学习内容分类呈现，以适应不同水平学生的需要：①通过预先考察学生的技能和水平，再根据学生的智能强势与弱势程度为他们搭配好合适的学习活动；②给学生提供机会让他们实践运用所学的技能；③准备相关条件，满足理解水平不同的学生需求。

有以下实施途径，利用学生已有的兴趣设计教学过程：一是以学生强势领域的知识与技能作为学习新技能和知识的桥梁，提高学习动力，显示所有学习之间的关联性。二是使学生掌握与应用运动技术是提高学生运动兴趣和积极性的重要保证。学生只有会用运动技术并不断提高运动技能，才能真正体验到运动的乐趣，运动兴趣才会越来越高。

（2）以强带弱发展性教学

多元智能理论告诉我们，每一位学生都同时拥有智能的优势领域和弱势领域，而且提出在每一位学生充分展示自己优势领域的同时，应将其优势领域的特点迁移到弱势领域去，从而促使其弱势领域得到尽可能大的发展。因此，教师要对每一位学生的优势潜能给予充分的肯定和欣赏，树立学生的自尊自信。同时要自觉地为每一位学生设计“因材施教”的方法，采取多种形式，在多种不同的学习情景中进行。帮助学生发现和建立其智能优势领域和弱势领域之间联系的切入点，提供运用自己的运动智能强项来发展弱项的机会，引导学生有意识地将其从事优势领域活动所表现出来的智能特点和意志品质迁移到弱势领域中去，从而使学生的学习能力得到均衡发展，使教学名副其实地成为促进学习能力充分发展的有效手段。

（3）多维目标发展教学

多维目标发展教学具有以下特点：认识到今日课堂中呈现出来的学习多样性；确信学生有不同的学习需要、专长、风格、兴趣和偏好；主张为学习而设计的教学原则，为所有学生设定学习目标；在教、学以及评价方面都增加多样性，以满足更多学生的要求，适应学生的偏好、风格、兴趣以及专长；了解学生已经掌握什么，能做什么。认识到不是所有的学生都需要以同样的方式做同样的事情；诊断出学生的需要，制订学习任务，使学生能依据自身的需要、风格或偏好来学习；培养学生做适当选择的能力，让他们决定怎样学习，怎样最好地展现自己所学的知识；设计差异式（层递式）学习任务，更好地适应学生特殊的学习需要；使用弹性教学分组策略，为学生提供机会，让有相同需要、风格或者偏好的学生们一起学习；认为所有学生的学习成果都是重要的、有价值的；创建公平的程序评价学生的学习，并为其评分。

为了帮助教师更好地了解儿童各种智力的表现特点，较好地发现学生的各种潜能并使其得到尽可能大的发展，有必要制定多元智力评估核查量表，儿童的多元治理评估核查量如表6—2所示。该量表不是为了测试孩子有多聪明，而是帮助教师和家长了解孩子将来可能有杰出表现的倾向，从而进行适当的教育。

表6—2　儿童的多元智力评估核查量表

特质/智能	敏感范围	建构范围
语言智能	声音、意义、结构、语言风格	听、说、读、写
数理逻辑智能	模型、数字和数据，因果关系、客观和定量推理	发现模型、进行计算，形成和验证假设，使用科学方法，演绎和归纳推理
视觉空间智能	色彩、形状、视觉游戏，对称、线条、意象	刺激视觉，形成心理意象，注意刺激细节，对绘画和动作准确定位
身体运动智能	感知身体运动变化，自己身体的状况、体育（竞赛）	力量、速度、灵活性等肢体协调和平衡的活动
音乐智能	音调、节拍、速度、旋律、声音	听、唱、弹奏乐器、舞蹈
人际关系智能	身体语言、情绪、声音、感受	关注与感受他人的感受，合作，交流
自我认识智能	调解、反思、展示自律，保持冷静，超越自我	确立目标，评估人的能力和弱点，监控自己的思维
自然智能	自然物体、植物、动物，自然规律、生态问题	对生物、自然物的鉴别和归类

第七章　体育教学方法与学习方法的运用与变革

第一节　体育教学方法的变革

过去人们对教育教学的研究多是对教师教学的方法研究，很少做学生学习方法的研究。当今时代的发展促使教学方法的研究打破了这一弊端，把教推向了学，指出没有教学方法的转变就没有学生的转变，没有学习方法的发展就没有学生的发展。新课程实践证明，教学方法与学习方法的有效性制约着体育新课程功能的实现。基于此，本节研究与梳理体育教与学方法产生的机理，厘清其发生的机制，寻觅经验，以促进体育教与学效果的提升。恰如学者王道俊所言，“教学方法是为完成教学任务所采用的办法，是教学活动有效运行的关键要素。它包括教师教的方法和学生学的方法，是教师引导学生掌握知识技能，获得身心发展而共同活动的方法①。”学者王策三也在《教学论稿》一书中指出，“教学方法由教学方法和学习方法两方面组成，是教师和学生课堂间交流与互动的联结载体，是教学系统中最具能动性的部分，不仅直接影响着学生学习行为的有效性，而且还关系着教学效率与学习效果的高低②。”

一、教学方法的历史变革

从哲学上看，体育教学方法的运用是教师对知识价值关系的认识或反映，烙印着教师自我的教育价值观对教学的“前理解”。标识着教师在完成知识传授任务时，对教与学的选择、安排等的具体表现。从教育的历程看，教学方法的运用呈现出明显的阶段性特征与时代的表达。不同时代背景下对知识需求的期待不同，对教学方法选用的要求也就不同，这与其教育主张产生的特定时代背景相关。如在我国古代基于当时社会生产力的低下，导致知识创新的基础较差。教育的基本教学方式是言传与身教，年青一代只能在与年长者的共同生活中，通过模仿和记忆学习相关知识。受时代的制约，其教育取向以传授知识为主，通过传授知识来培养学生的德行。因而，传道、授业、解惑就成为教师的天职。为此，教学方法的选用多以讲授法为主要形式，这使得检验课堂教学能否取得满意的效果，不是取决于教学方法的正确使用与否，而是取决于教师的学识水平如何。教师讲好了，学生就学好了，长此以往，就把其演变为了“满堂灌”和“填鸭式”的教学形态。这种教学方法最大的优点是节省时间和精力，可以在最短的时间内最大限度地向学生传授知识。正如夸美纽斯在《大教学论》中指出：“这种教育将不是吃力的，而是非常轻松，一个先生

---

① 王道俊，郭文安．教育学（第七版）[M]．北京：人民教育出版社，2016．

② 王策三．教学论稿（第二版）[M]．北京：人民教育出版社，2005．

可以同时教几百个学生①。”

但当人类社会由低级文明不断前进，迈向了21世纪的新知识经济时代时，时代要求教育要把知识创新作为衡量的尺度，由寻求普遍性的教育规律走向寻求个人情境化的教育意义，即教育要把人个体本质中的个性内在能动凸显、发展出来，为个人知识的意义理解与建构提供支持，满足新知识时代对人发展的需求，于是以个性为解放的、新的知识教育形态日益凸显，正在成为不可阻挡的世界潮流。拉开人类社会由知识取向的教学理解（侧重于知识性积累的拥有）、能力取向的教学理解（侧重于知识的把握与创造）开始迈向解放取向的教学理解（以发展人的完整性和能动性为核心）的帷幕。彰显出个性的发展是社会进步的核心，只有实现个性（最大发展区）解放的教育才是时代的追求。为此，解放人的潜在能力，挖掘人的创造力，促进人的全面发展就成为今天和未来教育的首要任务。也正因为如此，建立以个人为本的新的教学观和教育观，实现教育的本质是解放人的一种个性化学习活动，就成为当代世界各国教育改革的目标和发展的普遍趋势。在这一思潮影响下，传统的教育观念被彻底颠覆与抛弃，对此美国未来学家阿尔文·托夫勒指出：“未来的文盲不再是不识字的人，而是没有学会学习的人②。”显然再用传统“接受式”的教学方法，无法培养出学习者个体不同的发散思维，无法扶植与培养学生的创造性，不符合培养个性和创新精神为21世纪社会服务的目标，难以满足社会发展对人才培养的要求。因为，21世纪社会生产力的发展，要求教育不仅要完成传授知识的任务，还要实现让学习者创造新知识的任务。为此，转变教育观念、改革教学方法、探索合作学习与探究性学习以及自主学习等，就成为当务之急。教师不是简单的传声筒，他们如何选择教学方法，是教师整体认识与能力的直接反映。教师要教好学生，提高教学效率，就必须按时代教育的目的选择怎样教和如何教，即教师要会教和善教。只有懂得教学方法和学习方法与时代发展的适配联系，才能科学掌握好教学。新教育理念在当今教学实践的认识论证明，教学方法和学习方法的结合是推进体育新课程的一个重要组成部分。只有这样，新课程才会由目标走向现实。

二、学校体育教学方法改革的趋势

从致思取向的维度分析，可以发现，从20世纪80年代以来，我国学校体育教学的趋势，在指导思想、功能运用和结构特征三个方面发生着根本性的转变。

（一）在教学指导思想上由教会知识转向教会学习

1972年雅克·德洛尔主席向联合国教科文组织提交了《教育——财富蕴藏其中》报告。其明确提出21世纪教育发展的理念，应是围绕“学会认知、学会做事、学会生活、学会发展”这四种学习方式进行安排。并进一步指出，“这种学习不仅是获得经过分类的系统化知识，更多的是为了掌握认知的手段。”在这一背景下，“学会学习”就成为新世纪课程教学的宗旨、核心理念与教学指导思想的追求。

（二）教学结构特征由以教为主转向以学为主

“以学生学会学习为中心的新教学特点，已成为当代体育教学理念的凝结与赖于支撑

① （捷）夸美纽斯．傅任敏，译．大教学论［M］．北京：教育科学出版社，2015.

② （美）阿尔文·托夫勒．黄明坚，译．第三次浪潮［M］．北京：中信出版社，2018.

教学的笃行。这要求教学由以教为主转向以学为主的意义建构。在教学内容上，要给学习者提供多样化的运动选择，尊重学习者对不同体育内容学习的需求。在教学组织上，要建立适应学习者个别差异的条件与学习情境，让学习者根据自己的运动能力与技能水平、兴趣风格，选择学习的相应层次与学习领域。在学习考核与评价上，要体现出学会学习的意义建构发生。既要重视成绩考核的结果，也要关注学习进步的发生；既要重视技能学习的评判，也要养成学习者对体育学习的领会。

3．在教学方法运用上由统一教学转向多元教学

在教学方法的设计与选用上，要把体育学习纳入促进人发展的视野，正确看待不同学习者体育学习的不同方式。给予学习者更多的学习机会，发现更多学习的联合因素，扬长补短、因材施教地使学习者的主体性得到充分发挥。推崇采用集体教学与差异教学相结合的方式，实施学习程度分层、学习内容分层、学习方式分层、学习作业分层、学习评价分层等多元化构建，防止学习者“有的吃不饱，有的吃不了”。让尖子释放出运动能力，放飞体育天赋；让中等生完成提高赶优，提升兴趣爱好，养成运动习惯；针对运动能力弱的学生进行耐心辅导，激发学习热情，使其不会因运动能力不足放弃体育学习，从而达成学习者全部实现终身体育的运动目标。

第二节　体育教学方法的组织与运用

什么是教学方法?《教育词典》的解释是：“教学方法是教师和学生为了实现共同的教学目标，完成共同的教学任务，在教学过程中运用的方式与手段的总称。”那么什么是“体育教学方法”，从学校体育教学广义来讲，是指在体育教学过程中，教师指导学生为达到一定的教学目标所进行的一系列活动方式、途径和手段的总和。狭义来讲，是体育教学中教师按照明确教学目的选择的、以循序渐进掌握体育教材为主采用的某种方法，如表 7－1 所示。我国常用的体育教学方法分类如图 7－1 所示，一般分为：传授体育知识与技能的方法、发展体能的方法、思想品德教育与发展个性的方法。

表 7－1　目前我国中小学普遍采用的体育教学方法的分类

<table>
<tr><th colspan="4">体育教学方法体系一</th></tr>
<tr><td rowspan="12">体育教学方法</td><td rowspan="3">传授知识方法</td><td>讲授法</td><td rowspan="12">重复练习法：可分为重复练习法和间歇重复练习法
变换练习法：可分为连续变换练习法和间歇变换练习法
综合练习法：可分为循环练习法、流水作业法、比赛法、综合练习法、游戏法</td></tr>
<tr><td>谈话法</td></tr>
<tr><td>演示法</td></tr>
<tr><td rowspan="3">掌握动作技能的方法</td><td>讲解与示范</td></tr>
<tr><td>练习法</td></tr>
<tr><td>预防和纠正错误法</td></tr>
<tr><td rowspan="3">锻炼身体的方法</td><td>重复练习法</td></tr>
<tr><td>变换练习法</td></tr>
<tr><td>综合练习法</td></tr>
<tr><td rowspan="3">发展个性和品德教育法</td><td>说服法</td></tr>
<tr><td>评比法</td></tr>
<tr><td>奖惩法</td></tr>
</table>

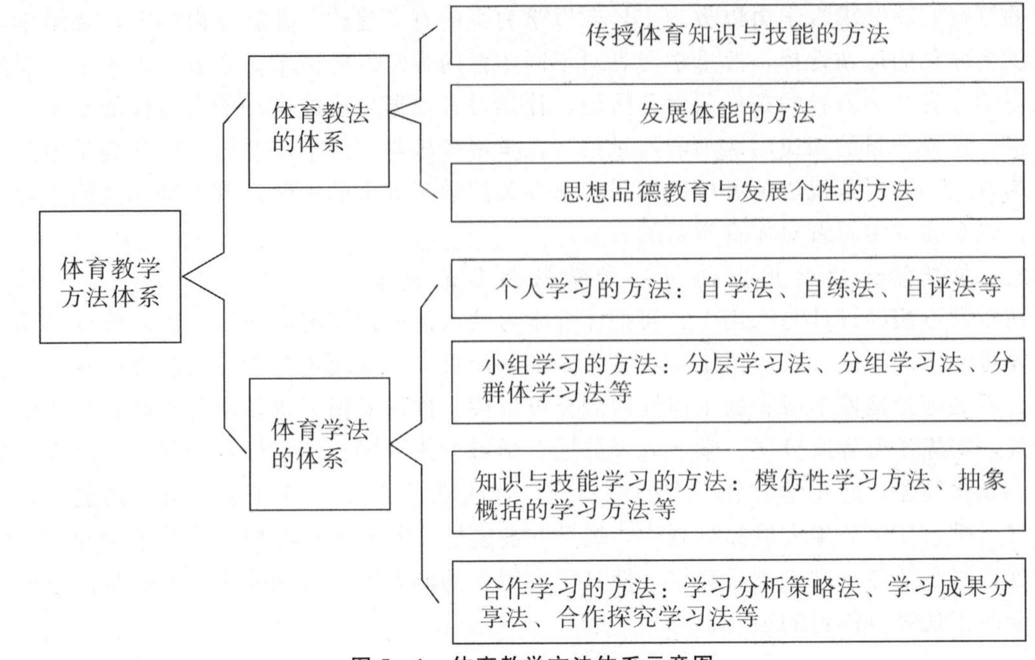

图 7—1　体育教学方法体系示意图

上述释义道出，体育教学方法是引导体育教学活动展开的方法，是衡量体育教师教学技能水平的依据，是体育教学方式的运用和教学原则贯彻的落脚点，是标识对某种体育类型的教学与范围适用的方法。

一、体育教学方法的结构和分类

（一）体育教学方法结构和分类的意义

受教学任务、教材特点、学生学情、教学条件等具体情况的制约，任何一种教学方法的选择与运用，必须结合一定的客观条件进行方可产生教学效果，我国体育教学观教学方法的结构与分类如表 7—1、表 7—2、表 7—3 所示。归纳起来，影响教学与学习的发展方面上有两个内在机制。一是从体育教学的方法结构来看，一般可分为传授体育知识与技能的方法、发展体能的方法、思想品德教育与发展个性的方法等。二是从体育运动技能学习的心理机制来看，存有注意、感知、表象、思维、练习等心境现象的揭示和机理运行的交合互动关系，预设着对教学本质的认识、规律的确定、方法选择的价值判断。换言之，体育教学方法的运行，是通过对学习者心理的应激、唤醒、认知等相关体现；确定认知定向阶段、动作联结阶段、协调完善阶段的学习方法使用指向的范围和目的。为此，体育教学方法的结构是划分确定每一种教学范围运用形式与方法的依据。而体育教学方法的分类，则是判断方法属性在不同“教学阶段”中信息加工的定位与取向的依据。是为达成一定教学结果的目的，对各个教学部分具体设计指向的标准。两者的存在，是体育教学方法选择与运用的根据和动因。是寻绎不同体育教学方法产生、存在、发展和创立的根源；是定向、推动、维持、引发体育教学方法的动力系统。它们源于体育教学实践，又推动着体育教学实践的发展。认清这些本质，才能把握结构与分类的相互关系。有利于教师正确把握体育教学方法的本质与规律，从而选择出最优化的教学方法。

（二）体育教学方法的分类

我国学校常用的体育教学方法的特征，有以下方面：

第一，它是为达成教学目标，完成学习任务的指向性而选择运用教学方法的策略标识（见表 7—1、7—2）。

第二，它是遵循教学活动的特点和规律，以一定的教育理念和教学策略为依据，组织安排教学活动的一种具体结构和形式（见表 7—3）。

第三，它既是一种实施课堂教学内容与组织形式的策略结构，又是一种按目的要素对教学有机构造和有机安排的活动过程（见表 7—1、7—2、7—3）。

第四，教学方法的结构和分类的功能体现在创设教学情境、判断知识获取方式、选择教学方法，将教学内容转换为具体的运行活动（见表 7—4）。

第五，从时空的发展来看，解析表 7—3 和 7—4 新旧体育教学观的教学方法结构与分类可以发现。新的教学方法观从知识的结构性入手，注重教学环节的具体应用与认知的目的指向性，着力体现了“教与学做合一”的知行统一观。既反映教师如何教，也体现了学生如何学。释义了教学，是教师与学生相互结合双边同共完成的活动。过去的教学只发挥了教师的主导作用和教师的教学智慧，没有发挥学习者学习的主动性和学习智慧的力量。导致教学实践中“管教不管学”，因而它是不完善的。

表 7—2 目前我国中小学普遍采用的体育教学方法的分类

<table>
<tr><th colspan="6">体育教学方法体系二</th></tr>
<tr><th colspan="4">教师的教学方法</th><th colspan="2">学生的学习方法</th></tr>
<tr><td rowspan="4">语言法</td><td>讲解</td><td rowspan="4">防止与纠正错误法</td><td>条件限制法</td><td rowspan="4">自学</td><td>阅读法</td></tr>
<tr><td>口令与指示</td><td rowspan="2">自我暗示法</td><td>讨论法</td></tr>
<tr><td>口头评定</td><td>观察法</td></tr>
<tr><td>默念与自我暗示</td><td>降低难度法</td><td>比较法</td></tr>
<tr><td rowspan="3">直观法</td><td>动作示范法</td><td rowspan="8">身体锻炼法</td><td rowspan="2">负重锻炼法</td><td rowspan="5">自练</td><td>自我锻炼法</td></tr>
<tr><td>教具模型演示</td><td>自我评定法</td></tr>
<tr><td>条件诱导</td><td>持续锻炼法</td><td>自我控制法</td></tr>
<tr><td rowspan="5">练习法</td><td>完整分解</td><td>间歇锻炼法</td><td>自我评价法</td></tr>
<tr><td>重复</td><td rowspan="2">循环锻炼法</td><td>自我调整法</td></tr>
<tr><td>交换</td><td rowspan="3">成果展示</td><td rowspan="2">个人成果展示</td></tr>
<tr><td>游戏</td><td rowspan="2">综合锻炼法</td></tr>
<tr><td>比赛法</td><td>分组成果展示</td></tr>
</table>

表 7—3 新体育教学观教学方法的结构与分类

以语言传递为主的体育教学方法	以直接感知为主的体育教学方法	以技能练习为主的体育教学方法	以活动情境为主的体育教学方法	以探究性活动为主的体育教学方法	以品德教育与发展个性为主的教学方法
讲解法 问答法 讨论法 反馈法	示范法 演示法 模仿法 反馈法 保护与纠错法	分解练习法 完整练习法 重复练习法 变换练习法 循环练习法	游戏法 比赛法 情景法	发现法 探究法 合作法 个人成果展示法 分组成果展示法	说服法 榜样法 评比法 表扬法 批评法

表 7—4 传统体育教学观教学方法的结构与分类

《学校体育学》体育学院通用教材，人民体育出版社 1991 年	(1) 指导法：语言法、直观教学法、完整法、分解法等 (2) 练习法：重复练习法、变换练习法、循环练习法、游戏练习法等 (3) 思想品德培养的方法：说服法、榜样法、表扬法、评比法、批评法
《学校体育学》金钦昌主编，高等教育出版社 1994 年	(1) 传授体育知识与技能的方法：语言法、直观教学法、完整法、分解法、矫正法 (2) 发展体能的方法：负重法、持续法、间歇法、游戏法、综合法、比赛法 (3) 思想品德教育与发展个性的方法：说服法、榜样法、表扬法、评比法、批评法
《学校体育学》李祥主编，高等教育出版社 2001 年	(1) 体育与卫生保健知识教授法：讲授法、谈话法、演示法、讲练法 (2) 运动技能教授法：语言法、直观教方法、完整与分解法、预防与纠正错误动作法、游戏与竞赛法 (3) 思想品德教育与发展个性的方法：说服法、榜样法、表扬法、评比法、批评法
《体育科学词典》高等教育出版社 2000 年	(1) 教师指导的方法：语言、直观教学、纠正错误动作等方法 (2) 学生学习的方法（练习法）：重复练习法、变换练习法、循环练习法、游戏练习法、比赛练习法、综合练习法、集中注意力练习法、念动练习法、放松练习法等 (3) 学生思想品德培养的方法：说服法、榜样法、表扬法、评比法、批评法

二、体育教学方法的选择与运用

教学实践证明，教学方法的选择与运用受人们思想认识的影响与制约。教师选择与运用什么样的教学方法，反映了教师对教育教学观念的不同取舍。例如，教师是以教为标准选择教学方法，还是以学为标准选择教学方法。前者反映出教师仍然是传统“教”的本位思想，后者体现教师是现代教育理念“学”的本位思想。两者之间反映出，教学应以向学生传授知识、技能为主，还是以发展学生的能力为主，这是教师对教学方法意义的不同认识的反映。两者之间的选择，是区分教师是传统教学观还是现代教学观的分水岭。不同的观点不但影响着对教学目标的设计，还影响着对教学内容和教学方法的选择。

（一）教师思想行为影响体育教学方法的选择与运用

体育教学方法是指教师对学生施加影响，引导他们有效地掌握所教内容，并形成和发展学生学习认知能力的方法。教学实践证明，在体育教学方法的应用中，教师的教学行为是这个方法得以运转的动力，也是对学习方法施加影响的主体。

教学方法的教育学价值的认识过程是隐蔽的，其表现是由教师的思想行为决定的。教师的教学思想影响和制约着教学方法设计的动机和选择应用的预设。教师没有正确教学思想行为的标准，教学方法的选择与运用就成为教学“工序”的机械组合，难以达成新时代对教学的要求。要想让学生自动，必先由教学生学的教师先动。教师的教学思想是影响教学方法选择与运用的最直接因素。

教师良好的职业特征或思想，是构筑教学方法科学实施的基础。一般由两个方面组成：

（1）教师的职业思想品质主要是指，教师的职业道德，教师的责任感及对学生的情感态度、价值取向等，它对教学方法系统的运转起着指向的作用。

（2）教师的业务水平主要是指，教师的专业知识水平和教育教学能力等，它决定着教师对教学方法选择与策略调配的优化水平。前者主要是指教师的教育价值取向、知识结构状况等，而后者主要是指教育理论水平标识下的运用教材的能力、组织管理教学的能力、语言表达的能力、对学生状况的认识和因材施教的能力、对教学后果预测的能力、教学机智的水平等。

学生取得学习效果存有多方面的原因，教师要想建构一个有利于学习的教学方法，就必须分清课堂教学方法与学习方法的表层结构和学习过程的深层结构。教师教学的思想行为可划分为十种具体的行为类别，即陈述、指导、展示、提问、反馈、管理、观察、倾听、反思以及评价（见表 7—5）。在课堂教学实践中，教师若能有意识地对这十条优质标准的所属领域进行领悟与拓展，便可构建出一张稳定的“教学质量网”。正如古人所云：“事必有法，然后可成，师舍是则无以教，弟子舍是则无以学。”一语道出教师在备教学方法和学习方法的教学设计之时，还要注意与教学方法和学习方法相连的情境因果关系，体育学习过程深层结构的变化与影响如表 7—6 所示。

表 7—5 体育教师课堂教学行为与教学方法选用

教学类别	教学特点	教学指向	教学方法	行为要求
理论陈述	教师为中心	传递信息	讲解法、问答法、讨论法	清晰的语言表达
学习组织	学生为中心	技能学习	分解练习法、完整练习法、循环练习法	恰当、有效
技能展示	教师为中心	加强感知	示范法、演示法、模仿法、保护与帮助法	多种感官媒介支持
讨论提问	师与生互动	启发思维	发现法、问题探究法、合作法	恰当设计问题
合作学习	学生为中心	提供信息	个人成果展示法、分组成果展示法	合作、共享、共进
品德教养	教师为中心	促进发展	说服法榜样法、评比法、 表扬法、批评法、奖惩法	讲究方式技巧
观察指导	教师为中心	促进教学	反馈法保护与帮助法、 榜样法评、比法表扬法	准确、客观、鼓励
教学组织	学生为中心	激发渲染	游戏法、比赛法、情境法	多样化、多层次
反思行为	教师为中心	改进教学	评价法	及时、客观
评价行为	学生为中心	促进学习	评价法、榜样法、考核法、表扬法	全面、客观

表 7—6 体育学习过程深层结构的变化与影响

动作过程	学习内部过程	教学外部过程及其影响
泛化 分化 自动化	注意（接受）选择性知觉 编码 提取反应组织控制过程 预期	(1) 刺激（强度）变化产生唤醒（注意强弱）、影响吸收、捕捉学习有关信息进入感觉登记器 (2) 物体特征的增强和差异（对比、区分学习材料），可促进选择性知觉进行加工编码。巡回辅导、渲染鼓动，可促进编码形式，又影响学习者编码的认知策略 (3) 针对练习的生成，及时提供或呈现各种学习线索方式，可帮助学习者搜索提取进一步完善学习目标 (4) 为学习者提供正确反馈，告诉所要进行的学习行为要求，可避免错误发生，提高质量 (5) 通过在多种情境呈现练习与及时的激励、反馈，可促进学习者认知策略的生成与提高 (6) 评价学习优点与完成的情况，提出预期目标，激励学习行为进入自我学习

学者王策三在《教学论稿》中指出，“优化教学方法，就是使特定教学内容的学习得以符合学习行为的规律[①]”。教师没有树立正确的教学观念，教学方法便难以奠定在科学的基石上；教学方法改革，就难以自觉地纳入现代教育科学的大潮之中，难以走入新课程。

综上所述，教学方法的背后蕴含着教师的教学思想行为，包含着策略性方法的技术性和动机情感态度的精神性两个层面。教学行为是教学方法的具体表现，教学方法的打造源于教师教学行为的构筑。研究教学方法，是为了更有效地做好教学思想与行为。因而也论证出，教学方法任一实践成功的背后，都有科学理论的踪迹可觅，以及正确思想行为的厚重支撑。

（二）体育教学方法的运用与组织

教学策略的指导适配性影响和制约着、支持和促进着学习量度的集合，测量着学习过程若干不同学习层级的变量发生和有效性的差异，即教学行为要符合学习者认知科学的记忆性，教学认知量要与学习者的短时记忆、中时记忆和长时记忆的编码科学结合，要能引起注意——应答记忆—行为反馈；要能建立接纳性、支持性、乐学的课堂气氛，以促进学生的理解能力、思维能力、问题解决能力等高级认知的发展。具体表现在两个方面：一是变化教学环境，与学生的能力和学习技能相适应；二是变化教学策略，科学认知学生的发展能力和学习技能。

传统教学方法设计以教为主，新教学方法设计以学为主。新的教学方法的选择与运用，就是实现为学习的理解而教以及为学习的理解而授。为理解而教是指有效教学发生在为理解而教的时刻，要为不同学生的学习程度设计不同的变量。为理解而授是指要运用启发性、领会性教学行为引发学生的学习兴趣，提升学生参与程度。增大教学策略符合学生的认知习惯，发展学生的能力和学习技能。充分衔接以理解为中心的教学流程与为会学而设计的有效教学策略。

衡量教师教学思想行为的准绳，是教育研究者们借助科学理论研究在抽象实践中制定出来的标准，不同体育教学方法情境的取向如表 7－7 所示。来自教学实践指出，由于这些标准总是蕴藏着某个特定的教育情境，只有把握和理解了这些情境的特征，才可以较好地利用这些标准。教学方法的长青是根据时代发展的新要求而发展的，只有不断对原有方法进行否定之否定的扬弃、建构与创新才是可为的。恰如《孙子兵法》云：“水因地而制流，兵因敌而制胜；故兵无常势，水无常形”。

① 王策三．教学论稿（第二版）[M]．北京：人民教育出版社，2005.

表 7—7　不同体育教学方法情境的取向

方法	语言性教学方法	感知性教学方法	练习性教学方法	情境活动性教学方法	探究活动性教学方法	品德教育与发展个性方法
解决哪些任务效果最好	引起学习注意，唤起兴趣和动机，聚焦学习任务，激活记忆联结	调动多种感官的识记，促进形象思维表象与抽象思维表象结合	组块学习编码，促进表象加工，强化动作技能形成，提高技能质量	复现知识多维面孔，贯穿学习的懂会乐体验。检验知识技能，促进学习迁移与应用	推动直觉思维的低级记忆，生长发散性思维的高级记忆	运用榜样力量，采用渲染激励技巧，营造积极参与情境，渗透品德教育与个性发展于各个教学环节
理论来源	联结性学习理论，运算性学习理论	认知记忆规律、试误学习理论，生理机能活动变化规律	动作技能形成规律、心理机能活动变化规律，生理机能活动变化规律	快乐体育教学理念，成功体育教学理念	发现学习理论，素质教育理念	教养的外化规律，内化规律
适用学习者类型	中高年级	低中高年级	低中高年级	低中高年级	中高年级	低中高年级
教学服务指向	教学初期过程	教学初中期过程	全部教学过程	全部教学过程	教学中后期过程	全部教学过程
局限性	过多的运用影响动作技能的练习密度，减少练习的次数	物体特征的刺激（强度），制约信息的唤醒度	频繁的练习易产生枯燥性，丢失学习兴趣	不可不分教学内容盲目运用，只有符合学习目标的运用才是有效的	过多的运用影响动作技能的形成与掌握	过多的运用，真理就会相反

教学有法，但无定法。既然“有法”，那就是“法”掌握的多少决定着量变到质变的开阔，而“无定法”，则指出最有效地使用教学方法的人，就是能对教学方法理解最佳的人，如表 7—8、表 7—9 所示，一个不掌握教学方法全貌的教师，是不会胸怀宽广，支配控制教学行为的。“登泰山而小天下，观于海者难为水”讲得就是这个道理。

表 7—8　运动技能形成四个阶段教学方法运用的分析

教学阶段	初步学习阶段	改进与提高阶段	掌握与完善阶段	运动技巧阶段
教师教学主导性	强——以教为主	辅助——指导质疑	弱——学习总结	很弱——点拨领悟
学生学习主体性	接受	主体学习生发	意义学习建构	自学自悟
教学方式	感性描述与形象描绘，使学习者理解学习内容	组合归纳，利用已有经验，感知知识的建构	学习经验交流、内外反馈结合自我总结	点评感悟 经验总结
教学方法	讲解与直观教学习方法、分解与完整教学习方法、情境教学习方法、口诀强化法	正误比较法、重复练习法、增大与降低条件法、游戏法、竞赛法	迁移法、个别指导法、成果展示法、扩展变式练习法	情境应用法、竞赛法、自主学习法

表 7—9　高中一年级篮球动作技能教学策略与选用方法举例

（1）引起注意，唤起兴趣和动机：聚焦任务。

可通过语言法，运用听觉媒体时，可以通过停顿、口音、语音高低、快慢等变化来引起注意。可借用图示法，运用图像的动静、图表、模型、多媒体等的变化来引起注意。运用两者多样变化的学习情境条件，引起注意、引发动机，激活感受器。

（2）提出教学目标，新课概览明确要学习什么样的技能。说明将要学习的程序和应用范围。

通过示范讲解法，对所学内容进行感性描述与形象描绘，使学习者理解学习内容。运用演示法，比较重现技能特征、抽象结构要点，构成正确的学习逻辑思维。运用图示法把所学内容程序线性组块的方式预览，可帮助学习者对所学习什么和如何学有一个大体的了解。

（3）回忆相关旧知、提取到工作记忆、复习相关概念和原理：让学习者知道做什么，指明掌握新技能将用到哪些旧技能，促进学习者重组知识。

运用问答法、讨论法、反馈法、迁移法等帮助学习者回忆先前学到的旧知或相似任务，帮助学习者用恰当的方式重组知识。

（4）聚焦注意力，指导质疑、纠正错误，提供学习要点、重难点的途径。

一是可通过图示法的直观形象与类比，加深理解，诱发行为，促进记忆和迁移。二是利用层级学习图式提纲挈领、一目了然、易于理解掌握的特点，突出关键特征，从而省略一些无关特征，突出特点帮助理解。三是通过正面、侧面、镜面的不同示范，对关键点、要点等予以提示。

（5）运用什么学习策略，保持动机维持学习气氛，让每一个学生都参与进来。

利用情境教学法的新异刺激，点燃学生各种情感潜势；运用榜样示范法的力量，采用渲染鼓动的技巧，营造积极参与的氛围。还有评比法、表扬法、批评法等都可以适时运用。

（6）练习：分散练习和集中练习、整体练习和部分练习等的设计与安排。

可运用模仿练习法、分解练习法、完整练习法、合作练习法、循环练习法等，但其运用时需要明确在哪一种情境或任务下运用什么样的策略才是恰当的理由与应用的策略。

（7）反馈与补救：确定学生是否有共同的错误和误解。让学生知道自己的技能掌握程度如何以及应该怎么做。

续表

运用外部反馈法提供解决问题的信息，以提供建议和讲评帮助学习者认知；内部反馈法是通过来自肌体练习的感受和感知觉帮助学习者认知。监控调整、指导质疑，促进问题图式的形成，促进学习过程的主动形成。 （8）复习与改进。 运用互帮互学习方法、个人成果展示法、分组成果展示法等。一是通过学习者之间的点评和交流，指出主要步骤与原理之间的特征与结构，以及应用情境之间的恰当性。二是通过同伴评价、群体反馈示范恰当的应用；检查运用的成果。 （9）知识迁移：逐渐从分离的提示过渡到集合的提示，最后综合。 首先运用先行者组织策略，帮助学习者建立由顺应走向同化图式。再运用游戏法、比赛法、情境法等扩展变式练习，强化技能保持、技能运用。 （10）评估学习业绩、确定反馈与补救：让学生知道自己的技能掌握程度如何以及应该怎么做。 通过合作法、探究法观察同伴技能表现，深化对技能过程的理解。帮助学习者自我建立改进的步骤和完整性，识别教学是否完整得当。这一对认知过程和行为的回顾与情感激励可让学习者知道做了什么，怎么做。

上述研究指出，体育教学方法的运用，有以下关系需要把握：

（1）由于学习者受教学向量的影响与制约，教学方法的运用存有范围与指向的关系。如果教师设计的教学情境或提出的新学习材料，符合学习者的认知性，学习动机就会发生。反之，教学情境是劣性的、不符合部分与整体关系的传导时，学习状态就不会发生。因此桑代克从有效条件对教学内容和学习过程进行论说，提出三大定律（准备律、效果律和练习律）。桑代克根据实验研究的结果认为，学习不是突然发生的，而是通过一系列细小的步骤按顺序达到的。学生学习过程存在三种由低级到高级的认知水平状态，这三种水平状态在学生的学习方式上，表现出不同的特征，制约着学习的质量和效果。准备律——怎样增强学习动机？练习律——怎样练习强化技能？效果律——怎样增强行为的满意度，这几个定律为教学方法的选择与运用提供了科学依据。

（2）由于学习者信息接收的通道是由低级记忆走向高级记忆的建构过程。教学方法的运用存有输入、编码、储存、提取、输出的序列递进关系。正如加涅指出，学习是加工系统、执行控制系统和预期动机系统的协同活动。存在着从外界信息输入经过感觉登记、进入短时记忆、到与长时记忆相互作用的学习现象，与若干不同学习层级的变量发生。这一理论为教学方法的选用加工提供了科学依据。

（3）由于知识的识记存有“同化—顺应”“正迁移—副迁移”的相互干扰，对教学方法的运用存有相互关涉的关系。心理学研究表明，当两种技能的学习具有相同因素时，一种机能的变化可增进另一种机能的变化。反之，前一种机能学习可干扰或弱化另一种机能的变化。因此，教师在教学方法选用的策略上，应注意知识之间内在个性特征相互迁移的关系。

（4）由于知识的认识过程，存有下级知识是上级知识基础的连接，教学方法的运用，存有上下过渡连接的关系。对此奥苏伯尔提出，新知识与头脑原有知识可以构成三种同化模式：上位学习、下位学习、并列学习，即教师在知识讲解策略上，必须注重知识与知识之间上下建构的联系，帮助学生把新旧知识联系起来，如此，学生才会真正将所学知识融会贯通。

（5）以整体观来看，教学方法是一个多种多样、博大而又深具开放性的体系。在其内部的各个层次上、不同方法之间各具特色。任何一种教学方法都不是万能的，每种方法都有它适用的时机和范围。在某一具体情境中是最优的方法，在另一情境中未必成功；反之，在一种情况下是低效的方法，在另一种情况下可能很有成效。因此，对其的运用要具有整体观，一方面要搞清楚该教学方法运用的有效性和局限性，另一方面，还要明白该方法有哪些同质学的方法。以一种教学方法为主导，同时结合其他学的方法，避免陷入模式化的境地。

（6）从学习观来看，现代教学方法不再只着眼于如何引导学生更有效地积累知识。为学习而设计，已成为现代教学方法的一个特色。可以说，任何一种教学方法的运用，如果忽视了怎样调动学生学习的积极性都是不可取的。

（7）从学乐观来看，知识的传授不仅要让学生懂与会，还要让学生乐。在这一理念的支配下，现代教学方法正试图按照乐的法则来规划教学过程，努力把更多乐的因素带到学习活动中去。这一发展信念，正日益深入地渗透于教学方法之中，推动着现代教学朝着更令人向往的目标迈进，并已成为现代教学方法的一种新追求。

第三节　体育学习方法的选择与运用

“学会学习”不只是一种教育观念，也是一种方法论和认识论的命题。梳理出体育教学，要由教的方法走向与学的方法相结合，使学习者由传统学习方式——知识的被动接受者，转变为知识意义的主动建构者。因而，教会学生学习的方法，学会学以致用就成为体育学习方法的目的。正如联合国教科文组织教育发展委员会，在《学会生存——将于世界的今天和明天》报告中指出的那样：“教育应较少致力于传递和储存知识，而应努力寻求获得知识的方法（学会如何学习）”。

基于此，解析体育学习方法的构成与组织，概括总结其实施与策略，提出理论范式。为促进体育教与学方法的建设开辟活水，为教师在教学形态选择与运用、重组或再造提供启示认知；为教师联盟21世纪体育新课堂教学方法的设计提供完备的理论支撑；因而对其发掘探析，这无疑是重要的，也是十分必要的。

一、体育学习方法的结构和要素

（一）体育学习方法的含义

什么是“学习方法”，学习方法是学生完成学习任务的手段或途径。从认识论讲，它是指在教师指导下，学习者获得经验方法的总和。从方法论讲，学习方法即指导学生学会学习，或者说是教育者指导学习者，对学习方法进行的一种反馈与监控。因而释义出，体育学习方法即学生完成体育学习任务的手段或途径，是一种有意识地规领学习者主动学习状态发生的认知策略，是指导学习者由学会知识走向学会学习的方法。根据加涅的学习内部条件与外部条件的分类，体育学习方法的结构可由学习价值观的表述、学习方法的指导两部分构成。前者可由知识认知和学习意义建构等组成，如“为学习而设计”“为理解而教”“学习自由度”等。后者可分为定向引导阶段、理解应用阶段、领会创新阶段。沿着这一理解，体育学习方法的要素一般含有下列方面：预习发现、寻疑问难、边练边思、自我检验、自我校正、理解应用、意义建构等。正如现代教学理论认为，学习方法是一个在教师引导下，学生主动参与、独立思考、自主发现和不断创新的过程，而不是简单、被动地接受教师和教材提供的现成观点与结论。因而，在课堂教学中，体育学习方法是推动"学会学习"的依托，是实现"学会学习""学会认知""学会做事"的根本方法。

（二）体育学习方法的分类

学习方法分类的构建，应从学习者主体素质两个方面着力。一是学习者的心理品质。可从学习者的兴趣、动机等情感因素去寻找学习方法的分类。二是学习者原有的文化水平、学习行为习惯。可从已有的认知结构、思维能力等认知方面的因素，去寻找学习方法的分类。因为这些因素往往会积淀为一种心理定式，影响着学生学习方法的唤醒。教学经验证明，这两点在意义建构体育学习方法中尤其重要，可帮助教师从不同角度，进一步认识学习方法的现象与规律。因而，对其进行探索和研究是必要的，体育学法的分类及其特点如表7—10所示。

表7—10　体育学习方法的分类及其特点

自主学习的方法	合作学习的方法	知识与技能学习的方法	小组学习的方法
自学习方法 自练法 自评法	学习分析策略法 学习成果分享法 同伴合作辅导法 合作探究学习法 差异学习法	模仿性学习法 抽象概括学习法 解决问题学习法 逻辑推理学习法 总结提高学习法	分组学习法 分层学习法 分群体学习法

二、体育学习方法的组织和运用

根据加涅学习内部条件与外部条件的分类特征，可以认为体育学习方法的组织与运用从学习过程的指导、学习方法的指导两部分着手建构才是可为的。实践证明，以此作为划分学习方法组织与运用的依据，一是能够突出教学的目的性——使学习者掌握体育知识与技能，即教师指导教授的艺术性。二是能够体现出教学的主体性——使学习者领悟学会学习的方法，即学习者学练的艺术。

（一）学习内容的学习方法组织与运用

心理学研究证明，学习主动性来自学习环境的情境适配与知识意义的建构。这一命题指出，学习过程存有学习者与学习内容策略设计、学习环境策略设计的有机匹配问题。正如建构主义认为，情境、协作、对话和意义建构，是构成有效学习的四大支柱。这些视角指出了学习的成功，不仅要靠智商还要靠情商，有效学习方法的实施取决于"知、情、意、行"的发生。基于这一理解，指导学习内容的体育学习方法设计应在以下方面下工夫。

1. 从学习内容的设计着手

（1）学习内容的深度、难度与学习活动适配性的安排。指向完成什么学习任务，达成什么教学目标。

（2）学习活动内容的顺序性和进度性的安排。场地、时间、器材等能否符合学习者的学习要求，使有效学习的开展顺利达成。

（3）学习活动的差异性的设计安排。是否具有多元性、多样性、多层性等知识意义建构的发生，是否符合不同学习者的能力、条件、性格，达成有效学习的展开。

（4）学习活动的行动和效果的设计安排。能否引起生生互动、师生互动等合作学习的发生；能否为参与的学生提供成绩考察和奖励，即达成懂、会、乐。因为这些特点的重要性是它能够感染、引发、激励学习者的情感，并产生良好的自主学习行为，保障学习活动持续深入。

2．从学习内容的方式着手

教学论指出，教学应根据学习活动的不同而不同，应根据学习对象的情境变化而变化。这一命题指出，学习具有个性化的特点，只有适应学习者特点的方法才是好的教学。基于此，可以参考以下学习方式：

（1）从求知需要的满足中求乐。学习的最好刺激乃是对所学材料的兴趣。因此，增强教学内容的趣味性，满足学生求知的需要，以产生快乐情绪，便是必修课体育教学模式首先要重视的。

（2）从成功需要的满足中求乐。苏霍姆林斯基曾这样告诫教师：“请记住，成功的欢乐是一种巨大的情绪力量，它可以促进儿童时时学习的愿望。请你记住无论如何都不要使这种内在的力量消失。缺少这种力量，教育上的任何措施都是无济于事的[①]。”因而，教师在这方面所采取措施的关键在于，为学生尽可能创设获得成功体验的机会，改变传统教学方法，把学习与创设成功相联系。

（3）从建树需要的满足中求乐。所谓建树需要，就是学生把所学习的体育知识和技能灵活运用到实际环境中去。因而，教师积极开展各种各样的活动，为学生的参与尽可能地创造必要的外部刺激和条件，引发学生积极投身运动并获得运动的满足。因而，教师要注重学生的情感体验，积极挖掘教学内容的快乐性、方法和手段的艺术性，要以知识本身吸引学生学习。

（4）从活动的形式中求乐。体育游戏法、竞赛法等由于其内容丰富、形式灵活，又富有一定的情节性、竞赛性和趣味性等特点，长期以来，它不仅是我国学校体育教学的重要内容，也是体育教学中常用的一种形式、方法和手段。体育游戏对于当前的体育教学改革至关重要，有了它，一个枯燥的练习可以变得津津有味，一个沉闷的教学可以生机盎然。因此，教师要在体育教学中科学运用体育游戏、竞赛法等扩展练习变式来提高学生的兴奋性，使学生在良性心理状态下学习技术，使学生中枢神经系统不断得到新的信息刺激，产生适宜的兴奋性，诱发学生的兴趣和学习的主动性、积极性，促进学生积极自愿地参加体育游戏活动，掌握自己所喜爱的运动项目的技能。

3．从学习过程的指导着手

联合国教科文组织提出，学会学习是21世纪人类学习的特点。这一命题指出，形成一种独立的学习方法要比获得知识更重要。因而释义出，形成学习者学会学习的方法，是教学策略制订的最重要标识。阶梯发展论认为，客观事物的发展都有一个明晰的阶段划分过程。为此，从内涵和外延两个方面来看，指导学习者学会学习，需经由自身的习得和后天的教化两个阶段而成。其实现需要两个基本条件，一是外显学习（形成经验）。通过不同学习条件的习得与运用，完成“实践—认识—再实践—再认识”的新旧经验的循环与深化。教师要遵循由量变到质变的规律完成这一循环和认识。分阶段设计不同的环境和条件，逐段推动学生在实践学习中运用知识、经验和智慧，从而学会学习。二是内隐学习（养成学习习惯）。人类学习不仅有动物王国认识世界的自然性模仿，还存有抽象反思自我能动改造世界的属性。因而，可通过意向性学习的能动建构，缩短自然学习的时间，进入

① （苏）苏霍姆林斯基．周渠，王义高，刘启娴，等，译．给教师的建议［M］．武汉：长江文艺出版社，2014．

飞跃阶段。学习实践证明，学习者通过自我意向性学习的总结与领会，可促进学习者学会学习的方法，步入精神境界进入内隐学习，不受外界环境的影响与条件的干扰，可自主自觉地监控自己学习，即唯物辩证法说的否定之否定，获得学习的能力。为此，指导学习过程的学习方法组织与运用，有以下学习方法供选择，具体设计如表 7－11 所示。

表 7－11 体育学习方法的教学设计

方法/活动	全班	小组	个人
教学方式	接受式教学与活动式教学相结合 发现式教学与能力式教学相结合	统一指导法与多元指导法相结合 统一学习法与合作学习法相结合	统一任务学习与学习策略相结合 统一作业教学与个别化作业相结合
学习活动	统一进度学习与分层学习相结合	教为中心与学为中心相结合	统一技能练习与差异练习辅导相结合 集体练习过程与个性练习过程相结合

基于上述理解，指导学习过程的体育学习方法教学设计，应围绕以下方面进行设计（图 7－2、图 7－3 所示）。

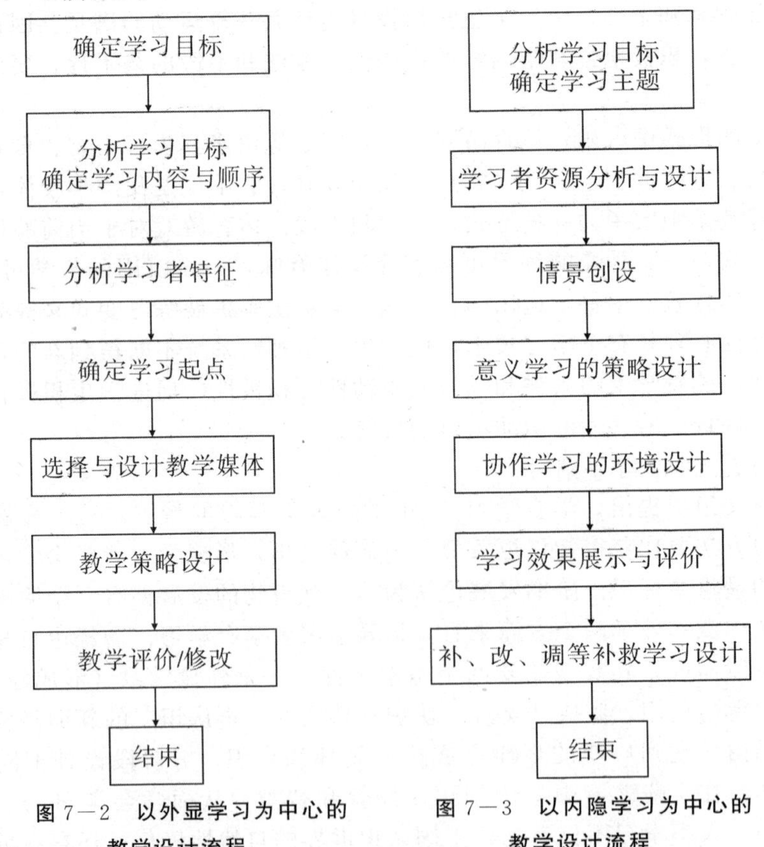

图 7－2 以外显学习为中心的教学设计流程　　**图 7－3 以内隐学习为中心的教学设计流程**

从体育学习方法策略中可以看出，其方式依据了：布鲁纳的发现式，不直接提供学习内容，让学习者自己领会发现消化学习内容；奥苏伯尔的接受式，把学习内容直接呈现给学习者，让其吸收内化；斯金纳的程序式，把教材系统条理化，让学习者按进程学习；布鲁姆的掌握式，在集体教学后，根据不同学习者知识掌握的程度，然后再施以超前学习、扩大学习、补救学习等安排。需要注意的是，在其应用过程中，不存在先进方法与落后方法之分。它们之间尽管存有差异，不同方法有自我“供求”的指向与衍生的运行机理。但从学习的目的以及聚合效应来看，存有互补的关系，具有密不可分的统一的特征，对其的选择与运用，不能陷入非此即彼的误区。例如，外显学习与内隐学习两种教学设计，都有其教学结构特点，虽然它们是不可相互替代的，各有其教学方法的共同点，但应根据其学习殊相的不同阶段，灵活选择方法的应用才是可为的。

综上所言，要求在学习方法教学方式的设计上要体现出以下特点：

（1）交往性。现代教育理念指出，师生互动、生生互动等多向交往教学方式的学习效果最好。因此，学习方法的方式设计，既要重视学习者自身学习信息的获得，也要考虑学习者之间信息转化加工的反馈联系。

（2）多层性。因材施教原则告诉人们，学习者之间存有学习能力的“不平等”。每个学生都有自己的学习领域，有自己的学习类型和认知风格。只要根据学生的喜爱去教学，有意义的学习就能发生，学生终身体育的行为就可能养成。因此，学习方法的方式设计必须面向学习者的差别，施以多层的个性化学习选择。让不同质的学生都能得到学习的收获和满足。

（3）信息性。奥苏伯尔从学生知识学习的过程、结果和有效学习条件进行研究，提出有意义学习与机械学习、直接学习与间接学习的方式。要求教师根据学习表征的特点施以设计，方可取得有效的学习发生。学习方法的方式组成既要有间接的接受式学习方式，也要有直接的发现式学习方式，还要有独立的自主发现式学习方式才是可为的。因此，学习的过程不仅要有教师教学生学的过程，也要有学生之间的合作学习过程，还要有学生自主学习的领会过程。

体育学习方法的目的就是使学习者学会学习。学校面临的主要任务，首先是教会孩子学习。通过具体的学习方法就能够转化为一定的学习能力。既提高学生学习的积极性和科学性，又能达到促进学生举一反三的目的。

正如体育学习方法要素的构成指出，学习需要、动机、兴趣、毅力、情绪等非智力因素的指导，主要是解决学习目的和学习动力问题。学习过程各环节及其方法的指导，主要解决学习方法问题。学习能力的指导，主要解决学习习惯的问题。指导学习过程的学习方法运用与安排有以下几方面：

第一，解决学习目的和学习动力的方式有：提高学习的元认识。只有了解学会学习的意义、特点与策略，才能建立学会学习的认知与方法。正如心理学研究证明，行为是意识的反映。学习策略不是先天具有的，是在具体的学习过程中形成的。因而，学习策略在一定程度上讲，是一种学习技巧、学习习惯和学习情感体验的养成，它是内化学习者学会学习的基础。

第二，解决学习方法的选择与运用有以下方式：①建立学习策略。学习指导经验证明，根据学习内容的特点正确选择和使用学习方法，建立学习策略至关重要。如果学习方法不能与学习内容和个体学习的心理特点相匹配，实现学习的目的就会很困难。②学会评价学习策略。建立学习策略是低水平的认知策略，只有学会对自己学习的活动进行评价和监控，主动调节影响与制约自我学习活动的相关因素，才是真正的学会学习。

第三，解决学习能力的方式是学会比较总结。学习者通过对自己学习经验的总结，就能知道成功在哪里，失败在哪里。逐步提高自己学习能力和水平，走入学会学习的阶段，形成学习策略。例如，通过与他人进行学习方法的交流取长补短，做到有自知之明，提高自主学习的自觉性，形成适合于自己的学习特点。

三、常用的体育学习方法

在体育学习中，常用的几种学习方法如下所述。

（一）观察学习法

观察法是学习者借助视觉有目的、有计划地对学习对象的活动进行深入地观察以获得信息资料的一种方法。观察法由来已久，它来源于记忆的原理，形象的东西比抽象的东西更有利于记忆。通过观察获得的学习对象的整体印象深刻，良性大脑皮层容易建立神经联系形成动作技能的表象，可起到抽象思维难以达到的效果。借助此法，可使学生直观学习内容，明确教学对象，缩短学习时间，做到胸有成竹。因此，观察学习法是体育学习的首要方法。

（二）模仿学习法

模仿学习是体育学习者自我练习不可缺少的学习方法，是学习体育运动技能的主要捷径，有不宜用其他学习方法来替代的因素特征。没有它教学是混乱的，学习是混乱的，因为学生学习体育的各种基本动作技能一般都是通过模仿学习而来。体育技能外显特征强，以直观为主的模仿性学习方法，易使学生理解体育动作的学习过程和要领。因此，在教学中，教师如何使学习者理解掌握动作技能的要领与特征，是体育模仿性学习方法能否成功实施的关键。教师可以在动作学习的初期阶段，先讲解大致的动作要领，不讲解精细动作的要领。在此过程中，完整动作示范与分解动作示范相结合，常速与慢速相结合，虽然模仿性学习方法是体育学习的一种基本方法，但它有比较明显的局限性和保守性。这种学习方法是一种低认知，长时间运用易窄化学生探求和迁移学习的能力。

鉴于此，体育模仿性学习方法的教学安排需考虑以下几个方面：

（1）在动作学习初期，先讲解大致的动作要领，后讲解精细的动作要领，在运动技能示范的过程中，每一练习阶段都应有该阶段的示范要点，而不是无目的示范，教师对动作技能要点的详细分析，应在学生初步掌握动作技能后进行，而不是在初学阶段，这样才能使体育模仿性学习方法发挥积极作用。

（2）就整体讲解与分解讲解而论，应考虑动作的难度和结构，对于难度不太大但结构复杂的运动技能，采用整体讲解比分解讲解的效果要好，学习复杂运动技能不能仅单纯地采用各种分解形式，与多种辅导或诱导练习结合起来效果才好。

（三）抽象概括学习法

思维是明智的学习方法。体育学习是经验的积累，要遵循从形象思维逐步过渡到抽象思维这一基本认识规律。学生理解和掌握体育知识和技能，是概念认知、感觉认知、思维加工的运动形式。因此，该法对减少干扰因素，提高课堂时间比率和学习质量具有极为重要的作用。

运用抽象概括学习法时，要注意两点：一是教师应该努力给学生讲清新旧动作的相似点，才能促使学生更快地学习和掌握新动作；二是教师及时纠错与提供教学评价反馈，这对学生的学习策略十分重要。如在分化阶段，要讲解动作精细要领、关键性示范和难点示范相结合，纠误示范与辅助练习或诱导练习相结合这样配合教学效果才好。正如发现学习理论认为，要给予学习者学会学习的方法来促进学习者的学习。

针对抽象概括学习方法的教学安排，要想使学生的学习产生良好的效果，教师要注意以下两个方面：

（1）学生完成动作的形式及结果受以往经验的影响。为了更好地帮助学生完成动作，应帮助学生对现在的学习状况和过去的学习经历加以分析总结，这样才能促进学习者实施自我抽象概括的学习方法。

（2）从一个难的动作到一个容易的动作的迁移，比从一个容易的动作到一个难的动作更容易产生。假如一个适宜的应答动作需要不断地变化、刺激，而其形式又不可预测，那么学习应该从简单的状态过渡到复杂的状态才是可为的。

（四）解决问题学习法

问题是思维的本源，学生掌握新知的过程，实质上就是思维顿悟的过程，因而问题是学习的杠杆。不注意发现问题或是感觉不到问题的存在，是难以学好体育动作技能的。从方法论说，体育学习即是复习旧知证明新知的过程，也是学习怎样解决问题的过程。因为这些联系带有为运动直观经验所证实的具体性。所以解决问题的学习能增大学习者对体育动作技能的理解性，促进学生感知、领会、理解和巩固知识结构。因而，该法对体育学习实践有着重要的指导意义。

交流与探究学习是解决问题富有情趣和意义的手段。因此，解决问题的学习方法可从两个方面着手：一是依靠内部信息反馈来改进自己的学习；二是依靠教师和同伴的外部信息反馈来改进自己的学习。为此认为，解决问题学习方法的教学安排，有以下具体实施的方法可供参考。

（1）分析学习策略法。教学经验证明，让学生事先了解学习历程，引导学生根据学习内容拟定学习策略，制订学习步骤，提出注意事项，可促进有效学习的成效。

（2）学习成果分享法。相关研究指出，指导学生相互交流学习心得，彼此分享学习成果。可转化为有效的学习策略认知模式，促进学生学习与成长。

（3）同伴合作辅导法。心理学指出，学生在学习历程中的反映影响着同伴的学习行为。同伴的学习经验与策略可为学习实施参考，解决学习困难，提升同伴的学习能力，有效增进学习成效，对有效学习有正面的效用。

（五）逻辑推理学习法

逻辑推理学习法在体育学习中的应用，就是形成学生“去粗存精”抽象概括的习惯。这对于培养学生抓住动作学习的关键特征，建立主观能动性的逻辑体系，逐步形成正确的学习步骤和自学能力起到很大的作用。该方法可引导学生发现已知和未知之间的差异或矛盾，引申从抽象思维上升到具体思维活动以获得新知识。

针对逻辑推理学习法的特点，有下列注意因素，可帮助逻辑推理学习法产生良好的效果：

（1）两个运动技能的动作要素，其刺激方式及应答动作越相似，引起的正相迁移就越多。为此，要教会学习者充分利用学习体验，对新运动技能的学习进行概括与总结。这样才能有助于学习者逻辑推理学习积极的产生。

（2）奥苏伯尔同化学习理论指出，学习前理解技能和领会要领知识，将有助于有效学习的发生。为此，课前提供切合教学目标的“先行者学习材料”，是促进学习者意义学习发生的重要先决条件。

（六）总结领会学习法

从方法论来看，可以说总结领会学习法，是元认知活动的最高水平。这一学习方法，在体育学习中的应用大体有两个途径。

（1）运用总结领会学习法，可推使初步理解的体育知识和技能不断扩大加深，使不大熟练的技能趋于纯熟，促进知识结构化。

（2）运用总结领会学习法，可回顾反馈学习了一个阶段之后，取得了哪些经验，今后应该怎样继续开展学习。从某种意义上说，总结领会学习法保证学生形成“正确”的思维，可使体育学习活动从低级思维过渡到高级思维。

为此，从上述内涵和外延两个方面来看，该学习方法的指导可从以下几点进行。

第一，指导学生养成良好的学习心理状态。①养成学习迅速，不拖延时间的习惯。②坚强意志耐心学习的习惯。③注意力集中不为外物分心的习惯。

第二，指导学生有效记忆的方法和温习教材的方法。例如，养成运用教科书、参考资料自主学习或课前预习的习惯，或者了解和把握记忆遗忘规律、序进累积规律、学思结合规律、知行统一规律等，自觉意识到这一点，可为有效学习提供巨大的潜力，对开展有效学习活动有重要的指导作用。

第三，指导学生特殊的学习方法。如辨别学习材料从上到下、从里到外、从整体到部分的性质、原理、特征、异同，以及选用合宜的学习方法与策略、动作技能训练的方法与练习的方法与策略、教会学生学习。

第四，指导学生做笔记总结，诊断学习困难，形成学习策略。使学生掌握主动权，提高学习效率。

第八章　体育教学方法、管理与评价

为了保证体育教学一系列有关活动的完整，使体育教学的整个过程能实现较为顺利，同时实现最佳的教学方面的效果，本章在体育教学基本知识和体育教学设计的基础上，将会具体地介绍体育教学方法方面、体育教学管理方面、体育教学评价方面的有关的不同的内容。

第一节　体育教学方法

通常我们按字面意思来看，体育教学方法往往表示得是有关体育教学方面的和体育学习方面的一系列具体方法。换句话说，即在体育教学中，体育方面的教师为了保证有关方面教学任务的完成而给予学生的学习方法的总称。

体育教学方法的提出能够利于学生更好、更迅速地融入体育学习的氛围，是学生学习体育并产生直观认识的主要来源。

一般情况下，我们依据不同标准把体育教学方法分为体育教学通用方法和体育教学现代方法。下面我们分别对其具体论述。

一、体育教学通用方法

体育教学通用方法是以体育教师教学过程为主要依据的。包括语言法、直观法、完整法、分解法四个方面的内容。

（一）语言法

语言法是指在体育教学中，教师使用语言的各种形式对学生进行体育指导的方法。

语言法的优势是传递信息面广，同时面向多个对象。换言之，既可一对一、也可以一对多进行有关信息的传递，也可采用多对一、多对多的方式进行有关方面信息的进一步传递。

正确运用语言法不但可以对学生的一系列思维进行一定程度的启发，促进其形成相对来说比较正确的认知，培养其分析问题与解决问题方面的有关能力，还可以激发学生关于进行学习方面进一步锻炼的积极性，并课堂环境气氛变得更加活跃，师生关系变得更加融洽。

一般情况下，体育教学的语言法主要包括以下几个方面的内容，即讲解方面、口头命令方面、口头指示方面、口头评价方面、口头汇报方面、默念方面、自我暗示方面等。

（二）直观法

直观法是指由教师演示，学生直接通过自身感官（视觉、听觉等）感知动作的方法。

一般情况下，体育教学的直观法包括以下六点：动作示范、直观教具与模型演示、采用多媒体技术、助力与阻力、定向、领先等。

（三）完整法

完整法是指教师从开始到结束完整地传授给学生某种动作的方法。

通常情况下，完整法对协调性要求较低，其对象动作结构简单、方向线路变化较小，即使有动作比较复杂，其各个部分之间的联系也会非常密切。以下是完整法的四种常用方式：①直接运用；②强调重点；③降低难度；④改变练习的外部条件。

（四）分解法

分解法是用来与完整法作对比的，是教师将开始至结束的完整动作技术划分成几个部分逐个教授给学生的方法。

二、体育教学现代方法

现代体育教学的方法是以体育教学的学生学习方式为依据的。包括自主学习法、探究式学习法、发现式教学法、合作学习法四个方面的内容。下面进行具体阐述。

（一）自主学习法

自主学习法是学生在教师指导下根据自身条件和自主学习要求进行的学习方法，具有能动性、独立性和创造性等多个方面特点。

自主学习法的意义有以下两点。

第一，有利于确立学生的主体地位，激发其学习体育的热情，培养其体育学习能力。

第二，有利于提高体育教学的学习效果。

（二）探究式学习法

探究式学习法是学生在教师的引导下独立地表达、交流、搜集与处理信息，并获得各种知识、技能，各种能力得到锻炼的学习方式。具有问题性、实践性、参与性、开放性等特点。

探究式学习法的一般步骤如下。

①提出问题。

②分组讨论。

③验证方案。

④评价与提高。

探究式学习法的注意事项如下。

①合理设置问题。

②鼓励学生积极探究。

③充分发挥小组的集体智慧。

④注意运动技能的学习。

此外，还有发现式教学法（又称问题法，是指学生在好奇的基础上通过“再发现”进行学习的一种教学方法）和合作式教学法（合作学习法表示的往往是学生方面在小组或团队中，为了实现某一特定的任务，有明确的责任方面一系列分工的互助性学习的形式）。

第二节　体育教学管理

体育教学管理是指对体育教学的管理，是对体育教学实施科学管理，使其达到程序化、规范化、制度化，为稳定教学秩序、提高教学质量、全面完成教学任务的保证。

一般情况下，我们把体育教学管理分为体育教学管理内容和体育教学管理实施两个方面。下面我们分别对其具体论述。

一、体育教学管理内容

通常情况下，体育教学管理的内容包括三个方面：体育教学计划管理、体育教学课堂管理和体育教学质量评估管理。

（一）体育教学计划管理

体育教学计划是指体育教师在国家对学校体育相关规定和要求的背景下，结合所在学校的实际情况和教学需要制定的教学工作文件。它是对体育教学活动的构思和设计，也是检查、评估教学质量的重要依据。

体育教学计划管理主要包括以下四个方面。

①对制定体育教学计划的全面、综合管理。

②对体育教学计划实施的组织、监督和调控。

③对体育教学各种资源的规划和调配。

④对体育教学计划执行程度和实施效果的监测和评估。

（二）体育教学课堂管理

体育教学课堂管理是与体育教学课堂相关的管理活动的总称。我们把它简单划分为体育教学课前管理、体育教学课中管理和体育教学课后管理。

1. 体育教学课前管理

体育教师教学前要做好充分的准备工作，具体包括以下三个方面。

(1) 充分了解所任教班级学生的实际情况，如学生人数、男女生比例、运动基础及对运动的认知、健康状况、兴趣爱好、组织纪律性等，同时也要考虑教材特点和场地器材条件与环境等。

(2) 认真学习和领会体育课程标准的核心思想和具体要求，仔细深入地研究教材，分析教材的重点、难点和关键，并结合学生的具体情况、自己的教法特点和学校的教学条件，确定教学的重点和难点，合理安排教学内容、教学步骤、教法措施等。

(3) 做好教案的编写工作，它是体育教师课前准备的一项关键工作，也是提高体育教师业务能力、教学水平和积累教学经验的一项有效措施。在深入了解学生的情况和钻研教材与教法的基础上，教师可着手进行教案的编写。编写应简明、扼要、翔实，符合实际、突出教学重点和教学特色，各部分衔接紧密，教法科学、新颖、全面、有效，运动负荷安排适宜，安全预防措施全面、准确。

2. 体育教学课中管理

一般来说，体育教学不是一种封闭性的教育活动，其具有开放性特征。在体育教学课堂中，教学活动不仅受到学生和教师本人的影响，也受环境、设施的影响，影响因素较多、较复杂，其整个活动甚至存在一定的安全隐患，因而更需要通过各种合理、安全、有效的组织形式来加强对课堂教学的管理。

体育教学的课堂组织形式是体育教学的课中管理的一种。体育教学的课堂组织形式主要有三种，即分班教学、个别教学、分组教学。其中分组教学又可分为同质分组、异质分组和友情分组。每一个教学组织形式都有其特定的适用条件。不过，由于各种因素的限制和影响，我国学校体育教学的组织形式仍以分班教学为基本形式，但它也正在朝着多样化、综合化和个性化的方向发展。

（1）分班教学

分班教学又称班级授课制，是学校体育教学组织的基本形式。

教师可根据不同年级采用不同的分班方法，如以不同行政班为单位进行教学（适用于小学和初中低年级），以不同性别为单位进行教学（适用于初中高年级和高中阶段）等。它能提高单位时间的教学效率，较好地体现教师的主导作用，有利于体育教师对课堂教学进行组织与管理。虽然班级教学注重了效率，但在实施过程中教师对学生的统一性要求比较明显，不仅难以体现对个体差异性的因材施教、区别对待，也不能较好地发展学生的个性、运动潜能。

（2）个别教学

通常情况下我们认为，体育教学中的个别教学是指体育教师对学生实施的“一对一”教育。

这种教学形式能很好地认识和把握学生之间存在的个体差异，可以根据每个学生的个人能力和特点进行针对性的教学指导，使学生的最大潜能能有机会得到充分发挥，切实做到区别对待、因材施教，有益于提高每个学生的学习效率。但由于其在实施过程中需要耗费大量的人力和教学时间，容易导致教学效率低下，也易使学生对教师的依赖性增加，与我国现今的基本教育状况不是很符合，成本较高，也提高了体育教学的困难。

（3）分组教学

分组教学是指把一个教学班分成很多个小组，并以小组为单位进行教学。这种组织形式既可以保留班级教学的优点，又可以克服个别教学的缺点，还能在一定程度上发展学生的特长，培养他们的交际能力。

分组教学主要有以下三种分组方法。

①同质分组

一般来说，同质分组是指体育教师根据学生的体能状况、运动基础或兴趣爱好等进行的分组。使同一小组内的各成员在体能、运动基础以及兴趣爱好等方面有一定的相似性，相互间的差异较小，便于他们相互之间的交流和分享。

同质分组的优点在于：能增强学生之间的相互尊重、平等意识；有利于提高学生的参与积极性和兴趣。

同质分组的缺点在于：对比标准模糊，容易降低学生之间的竞争意识，不利于对学生个体的长远发展；组内学生水平相当，也不利于学生及小组整体学习和运动能力的提升。

②异质分组

一般来说，异质分组是指体育教师有意识地将不同层次和水平的学生分成同一小组，使小组成员之间的差异性增大，但又保持各个小组间基本同质，实现小组内学生的互帮互学。

异质分组的优点是有利于不同体能、不同运动技术技能水平、不同学习能力的学生相互交流、相互学习和帮助，使学生明确自己的发展方向和学习榜样。但由于学生之间在诸多方面存在明显的差异，在学生中容易造成等级观念、优劣差异或自卑感等，不利于构建和谐健康的学习环境。同时，这种分组教学方法也给因材施教带来一定的困难。

③友情分组

友情分组是学生可以自主选择与自己关系较为密切的同学为伴进行学习和练习的方法。

由于学生相互之间的紧密关系，使得他们在教学过程中容易形成良好的情感交流和协调配合，能更好地充分发挥各自的作用，齐心协力完成学习目标。但是，由于学生之间有共同的爱好和兴趣，这种分组教学的方法也容易助长不良的学习态度和风气，导致涣散学习现象的产生，从而影响整体的体育教学效果。

3．体育教学课后管理

在体育教学结束时教师应结合整个活动内容及过程对本次教学工作做一次小结，如回顾总结本次教学任务的完成情况、课堂中学生的学习情况和态度、有没有出现不良现象以及值得表扬的人和事等，并提出改进方法和要求。

另外，要及时记录学生的行为表现。教师自己也要积极组织学生归还器材、清理场地，同时进行自我评价，并积极听取他人意见等。

（三）体育教学质量评估管理

体育教学质量评估管理包括体育课程管理、体育教材管理和体育教学成绩考核管理。

1．体育教学课程管理

体育课程体现着体育教学的目标与价值，伴随着教育事业和体育事业不断地发展，体育课程也得到长足的进步、完善和发展。

2001 年 6 月教育部颁布的《基础教育课程改革纲要（试行）》指出："改变课程过于集中的状况，实行国家、地方、学校三级课程管理，增强课程对地方、学校及学生的适应性。"

2．体育教学教材管理

作为体育课程的内容载体和表现，体育教材能集中反映国家对体育教学的要求和体育教学的目的目标。在体育课程三级管理体制的影响下，体育教材的多样化及编制的灵活性和个性化特征日益突出。

《基础教育课程改革纲要（试行）》规定："完善基础教育教材管理制度，实现教材的高质量与多样化。实行国家基本要求指导下的教材多样化政策，鼓励有关机构、出版部门等依据国家课程标准组织编写中小学教材。"并指出："加强对教材使用的管理。教育行政部门定期向学校和社会公布经审查通过的中小学教材目录，并逐步建立教材评价制度和在教育行政部门及专家指导下的教材选用制度。"

在编制和选择体育教材时还应遵循教育性、健康性、娱乐性等原则，其内容应符合本学科的特殊性及实施要求，重视对学生体育学习和运动实践的启发和指导，与学生的身心发育特征和全面健康发展要求相适应，利于学生学会学习，形成终身体育。

3．体育教学成绩考核管理

体育教学成绩考核管理主要包括对教师教学成绩考核管理和学生学习的成绩考核管理，它们一般可以由体育教研室、体育教师和学生进行评价和成绩管理。

（1）体育教研室对成绩考核的管理

体育教研室应根据体育教学计划和《课程标准》的规定，结合教师与学生的实际情况确定具体的考核内容、标准和评分方法，审订体育教师上报的考核实施计划和方案，对考核成绩进行审核和汇总、分析，建立成绩档案，及时上报学校教育主管部门。

（2）体育教师对成绩考核的管理

体育教师既是体育教学成绩考核的制定者，也是具体的实施者。

体育教师应按照学校和体育教研室教学工作计划，认真组织各年级、各班的体育教学成绩考核，制定详细、具体的考核办法和要求，并熟悉考核工作程序、方法和标准，以客观、公平、认真、严谨的态度进行测评，做好成绩登记和分析，建立自我教学成绩考核档案，及时发现在自己的教学和学生的学习过程中的问题和矛盾，认真总结，并拟定改进措施、计划和方法，并按规定将考核成绩上报体育教研室或其他部门。

（3）学生对成绩考核的管理

随着体育教学评价主体多元化的发展，学生也逐渐成为体育教学成绩考核的实施者，其主要责任是对体育教研室的组织与管理工作、体育教师的教学及自身的体育学习进行监督和评价。

学生应根据相关的评价标准和方法对其职责范围内的各项活动进行综合性、即时性的定性与定量评价，及时将评价结果反馈给体育教研室或体育教师、班主任。同时也根据他人评价结果及自我主观感受全面、真实地分析自己在学习过程中的主要问题和不足，建立学习档案，对自己的学习方法及下一阶段的学习目标进行调整和完善，也培养了自我监督、自我管理和自我评价的能力。但在此之前，体育教研室和体育教师应组织学生学习体育教学成绩考核的相关规定和要求，端正评价态度，并在实践中掌握和熟悉考核的步骤和方法之后，方能让学生参与具体的体育教学成绩评价和管理活动。

二、体育教学管理实施

体育教学管理的实施是进行体育教学管理的直接体现。

一般来说我们把它分为体育教学管理实施主体、体育教学管理实施原则与方法两个方面的内容。

（一）体育教学管理实施主体

从宏观、微观的角度分别来看体育教学管理的实施主体：体育教学宏观管理部门包括各级教育部门和体育有关部门；体育教学微观管理部门包括学校体育教学主管领导，各级学校教导处、体育教研室、体育教师。

1. 体育教学宏观管理部门

它主要是指各级教育部门和体育有关部门。

在我国，对体育教学具有最高领导权的机构是中华人民共和国教育部，其次是国家体育总局，两者有关部门的协调配合对体育教学发挥着领导作用。

其中，在教育部下设了体育卫生与艺术司，主要负责对全国各级学校的体育教学、卫生、艺术工作进行宏观管理。国家体育总局群众体育司下设的青少年体育处则能对全国学校学生的业余体育训练、竞赛和体育后备人才的培养施行管理和安排。在地方，各省、市、自治区、直辖市、县教育行政部门均设置体育卫生工作管理机构及专门的管理人员和工作制度。

2. 体育教学微观管理部门

(1) 学校体育教学主管领导

根据国家相关要求，学校体育工作必须列入学校工作计划当中，各级各类学校的体育教学工作都应由校长或一名副校长主管，其主要职责有以下五个方面。

①按照上级主管部门的要求以及学校实际情况，制定学校体育工作的目标和要求，并决定重大的体育教学活动。

②加强宣传，切实保证学校体育各项活动的有序、正常和科学开展。

③协调学校体育与学校其他教育工作的关系，明确学校体育的工作职责和地位，并形成相互促进、相互监督的整体工作机制。

④指导制定各种具体的学校体育工作计划和规章制度，加强对体育场地设施建设和各项体育经费使用的科学、合理规划。

⑤重视体育教师队伍的建设。

(2) 各级学校教导处

教导处对全校各学科的教学工作和全校教学工作的整体安排具有一定的管理和监察职能，它对体育教学的管理具体表现为以下三个方面。

①配备和加强体育师资力量。

②对体育（与健康）课程和课外体育活动的开展时间进行统筹安排。

③检查、监督并敦促日常学校体育工作。

(3) 体育教研室

体育教研室承担着体育教学的办公、后勤工作。其主要职责有以下八个方面。

①根据国家和上级教育和体育主管部门的要求，以及学校工作计划和发展需要，制定切合实际的各项学校体育工作计划和规章制度。

②对各种具体的教学工作计划进行审批、监督和检查。

③组织学校的早操、课间操和课外体育活动，结合实际组织开展各种课余训练和比赛。

④组织教师集体学习和研究体育教材、教法、教学组织管理、教学评价等，加强教学研究活动和学术研讨交流，提高教师的专业素质和科研能力。

⑤协助学校相关部门做好学生定期身体健康测试工作，积极推行《学生体质健康标准》。

⑥协助做好体育场馆和器材以及教学设备的购置、维护、使用、保管和维修工作，对体育经费的使用做到透明、公开、合理。

⑦加强对体育教师的政治教育和业务培养，以及对体育骨干教师的选拔和培养。

⑧与学校教务、人事等部门配合，制订合理的体育教师配备计划，并对体育教师进行公正、客观和准确的考核。

(4) 体育教师

体育教师作为体育教学的核心，对体育教学实施管理的职责主要有以下六个方面。

①根据学校的工作计划及教研室工作计划，制订各项具体教学活动计划，并报教研室审核。

②学习和领会《课程标准》，认真钻研教材，充分做好上课准备，不断研究和改进教

法，并及时做出课后总结，提高教学水平和质量。

③切实组织好课外体育活动，认真实施《国家体育锻炼标准》，并积极做好运动训练和竞赛工作。

④协助校医进行学生体质测试工作，并对学生综合体质进行及时、准确的评价和分析。

⑤做好体育宣传工作，积极培养体育骨干，充分发挥他们的榜样性和典型性作用。

⑥加强教学科研能力，积极从事体育教学学术研究活动。

（二）体育教学管理实施原则与方法

体育教学管理的实施原则与方法是体育教学管理相关规定和办法的集中体现。

1. 体育教学管理实施原则

体育教学管理的实施原则包括系统性原则、针对性原则、计划性原则、科学性原则和灵活性原则五个方面。

（1）系统性原则

体育教学管理所针对的是体育教学过程中的各个环节，它从宏观上对体育教学的开展情况及发展方向做出了规定。

体育教学管理不仅是教育管理工作体系中的重要组成部分，并结合体育教学的实施而形成具有特殊的管理目标、内容、方法和特点等，其自身也是具有科学性和规范性的独立结构。

（2）针对性原则

虽然体育教学管理的内容比较丰富，管理方法灵活多样，但每项管理活动的设计和实施都有明确的目的性和针对性，也是因此为各项体育教学管理活动的开展明晰方向，并能突出重点，发挥体育教学管理的实效性。

（3）计划性原则

任何一项体育教学工作的开展，包括体育教学管理，都必须先根据实际情况拟定实施的步骤、方法、内容、程序和方案等。

另外，体育教学管理并非是一朝一夕的活动，它会一直随着各种体育教学的进行而存在。同时，也因为体育教学的周期性、阶段性和连续性特征，决定了体育教学管理必须是有计划地开展，并且这种计划是长期、持续的。

（4）科学性原则

体育教学管理的水平和效果会直接影响到我国体育教学的总体发展速度和方向，因而在实施体育教学管理过程中，要以现代教育和管理理论及体育教学理论为基础，并结合哲学相关原理，不仅要采用科学的知识和方法制定管理目标、内容、标准和实施方案等，也要结合实际选择管理方法，合理使用各种资源，并建立一支高水平的专业管理队伍，以确保体育教学管理工作的有序、有效、科学地开展。

（5）灵活性原则

体育教学管理由于受体育教学复杂性、综合性等特征的影响，它在实施的过程中也比较容易受各种外界因素的影响，如管理条件、管理者的水平和能力、管理时间安排、管理信息的收集和有效性等。因而，体育教学管理在具体实施程序、评价标准及内容等方面应具有一定的弹性，以增加体育教学管理体系的整体适应性。

2. 体育教学管理实施方法

（1）政策法规管理法

政策法规管理法是指运用国家对于开展体育教学工作所颁布的各种有关的法律、法规、法令、条例、决议、规章制度等实施管理的方法。

政策法规管理法具有强制性、稳定性等特点，同时也具有规范性和统一性的性质。它有利于维护正常的体育教学管理秩序，确保体育教学工作应有的地位，以促进各项体育教学活动的健康发展，如《中华人民共和国体育法》《学校体育工作条例》《学生体质健康标准》《全民健身计划纲要》等。

另外，国家体育总局颁布的《运动员技术等级制度》《裁判员技术等级制度》《体育运动竞赛制度》等对体育教学活动同样具有法规效力。

（2）行政管理法

行政管理法是通过有关部门发布指令、规定、条例等方式，运用行政组织和机构的职能与手段，对各种形式、性质、目的的体育教学实施宏观管理的方法。

行政管理法具有权威性、指令性、强制性和针对性等特点，它能有效地发挥体育教学管理活动所具有的组织、指挥、协调、调控和监督的作用。

（3）教育管理法

体育教学的最终目的和职责是“育人”，因而对体育教学的管理也应以教育为主、以教育为最高要求和目的。

教育管理法是通过教导、劝说等方式，做到说服、教育，并根据教育对象的实际情况和所处环境，有针对性地采用不同的教育方式达到体育教学管理的目标。

（4）目标管理法

目标管理法是指根据体育教学工作的有关规划及要求，结合教育对象和实施环境的实际情况，确定不同阶段体育教学工作的目标，并通过检查目标的实施和完成情况而进行管理的方法。

这种管理方法比较适合于对体育教学、体育竞赛、课余运动训练和课外体育锻炼等活动。

（5）奖励法与惩罚法

奖励法与惩罚法主要是对体育教学目的目标的完成情况和过程做出价值判断，并根据判定结果和实际状况给予不同的奖励或惩罚的方法。

奖励法与惩罚法是针对集体或个人在体育工作中做出的业绩给予肯定、表扬和奖励，以起到激励、表率、榜样、示范和推动体育教学工作的作用。而对于完成较差或出现错误的集体或个人给予批评、引导和相应惩罚，以起到帮助、督促、改进的效果。在运用时应做到实事求是，公平、正确、公开、公正，奖励与处罚一定要恰当并符合实际。

第三节　体育教学评价

体育教学评价是指以体育教学为对象，对教学效果进行的价值判断，即依据教学目标和任务对体育教学过程及效果进行判断，以提供体育教学反馈信息，实现导向、激励、控制、管理等方面功能的过程；换句话说，它是依据一定体育教学目标及其有关标准，对整个体育教学过程进行系统调查并评定其价值和优缺点，希望能够改进体育教学的一个过程。

体育教学评价也是教学评价在体育学科中的具体运用。下面我们对其进行认识并依据不同标准进行分类。下面我们分别对其具体论述。

一、认识体育教学评价

对体育教学评价的认识是对体育教学整体进行理解的结果。

(1) 我们一般认为体育教学评价包括以下四个方面的内容。

①体育教学评价是判断体育教学活动价值及优缺点的过程。

②判断的根据是体育教学目标及有关标准。

③体育教学评价是一个过程，系统调查（定性和定量地收集资料的一切方法，如体育测量、听课等）及其在此基础上的评定和调整构成了这一过程。

④体育教学评价不是孤立存在的形式。其需要通过测量，需要对测量进行解释并得出评定结果，并根据评定结果通过反馈机制自动调整体育教学活动的方法和方向。

(2) 我们对体育教学评价的认识主要由于以下两点原因。

①体育教学评价的目的和结果不应局限于对体育教学价值的判断。

②体育教学评价是一个循环往复、具有连续性的过程。单纯的价值判断不但不可能实现和完成评价的全过程，而且不能使其转入循环以成为整个体育教学过程的有机组成部分。系统调查——评定——调整——再系统调查——再评定——再调整，循环往复，构成体育教学评价连续运行的过程。

(3) 我们在进行体育教学评价时应遵循以下原则和方法。

①原则：客观性原则；整体性原则；指导性原则；科学性原则。

②方法：观察法；问卷法；测验法。

二、体育教学评价分类

随着现代教育和现代科技的不断发展，体育教学也在不断发展。因而我们认为：体育教学评价与人们所认识的一般的教学评价不同，它已经有了一套自己的评定标准。

我们可以从各种不同的角度对体育教学评价进行分类。

（一）根据评价所涉及内容对象的多少划分

通常情况下，我们往往能够根据评价所涉及具体的内容对象方面的数量把体育教学评价划分为以下两个方面的内容，它们分别是单项评价方面和综合评价方面。

1. 单项评价方面

单项评价指的是包括对学生学业成绩有关测验的结果与过程的评价、对教师教法合理性有关测验的结果与过程的评价，主要还是对体育教学的某一个或多个侧面进行有关各式各样活动的评价。

2. 综合评价方面

综合评价指的是全面地评价某一学校体育教学质量的有关方面内容。主要还是对某一学校的相关的全部的体育教学方面的活动进行完完全全的标准化地评价。

在这样的条件之下，我们通常情况下认为：这两类评价可以被认为是局部和整体的关系，假使没有单项评价方面作为基础的话，综合评价往往是完成不了的；同样，如果我们不从整体方面对体育教学有关内容进行相应的进一步把握，也会导致对单项评价结果方面的各样式的解释不那么让人可信。

（二）根据体育教学活动的角色划分

通常情况下，往往能够在体育教学方面的一系列有关活动的基础上，把体育教学方面的评价活动划分为对学生方面的评价和对教师方面的评价。

学生和教师作为教学有关系列活动的主要参与者，他们的一系列行为方面的表现往往最能集中展现相关教学过程的性质和教学活动的结果。因此，对师生双方在教学有关活动中的表现的一系列评价是教学评价方面的又一重点。

（三）根据评价运用的方式和结果显示的信息特征划分

一般来看，我们根据评价运用的方式对体育教学评价进行一系列的划分，可以把体育教学方面的评价划分为主观性评价和客观性评价。

其中，主观性评价是以评价者通过听课形式和谈话形式，以主观体验的有关系列方式而做的，客观性评价往往会经由客观的测量活动和测验活动收集资料而产生。

另外，从结果显示的信息特征方面划分的话，又有定性的评价和定量的评价两个方面的内容。

（四）根据评价在教学过程中不同作用的特征划分

通常情况下我们认为：根据评价在教学过程中不同作用的特征，我们可以对体育教学方面评价进行如下几个方面的划分，它们分别指的是：诊断性评价方面、形成性评价方面和终结性评价方面。

1. 诊断性评价

通常来看，我们进行诊断性方面的一系列评价活动往往是为了以下几个方面的内容。

（1）通过对学生方面当下的准备状态的有关方面的了解，希望能够更好地进行编班分组活动。

（2）为了可以在之后妥当地安排体育方面的一系列教学计划。

另外，它往往会在教学方面一系列活动开始前或者开始的时候做，而且得要通过专门的“摸底”类测验。

2. 形成性评价

一般来看，形成性评价方面的有关内容多在教学过程中做，主要是希望通过对教学方面一系列正在进行的活动进行价值的进一步判断，分析研究出教学活动过程中所存在的有关问题或缺陷，以便形成适合教学对象的教学方法或教学手段。

3. 终结性评价

通常情况下我们认为：终结性评价活动需要在教学方面一系列活动完成之后再开始进行，它常常是对所有我们知道的教学方面的有关成果的综合性评价，也常常表示对已经完成的教学方面的活动进一步采取的价值判断方面的活动。

第九章 体育教学与教学设计

第一节 体育教学的基本知识

一、体育教学过程概述

（一）体育教学过程的概念及其含义

1. 体育教学过程的概念

体育教学过程是指在体育教学中为达成一定的体育教学目标，体育教师与学生等组成要素相互作用而展开的教学活动的过程。体育教学过程在时间上表现为体育教学活动的流程或程序，在空间上表现为体育教学活动的组成要素与活动结构。

2. 体育教学过程的含义

简单地说，教学只是教师传授知识和学生接受知识的过程。事实上，体育教学主要是教师和学生在很多方面（如知、情、意、行等）相互交流、相互作用的过程，而不只是学生主动发展自身内在潜力的过程，体育教学过程是教师的教与学生的学相互统一的过程。

(1) 教和学的活动相互统一、密不可分。

(2) 事实上，体育教学的过程是一个系统运行的动态的过程。以下三点是体育教学过程的动态性的主要表现。

第一，组成体育教学系统的要素的运动过程是不断变化且有一定规律的，它们之间是相互作用、相互联系的。

第二，体育教学过程始终围绕着学生的身体活动，教学过程的主要内容是运动实践，从而更好地促进学生身心的健康发展。

第三，由于体育教学过程是学生在教师的指导下进行体育学习的活动过程。因此，体育教学过程是教师和学生之间用身体练习作为重要媒介的交往实践活动。学生的主要活动有很多，如认知思维活动、情感意志活动（情意活动）等。

（二）体育教学过程的基本要素

从系统论的观点看，可以把体育教学过程当作一个整体系统来考察，体育教学系统是体育教学过程中的必要因素，是一个多层次和多要素的复杂系统。

1. 体育教学系统的构成性要素

体育教学的活动逻辑是体育教学活动开展和进行的逻辑历程，是学生从小学到大学的总的体育教育过程，是一个多层次的活动系统。

体育教学过程是一个贯穿多层次的系统，是由不同体育教学目标共同组成的教学系统，有初等、中等和高等几个教育阶段组成，不同的教育阶段的任务目标也不一样，在总教育过程中，是通过阶段性体现出教育目标的。

初等教育水平主要是一、二、三，即一般的小学教育水平；中等教育水平主要是四，是初中的教育水平；高等教育水平主要是六，是高中的教育水平。这个过程体现的就是体育教学过程在每个阶段的体育教学以一学年或者是一学期为小阶段，进行体育教学。再往下细分就是每阶段的体育教学和每节课的体育教学过程。

上述的体育教学过程的每一个阶段都是体育教学要素的重要阶段，正是这些重要阶段构成了完整、统一的体育教学过程。

通过对体育教学过程的要素整合和分析及构成要素的主要原因的归纳，有以下几种不同的观点和看法：三个基本要素，即体育教师、学生和体育教材的使用，是构成体育教学系统的三个基本要素；四个基本要素，即体育教师、学生、体育教学手段和体育教学内容是构成体育教学系统的四个基本要素；五个基本要素，即体育教师、学生、体育教学方法、体育教学物质和体育教材是构成体育教学系统的五个基本要素。

综上所述，体育教学活动的主体是人，因此，体育教师和学生是体育教学必不可少的两个基本要素。

在这一教学过程中，无论是几要素说，还是有三个基本的要素是共同的，教师都是通过教材这一中介与学生发生作用的，即体育教师、学生和体育教材。

体育教学过程是教师与学生双边统一活动的过程，它们共同的作用对象是体育教材或教学内容。

体育教学系统的构成要素主要是体育教师、体育教材、学生和教学内容，它们之间是相互联系的，是相互依存并在对方之间都是起到一定作用的。

2. 体育教学系统的过程性要素

在体育教学过程中选择恰当且适合自己的体育教学方法和教学手段进行具有针对性的教学，是体育教师在具体的教学环境中，作为体育教学活动的展开和运行的一种有效的方式。

体育教学的过程要素其实就是体育教学在系统运行时组成体育教学的逻辑程序。在这个前提下，一般认为体育教学过程是根据具体的教学内容，来对学生进行具体动作指导，这一过程的目的是达到体育教学目标的过程。

体育教学方法和手段，体育教学内容和目标，体育教学环境和教学的反馈，甚至还有人际关系等各方面因素都属于体育教学过程要素。

3. 体育教学目标

体育教学目标是在教学过程中教师要达到某种教学效果的目标，主要是为给学生指明学习的方向，引导一个正确的学习方向，这也是体育教学的出发点和归宿点。这一目标的实施体现的不仅是体育教学的价值取向，还反映的是社会目标和个人目标的价值取向。

正确的社会目标是经过国家出台的《体育（与健康）课程标准》来具体实现的，同时也是为了各个地方可以有一个好的比较，这也是对全国的中小学体育教学的统一规范，起到一定的统一作用。同时使各类体育群体具有相对统一的方向和标准。

个人目标首先就是要以符合学生发展的水平为前提来实现的目标，但是这一目标的实现还要求体育教师根据本校本班学生的体育基础和技术来确定它的高低。

4. 体育教学内容

体育教学内容是衡量教师组织教学活动时是否能够有效教授、是否能够实现体育教学目标以及是否起到一定培养人才的作用及人才质量的主要内容。

体育教师在选择教学内容时，根据我国《体育（与健康）课程标准》和中小学的教材进行双向选择。

体育教学内容是构成体育教学过程和决定体育教学质量的重要因素之一，是完成体育教学目标的主要凭证和重要保证，所以教师在体育教学过程中应该遵循科学原则和正确思想原则，在实际体育课堂上应该遵循娱乐引导和实用研究原则，在整体体育教学过程中应该遵循民族性等基本要求。

遵循以上几项的过程，其实就是传授给学生体育、健康知识和各种体育技巧的过程。

通过以上的结论可以看出，体育教学内容的预期效果和效益是直接受到体育教学的内容影响的。所以要想符合体育教学的实际内容，并实现一定的预期效果，就必须充分挖掘地方学校的体育课程等一系列有效的资源，进行充分调配。

5. 人际关系

我国的体育教学的人际关系主要是教师和学生之间的人际关系，这种人际关系在我国的教学中是一种庞大的理念，它是一种无形的理念，主要是教师和学生之间形成的一种关系，这种关系是非常重要的，因为一个群体的规范不是依靠某种强制性的理念来管控的，而是通过人与人之间的关系进行的。

6. 体育教学反馈

体育教学反馈是体育教学系统的过程性要素之一，是师生双方对教学内容和方法的反馈。因为体育教师只有有意识地去捕捉学生在练习方面的反馈信息，并且对它进行处理，对学生的动作进行更好地指导，把教学质量提高，才能使学生把运动技术掌握得更好。所以说教学反馈对于以运动技能为主要内容的体育教学来说，具有特别重要的作用。

（三）体育教学过程的基本阶段

1. 体育教学过程的准备阶段

不管是教师备课，还是学生预习，课前准备是体育教学系统运行的首要程序，是教师备课和学生预习的两个子系统。它是教师和学生按照统一的教学目的而进行的活动，是围绕所教学的体育知识、运动技能为中介而展开的。

教师备课的目的是：选择最佳的体育教学手段、掌握教学信息、了解教学对象、确定教学方法、制定教学计划。

备课就是体育教师结合学生的体育基础，根据《体育（与健康）课程标准》的要求和本校的体育课程资源的条件选择合适的顺序，制定合理的课程计划以保证教学的顺利进行，取得良好的教学效果，备课是上好课的先决条件。

预习对学生来说具有重要作用。为了确定练习时的重点，学生只有对教材内容作预先的学习，上课时才能够做到心中有数，预习可以了解教材中的主要内容及其重难点所在，提高练习效率，加快掌握动作技能的速度。

2. 体育教学过程的实施阶段

体育教学过程的实施阶段是体育教学过程的基本阶段之一。在做好体育课前的准备阶段后，就进入到了实施阶段。在此阶段需要注意以下几个方面：

（1）制订课程目标时一定要根据相关文件，与相关的教学内容和学生的实际情况相结合，让学生有足够的心理准备去完成教学目标。同时在教学的过程中，无论什么体育活动都要紧紧围绕着教学目标。

（2）作为体育教师，如果想有效地调控教学，应做到以下几点：①学会利用引导式的教学思维，选择的教学方法要得当。②科学地利用教学时间，以体育教学内容的难易程度为基础。③要根据学生的实际情况来把控教学进度。④努力提高教学的积极性，充满热情，有责任心，善于营造良好的课堂气氛，充分调动学生学习的主动性。

（3）在此前基础上对教学进程进行一定的调整，作为学生，要想有效地学习，必须做到以下几点：①在课上要积极地与教师互动，不懂得一定要问。②充分发挥主观能动性，创造性地利用运动技能。③上课集中精力、认真听讲，对教师的动作示范和讲解认真观察，对教师强调的重点和难点要做到课后认真练习。

3．体育教学过程的检查与评价阶段

在体育教学过程中，检查与评价阶段除了具有进一步巩固所学体育知识、运动技能的功能外，还具有获得学生掌握运动技能的反馈信息、检查与评价体育教学过程中所存在的不足，以便及时采取相应的补救措施的功能。

检查主要包括教师观察、身体素质测定、运动技能展示等方式，检查学生在体育教学比赛中综合运用运动技能的能力，检查体育基本知识、运动技能的掌握情况，检查体育教师业务水平的提高程度。检查的目的是为了了解教学效果，对学生的评定是在检查的基础上对教与学的效果做出评估和鉴定。评价要对学习态度、思想状况做出评定，要对达到规定体育教学目标的程度进行评定。

对体育教师的评定，要从教学态度、业务水平方面进行评定，要对完成教学目标的情况做出评定，要总结出可取的经验，找出改进教学的方法。

教学效果的检查与评价是一个程序中相互联系着的两个环节。

教学系统运行的阶段之间密切联系、相互作用、相互促进，形成了一个完整动态的教学运行系统。

二、体育教学过程的主要特点

（一）体育教学环境的开放性

众所周知，体育课上课的形式与其他课程是不同的。相对于其他课程而言，体育课开放性的教学环境为它带来了以下两个难点。

1．精心设计和统筹安排

体育教学的组织管理工作更加复杂化，需要更加精心的设计和统筹安排教学组织形式、教学步骤和教学手段。其原因在于相比于其他文化课而言，体育教学是动态的，体育课上的大部分时间，学生是在不断变化与运动中，而且班级人数通常较多，又得实行男女生的分组教学，再加上很多学校没有很好的体育设施，那么体育课的练习时间就显得更加宝贵；而其他文化课，同学们只需安静地坐在教室里听课就好，对于组织教学，教师不需要过多地安排。

2．体育教学环境开放性

体育教学环境的开放性为体育课的教学带来了一定的难度。通常情况下，大多数的中小学生的体育课是在操场上进行，这样使得体育课受到的干扰的因素过多，如天气的变化。

（二）运动技能学习的重复性

无论是什么样的运动技能的掌握，如田径中的跑或者篮球、足球等，同样也适用于运动技能的学习。

运动技能学习的重复性对运动技能的学习来说是非常重要的，因为运动技能需要经历一个漫长的学习过程和发展过程，需要经过一段时间的反复练习才能将其熟练掌握。

“熟能生巧”是学习的规律之一，体育教学的目的是为了能让学生在教师的指导下，更好地掌握运动技能。

在中小学体育教学的特殊条件下，如果想掌握和提高运动技能，少数人专门化、竞技化的运动训练过程的技能学习与提高的规律几乎是不可能遵循的。因此，只能遵循循序渐进的原则，并反复多次地进行练习。

面对较多的基础体力差别特别大的群体教学，遵循技能学习与提高的规律是特别难的。原因是在一节体育课或一星期的体育课上，只能是全班同学一起粗略地进行初步学习，运动技能的学习所要经历的四个阶段如图 9－1 所示。

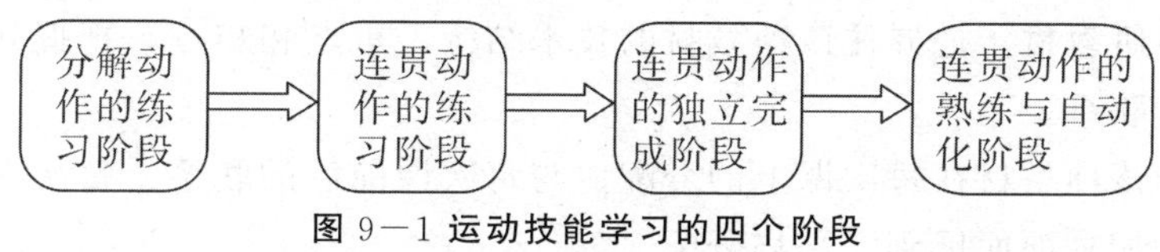

图 9－1 运动技能学习的四个阶段

第二节　体育教学设计

一、浅谈教学设计

（一）体育教学设计的概念

体育教学在实际实施中，评价方案的可靠性很重要，其以学科特点为基础，对可能出现的问题进行分析并想出解决办法，体育教学设计的出发点是体育教学系统的整体，它不仅要遵循一般的设计规律，同时要对体育教师、学生等各方面的因素进行综合考虑，还要遵循体育教学的特殊性规律，并不断修正，直到教学活动达到最优效果。它不仅有教学设计的一般性，而且还体现体育教学设计的特殊性。这个过程就是体育教学设计。

（二）体育教学设计的一般程序

（1）通过在体育教学过程中实现对教学目标的及时制定和纠正。

（2）在体育教学过程中对教学内容进行具体分析。

（3）在体育教学过程中对体育教学任务进行及时补充和及时完成。

（三）体育教学场地设计

体育教学场地不是固定不变的，因为不同的体育教学内容和教材需要的体育器材是不一样的。同一内容的体育教学，不同的场地设计也会收到不同的教学效果。

二、体育教学的单元教学设计

（一）单元教学设计概述

单元教学设计是在学期教学工作计划的基础上，针对学期教学工作中的某一教学单元而进行的教学设计。单元教学设计的结果就是单元教学计划。单元教学计划是学期教学计划的深化和具体化。它可以使一学期某项主要教材的教学成为一个整体，每次课则是这个单元中的一个组成部分。教师抓住该教材的重点、难点，通盘考虑和设计，既可避免某些教学方法手段过多地重复，又可使学生对同一教材的反复出现不感到单调、枯燥，还可保证教材的重点、难点得到充分学习。由此可见，单元教学设计是体育教学设计过程中的一个十分重要的教学准备工作。随着体育教学改革的不断深入，单元教学设计越来越被广大体育教师所重视。

体育教师要做到认真研究《体育（与健康）课程标准》，结合学校体育工作的实际，选择适合本校水平和本校实际的体育教学内容，设计出学期教学工作计划、单元教学工作计划、教案等体育教学指导性工作方案；同时还要确定学生从现有水平到达到教学目标所需获得的能力和子能力及其层次关系。

（二）单元教学设计的要求

1. 认真钻研教材

（1）通过钻研教材，把握住该项教材的技术结构、重点和难点，把握住该项教材与不同水平的衔接与联系。

（2）要把握该项教材在每次课上的分配、与每次课前后的联系、每次课的重点与本教材重点的联系，切忌面面俱到、平均分配。

2. 正确选择体育教学方法手段

在全面掌握学生状况的基础上，课堂主要的教学手段要有较强的针对性，要能够有效地解决每次课的重点、难点。教学方法手段应能够针对学生的年龄特点，具有趣味性和感染力，从而激发学生的学习兴趣。教学方法手段，还应该充分考虑利用学校的场地器材，使学生获得更多的练习机会。

3. 单元教学设计的步骤与方法

（1）根据单元教学设计的要求，确定某项教材的总的教学目标及教学重点。

（2）根据某项教材的课次及总的教学目标，确定每次课的教学目标。

（3）根据每次课的教学目标，找出并确定每次课的重点和难点。

（4）根据每次课的教学目标、重点和难点，结合学生的特点和学校的教学条件，有针对性地选择每次课的主要教学手段。

（5）根据水平教学计划，结合本校的实际情况，确定某项教材的考核方法与评分标准。

三、体育课堂教学设计

（一）体育课堂教学设计概述

体育课堂教学设计的过程如图 9—2 所示。

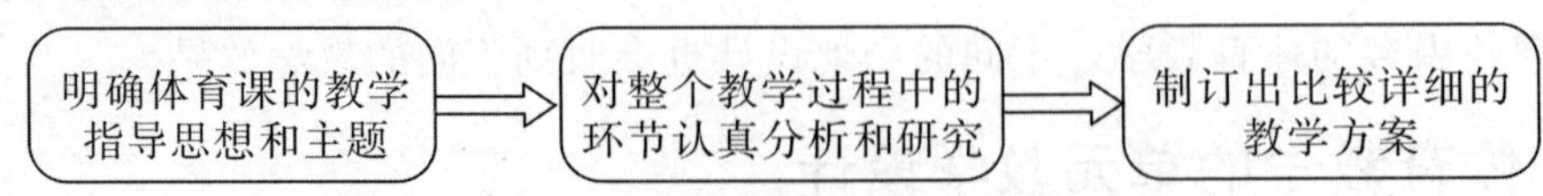

图 9—2　体育课堂教学设计的过程

需要强调的是，体育课堂教学设计与体育课教案两者是不一样的。体育课教案是以体育课堂教学设计为基础，再经过一定的编写、修订而成的方案。

（二）体育课堂教学设计的主要内容

体育课堂教学设计应以认真研究相关文件（如《体育与健康课程标准》、水平与学年教学计划等）为前提并贯彻这些文件的相关精神，同时应以体育课的类型和内容为基础，才能设计出最佳的教学设计与教学方案。体育课堂教学设计决定课堂教学的成败，并对体育课堂教学活动的实施和效果有直接的影响。

（三）注意事项

在体育教学课程中，需要注意以下几点。

1．分析教学过程，控制影响因素

在体育课程中，教师要分析教学过程，控制影响因素，这是非常重要的。在设计体育课堂教学时，要注意类似教学目标、教学内容等这样的教学对象与教学过程的基本要素，还要注意像准备器材、导入新课等这样的体育教学过程的基础教学环节，并对他们进行具体的分析，同时还要对影响学生学习成果的一些因素进行有效地控制。

2．体育课堂教学设计必须依据素质教育理论

在体育教学过程设计中，教师必须以素质教育理论作为依据。原因是体育课在学校课程中占有举足轻重的地位，是彻底实现素质教育思想和对新人进行德、智、体全面发展培养的重要途径。

3．体育课堂教学设计必须根据体育课教学特点，遵循体育课教学规律

在体育课堂教学设计过程中，教师必须遵循体育课教学的规律，以体育课教学的特点为依据。体育课堂教学设计与其他课程设计最大的不同点在于，它是以身体练习或身体实践活动为主要的课堂任务。因此，体育教师在进行体育课堂教学设计时，应将一些教育与技能的训练有机结合（如运动参与、社会适应等），同时应把教学实践环节的设计很好地突出来，让技能学习作为整个体育课堂教学设计的主线。

第十章　体育教学的诊断与评价

教学评价的历史演进表明，教学评价是沿着人未来的生活、社会发展的道路不断展开的。教学评价的演进与转向实质上是社会历史条件变革范式的表达与特定的存在方式，它折射着时代的诉求，烙印着教育的转向和发展。它的每一次演进，都在昭示着一种新的课程价值取向、教学行为方式的诞生与教育观念之间的转换。如传统教学评价观认为，教学评价的根本价值在于为促进学生掌握知识的训练与提高。因而，以考试为中心，以知识的标准化、统一化支配着教学评价的设计与实施，忽视了人自然适应性的差别。而新教学观认为教学评价要重视学生内在和外在的经验与活动过程，要体现出个性化、多元化。要为学生个性化和有特色的发展提供空间，使教学评价与学生的认知与行动、能力与意志品质的发展协调一致。强调教学评价是促进学生进步的中介和反思学习的手段，这无疑是一大进步，符合了时代发展的要求。因此可以说，教学评价是一种理性的认识活动，是社会意识对人存在的反映。它可以创新人才，也可以扼杀人才。正如学者刘放桐所言，“范式变了，科学家眼里的整个世界也就改变了。”

因而，所谓体育课堂教学评价，简单地说，即通过评价体育课堂教学组织实施结果的差距，反映预想状态与现在状态的差距，以判断什么地方错了如何改进，为最终建构新的教学实施做贡献。为此本章试从分析教学评价的发展与问题入手，为深化与促进对其的科学理解与应用提供支撑。

第一节　体育教学目标的诊断与评价

目标是学校教学运用十分广泛的一个概念，它是教学论、学习论和教学设计三门学科共同研究的课题。因而，如何把教育目的转化为体育课程与教学目标，进而用来指导体育课程与教学的设计、实施与评价，就成为体育教学所要研究的基本问题。最早提出这个概念的是美国课程设计之父拉尔夫·泰勒，他把课程设计的内容和过程表述为四个主要方面：确定教育目标、选择课程内容、组织课程内容和课程评价。这一原理兴起了教学目标的研究。此后，教学目标的研究

得到快速发展，其中以布卢姆（B. S. BLoom）的教育目标分类论：他将教育目标分成认知、情感和动作技能三个领域。马杰的行为目标：“我们去哪里（教学目的是什么）？我们如何去（教学策略与教学媒体是什么）？我们如何知道何时到那里（我们测量什么，评价什么）？”不仅是教学目标设计的理论基石，还带动了教育学其他领域的发展。这一学术进步，揭示出教学目标的研究一直被视为教学系统实施的焦点，是有效教学的“阿基米德”定律。正如我国台湾著名教育心理学家张春兴所说，“无论从事何种教学活动，在理论上必须包括以下四大要项：①预期学习的知识是什么，是知识、技能，还是态度观念（教学目标）？②在教学之前，学生是否具备学习新课程的条件（学习行为）？③采用何种方法去改变学生的行为，使之按预期的方面发展（教学方法）？④怎样才能肯定学生的

行为确因教学活动而改变（教学评价）？

一、教学目标的理论与分析

自布卢姆的教育目标分类论、马杰的行为目标等研究得出，教学目标是教学过程中师生预期达到的学习结果和标准。它是课程目标的进一步细化，在方向上对教学活动设计起着至关重要的指导作用，可为教学评价提供标准和依据。为此引发西方教育心理学家就教学目标的作用展开了多年的实证性研究。例如德蒂斯（G. T. Datis）、克劳尔（K. J. Klauer）、赫米尔通（R. J. Hamilton）等比较了“精确目标”“含糊目标”和“无目标”三种条件对学习成绩的影响，结果发现精确目标同另外两种目标相比，前者促进了学生学习成绩的提高。教学目标的设置为教师教学指明了方向，为教学的有效达成提供了保障。论证出教学目标对教学可以起到三个导向作用：一是导学。明确具体的学习目标可引起学生的注意；具有挑战性的目标可鼓舞激励士气，引发学习动机的产生。二是导教。以目标统领教学的选择和组织，可规准课程内容与安排，保障教学进程与策略不偏离教学目标。三是导评。教学是围绕教学目标而展开的，判断教学任务是否完成最可靠和最客观的标准是教学目标是否达到。因而，用目标参照指导测量评价教学计划的实施是否完成，可有效提高教学水平。从教学实践看，不掌握教学目标理论制约着教师教学目标设计能力的形成。如新课程采用三维目标，但为什么倡导三维目标，有多少理论可以借鉴帮助我们加以理解运用？因此，准确全面地理解教学目标理论的内涵，明确不同教学目标理论对教学的设置就成为关键。为此，以下进行五种教学目标理论的分析与介绍，帮助大家全面了解不同教学目标理论的价值取向，以形成正确的决策判断制订合理的教学目标。

（一）布卢姆等的教育目标分类论

布卢姆的教育目标分类论采用“三维分析法”，对教学目标进行划分清晰目标隐含的行为情境。它把教学目标分为三个领域，即认知领域、技能领域和情感领域。每个领域由低到高包含了许多层面变量，表明与这种行为评估相关的、需要抽样的内容可供有的放矢按需选择。

布卢姆等按智力特征的复杂程度，将认知领域目标由低级到高级分为六个维度层次：

（1）知道：对学习过知识的记忆，是认知领域最低的水平层次。

（2）领会；把握知识的能力，对原有知识进行转换、解释、推断。

（3）应用：能根据具体的情景运用所学的知识。

（4）分析：能识别知识组成要素与结构关系，如能鉴别出教学内容中的知识点，区分知识内容中的组合关系。

（5）综合：能将所学的各种知识重新组合运用。

（6）评价：能根据需要对知识材料和方法作出合理的价值判断。

布卢姆等的认知领域教学目标由六个层次组成从低到高指明了学习达到的程度，不仅强调知识的记忆性，重视学生的智能培养，更重要的是反映了知识维度层次分类的累积性。即高一级教学目标是在低一级目标实现的基础上完成的。其目标分类较为系统全面地阐明了各种学习结果，为认知领域教学评价提供了参照体系。

布卢姆等按动作技能获得的过程，将技能领域目标由低级到高级分为七个层次：

（1）领悟：能运用感官获得信息以指导动作，是技能领域最低的水平层次。

（2）定向：能建立学习准备，如心理准备、生理准备、认知准备。

（3）模仿：技能学习的早期阶段，即泛化。

（4）操作：能独立完成所学的技能动作，即分化。

（5）自动化：能轻松、准确、迅速完成动作。

（6）修正：能对技能动作的运用进行不断反馈、修正与提高。

（7）创新：能根据具体情境创造出新的动作模式与之配合。

布卢姆等的技能领域教学目标由七个层次组成，从低到高明确了每个阶段学习的结果，将技能活动的范围与行为的特征进行了分类。从上下对应的学习阶段上，提供了学生个体获得外在技能的过程，要经历的七级具体目标的多种表征。使得教学效果不仅可观察、可测量，还指出一个完善的学习结果，应是促进学生能力的形成与创新的培养。反映了技能过程层次累积的重要性。即高一级教学目标是在低一级目标实现的基础上完成的。其目标分类为我们分析、评估和修正教学行为提供了参照体系标准。

布卢姆等依据心理价值内化的过程，将情感领域目标由低级到高级分为五个层次：

（1）接受：学生能接受教学信息刺激产生有意注意，是情感领域最低的水平层次，即有意注意产生，学习才产生。

（2）反应：学生对教学方式的反应，即教学内容对学生产生兴趣学生才会主动学习，不感兴趣就不会学习。

（3）态度：把兴趣强化成态度才能保证学习结果的获得。

（4）组织：学生能把学习态度转化成学习信念，才能不怕学习困难、把苦练化为乐学。

（5）性格化：学生把价值观念内化形成了爱学习的行为习惯与性格。

布卢姆等的情感领域教学目标由五个层次组成，从低到高明确了每个阶段学习内隐的情感行为主体、行为内容、行为条件、行为标准，指明了学生学习的内隐行为与外显学习结果的对应关系。使我们认识到只有保持和发挥情感内化的功能，体育学习才可能形成。没有学习的成功与欢乐的导入，没有快乐的体育课堂建构，学生不会热爱体育形成终身体育习惯，实践证明，被动的学习收获的只能是被动的结果。其目标分类为我们分析、评估和修正教学行为，建立良好的学习环境提供了参照标准。

（二）马杰的行为目标理论与方法

1962年马杰出版了《准备教学目标》，此书被誉为“教学目标中发起的一场革命”。引发美国国会1975年在“94—142公法”中提出：“教师应用具体的教学目标让学生参与特定的教学计划。”马杰的行为目标有时也称作业目标，指用可观察和可测量的行为陈述的目标。马杰认为写得好的行为目标应具有三个要素：一是说明通过教学后，学生能做什么；二是规定学生行为产生的条件；三是规定符合要求的作业标准。由此可见，行为目标的优点就是通过最简单的水平分析，找出要解决的问题。像开处方一样清楚地告诉我们：如何设置目标（确定教学范围）——提供什么条件实现教学目标（选择教学策略）一教学后学生达到什么行为（建立评估标准）。

需要指出的是，这种目标表述十分清晰具体属于处方模式，其科学取向不像布卢姆等的教育目标分类论涉及过多的原理，它把拟解决的问题归纳为更方便的操作行为，清楚地告诉人们，学生将获得的具体能力是什么，如何观察和测量这种能力。利于广大教师理解执行避免传统方法陈述目标的含糊性。对于帮助体育教师如何完成教学任务，深化教学设计，积极建构教学过程，解决教学问题，追求效果最优化提供了较为明晰可行的操作性与实践性的策略。存在的不足之处是由于其考察的变量驻足于以外显行为的描述与诠释教学方案的实施全景，对于目标以外的价值则不予关注。即只强调外部行为的结果，未注意内在心理行为的过程。可能导致教学中教师只关注学生学习结果，忽略内在行为的培养。

（三）格兰论的目标理论与方法

格兰论认为，外在学习行为的变化实质是内在心理的变化，提出了把内部过程与外显行为相结合的展开目标表述法。这一方法既保留了行为目标表述的层次性和外显性的优点，又避免其忽略内心变化的缺点，是用于情感、态度与价值观表述的比较合适的方法。需要注意的是，由于内在的行为变化存在难以直接进行客观观察和测量的特性，教师在具体运用时对目标的陈述不仅要应用具体的词语予以明确，还要对反映这些行为变化的“样品”加大说明，这样可操作性会更强，对教学过程和教学测量与评价起更具体的指导作用。

（四）艾斯纳的目标理论与方法

艾斯纳（E. W. Eisner）从人本主义角度认为，教学是人自身的学习，本质上是解放人的一种活动。教学目标的指导应关注每一个学生在具体的教育情境的各种相互作用中所产生的个性化表现，提出了表现性目标（expressive objectives）。由于这种目标只描述学习者在活动中应表现出来的行为和态度，没有可测量的学习结果，不像布卢姆目标、马杰目标那样追求学习结果与预定目标的一致，而是重视学生的自主体验和感悟的差异性，让学生有创造性、个性化的表现。其目标表述法，只提倡教师指明学生需要从事的学习任务是什么，应参加的活动是什么，但是不提出具体的全体学生要达到的行为标准，不精确规定每个学生应从这些活动中习得什么，驻足于追求每个学生学习的个性化表现。例如健美操课目标的表述为：通过让学生体验和欣赏健美操的律动，激发学习热情，引领学生积极参与主动认知。教学实践反映，这种目标只注重过程，而不重视结果。虽然强调学生的个性发展与主体意识的提升，但在表述上是模糊的，不能起到课程与教学的指导作用。背离了教学目标要清晰、具体可观察、可测量的原则。只能作为教学目标具体化的一种补充，教师千万不可把这种目标作为主体。否则又回到传统教学目标只有宏观普遍性表述，没有微观表述指导的老路上去了。

（五）加涅的目标理论与方法

美国学者加涅（R. M. Gagne）吸收了现代认知心理学的最新成果，从学与教的心理角度对教学目标的设计与陈述提出了另一种分类方法“学习结果分类”。由于教学目标是预期的学习结果，所以加涅的学习结果与教学目标是同一件事。他把支配人类习得五种学习结果（言语信息、智慧技能、认知策略、动作技能和态度）作为教学目标。不仅从内部与外部对教学目标进行了整合，阐明了教学系统的结构性和功能机制。而且还突出了每一类素质目标的独特学习过程和内外条件如何在最佳学习条件下呈现，为我们针对不同类型的素质进行教学设计提供了策略指导。实现了教学目标整体统一、简洁明快、协调均衡、行为聚焦的特点。可以说，这一目标分类法是对布卢姆等前人的一种大胆超越，体现了教育目标分类的新视野。下面依次简要介绍各步骤的内容与构成，供参考借鉴。

①“言语信息”是一种陈述性知识，是指一个人能学会用口语或书面语言表述，说明

一个事实或一系列事件。这一分类为进行教学任务的分析与设计找到了心理学的科学依据。如在学习动作技能之前，应先让学生对所学的动作技能有一定的认识或意象。如可以借用言语指导及录像、演示来实现。它有四种具体形式：名称、事实、有组织的事实和言语素链。名称即能将所学的动作与称呼相对应，如能把所学的传球动作与传球名称对应上。事实即我们可以对某些命题加以完整的回忆与表述，如能对投篮动作进行完整表述与回忆。有组织的事实是指能把一组动作归纳为一个命题，如把“助跑、起跳、腾空、落地”四种动作归纳为跳远。言语素链是指能把一组动作用一一对应的方式储存在记忆中，如把篮球行进间高手上篮的一组动作，对应储存为“一大、二小、三高跳，手指柔和把球举，对准黑框向里挑”。编写教学目标的动词表述一般用：说明、名称、描述、背诵、列举、操作等。

②“智慧技能”是指个体能学会应用符号或概念对环境相互作用，如能利用数理化知识对事物的属性进行分类、对比、分析、区分等。它有四种类别：辨别、概念、规则与原理、问题与解决。辨别是指能察觉感知刺激物差异的能力。如能通过感官察觉感知乒乓球旋转与不旋转。概念是指能对一组拥有共同特征的客体或事件进行归类。如能区分为哪些属于篮球动作、哪些属于足球动作。规则与原理是指能运用规则或原理预测、理解和解释客体或事物之间的内在联系，如能利用“能量代谢原理”说明不同运动时段能量的变化。问题与解决属于高级规则，是指能运用各种规则和原理对出现的问题予以解决，如能运用技能形成规律解释不同学习行为的发生。如果属于“三维目标”的知识与技能领域，编写教学目标的动词表述一般用：辨别、识别、区分、运用、展示、理解、掌握等。

③“认知策略”是一种重要的技能。是指个体能对自我思想和行为进行支配监控。即通俗讲的学会分析问题、解决问题的能力。属于“三维目标”的过程与方法领域。编写教学目标的动词表述一般用：创设、发现、开发、领会等。

④“动作技能”是指个体会用一系列肌肉或躯体运动来完成运动，如打球、滑冰、跳舞、骑自行车。如属于“三维目标”的知识与技能领域，编写教学目标的表述一般用动词：跳起、摆动、旋转、射门等。

⑤“态度”是指学习者获得影响自身行为的心理特征，如有人把跳舞作为自己的爱好。态度是最后一种学习结果，如属于“三维目标”的情感性领域，编写教学目标的动词表述一般用：培养、养成、热爱、欣赏等。

上述分析告诉我们，教学目标是课程编写、教学设计的理论依据和所遵循的原则。什么是教学目标，教学目标就是要反映所要教授的技能、所要培养的行为，并指出学生在经过教学活动后能力与倾向上有什么变化。即能够做到什么程度，能在什么样的环境中运用所学的技能。新课程实施以来教学目标已日益成为指导教学活动的独特标志，为教育教学带来深刻的文化意义。它的出现不仅使课堂教学发生了翻天覆地的变化，也是体育教学实践改革落到实处的关键。需要注意的是，教学目标所描述的是教学的输出，而不是教学的过程。因而，深入分析和总结这些理论，帮助教师们从比较宽的视野和不同的层面更好地认识与积极运用科学实施就成为以下研究的必需。

二、体育教学目标的诊断评价与应用

以上从不同角度介绍了布卢姆等的教育目标分类论、马杰的行为目标理论与方法、格兰论的目标理论与方法、艾斯纳的目标理论与方法、加涅的学习结果分类与方法。可以发现教学目标是一个有着多方面内容的概念与强烈的理性应用背景。这些理论彼此之间既存有共同的普遍性，也存有不同差异性和特殊性的理性指向特征。为了防止偏离和混淆，以便对它们有更好地运用，还需要概括出教学活动与目标实现是怎样的关系。为此，以下进行概括分析与诊断评价，把一般理论加工重建转化为解决某一具体问题的指导方针或行动方案。为教师们准确认识和定位教学目标与功能提供方向和路径。以便于更好地将教学目标的设计建构在现代教学论的基础上，科学地实施教学目标的设计与制订。正如美国心理学家西蒙（H. Simon）所指出的："在相当大的程度上，要研究人类便要研究设计科学。它不仅是技术教育的专业要素，也是每个知书识字的人的核心学科。"

（一）布卢姆教学目标分类与加涅学习结果分类的比较

1. 布卢姆教学目标分类

布卢姆教学目标分为认知、情感和动作心因技能三类，认知又分为知识和智力技能，智力技能又分为领会、运用、分析、综合和评价。

2. 加涅学习结果分类

加涅学习结果分为认知、态度和动作技能三类，认知又分为言语信息、智力技能和认知策略，智力技能又分为辨别、概念、规则和高级规则。

这两个分类系统在三大领域的划分是完全相同的，所不同的是，加涅学习结果分类比布卢姆教育目标分类的认知领域内部各亚类的划分更清楚，弥补了布卢姆教育目标分类中只有内容没有教和学策略的不足。显然，一个良好的目标设计不仅要有机制评价系统绩效产生学习的特性，还要有机制在设计失败时进行反馈修改。加涅学习结果分类的可贵之处，不仅突出了每一类素质目标的独特学习过程和内外条件，还指出了如何在最佳学习条件下予以呈现，为我们针对不同类型进行教学设计提供了策略指导。

（二）五种教学目标的分类与比较

以下对五种常用的教学目标进行陈述，分析每一种目标产生的指向结果、学习水平与行为条件。帮助教师理解各教学目标之间的"落差"与区别，明白如何将教学目标建立在新课程学习论的基础之上，如何将教学目标的理论转化为实践设计，正确理解避免误用，以便能够根据不同种类的学习结果、学习过程和学习条件有效地产生出所期望的教学目标。

以下为各种目标的分类与比较。

1. 传统教学目标

我国受苏联教育理论的影响没有发展出目标陈述技术，一般把教学目标按教学要求编写。这种目标的特点是把一般教育宗旨或原则当作课程目标，属于普遍性目标。它偏重于从国家宏观目标角度的"德智体"作为框架论述课堂学力的微观目标。导致只反映了教学目标的范围，未涉及每一个领域的具体学习结果掌握的程度。由于它提供的不是具体的要求与标准，因而具有普遍性、模糊性、规范性，可运用于所有的教育实践，但难以对具体实践情景的需要作出解释。再者，由于不懂得知识维度的分类，更不知道对不同类型知识的不同教学操作。因而，致使教学目标设计揭示教学活动，不能根据学习的不同类型创设与之匹配的最适当的内部和外部条件。难以达到有效检测教学效果，指导教学策略设计，所以该目标只能适用于学科课程总目标的陈述。

2. 布卢姆教育目标分类

布卢姆的教育目标分类理论，依据总目标和分段目标，确定课程层次和目的。通过程序流程图的分析形势逐层划分教学应实现的水平与程序，考虑了与认知有关的其他心理活动的方式和特征，使课程设计有共同的规律可遵循。可根据课程任务对不同个体的差异进行选择和协调，将理想的标准与现实情况相对照，从而找到差距，努力消除这些差距。该分类学的不足之处，是忽视了理想的目的在于应用的知识与能力的关系。只有知识维度的分类和学业的表现，缺少学习策略的呈现，没有解决如何通过目标的科学引导，促使这一水平行为的实现。只有导教、导评，没有导学。所以该分类比较适合应用于单元课程教学目标的指导教育测量与评价，但难有效指导课的学习和教学过程的设计。其次分类层次和数目理论偏多，可能导致许多基层教师不易把握难以对接实施。

3. 马杰的行为目标

这种目标以行为主义的刺激反应和强化理论为依据。优点简明扼要、可观察、可测量、可操作，便于使用，体现了“唯科学主义的价值观”，适合于一般课时目标的应用。不足之处是课程目标狭窄，缺少内隐认知能力与知识维度分类的陈述。其次是它强调每一单个设计的逻辑组织，不考虑彼此之间的相互练习；从陈述条件直接预测学习结果，容易使设计走向僵化。因而也不能及时修正偏离度，阻止熵增现象，容易导致系统在运用过程中不能调节平衡产生失调，难以达成预期结果。

4. 格兰论的展开目标

格兰论认为外在学习行为的变化实质是内在心理的变化。提出了把内部过程与外显行为相结合的目标表述法。这一方法既保留了行为目标表述的层次性和外显性的优点，又避免其忽略内心变化的缺点，是用于知与行相结合目标表述的比较合适的方法。需要注意的是，由于内在的行为变化存在难以直接进行客观观察和测量的特性，教师在具体运用时对目标的陈述不仅要应用具体的词语予以明确，还要列举反映这些行为变化的“样品”加大说明。这样可操作性会更强些，才能对教学过程和教学测量与评价起更具体的指导作用。

5. 艾斯纳的表现目标

由于表现目标的特征着眼于学生未来的发展，以共创明天的取向为目标。强调教育要尽其可能地解放人的潜能，为学生未来参加生活做准备。因而，表现目标注重学生过程的获得，而不是仅以结果来衡量学生的发展。从这个意义上说这个目标是对的，是好的。问题是由于表现目标事先不固定，是在过程或教学活动中随情景而产生的，对教师、教学条件、教学环境要求较高不易把握。在我国当前大班授课情况下，难以事先一堂课让教师与所有学生达成对话，为每一个学生提供情境体验的感受过程。因而，不符合国情实践，难以落实。

6. 加涅的学习结果分类

美国著名教育家加涅的学习结果分类的提出形成年代较晚，吸取了现代认知心理学的最新成果。其最大贡献是用知识阐明了学生习得的能力本质。对教学目标理论踢出去了“为学习设计教学”的理念。他认为不同类型的知识被用来解决不同的问题。教学必须考虑知识习得不同类型学习的过程和条件，与知识的迁移和应用。按每类学习结果阐明了得以出现的过程和条件，以及其可测量的行为指标。因此，加涅的学习结果分类不仅有助于教学目标的测量与评价，而且有助于导学和导致。弥补了布卢姆教育目标分类只告诉人们如何测量，而不包塑人们如何学和教的不足。因而，对于教学单元或课时目标比较适合。

上述几种理论的综合和论析：给我们清楚地呈现各理论的核心概念与结构，为我们对理论的理解与进一步有效使用奠定了基础。通过上表分析可以看出，就像社会存在决定社会意识一样，由于教学目标是一定社会教育价值观指导下的教育目的与课程与教学具体化，对学生身心发展的规律、社会需求的重点以及知识的性质和价值法则，这三者之间关系的理解不同，因而对课程与教学目标的取向会有所不同。因而上述五种教学目标各有特点，每种理论的潜在价值取向不同，追求不一，都烙印着其所处的社会、文化和精神世界的反映。所以，每一个旧目标理论都是新理论的基础。从课程与教学目标取向的实质看，从普遍性目标的社会为本、行为性目标的唯科学建构，布卢姆目标的认知分类描述，格兰论目标的过程与结果的连接展开，艾斯纳目标的学习者与情景的交互表现，走向加涅学习结果分类进一步的完善；一波波地表现着向人的自身发展方向的“以人为本”迈进。揭示出每一目标都存在有效性，也存在着一些难以实施的不足性。新一轮课程改革将三种课程目标取向予以综合，把展开性目标和表现目标作为行为目标的补充形式。需要指出的是，按照教学活动的需要，教学目标可以分为学科目标、单元目标和课时目标。学科目标是表述这门学科在教学总体上所要达到的结果；单元目标是表述对这一门课教学各个课时组成部分的具体要求；课时目标是表述对该课时所提出的具体要求。至于要采用什么具体目标，首先取决于这门学科、这门课、这堂课要解决什么问题，然后依据一定的教学环境与教育活动的多元对理论加工重建才是可为的。即为了有效解决问题，常常需要综合多种变化之道。如该课重点在于知识和技能，低年级则采用行为目标、高年级采用加涅学习结果分类，以表现目标为补充形式较宜。如该课重点在培养学生解决问题的能力，则采用行为目标、以展开目标为补充形式较宜。如是该门课的系统目标的制定，则采用布卢姆的教育目标分类较宜。如是该门学科目标的制定，则采用普遍性目标较宜。其次，有一些目标目前我们难以使用，不是理论的原因，而是受我们社会发展的制约。不向前看不能把握未来因而不对，过于向前看不结合实际也是不对的。正如 W. 迪克在《系统化教学设计一书》中指出的：“在教学设计过程中，最为关键的工作或许就是确定教学目标。如果教学目的确定不适合，再好的教学也可能无法满足组织或者学习者的真正需求。没有准确的教学目的，教学设计者就会为根本不存在的教学需要去进行教学。”

（三）体育课堂教学目标的诊断评价与应用

《2011 版体育新课程标准》对教学目标、教学评价和课程资源开发等方面提出，要运用量化和便于评价的语言表述，要能有效指导教师正确处理与诊断各有关部分发生的关系；能有针对性采用相应的方法和策略，精确制订切实可行实施方案等。使课程实施的“度”紧密地联结课程的目标，避免出现我们过去在课程目标的制定过程中可能陷于实践无法操作的局面。诸如美国学者沃尔特·迪克等、我国学者皮连生、何克杭等认为，有关教学目标的陈述应该是富有逻辑，表达清楚，具有可观察、可测量的原则。

教学目标的选择和确定是一个求精的推理过程，一个良好的教学目标设计，需要回答以下问题。

（1）教学目的是否描述清楚、可验证？

（2）内容区域是不是已被清楚地界定？

（3）这些行为是不是可以清楚表现、可测量？

(4) 教学目标符不符合学习者的需要？

(5) 教学目标与教学环境是否存在逻辑的一致性？

在回答上述问题后，教学目标的撰写可以采用以下步骤。

(1) 写出教学目的，列出所有学习者要做的，要达到的目的行为。

(2) 这些行为是不是可以清楚表现、可测量？

(3) 分析所要进行的行为表现，选择那些最能反映目标完成情况的行为。

(4) 将所选择的行为用观察、可测量的明晰话语进行描述，说明学习者要能做到什么程度。

(5) 审查目标陈述，判断学习者通过这些行为后是否就算达到了教学目的。即完成学习任务后，获得什么新本领，掌握哪些新知识，会做什么事。

这一构建告诉我们，如果教学目标不能用可观察、可测量的明晰话语进行描述，说明学习者要能做到的行为与程度。即使学生课上很活跃，如果未习得知识与技能，那么这样的课充其量只能算是练习课。正如教师们常说的，一堂课花拳绣腿，教师什么也没有教，学生什么也没有学。

一个良好的教学目标应符合以下要求。

(1) 教学目标陈述的是学生的学习结果，不是陈述教师做什么，应陈述学生通过教学后会做什么，做到什么程度，能在什么情况下应用。

(2) 教学目标的陈述应是明确、具体，可以观察和测量。不能用模糊不清和不切实际的语言陈述。应用一些行为动词表现行为的具体化。

(3) 教学目标的陈述应能反映出学习结果的层次性。认知领域的教学目标一般应反映记忆、理解与运用（包括简单运用和综合运用）三个层次。在过程领域的目标应反映学会了什么，会做什么。在态度领域的目标应是接受、反应和评价三个层次。

(4) 建议：如该课重点在于知识和技能，低年级则采用行为目标、高年级采用加涅学习结果分类，以表现目标为补充形式较宜。如该课重点在培养学生解决问题的能力，则采用行为目标以展开目标为补充形式较宜。如是该门课的系统目标，则采用布卢姆的教育目标分类较宜。如是该门学科目标的制订，则采用普遍性目标较宜。

有国外学者指出，课堂教学目标应包含四个要素，即行为主体、行为动词、行为条件和表现程度。

(1) 行为主体。即目标描述的应是学生的行为，不是教师的行为。有的目标表述成“教给学生什么”是不对的，应规准为“学生通过学习学会了什么”。

(2) 行为动词。用行为动词描述学生所形成的可观察、可测量的具体行为。如90%的学生能运用足球脚内侧技术传球或停球。

(3) 行为条件。是指学生获得学习结果能在什么条件下运用。如90%的学生能在攻防的对抗中运用足球脚内侧技术传球或停球。

(4) 表现程度。是指学生对目标达到的最低表现水平，用以评价学习表现或学习结果达到的程度。如30%的学生定点罚球能投中50%。

这一陈述从结构性、系统性确定了各个知识点之间的相互联系，为我们展示了在整个概念中每一部分所处的地位，指出了教学目标的陈述是把它们有机地联系起来形成一个系统，而不是各个知识点的堆砌。

第二节　体育课堂教学的诊断与评价

依据瑞卢格斯主编的《教学设计理论》，教学组织要素设计的步骤通常可以分成“宏观策略”（如教学目标）和“微观策略”（如教学方法手段）两类。梳理得出“宏观策略”强调结构性的关系，“微观策略”则为具体的教学步骤提供“处方”。按照这一理论，在教学目标设计确定后，下一步的教学设计工作是开发与组织课堂教学策略，解决如何带领学生“去那里”的问题。由于目标的实现是教学活动逐级具体细化的结果。即可以分为：起点目标——教学活动 1——教学活动 2——教学活动 3 等，通过进行活动的逐级细化达到目标任务的完成。这一定序的目的，是保证教学活动每一次细化的结果与教学目标的一致性与整体性。如篮球教学是由第 1 课、2 课、10 课来完成的。因而，为了保证课堂教学活动逐级细化的变量不发生偏差，对此进行诊断与评价就是必需的。以下以瑞卢格斯的细化理论“一个目标、两个过程、四个环节和七条策略”、加涅学习结果分类为案例进行诊断评价，逐级分析每一教学活动技能步骤的目标表述与教学策略，希望能为教师们的教学诊断与评价带来更加准确、有效的参考借鉴。

一、体育课堂教学诊断的理论与应用

（一）瑞卢格斯“一个目标、两个过程、四个环节和系统策略”的理论在教学活动的诊断与应用

（1）一个目标：是指把教学内容按照一个目标进行合理而有效的定序组织与构建。

（2）两个过程：是指通过两个设计过程的细化来实现上述目标，即“概要设计”和“定序设计”。

“概要设计”是指，针对从学科内容中细化出所要掌握的概念原理或要领，可通过什么方式呈现给学生，提供什么“支架”的教与学的情境练习过程。如针对教学的展现：概念性内容（说明“是什么”）、过程性内容（说明“如何做”）和结果性内容（说明“运用什么”）。

“定序设计”是指对选出的学习任务概要不断进行逐级细化，细化的复杂程度和精细程度逐级加深。每一级细化都是前一级呈现内容的深入与扩展——通过每一次细化，使教学信息越来越具体、深入、细致。直至达到教学目标所要求的学习内容实现为止。

①引起注意：借用图示、类比、音调、手势等引导学生关注所要学习的内容。

②描述目标或目的：明确学生所要学习的内容是什么？

③讲解：将所学的知识、过程或技能的概念、要领或原理呈现给学生。

④示范：多角度演示新学习的技能促进理解。

⑤提问检测：学生学习理解的情况确定他们掌握的程度。

⑥模仿练习：学生在教师的仔细指导下进行练习。

⑦独立练习：安排练习形式学生练习，提供反馈、辅导等各种矫正性指导，减轻工作记忆负担。

⑧评价业绩：评估行为表现：检验学生掌握知识技能的程度、应用的情况，如何反馈与补救或完善等。

⑨再次练习或结束。

如①—④教学有 6 个策略可在课堂上应用：

一是运用多样变化的学习情境条件，引起注意、引发动机，激活感受器。

运用视听媒体的动静、图表、模型、多媒体等的变化来引起注意。运用听觉媒体的停顿、口音、语音高低、快慢等变化来引起注意。

二是运用幽默支持注意。研究认为，在教学中适时运用幽默可以对注意力和兴趣产生积极的影响，如语言幽默、动作幽默。但无论何种形式，都必须尽可能结合教学实际。例如教师夸张地模仿错误的动作，幽默地模仿与表扬你刚才投球像乔丹一样有魅力等，都会收到意想不到的效果。

三是借助亲身体验支持注意。提供具体感受、亲身体验感受信息，使学习活动更有意义。如，比一比，谁跑得最快，投得最准，谁回答得最准确等，都会引发学习个人意义的产生。

四是运用认知冲突支持注意。认知冲突又称认知失调，学习者在遭遇两种观点或两个事件之间互相矛盾时，会出现智力上暂时不平衡的状态。皮亚杰称这种现象为失衡。天性具有追求解决认知冲突的倾向。当认知冲突时，注意力将大大集中。

五是运用探究方式支持注意。运用探究方式支持注意的一个附加好处，就是它能帮助学习者重构或打破原有的认知图式，通过提出假设、搜寻信息、检验假设和得出结论，使学习者积极投入与自己个人的兴趣密切相关的探究活动中去，注意力也就自然高涨。例如物理学告诉我们直线最快，为什么背越式跳高弧线助跑比俯卧式直线助跑效果好？

六是运用积极参与支持注意。被动的学习容易导致学习者注意力不集中。如通过积极参与做游戏、演角色、展示模拟或互动等都是调动人的注意力的好方法。即使在听讲型的接受学习中，也可以结合多种方法，使学习者的学习活动动静搭配，合理有序。

如⑥—⑦教学有 7 个策略可在课堂上应用：

一是要点提示。通过口头、图片、标记色彩、大小类比等方式对关键点、要点等予以提示。告诉学生应该特别关注什么，例如用两臂形象比喻投掷的出手角度。

二是把握节奏。对每一教学的知识点一次呈现的信息数量予以控制，以减少学习者记忆的负担。例如先讲粗大动作要领，然后再讲精细的动作要领。

三是形成组块。将概念、要领、原理有意义的组块形成范式，可以减少学习者记忆的负担。例如运用形象化的口诀法促进动作要领理解。

四是适当重复。要求学习者对那些至关重要的特征，适当重复感知或几种感知的方式结合起来运用。例如在学习了一组新的动作后，教师就应该立刻为学习者提供练习的情境，予以应用巩固。例如针对教学重点与难点采用诱导练习、辅助练习相互结合效果较好。或是运用对比分析法，区分联系，明晰正误，突破难点，廓清重点。

五是简化表征。尽量借助图表等方式突出关键特征，从而省略一些无关特征，突出特点。例如利用层级学习图式提纲挈领一目了然，易于理解掌握。

六是回忆旧知。建立新旧知识之间的联系，促进学习者的意义建构。例如联系原有已经学到的知识进行迁移，帮助学生发现规律促进编码，以将长时记忆中各种不同的动作图式与学习联结起来。

七是提供一个有系列的组织练习。形成连锁条件，把一系列局部动作有机地连接成一个完整的动作系统，精细加工促进动作编码。因为技能达到自动化只是记忆低路迁移的一个方面，还要考虑在迁移情境的运用自动化。

如⑧的教学有 4 个策略可在课堂上应用：

一是根据学生练习的正确率来判断。

二是根据学生练习的质量来判断。

三是提供内反馈，通过内部神经反射（如动觉、触觉）获取内部肌肉信息改进学习。外反馈，通过外部媒介（如节拍、口令）达到对学习改进。自我反馈与外部反馈相结合，例如采用互帮互学、同伴讨论提问、彼此示范等双向反馈，把内部反馈和外部反馈相结合。

四是运用各种变式练习。帮助学生补救，迁移同化知识。

上述可见，"概要设计"与"定序设计"的好处是，可以将教学各步骤中的决策过程一览地表示出来，确保教学的最大有效性。一方面，在同一等级上可以对不同的教学内容进行细化（横向程度相同的多种变式）；另一方面，也可对同一教学内容在上下相继的等级中不断细化（其复杂程度不同的由浅入深）。这就使教学系统有较大的灵活性；既可通过横向（同一细化级）了解学科内容各部分当前的细化情况，又可通过纵向穿过一系列细化等级而达到对某一知识点的深入了解。这种特点对于以技能程序教学系统的设计与实现是特别有利的。犹如"可变焦距镜头的照相机"：开始用广角镜头（相当于"概要"）；然后通过变焦进入逐级细化的过程（可以循环往复），以观看整幅画面中的各个部分（细化后的教学内容）；接着变焦镜头移出以便回顾、复习学过的全部内容和确定各部分知识之间的联系。将变焦镜头移入和移出的调节过程要反复进行，一直到整幅画面的所有部分都已按照精细等级被考察过为止。

（3）四个环节：是指为保证细化过程的一致性和系统性，必须注意四个教学设计环节的密切配合。这四个环节是"选择""定序""综合"和"总结"。

选择，是指从学科的知识内容中选出为了达到总的学习目标或单元的教学目标所要教的各种概念和知识点，从而为概要设计做好准备，这是 ET 的初始设计任务。

定序，目的是要使教学内容（学科知识内容）按照"从一般到特殊"的次序来组织和安排，这既是概要设计和细化系列设计的指导思想，又是设计的基本内容，应该贯穿在这两个设计过程的始终，从而保证每次细化结果的一致性。

综合，作用是要维护知识体系的结构性、系统性，即确定各个知识点之间的相互联系。通过综合使学习者看到各个概念之间的关联以及它们在更大的概念图中（乃至整个课程中）所处的地位。在每一级细化过程中都将有两种形式的综合发生：内部综合与外部综合。内部综合用来阐明给定的量化等级之内各概念之间的关系；外部综合则用来阐明给定细化等级内的主题和已经教过的其他主题之间的关系。

总结，是一种获得信息、判断增值和改进决策的很重要策略。旨在测评教学效果与诊断学习困难，调整教学过程达成有效学习。

上述四个环节，选择为概要设计做好准备，定序为各级细化提供统一的指导方针以保证每次细化结果与目标的一致性，综合则建立起各个知识点之间的联系以及各部分知识与知识整体的关系，从而把每次细化结果有机地联系在一起，形成系统而完整的知识体系而不是互不相关的各种知识点的堆砌。总结则是测评教学效果与诊断学习困难，调整教学过程为后续教学进一步达成有效学习。

(4) 系统策略：策略用于确定课程内容的细化顺序：从最重要关系—并列关系—从属关系—次要关系的次序组织内容；对概念的学习按自顶向下的层级方式排列，把最一般的概念放在顶上，最具体的概念放在底下；非概念性知识（如过程性、原理性知识）则作为补充内容在后面安排。为确定的学习任务提供方法手段条件；从而使教学内容、教学组织、教学负荷体现由浅入深、由低到高递进，以促进学习者的意义建构。

上述分析讨论了体育课堂教学要素的诊断评价与应用，按照教师在课堂教学的情境行为与方式系统进行了归纳与定向，介绍了教学行为的分类选择的处理与诊断评价的正确判断。概要指出了确定教学要素的具体程序；分析目标任务，确定具体目标；说明教学对象，选择教学内容；明示技能分层，拟订技能测试；提供针对练习，确定教学方式；教学评价或改进。这些措施为我们指出了如何研究教学和设计要素，告诉我们在编写教学活动时，要考虑教与学不同的层次及相应的结果如何体现系统一致的方式，为有意义建构教学活动提供了保障。为进一步理解“三维目标”在教学的分层，理清内部学习结果的关系有了很好的借鉴与依据。可帮助教师对学习准备、学习者需要、兴趣、能力水平和学习思维特征有深入的了解，全面的认识。揭示出掌握课堂教学评价的类型，是一个教师专业化发展的可靠保障。它是可能给你带来工作的“麻烦”，但接受它就能确确实实地“抬高”你的教学质量与水平，形成一种新的认知策略收获。相信对它的理解与掌握定会给体育新课程实施带来可为的贡献。

二、体育课堂教学评价的设计

大学生体质连续二十多年持续下降的残酷事实质疑我们的学校体育，小学6年、初中3年、高中3年，教给了学生什么？人生接受教育最宝贵的14年，我们学校体育实现了什么教育目标？深入分析让广大教师明白，其教学效果哪些方面是低效、哪些方面是无效、哪些方面是有效。因而，体育教学评价是教学的重要组成部分。不仅对体育课程的科学化方式等施加规准，也为消除教学设计的偏差、误差，保证教学按给定的方式向目标结果提高。可以说，它是保障体育新课程实施的重要手段和基本途径。为此，本节驻足于从体育课堂教学内容、教学组织、教学负荷三个范畴进行解析。让课堂教学变成有目的、有效率、有魅力的动态活动，为体育新课程的科学实施提供支撑。恰如学者王逢贤在《学与教的原理》一书中指出，“学与教的原理为教授者和学习者的艺术性创造留有更多的空间。”

（一）体育课堂教学内容的评价

体育课堂教学内容，是指按照教学目标，要求学习者学习的知识、技能和行为经验的总和。因而，它既是涉及认知与情感、知识与技能的教，也是含有学生的学的双向组成部分。沿着这一认识逻辑，体育教学内容不仅是一种意向性（有目标）的行为活动，也是分析教学内容类别与性质、提供学习程序与指导的策略活动。它明示我们体育课堂教学内容不只是一个实施计划，也是一个怎样选择与组织教与学的活动。通过对体育课堂教学内容的评价，可以帮助我们认清学习内容之间各组成部分的相互联系，明确知识类型与认知分配，把握教学难点的突破。从而针破取舍、补偏救弊、顺其所易、矫其所难，较好地实现了课程对教学内容编制的辩证要求。诚如我国古代思想家墨子在《墨子·大取》一书中所说，“子深其深，浅其浅；益增其益，尊其尊。”对此教学论专家布鲁纳曾明确强调，“学习的最好刺激乃是对所学材料的兴趣。”基于此认为，体育课堂教学内容的评价，可从教学内容设计的有效性、学生学习的有效性为基础展开评价才是可为的。

1. 判断教师——教学内容绩效性的评价

上述指出，体育教学内容不仅是一种意向性（有目标）的行为活动，也是分析教学内容类别与性质、提供学习程序与指导的策略活动。这一命题释义出，教学内容的组织与编排既是一门科学，又是一门艺术。说其是科学，是因为教学内容的组织是受教育理念的统摄、课程原则的框定、学习程序性等的预设和生成。说其是一门艺术，是指教学内容的选择与安排不零凝固不变的，而应是根据教学情境的变化而变化，因教学对象的差异变论而变化。由于对其的选择与实施需要教师的智慧与策略，因而其又是教师教学技巧的艺术表现。

根据这一理解，体育教学内容的评价可从理论和实践两个层面展开。在理论层面评价的指向是，判断教学内容的设定是以传授知识为导向，还是发展能力为导向。在实践层面评价的指向是，判断教学内容的组织与编排是以教师的教为设计，还是以学生的学为设计。

教学内容理论层面评价解决的是，教学是以向学生传授知识、技能为主，还是以发展学生的能力为主。这是教师对教学意义的不同认识的反映。两者之间的选择是区分教师是传统教学观，还是现代教学观的分水岭。不同的观点不但影响着对教学内容的选择，还影响着对教学内容组织方法的选择。因而，评价的标准不是看教师的教学内容有没有完成，而是看学生有没有学会，有没有实现汗水十笑声的“懂会乐”。

教学内容实践层面评价解决的是，教学内容的选择与编排，有没有按照知识主次、从属与并列的各组成关系之分展开教学程序；有没有按照学习层级逐渐分化的逻辑性，由简到繁、由易到难的准则编制教学内容；有没有按照知识向量的迁移性和全面性，科学设置教学方式与学习策略，解决“怎么学”的问题。

第一，为什么教育理念是教学内容评价的依据。

从方法论来看，体育教学内容的问题是对教育的理解问题、认识的问题、知识储备的问题。诚如一位哲人所说，“眼光不同，对所有事情的理解就不同。”由此而知，教师对教育理论、教学理论的不同观点取舍，影响与制约着教师对教学内容的选择。因为，教学是教师的教与学生的学的统一，其构建是由教师的思想行为决定的。教师没有正确教学思想行为的立准，教学内容的选择与运用就难以达成新时代的要求。明确回答这个问题，对于体育教师专业化的提升与发展有着积极的意义和作用。为此，我国教育名篇《学记》“善歌者使人继其声；善教者使人继其志”，讲的就是这个道理。基于此，教育理念是教学内容首要评价的依据。

第二，为什么教学内容结构的选择与编排是评价的依据。

教学内容结构的选择与编排，是指学习不是突然发生的，而是通过一系列细小的步骤按顺序达成的。一是指新学习材料符合学习者的认知特点、生理特点，学习动机就会发生。反之，教学内容不合理的、学习材料不适合、有困难、不具备传导时，学习状态就不建立，学习注意就不会发生。二是学生学习过程存在着知识“同化、顺应与平衡”三种图式的意义建构过程。这三种水平状态在学生的学习方式上表现出不同的特征制约着学习的质量和效果。教学实践证明，学习者如果原有的知识与经验不能“同化”新知识，为接受新知识与表象创造有利条件，教学的知识意义建构就会发生困难。则会引起“顺应”过程的发生，即对原有认知结构进行改造与重组，这样学习的时间就会延长教学效果就会降低。它告诫我们，必须把教学结构，改造成适合学习者该阶段能普遍接受和理解的形式（如情境丰富形象、内容建构生动、提供先行者组织策略等），使其范围、深度、速度能同教学对象的实际水平相适应，良好的学习行为才可能发生。上述论断出，为什么教学内容的选择与编排是不可缺少的评价依据。

第三，为什么教学内容的学习层级是评价的依据。

所谓学习层级，是指教学内容的组织与编制中存有，由整体到部分，由一般到个别的不断分化。复杂的教学都是以简单的教学为基础的，如果不掌握前一个学习内容，就不能进入下一个学习内容的学习。只有遵循从简单的技能学习到复杂技能学习的相互作用关系，才能把教学内容转化为学习者习得的能力。正如信息加工理论告诉我们，学习受认知变量的制约，对此掌握利用可提高体育学习活动的定向认知能量与认知功用。基于这一道理，教学内容的学习层级就成为评价的依据。恰如赞可夫指出，“不管你花费多少力气给学生解释掌握知识的意义，如果教学工作安排得不能激起学生对知识的渴求欲望，那么这些解释仍将落空。”

第四，为什么教学内容的迁移性、全面性是评价的依据。

教学内容安排原则告诉我们，教学内容的安排不仅要注意知识技能各部分内容的纵向递进性与横向层次性之间的联系，还要关注教材之间迁移的属性才是科学的。那么什么是教材的迁移属性？是指一种学习内容对另一种学习内容的影响。心理学研究表明，先前学习对后继学习产生的影响是顺向迁移，后继学习对先前学习产生的影响是逆向迁移。两种学习相互干扰是负向迁移，两种学习相互促进是正向迁移。体育教学实践表明，教学内容的安排存有这一现象。例如学习完短跑再学习跳远会产生正向迁移，学习完跳远再学习跳高则会出现负向迁移。

什么是教学内容的全面性。全面性是指教学内容的选择与安排，要能促进人身体各个素质的全面发展。如果课堂教学仅围绕某一素质的发展去实施教学内容，就会造成身体素质出现失衡，影响身体和谐的发展。这一身体全面发展原则要求，同一课的教学内容不能全部安排都是上肢练习或都是下肢练习。如安排投掷练习后不能再安排单杠的练习，安排短跑练习后不能再安排耐力跑练习，安排双杠练习后不能再安排单杠练习。遵循这一释义，教学内容的迁移性、全面性就成为评价的依据。

基于上，体育课堂教学设计的评价可围绕以下方面实施：

一是围绕认知发生的顺序性和逻辑性进行“同化、顺应与平衡”的构建，准确把握好学生学习的“教学适配”。

二是要立足于教为学的策略构建。在方法和手段的选择上，体现出“为学习而设计”“为理解时刻而教”“个性学习自由度”的教学策略。要清醒地避免学生是原料，输入一输出（产出）的传统工学模式。

三是学习层级的选择要建立学习跟知识之间的和谐。既要体现出教学的内容性、组织性和负荷性的三个螺旋上升的有序递进，又要符合学习发展由量变到质变的有效性飞跃的记忆规律。正如维果茨基所言，“学习的一个基本特征，就是创造了一个最近发展区，唤醒内部的多种发展过程。”

综上所述，课堂教学内容的选择与安排是教育存在方式的自我理解与批判，不同的教学范式表达并反映着其特定的存在方式。这一认识辨识出，教学内容的选择与编排存有思想性、原则性、编排性的特征与制约。如果不能针对这些相互的关联、相互的作用去实施教学内容，就会出现错误教学的偏差，无法实现预期的教学目标。正如皮亚杰的发生认识论指出，主体对客体的认识程度完全取决于主体具有什么样的认知结构，学习的认知结构存有一系列由低级到高级的心理认知图式的过程。

2. 判断学生——学习绩效性的评价

众所周知，新课程教学贯穿着“教师为主导、学生为主体”的理念，它是实现学生学习好的重要准绳。根据这一准绳，学生学习是否主动参与、学习方式是否有效、学习氛围是否欢乐，就成为体育教学的评价依据。即评价知识学习的效果、技能掌握的水平、学习的成功体验。这三个方面也是教师们常讲的学习就是“懂会乐”，即学生懂了没懂、会了没会、乐了没乐。

第一，为什么学生学习的主动参与是体育教学内容评价的依据。

心理学研究证明，行为是认识的反映。学习场景也表明，其主体内驱力参与性越强，其学习认知的效果就越好。鉴于此，从有效学习论出发，可从以下六个方面进行评价：

①情绪状态：学生是否具有浓厚的学习兴趣，对学习内容具有好奇心与求知欲；始终保持学习热情，积极参与练习活动。

②注意状态：学生是否关注学习内容，积极投入思考；注意教师的指导要求，做出有效性的学习应答。

③参与状态：学生是否全身心参与学习活动；“汗水＋笑声”投入练习过程，并兴致勃勃地与同伴互动相互观摩，自觉地进行合作练习。

④交往状态：学生在学习过程中是否能相互帮助与互相合作；虚心听取他人的意见，尊重同伴的指导。主动交流、合作，共享解决问题。

⑤认知状态：学生学习过程是否认知有效，能围绕学习的内容积极思考、不断改进提高，能用自己的语言阐述学习领悟的观点；修正推论学习上出现的错误。

⑥生成状态：学生是否能从学习中获得满足、成功和愉悦等积极的体育体验，获得学习效果。

第二，为什么学生的学习方式是体育教学内容评价的依据。

学习方式昭示着课程的价值取向与教育思想的支配。它是提高有效教学、为学习减负增效，教会学生学习的显著标志，是衡量学生知识尺度的具体表现形式。它既是一定教育理念的表现形式与作用方式，又是编织教与学关系的理性认识。对上承应理念的归属与界定，对下对接实践应用的效力与实现。这就是老师们常讲的，“关注学生的学习过程，实现教与学方式的转变，促进教学质量的提高。”

鉴于此，《体育课程标准》指出，传统教学以“授—受”接受方式为主导。这种单一的学习方式制约了学生创新发散思维的养成，难以满足21世纪人才发展的需要。对此不足，新学习方式倡导多元学习方式，以发现知识、学会学习为论纲，要求学习过程既要有接受学习方式，也要有合作、探究学习方式与自主学习方式，发展学生学习的潜能。正如学者施良方先生曾说，“真正的学习经验能使学习者发现他自己独特的品质，发现自己作为一个人的特征。”因而，它是我们驻足评价的依据。

第三，为什么学生学习的成功是体育教学内容评价的依据。

在新课程背景下，学习欢乐不仅指学习兴趣和热情，还包括成功快乐的体验。正如学者张振华在《体育学习与培养》一文中有论，成功是学习与反应之间相对稳定的联结。体育教学实践证明，只有当学习者收获学习的成功时，才会主动练习。告诫教学，单一、没有成功变化的学习环境会导致学习的抑制或减弱。诚如苏霍姆林斯基所说："建立学习跟知识之间的和谐，是学校面临的最重要的实际和理论问题之一。"

心理学研究证明，教学内容的新颖性、教学方法的生动性、教学系统的有趣性、逻辑性、变化性可引发学习者产生动机与高水平的求知欲。这一效果的扩散，决定着教学效果的强弱。为此，美国学者桑代克从有效学习方式对教学内容和学习过程提出了"效果律"。即学习者的满意度决定学习的效果。如果学习者对教师的传导或组织的学习结果是愉快的、满意的，享受到学习的乐趣，就会增强学习动机，激励发出最大的潜力提高学习志向水平。反之，教学经常让学生感受失败或不愉快的体验，就会导致学习志向水平降低，丧失学习信念。学者与教育家们认为，学习过程中存在知与行的情感统一，如果我们在体育学习中常常只强调学生完成体育学习的任务，而很少去追问学生的情感反应，是不会获得成功的。因而，应成为我们驻足评价的依据。

（二）体育课堂教学组织的评价

其一，学生运动技能的掌握与形成，需要靠教学的组织练习来巩固与提高。教学实践证明，合理组织与适配体育教学技能与课堂设计，会使教学获得好的效果。因而，教学流程的合理组织与安排、教师教学施教与组织的能力，就成为保证课堂教学顺利实施的关键。它是体育课堂教学的重要组成部分，在教学设计中显得尤为重要。根据要求，一是教学流程的组织原则要体现出由低到高逐渐递进的认识。在教学阶段的组织上，应由准备部分到基本部分至结束部分；在学习方式的组织上，即由单一性练习到综合性练习；在教学方式的组织上，由个人练习到分组练习。既要符合人的心理机能活动变化规律，又要符合人的生理机能活动变化规律。二是教师施教与组织能力，要能促进学生认知的衔接、知识理解的巩固。教学组织与环境的设计，能引起学习者注意和兴趣，调动其学习积极性，能为教学任务的完成创设有力的教学条件。犹如巴班斯基曾言，"选择对课的最有效的教学方法，是教学过程最优化的核心问题之一。"

其二，心理学研究证明，一节课时中，学生的体能和思维的状态会经过三个阶段，即体能和思维的逐渐上升集中阶段、最佳体能和思维的水平阶段、体能和思维的逐渐下降阶段。根据这一规律，按照体育课堂教学的内容、时间、组织等之间的顺序与分配性，体育课堂教学可以科学划分为准备、基本、技术三个有机联系的部分。教学研究证明，课的各部分都有既定的任务、内容和组织教法的要求，只有按照这些特点去设计才能获得好的教学效果。为此，它是评价驻足的依据。为此，苏联心理学家加里培林指出，"心理活动是外部物质活动向知觉、表象和概念方面转化的结果。这种转化过程是通过一系列的阶段来实现的，而在每一个阶段上都产生新的反映和活动的再现以及它的系统改造。"

1. 准备阶段的组织评价

众所周知，一般工作都是从准备开始的，良好的开端是成功的一半。针对此，鲍里奇所指出，"开始的问题是引起学生对学习内容的兴趣和注意，如果学生没有发现所要学习的内容与他们的联系，反而把学生的注意力给分散了，那么这个开始就是无效的。"

因而，准备部分是体育课的三大组成部分之一。它的目的是导入学习状态，衔接新旧知识，启发学生兴趣，说明教学目的，创设学习氛围，营造施教情境。基于此，其主要任务有三个方面：一是迅速将学生组织起来，明确学习内容和要求；二是按基本教材学习的要求，做好身体机能的准备活动；三是为基本部分的学习做好认知上的学习准备。即从心理上建立好学习状态，生理上做好热身，从教学内容上为主教材学习做好诱导性学习或辅助性学习的后续准备。导入学生从非学习状态进入到学习状态的行为方式。

基于此，准备阶段的教学评价可围绕以下三个方面进行：一看课堂队伍的集合有没有快、静、齐，学生学习的注意力是否调动起来。二看课的准备活动安排有没有针对教材的特点，选择适合的热身活动。三看为主教材安排的诱导性或辅助性学习，有没有体现“寓导为乐”的游戏安排。

2. 基本阶段的组织评价

课堂教学基本阶段的任务，是学习新知识、复习旧知识。恰如苏霍姆林斯基所说，“教给学生能借助已有知识去获取知识，这是最高的教学技巧之所在。”其主要表现有三个方面：一是使学生掌握知识、技术与技能。二是围绕教材的学习属性，有针对性地提高身体素质。三是围绕教材教养的要求实施思想品质教育，即教学顺序的组织上要做好由简单技能到复杂技能的学习层级递进；在学习方式的组织上要做好由单一性练习到综合性练习；在教学方式的组织上要做好由个人练习到分组练习；在教材教养上要做好情感、态度与价值观的教育。

基于此，基本阶段的教学评价可围绕以下四个方面进行：

其一看教材的安排是否符合教学顺序与组织。即一般应先进行新教材或复杂教材的学习，以及发展速度或灵敏性的教材学习；后进行容易引起兴趣的教材以及发展力量或速度耐力性的教材学习。

其二看有没有围绕教材的学习属性，完成增强学生体质和发展技能和品德教养的任务。

其三看学习方式的组织有没有贯穿多样化的集体性和个性化的练习活动，避免单一的练习导致学习转入抑制。

其四看场地器材的设计，是否符合教材理解属性“情、趣、美”的特点。

3. 结束阶段的组织评价

课堂教学结束阶段的任务，是使学生逐渐恢复到课前相对安静的状态、有组织地结束教学活动。内容包括：一是通过轻松的徒手放松活动、简单的舞蹈动作或游戏活动逐步降低运动负荷恢复安静状态。二是小结本课情况，布置课外作业。三是收拾体育器材，宣布下课。

基于此，结束阶段的教学评价可围绕以下三个方面进行：

其一看放松活动是否简约自然，不造作画蛇添足。

其二看课堂小结是否体现以生为本的教育理念。表扬先进、鼓励后进，归纳知识、加深记忆，启迪学生身心升华提高。

其三看学生收拾体育器材有没有体现出安全和爱护器材的教育。

（三）教师教学能力的评价

组织学研究证明，能力是人们在做某一事情表现出来的个性心理特征的总和。能力强的人做事效率与成功率就大，反之能力差的人做事的效率与成功率就会小。根据这一结论，体育教师是学校体育的具体执行者，其能力的高低直接影响与制约着学习的质量和教学效果。为此，对其能力的评价，一般可以分为体育教师讲解示范的能力、体育教师教法与组织的能力两个范畴。

1. 体育教师教学能力的评价

传播学告诉我们，体育教学活动过程，其实也是一个教师与学生之间进行信息传播与沟通交流的过程。心理学研究表明，学生知识学习的获得程度与教师的表达清晰度存有显著的相关性。课堂教学长期的实践得出，教师教学技能的含混不清则与学生的学习成绩呈负相关。对此，我国教育家顾明远呼吁："我国师范生只注重理论专业知识的传授，忽视了教师职业技能的培养。导致许多年轻教师难以胜任教学工作，这是我国教师培养的症结所在。"为此，体育教师教学技能就成为体育教学能否成功的关键，能否上好课的关键。

基于此，体育教师教学技能的评价，可围绕以下三个方面进行：

其一看讲解力能否清晰、简明、扼要，表达是否具有逻辑性，能唤起学习的高涨心情。

其二看肢体表达方面，动作示范是否正确、自然、优美，能否诱发学习向往。

其三看能否根据教材需要有的放矢分别展开不同向面的示范。给予学生视觉和知觉活动，明确所学动作，为进入练习提供清楚而又正确的动作表象。

2. 体育教师教法与组织能力的评价

教学论指出，教法是达到教学目的，完成教学内容所采用的方式、途径、手段等的总称。而教学组织则是对学习活动序列结构的表述与细化. 是把教与学各种要素按学习者认知特点、心理和生理活动规律的效应性，进行组合、分解为相对的学习步骤。鉴于此，体育教师教法与组织的能力，直接关系到教学效果的成败。

基于此，体育教师教法能力的评价，可围绕以下三个方面进行：一看教法的选择与应用是否符合学习者的认知特点、心理和生理特点。二看教法的选择与应用是否符合教材的学习规定和顺序。三看教法的选择与应用是否符合教学的条件与环境。

对于体育教师组织能力的评价，可进行以下四个方面进行：

其一看教材内容的组织是否符合感知、理解、巩固和提高的原则，体现由简单到复杂、分解到完整的逻辑递进。

其二看教学的组织练习之间的匹配，是否符合由单一练习到组合练习、由个人练习到分组练习的递进。

其三看教学的场地与器材是否符合教学内容呈现的需要，正确选择易用、实用的有效媒体和材料。

其四看教学组织能否按照动作技能的形成规律，正确适配课堂结构。

(四) 体育课堂教学负荷的评价

体育学科有别于其他学科的差异性告诉我们，体育不是你思考的东西，而是你练习的东西，技能的收获是在练习过程中逐渐习得的。也就是说，体育教学是以身体练习为基本手段，身体要承受一定的生理负荷和心理负荷。学生技能的获得、身体素质的增强，存有身体能量代谢的心理负荷和生理负荷的性质与特征、组织与构成。因而，其练习的负荷性是课堂教学设计的最后落脚点，它是体育教学区别于其他学科最为显著的标志。鉴于此，合理的运动负荷原则，就成为体育教学原则的重要组成部分及体育课堂教学十分重要的评价依据。该基本结构一般可分为：心理负荷和生理负荷两个组成部分。因而，着力对其进行专门研究与探讨，对提高体育教学质量，深化教学改革具有十分重要的意义。

1. 体育课堂教学的心理负荷评价

所谓体育教学心理负荷是指，学生在体育课堂活动中所承受的心理负担。即学生在体育课堂的活动中承受一定强度的神经刺激，使之引起紧张与兴奋。为方便易行，一般从注意、情绪、意志三个方面予以评定。为此，只有理解和掌握体育教学心理负荷的层次与特点，才能搞好体育教学收到预期的教学效果。基于此，下面对其解析如下：

第一，根据体育活动与思维紧密结合的特点，利用学习者的各种感觉器官和已有经验，可使学生获得生动形象的表象和正确的动作概念。

第二，依据记忆认知的特点，如借助动作示范、教具、图示和录像等各种直观的教学媒介的运用，可增大教学效果。实验证明，熟练的动作，有趣形象的材料比无意义的材料保持的时间长，遗忘的慢。单一视觉记忆率为70%，单一听觉记忆率为60%，视听组合记忆率为80.3%。这一认知表明，多种感官的识记活动可取得最好的记忆效果。

第三，艾宾浩斯遗忘曲线指出，过度学习达150%保持效果最佳，可克服“体育学习遗忘现象”。比如，20遍后能恰好一次无误地正确背诵学习材料，这20遍便是100%。如果再继续学习10遍，其学习程度为150%就是过度学习。超过150%的学习为过度学习的限度，低于或超过这个限度，记忆效果都将下降。

第四，体育学习存有思维认知水平由低到高渐进上升的阶段，思维认知水平集中保持阶段，思维认知水平由高到低渐进下降的阶段，只有按照这一规律实施教学方可取得效果。

上述心理特点启示我们，体育教学可以分为三个阶段：一为运用多样化方法的展开学习，为学习者提供分层学习的选择；二为教材优化、挖掘教学内容的情趣美，着力于教学过程生发学习快乐，促使沉闷的学习变得生机盎然；三为复现知、情、意、行多维知识面孔，让学生“享有”懂、会、乐的学习与体验阶段。苏霍姆林斯基指出，“用环境创造的学习情景来丰富教育，这是教育过程中最微妙的领域之一。”

基于此，体育教学心理负荷的评价，可围绕以下三个方面进行：

其一看教学组织安排能否点燃学生各种情感潜势（如激发学习兴趣、引发学习注意力等），形成有助于学习的情境。即每个练习都有新意，学生都能有所获。体现了无论是教材的教法设计，还是组织教学的安排与调控，都关注于将学习主体情境与教学艺术的统一来类化学习。如多方面、多层次营造学习环境，激发学生运动兴趣，促进学习能力的形成。让不同练习的刺激性与新颖性使学生遗忘学习过程的枯燥性，为促进体育认知和情感的培养等奠定基础。对此苏霍姆林斯基曾说，“如果教师不想办法使学生产生学习兴趣，就急于传授知识，那么只能使学生产生冷漠的状态。”

其二看教学负荷心理强度的安排是否符合学习者生理特点，能良性引起学习注意：打开认知门户。如小学生学习处于具体运算阶段（7—11岁），在这个阶段，他们对“图示”运算还离不开具体事实的支持，在他们学习指导中语言要生动形象，多采用直观的方法，促使他们燃发学习愿望，形成学习能力。中学生学习处于形式运算阶段（11—15岁），在这个阶段中个体已具备假设、演绎的抽象思维。即个体可以不受具体内容的束缚，可以通过假设推理来解答问题。教学要运用学生亲身体验支持注意、运用认知冲突支持注意、运用探究方式支持注意、运用游戏引导支持注意、运用情境变化保持注意。

其三看教材安排有没有挖掘内容的情趣美，着力于教学过程的组织体验，燃发学生形成运动体验的乐趣和享受成功进步的感觉。产生学习的意义建构，帮助学生完成学习活动。有如学者田慧生所说，“学生心理的气氛决定教学系统的成败。”

2．体育课堂教学的生理负荷评价

根据人体机能适应性规律等，运动负荷和休息是构成体育教学方法的两个基础方面。承受一定的运动负荷，是掌握体育技术、技能，发展身体、增强体质的重要因素。因而释义出，学生在课堂的技能练习是一个承受生理负荷的多指标、多层次、多因素的综合评定。为此，合理地安排学生身体练习的量和强度，使学生身体既产生一定的疲劳，又能提高身体机能、完成技能的掌握，就成为衡量体育课堂教学质量必需的考虑和显著的标志。

基于上述理解，所谓体育课堂教学的生理负荷是指，学生在课中练习时身体承受的生理负担，按其负荷性质分为“量”和“强度为了简便易行，学生外部练习的量一般用“密度”指标予以测量；学生身体负荷的指标运动强度，一般用“心率”指数予以测量。因而，根据教学任务、教材特点和学生实际，把握教学方法和手段及其代谢特点，选择相应的监控方法和手段，处理好量与强度的关系。根据负荷与恢复的关系，科学制订出课的密度与效率指数的合理标准，按照一定的教学步骤予以科学设置就成为课堂教学评价的依据。对这一道理的理解，也就是教师们常说的：“汗”“会”“笑”。

其二看评定课的练习密度指数，所谓体育课的密度是指教师在课中讲解示范、纠正错误、组织练习、调动队伍等教学行为所占用的时间与学生学习行为的各项活动时间的比例。其目的是通过测量课的密度，避免教师过多地占用上课的时间，影响学生练习时间，最大限度地给予学生活动练习时间。即教师们常讲的，教师教学活动时间占 1/3，学生学习活动时间占 2/3。不符合这个标准即为不合理。

其三看体育课的心率曲线形态。所谓体育课的心率曲线形态是指学习者在一堂课的练习中机体承受运动负荷刺激后，心理机能所呈现的心率曲线形态。根据课的性质其规律可分为马鞍形、前山峰形、锯齿形和后山峰形四种。受场地器材与教材性质的限制，体操与武术等课的心率曲线形态一般呈现锯齿形。课的心率指数难以上升，一般心率指数 1．4 左右。建议课的后半部分安排一定的体能练习，予以补充提高负荷效果较好。篮球与足球等课的心率曲线形态一般呈现马鞍形或山峰形，心率指数 1．6 左右较好。如果课的性质是新授课，建议课的后半部分安排一定的体能练习，予以补充提高负荷效果较好。田径与体能素质课的心率曲线形态，一般呈现后山峰形前大后小，建议大肌肉群性质的活动、快速练习性质的活动放在课的前半部分，力量、耐力、小肌肉群性质的活动、柔韧性练习的活动放在课的后半部分为宜。

体育课堂教学是遵循着体育技能形成规律、人体生理机能变化规律，实现“体育学习的成功，是在技能练习过程中逐渐习得的”经历，理解知识、体验学习的成功与曲折，感受技能建构过程获得的喜悦。也是遵循人的心理机能变化规律、人的认知规律，实现“感知教材、理解教材、巩固知识、运用知识”的经历，去实现思维的发展、智力的培养、意志的锤炼、品质的塑造。教学实践表明，只有将科学的理论和方法与教学经验有机地结合，从这两方面去把握才能有的放矢，完成教学任务。正如夸美纽斯曾说，“教师不仅要精通语言和科学，还要懂得怎样使学生最容易、最牢固地掌握。”

三、体育课堂教学评价的类型与应用

按教学评价的不同目的、作用及类型来分，教学评价一般有诊断性评价、形成性评价和终结性评价三种类型。

（一）诊断性评价

诊断性评价又称准备性评价，是在教学活动开始之前进行的一种评价。它主要是对教学环境及学生各方面情况作出评价，并据此进行教学设计。涉及的内容有：教学所要完成的任务与相应的教学要求；学生前期的知识储备与教学的可接受性；学生的性格特征、学习风格、能力倾向及对本学科的态度；身体素质状况及家庭教育情况等。需要注意的是，教师进行诊断是为了促进学生的学习而不是为了给学生贴标签。诊断性评价的目的，是为了设计一种可以排除障碍的教学方案，是识别出学生最高和最低的学习能力，把它们分置在最有效的教学序列中。根据这两方面得出的结果，从认知、技能、情感和应用四个方面，检查教学目标是否定得太高或太低，教学内容选择是否恰当，教学方法是否适合学生的水平及兴趣；教学组织形式是否适合学生的认知特点等。

（二）形成性评价

形成性评价又称过程评价，是对学生在过程或教学活动中产生的行为而进行的评价。以学生的个性发展与主体意识的提升为评价对象。形成性评价的主要目的不是为了甄选优秀生，而是为了发现每个学生的潜质，完善和改进学生的学习行为，提供反馈以便为今后的学习与成长做好充分准备。保证每个学生都能达到课程与教学计划的要求。心理学的研究成果和教育实践经验表明，教师经常向学生提供有关发展的信息，可以促使其更好地成长。就形成性评价的设计与实施来看，需要注意的是，反馈一定要伴随针对性的方法措施方得有效。

（三）终结性评价

终结性评价又称结果评价，是对某一相对教学阶段或整个教学完成的结果做出的评价。终结性评价比较少，一般是在学期中或学年结束进行。终结性评价要立足于全面，倡导主体的多元化和评价标准的差异性，不可窄化为学业评价。不仅要关注学生学习结果、学习方式等显性因素，更要关注学生的兴趣、学习方法、认知风格以及情感体验等内隐因素。评价的标准应为被评价者提供前进的目标和发展方向，应尊重被评价者的差异，为他们建立弹性的评价标准，允许被评价者有不同的发展方向和发展速度。

四、我国体育课堂教学评价的思考

唯物辩证法告诉我们，教学评价是时代精神和社会经济状况的反映。受19世纪唯科学主义思潮的影响，传统教学评价理论的发展在对人性的认识上出现偏差。在评价中只注意人的外部行为，忽视了人的主观能动性、情感、意志等非理性因素对人的影响。将人与物等量齐观，机械地把对人的评价解释建立在物理学、生理学、心理学等科学化的规律之上。认为通过控制外部环境，就可以有目的并且有效地改变人的行为。通过统计法、归纳法就可以判断出人的精确行为，成功地表现出人的心灵活动。由于这种评价理论，受技术理性和工具理性的支配，脱离了评价与人的意义和交互主体性的交流过程。滞构于效率和甄选，把学生分为三六九等。剥夺学生获得个体存在经验的机会，极大地挫伤了大部分学生的学习积极性，违背了评价是促进人可持续发展的目的。受这种思潮的影响，我们的评价内容狭窄，学校体育教学评价仅以学生的技能表现力、动作理解力作为唯一标准。而对学生的态度、情感、人格特征、自我意识发展等能力不去评价，影响了学生的可持续发展与全面发展。

针对这一弊端，从20世纪70－80年代世界各国掀起了对传统评价的反思与批判，提出科学方法只能评价出人的外部特征，能逼近真理，却不能达到真理。受全球化教育改革浪潮的影响，我国于20世纪90年代开始在新一轮基础教育课程改革中将评价作为一项重要的内容，提出："评价不仅要关注学生的学业成绩，而且要发现和发展学生多方面的潜能。了解学生发展中的需求，帮助学生认识自我，建立自信。发挥评价的教育功能，促进学生在原有水平上的发展。"要求在评价上要体现出以下方面。

第一，评价要尊重学生的主体性。评价的内容与结果要能帮助被评价者更好更深入地认识自己与评价要求的差异，充分调动被评价者的积极性、主动性，促进其可持续发展与全面发展。

第二，评价应致力于对被评价者的理解，而不是贴标签，分三六九等。提倡多种评价方式与评价者对话，使评价成为被评价者一个宝贵的学习交流机会，帮助被评价者自我成长。

第三，强调评价要将诊断性评价、过程评价与考试评价区分开来，充分发挥评价的本体性功能。要为学生提供了解自己的学习经历与状态的信息，为教师的教学提供反馈信息，促进师生共同发展。

第四，评价内容要多元。不仅要关注学生的学业成就，还要关注学生的进步与可持续发展。要从有利于学生成长的方向提供多角度、多层面激励性评价。如采用谈话、动态评定、情境评定等。既要鼓励又要善意中肯地指出不足。要把抽象的评价变为形象化、具体化和生活化，方便学生理解、内化，激发他们的发展。

现阶段我国学校体育教学评价的问题是：①在实践活动中，过多地用过程评价取代结果评价，未能把两者科学地结合起来。②评价内容单一，缺少多元化，影响了评价的结果性。③略了评价的本体性功能，未能体现出"最近发展区"，激发出学生进步的积极性。④没有形成评价的具体性、有效性、可测性和操作的一体化，随意性太大，不方便查找和使用。

无可否认，教学评价是课程改革的"心脏"。素质教育为什么轰轰烈烈，应试教育为什么踏踏实实？出现这种现象的主要原因就是对素质教育缺少"评价二由于教学评价在我国起步较晚，虽然已在新课程展开实施，但仍处于初级阶段。需要探索的问题多，而理论还没有真正建立起来，需要对过去的继承、反思和对未来的创新开拓，以获得明智的改革理念，帮助我们制订合理可行的评价体系，指引我们有的放矢地解决现实中的问题，体现出评价是课程教学的一部分。相信这一认识，定会加速推动评价体系的发展，早日建立一套广泛可行的科学运用机制，改变现行评价的缺失，满足学校体育发展的需要。

综上而述，教学目标评价与教学诊断评价，是一种用以确定学生水平－和教学有效性的方法。教学评价作为一种矫正系统，一是用于评价教学的终极目的，为学生发展找到一种理想的方式。二是诊断教学过程中的每一步骤是否有效，如果无效，必须采取什么变革，以确保过程的有效性。可以说，教学评价既是一个教学过程的结束，又是一个教学过程的开始。它不仅可发挥预测、监控功能，又对教师教学的改进与完善提供了可靠的依据。实践证明，教学评价是完善教学系统不可缺少的重要环节，是推断教学活动不断提升的重要手段。一个教师的教学水平如何，关键取决于教学评价的反馈。对其的掌握有助于教师思考和计划实现学校体育培养目标和课程目标，也有助于正确评价教与学的效果。正如梅瑞尔认为，教学系统设计理论要由三个要素组成：一是关于要学习的知识和技能的描述性理论；二是促进学习的教学策略的描述性理论；三是把学习结果和策略联系起来的规定性理论。

第十一章 学校体育课程研究

要想使学生的德智体美劳得到全面发展，学校的体育课程就显得非常重要，只有学校体育课程实施顺利，才能保证学生有健康的体魄投入到其他学科的学习当中，保证学生的学习效果。

第一节 学校体育课程的学科基础及作用

一、体育课程的生物学基础

（一）人体适应性规律

机体会随着静止或运动状态的不同而产生不同的有针对性的内部反应，当机体处于运动状态时，由于运动负荷的不断增加，机体内部的各个器官为适应这种状态就会产生相应的反应。随着机体内部不断加强的异化作用，在一定程度上加强了体内储备能量的消耗速度，这一阶段就属于机体的“工作阶段”。当这个阶段结束之后，机体就进入了间歇调整期，也就是在这个阶段，机体因运动失去的能量会逐渐恢复，也就是所谓的“相对恢复阶段”，通常情况下，机体在该阶段能恢复到运动前的水平。此外，经过长时间的休息和恢复，在充分恢复机体功能的情况下，很可能会远远高过原来的机体水平，也就是人们说的“超量恢复阶段”，该阶段的具体状况会随着机体的具体情况以及接下来的运动负荷而有所不同。如果再进行一段时间的运动，机体会在运动负荷的作用下进入“复原阶段”。

（二）人体生理机能活动能力变化的规律

在体育教学的实践过程当中，学生必然要随着教学活动的深入，进行不同程度的体育锻炼。当学生处于一种经常进行体育锻炼的状态时，随着锻炼与休息的交替进行，机体内部的各个器官就会适应这样一个过程，进而形成一个规律，具体到教学的实践中，就是在一节课上，学生呈现出来的状态是一个抛物线，即工作阶段不断上升，当机体在运动负荷的作用下处于状态巅峰的时候也就是进入了保持和相对稳定阶段，之后就会进入下降阶段如图 11－1 所示。

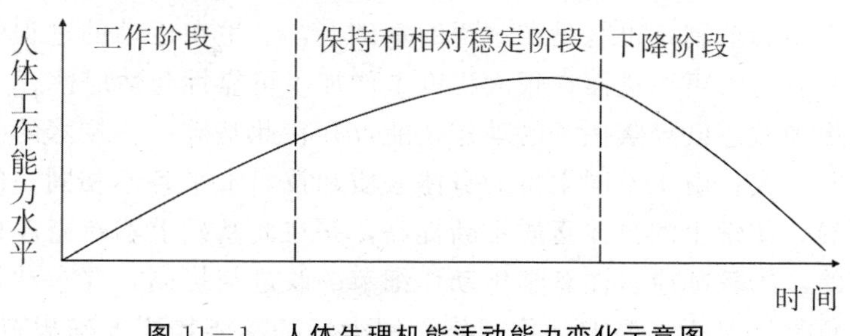

图 11－1 人体生理机能活动能力变化示意图

二、体育课程的哲学基础

（一）体育课程以辩证唯物主义的认识论作为方法论基础

体育教学过程是学生的一种特殊认识过程，体育课程学习，主要是指通过身体认知，掌握运动技能。对于机体来说，由于运动技能存在一定程度的连锁性和复杂性，肌肉会在运动的过程当中产生一系列的相关条件反射，这主要是大脑皮层受到条件信号和非条件信号的刺激而产生的一种联系。因此，当学生在接触和学习与体育相关的知识与技能的时候，一定要对活动的规律有充分的认识，并秉持实践与理论相结合的原则，只有这样才能对体育课程有一个充分的认知。

（二）理论与实践的结合过程

对于理论与实践的结合，只有通过具体的体育实践技能才能让学生有足够的认识和把握。通常，人们将体育运动的形成过程分为三个阶段，概括来讲是泛化—分化巩固—运用自如。首先，泛化阶段就是最初接触运动的时候对运动的一种粗略掌握；其次，分化巩固阶段也就是随着运动程度的不断加深，机体会有一定的改进与提高，并在此基础上有所巩固；最后，运用自如阶段可以说是运动的最高阶段，对运动已经有了更深的理解和掌握。

1．泛化阶段

（1）特点：大脑皮层兴奋扩散，内抑制不够，表现为动作往往比较吃力、紧张、不协调，并伴有多余动作等。

（2）教学策略：①正确运用教学方法，根据教材特点与学生的实际，运用语言法、动作形象与直观法，注意分解、定位、助力、阻力等方法的运用，使学生明确动作学习的意义与任务，建立正确的动作表象。通过尝试性的练习，初步建立动作的基本框架结构。②适当降低难度。③建立正确的动作表象和完整的动作概念（取决于教学方法的正确运用、生动形象的语言及优美且准确的示范）。④加强保护与帮助。⑤要有适宜的运动负荷（尽可能使学生在注意力集中、精力充沛的情况下去练习）。

2．分化巩固阶段

（1）特点：大脑皮层兴奋与抑制过程处于分化阶段，兴奋相对集中，内抑制逐步稳定，能较准确地分析与完成动作，多余动作逐步消除，动作的紧张性降低。

（2）任务：规范动作细节，提高动作的协调性与节奏感，初步建立动力定型。

（3）教学策略：①多采用完整练习法，尽早建立完整动作的动力定型。②精讲多练，注意练习的次数与质量。③区别对待。④逐步采用变换练习法。⑤注意及时反馈。

3．运用自如阶段

（1）特点：当学生处于这一阶段的时候，由于长时间对大脑皮层的刺激，就导致在时空上更加集中的兴奋和抵制，也就是在这样的基础上，学生在运动的过程中才能更加熟练准确、连贯稳定和省时省事，进而在很大程度上增加了可靠性与适应性。

（2）任务：更加熟悉已经掌握了的动作技能，并在此基础上使技术的变化范围为适应不同的情况而不断扩大；由于不同学生的身体素质和技术水平各不相同，因此在锻炼的过程中也要因人而异，使学生的身体素质不断提高，并在此基础上不断完善和改进。

（3）教学策略：①教师应多注意学生动作细节的改进与提高，要求动作的完整性与连贯性。②多采用重复练习法（要求动作规格、用力、基本姿势要准确规范）。③注重启发式教学的运用，讲解主要是提示，促进学生自我认识、评价动作完成情况，提高分析问题与解决问题的能力。④加大运动负荷。使学生在承受较大负荷的情况下，甚至是在有一定疲劳的情况下，准确熟练地完成动作，提高动作技能的稳定性。⑤发展学生的身体素质。

三、体育课程的科学人文基础

所谓科学，是对客观存在的事实或事物的正确认识，而人文是对客观存在的事实或事物的价值判断。

体育学科当以广泛的学科为基础，体现科学主义与人文主义的融合与统一。体育课程所指的科学，是指基础科学中与人体发展相关的生物力学、生物化学、生理学、运动医学等。

体育课程所指的人文，是指以文、史、哲、艺术为精髓的对体育价值的判断。体育课程要遵循人体自然规律与社会规律的统一，是对体育价值更为全面、准确的判断。

四、学校体育课程的作用

学校体育课程对学生的体质增强有着直接的作用，在此基础上，体育文化也被很好地传承下来，有利于帮助学生树立正确的精神世界和人生价值观。

（一）传授相关的体育知识

1．学校体育课程往往是体育知识的启蒙

知识对于个体体育实践活动的重要性是不言而喻的。可以想象一个不懂体育文化，不具有基本体育素养的人，很难在现代社会充分享受体育的激情和快乐，以及体育带来的健康和活力。学校体育课程作为一种教育形式，其主要任务就是传承体育文明，让学生接受体育文化教育，从而更好地为学生的生活服务。然而，体育文明不是一个空洞的词汇，它是一个内容庞大的群体，庞大和多样到任何一个体育专家都无法尽数。生活在现代社会中的个体就是被这样多样化的体育文明所包围着，面对如此境况，学校体育课程在文化传承过程中是学生体育知识的启蒙，其理由如下。

（1）学校体育课程是对学生今后深入学习体育运动的启蒙。学校体育课程教授的体育知识是最基础和最基本的，这有利于学生今后根据自己的兴趣和爱好更好地进行深入学习。由于教学时数和学校条件的限制，学校体育课程不可能让学生对体育文化进行全面接触和深入学习，只能在力求让学生形成1～2项擅长运动的基础上，使其对日常流行的体育运动有一个大体了解和基本认识。这样，学校体育课程就给了学生一个多项运动入门的平台，为他们今后进一步学习奠定基础。

（2）学校体育课程是对学生体育兴趣、体育价值观的启蒙。学生时代是体育兴趣、体育价值观形成的关键期，而体育兴趣和体育价值观在很大程度上依赖于个体对体育知识的掌握。如果一个学生对某些运动进行了初步的体验和学习，那么他就能够体验到这些运动的乐趣，从而找到更适合自己的运动。如果学生对体育文化有了全面地了解，那么他对体育的认识就会更加深刻和正确，就更能够形成科学的体育价值观和良好的体育态度。

（3）学校体育课程是学生体育锻炼的启蒙。体育锻炼是一门学问，是一门科学。个体良好健身效果的获得不仅仅是靠形式上的参与就能够解决的，运动参与只是体育锻炼的“形”，体育锻炼知识才是体育锻炼的“神”，体育锻炼必须形神俱全才可能取得良好的锻炼效果。学生正处于身体的生长发育期，通过学校体育课程让他们更多了解不同时期的身

体发育特点，掌握基本的锻炼知识，这对其形成科学的健身意识、正确的锻炼态度都是很有益的帮助。

2. 学校传授的体育知识是最完整和最有保障的

体育知识对个体体育实践活动非常重要，关于这一点人们已经达成了共识。学校体育课程是传递文化、培养人的教育活动，这一点也得到了公众的一致认可。但是，个体的体育学习是贯穿一生的行为，其体育知识的获得途径广泛而且多样。那么，与其他形式相比，学校在体育知识的传授方面有什么独特的优势呢？学校传授的体育知识是最完整和最有保障的，这一点是其他形式无可比拟的。

（1）学校传授的体育知识是最完整的知识。学校体育课程是一种有目的、有计划地对学生实施体育文化教育的活动，其学习内容是体育课程专家和体育教师根据社会需要和学生身心特点，从浩瀚的体育文化体系中精选出来的基础知识和基本技能。这些知识具有全面性、多样性、连贯性和实用性的特点，比较完整地展现了体育基础文化的面貌。然而，学生通过其他途径的体育学习，所获得的知识往往是零散的，尽管可能很有针对性，但是从体育文化传承的角度讲，它不利于学生对体育文化的系统了解，因此只能作为学习的辅助形式。

（2）学校传授的体育知识是最有保障的知识。与其他形式相比，学校传授的体育知识不仅是最完整的，而且也是最有保障的。首先，在学校学习体育知识最有时间保障。在人的一生中，只有学生时代是专门用于学习的时期。学生在学校中的主要任务就是学习各种文化知识，体育文化知识的学习也不例外。其次，在学校学习体育知识最有质量保障。学生在学校的体育学习是在体育教师的指导下进行的，是教师有目的、有计划地引导学生掌握体育知识的过程，这在某种程度上大大提高了学生体育学习的效率和质量。最后，在学校学习体育知识最有环境保障。学校是专门对学生实施教育的场所，因此在教育环境上要远远优于其他场合，例如，学校的体育场地器材是比较全面的，基本能够满足学生学习的需要。而且学校的体育场地器材往往更加符合学生的身心特点，具有年龄的针对性，更加适合学生的锻炼和学习。与之同时，除体育课外，学校还会通过开展多种形式的运动竞赛来激发学生的学习热情，引导学生在竞赛的氛围中学习体育文化。

3. 学校传授的体育知识以操作性知识为主

就体育知识而言，其类型可以分为以下四种：第一种是“知晓性知识”。所谓知晓性知识，是指人们可以去言传的知识，这部分知识与其他学科的知识具有共通性。在体育文化中，知晓性知识主要包括运动的历史知识、运动项目知识、体育锻炼知识、卫生保健知识等。第二种是“操作性知识”。所谓操作性知识，是指知道某种操作性动作的合理性并知道如何运用这种方法的知识。在体育文化中，身体基本活动技术、项目运动技术方法、战术、安全保护的方法、锻炼身体的调控方法等都属于这一类的知识。第三种是“综合性知识”。综合性知识是知晓性知识和操作性知识共有的混合性知识。在体育文化中，体育锻炼方法与原理即属于这一类型的知识。第四种是“道德性知识”。道德性知识也是一种融知晓性知识和操作性知识于一体的混合性知识，主要渗透在公平、公正、团结友爱、协同、理解、原谅、服从等行为中。

与其他类型的体育知识相比，体育操作性知识具有自己独特的特点：第一，它是既需要言传又需要经过内化训练的知识，只靠言传是不能完全掌握操作性知识的；第二，它一旦掌握就不容易遗忘，如学会了骑自行车，其技术可能永远不会消失，即便以后很长时间不骑车，但依然具有相应的操作性本领；第三，它有难度之分，主要表现为同生活相近的操作性知识容易掌握，同生活较远的操作性知识不太容易掌握。

（二）完善学生的道德行为

1. 体育是良好行为和道德培养的最佳教材

（1）体育是挫折和成功交替的过程。体育强调竞争，是与对手的竞争，也是与自己的较量。但竞争必定有输赢，因此体育运动往往既有挫折又有成功，是挫折和成功交替的过程，如在奥运会的颁奖仪式上，当看到运动员饱含泪水庆祝自己胜利的时候；在日常长跑中，当看到一些学生尽管拼尽全力但最终落后却坚持到达终点的时候；在体育教学中，当看到有些学生屡屡受挫但最终通过努力完成学习目标的时候，我们都会为之感动，同时也会为他们的行为喝彩。因为，他们在历经挫折之后战胜了自己，这就是体育的魅力。

（2）体育与集体的形成密切相连。体育与集体有着密切的联系。然而，集体不是一句空话，集体有集体的要求。例如，集体要有共同的目标，集体要有共同的荣誉感，集体要求成员完成各自的职责，集体要求集体成员遵守集体的规则，服从集体的领导等。在这些方面，体育本身就表现出了很多集体的特点。比如，体育运动中很多运动项目都是集体项目，是需要依靠多人（集体）配合来共同进行的。这些运动团队有共同的目标，有共同的荣誉感，每个队员都有自己的职责。因此，体育运动的过程本身就是集体形成的过程，在这一过程中有助于个体学会适应集体的本领。

（3）体育行为是被规范了的行为。体育是一种被规范化的文化，这种规范性体现在体育运动的方方面面，主要包括规则规范、道德规范、礼仪规范、服装规范、行为规范。例如，比赛时运动员必须遵守比赛规则，如果违规就要受到处罚；比赛中如果出现“黑哨”，裁判员就会因为违背了诚实、公正的道德规范而受到谴责。体育的规范性同时也体现在人们对体育运动的参与中。比如说跑步，当人们以自然状态跑步的时候，就比较随心所欲，而当人们在田径场上跑步的时候，就会追求很多规范性的东西，如，不能犯规、着装合体等。体育就是这样一个被制约着，同时又可以展现自我、自由和规则的文化。

2. 体育精神与学校教育相吻合

（1）体育体现了顽强拼搏的奋斗精神。拼搏精神是人类得以繁衍生息、繁荣昌盛的重要品质，是人类最伟大、最值得称颂的内在力量。提到拼搏，几乎每个人都会在第一时间想到体育，因为赛场上的拼搏正是人类拼搏精神的缩影，“更快、更高、更强”也正是人类挑战极限、挑战自我的拼搏精神的最好诠释。体育体现了人们克服一切困难的进取精神和英雄气概，它让人们明白生活中最重要的事情不是胜利，而是斗争，不是征服，而是奋力拼搏。

（2）体育体现了坚持不懈的参与精神。坚持不懈是体育对人类精神文化的又一重要贡献，如牙买加运动员奥蒂被称为“永远的伴娘”，她多次参加奥运会和世界田径锦标赛，获得过三十多块奖牌，却从未获得过金牌，但她坚持不懈，四十多岁仍然奔跑在竞技场上。人们称她为“失利者”而不是失败者，在她的身上集中体现了奥运会提倡的永不放弃、永不气馁的体育精神。在运动场上，还有很多像奥蒂一样的运动员，尽管他们没有获得金牌或很少获得金牌，然而他们永不言弃的精神却已经远远超出了金牌的意义，他们的存在本身就是人类精神追求的象征。

（三）健全校园文化

1. 体育是显现的校园文化景象

从文化性质上说，校园文化实际上是一种群体文化，其发展主体是学生，主要发展内容是课外活动，主要发展空间是校园，在这当中，校园精神是校园文化中最显著的特征。体育不仅是校园文化的重要组成部分，而且还是最显现的校园文化景象。

从形式层面讲，体育是学生在学校每天都要接触的文化，例如，清晨学生在教师带领下进行早操锻炼；第二节课后，全校师生在音乐的陪伴下走向操场，开展丰富多彩的大课间体育活动；下午第二节课后，形式多样、内容精彩的课外体育活动则让学生进一步享受体育带来的快乐。从精神层面讲，体育文化蕴涵了人类精神文化的精髓，给文化启蒙带来很多东西。如体育比赛中自由发挥的创造精神、挑战生理极限的拼搏精神、服从团队和裁判的规则意识都是现代人最重要的文化素质。学生参与体育活动，对优秀精神品质的培养和积极向上社会风尚的形成以及民族自豪感、自信心、爱国主义精神的树立都有很大的帮助和提升。并且，经常参加体育锻炼，对学生的身体健康和心理素质都有较高的增强。从物质层面讲，学校的体育场地、体育场馆也同样是学校中一道亮丽的风景线，是学校对健康、快乐、文明倡导的充分展现。

2. 体育是最流动活泼的校园文化

体育不仅是最显现的校园文化，而且还是最流动活泼的校园文化。例如，学校每年举行的各种各样的体育比赛、校运动会和体育文化节，往往是校园内气氛最活跃的时刻。其中，体育文化节在所有能够体现体育文化的活动中，是最具有节日气氛的，体育文化节秉承“健康”“快乐”“文明”的文化理念，把公平、公正、团结、友谊、进步、拼搏作为发展宗旨，将有关体育的文化、知识汇集一体，在文化节中举办各种游戏、比赛、活动，如征文、绘画、摄影、跑步、跳远等。体育文化节的快速发展，在社会上得到了越来越多人的关注和支持，体育文化节使得体育活动不再是枯燥乏味的锻炼，更多的是一种在业余生活中精神上的享受和愉快的生活体验，越来越多的人在这种充满激情的体育运动风潮中受到感染，积极参与到体育锻炼中。在校园这块沃土中，学生通过充满活力、快乐、竞争、协作、创新的体育活动展示各自的才能，从而战胜自我、超越自我、完善自我。体育这种最流动活泼的校园文化形式，不仅激发了学生的爱校热情和进取精神，而且培养了学生自觉维护和遵守校纪、校规的良好行为习惯，对高尚人格的塑造起着非常重要的作用。

3. 体育是学生最喜爱的校园文化

体育运动是很有乐趣的，正是因为这种乐趣性，使得体育不仅是最显现、最流动活泼的校园文化，而且还是学生最喜爱的校园文化。首先，从本质上来说，体育运动的乐趣是竞争性，学生可以在体育运动中，通过人和人的竞争、人和物的竞争来体验战胜他人、战胜自我、克服困难实现自我的乐趣。其次，是身体需要的满足。它是消除了身体因运动不足产生的不适感而产生的快感，是充分的运动和大汗淋漓后的快感。最后，是解惑快感。交往需求是个体最基本的一种需求形式，体育运动往往需要多人共同参与、相互配合，学生很容易借助这种形式体会到交往的快乐。正是因为体育具有上述三种独特的乐趣，因此，体育也就自然成为学生最喜爱的校园文化活动之一。

（四）社会学校家庭的顺畅沟通

1. 身体和安全是学生家长最关心的事情

对于学生家长而言，最关心的事情莫过于学生的身体健康，这个道理是显而易见的。首先，身体健康对于任何一个人而言都是最重要的。因为健康是生命的象征，幸福的保证。其次，学生正处于个体身体生长的快速发育期，身高、骨骼、肌肉、内脏器官在这一时期都在快速生长发育。因此，这一阶段的健康状况不仅会影响到学生当前的生活和学习，而且还会对学生的终身健康产生至关重要的影响。

在促进学生身体生长发育、维护健康的众多因素中，体育锻炼是最为关键和重要的一环。法国思想家伏尔泰曾有句名言——生命在于运动，我国也有许多有关的谚语，如“强身之道，锻炼为妙”“常流的水不腐，常练的人健康”等。这都说明了体育锻炼对健康的重要作用。经常参加体育锻炼之所以能增进身体健康，就在于身体锻炼的每一项动作都表现为肌肉动作，并增加骨骼、韧带的负荷量。由于肌肉工作量的增加，肌肉纤维将变得粗壮有力。随着肌肉工作量的加大，必然需要不断增加氧气和营养物质的供应量并加速代谢作用，从而使心脏机能达到更高水平，肺活量逐渐增大。因此，学生在学校的体育锻炼情况也必然受到家长的强烈关注。

2. 体育文化从学校扩散到家庭和社会

学校是系统传承体育文明的重要场所，也是系统传承体育文明的唯一途径。然而，随着社会的发展，学校的文化传承功能也在不断拓展，并日益成为向家庭和社会宣传体育文化的桥梁。这主要表现在以下几个方面：首先，学校体育课程和社区体育的结合日趋紧密。在当前社区体育发展的过程中，学校体育课程凭借其在体育场地、器材、体育指导等方面的独特优势，对社区体育发挥着越来越重要的作用，如学校体育课程场馆定期向社区居民开放，不仅为居民锻炼提供了物质保障，而且还能够为居民锻炼提供科学的指导。其次，学校体育课程的活动形式和内容越来越多样化，在空间上，已不仅仅局限于校园，在人员参与上，也已不再仅仅局限于学生，如有些学校在举办体育文化节的过程中，组织学生走向社区，宣传体育文化。与之同时，诸如体育摄影、体育绘画、体育表演、体育游戏等活动内容也成为家长和学生共同参与体育的平台。最后，学校体育课程运动会已不再仅仅是学生的乐园，而是逐渐成为家庭体育的一种形式，例如，有些学校在运动项目上专门设置亲子项目，有些学校在举办运动会或其他体育竞赛时，也会邀请家长参加。总之，学校体育课程正在逐渐走出围墙，成为家庭、学校、社会体育一体化的重要环节。

3. 学校运动会逐渐成为社区的盛事

随着学校、家庭、社会体育一体化发展模式的建立，学校运动会的形式也发生了非常大的变化。过去，学校运动会只能称为少数学生的运动会，因为只有运动成绩好的学生才有一显身手的机会，而多数学生只能为之呐喊助威，与过去相比，现在的学校运动会更加注重全体学生的参与，运动会上每个人都有自己的参赛项目，同时学校还会向家长发出邀请，为学生加油助威。近年来，为了进一步响应全民健身的号召，更好地调动学生进行体育锻炼的积极性，一些学校与社区联合，以学校中学生家庭为单位，举行别开生面的家庭运动会，比赛项目趣味十足，如300米接力赛、负重跑、跳远、跳绳累加赛、模拟保龄球赛、羽毛球掷准赛、乒乓球运输拉力赛、篮球投篮累加赛、自行车慢车赛、仰卧举腿累加赛等，学生与家长参与热情高涨。由此可见，目前学校运动会已经不再是少数学生或学校的盛事，而逐渐成为所在社区的盛事。

第二节　学校体育课程的学习与评价

一、体育课程学习的过程与特点

（一）学习的含义

学习作为心理学中的一个术语，其内涵与人们日常生活中的理解有所不同。例如，人们常说“要好好学习”“学习科学文化知识”“学习英雄模范事迹”等，这些一般都是指导人的行为改善。目前，心理学界对学习的解释众说纷纭，每个学习理论家都对学习下了特定的定义。归纳起来，大致可以分为三类：

(1) 学习是指刺激—反应之间联结的加强（行为主义）。这一学派最著名的代表人物是美国的心理学家桑代克（1874—1949)。桑代克最初是学文学的，他 16 岁在韦斯里扬大学攻读文学学士学位时，读了詹姆斯的《心理学原理》后开始对心理学感兴趣，后来，他就在哈佛做詹姆斯的学生。在那里，他成为心理学史上第一个用动物实验来研究学习的人。当时有两个概念与他的实验有关——联想和习惯。联想这个概念是洛克（英国教育家）提出的。而习惯是指一种不需要意志努力就会自动完成的行为方式，是对自由意志和理性提出挑战的另一个概念。例如，像穿衣服、系鞋带这类动作，经过上百次重复，已成为不再受意志和理性支配的习惯性动作。

正是在这种理论的支持下，桑代克在上世纪末通过实验的方法，把联想和习惯融合进自己的理论体系，把联想主义变成联结主义，即最早的刺激—反应学习理论，从而从根本上推翻了自由意志和理性力量对行为的主导作用。

(2) 学习是指认知结构的改变（认知学派）。早期认知结构论的主要代表人物有捷克斯洛伐克的韦特海默以及德国的科勒和考夫卡，这种学派从似动现象、整体与部分、顿悟三方面的实验研究入手，认为学习即知觉重组或认知重组（如接近律、相似律、闭合律、连续律、成员特性律等)；顿悟学习可以避免多余的失误，同时又有助于迁移。韦特海默认为，学校学习的目的，是要把习得的内容迁移到校外情境中去。

(3) 学习是指自我概念的变化（人本主义）。这一观点来源于罗杰斯的人本主义学习理论。

（二）体育学习的概念

体育学习是指学生在教师的指导下，有目的、有计划、有组织、有系统地学习体育知识，运动技术，形成运动技能，培养品德和发展个性的过程，也是学生获得体育运动经验、提高体育素养、规范和改善体育运动行为的过程。

（三）体育学习的过程

1. 感知

学生的学习是在教师的带领和指导下进行的，所以在课堂上，教师所示范和讲解的动作，学生通过视觉和听觉将这些刺激转换成神经信息，进入感觉登记器，有的信息被记录下来，而有的则被遗忘。这一过程就是感知的过程。

2. 记忆

记忆分为短时记忆和长时记忆。短时记忆一般贮存的是被感受器登记了的技术动作的相关信息，短时记忆可以在一定时间内，经过信息编码后进入长时记忆。所谓的信息编码，实际上是动作形式的一种转换，也就是原来以知觉方式存在的动作印象向动作概念、要领和动作表象的形式转换。

3. 反应

当教师要求学生做出某个动作时，学生会有一定的反应过程，在这个过程中，学生需要对以前掌握的贮存在长时记忆中的信息进行选择和提取，从而按照教师的要求，做出相应的动作。反应的过程表明在学生的技能记忆中，已经掌握了该项技能，说明学习确已发生。

上述三大环节反映的是整个体育学习过程中的信息流程和转换，这也是从美国著名心理学家加涅的信息加工学习结构模式中提取出来的。而通过对这一模式进行分析，还可以总结出，学生每一个具体、完整的学习活动，基本上都可以分为以下八个具体阶段。

（1）动机。动机就是一个人学习的动力，所以学生有了学习的动机和期望，就会使学习行动指向学习的目标。

（2）领会。学生对接收到的知识和技术进行了注意和选择性知觉。

（3）习得。学生已经掌握所学知识，并且已经能灵活运用，会对其进行重新编码。例如，技术动作由短时记忆中的视觉印象转换成了动作的概念、要领、口诀、顺口溜及动作表象等。

（4）保持。学生将习得并经过编码的信息贮存在长时记忆中。由于新旧信息的干扰有的内容会被遗忘，而有的会被保持下来，为了使保持下来的信息更多，就要加强动作技术的重复性。

（5）回忆。这是一个将贮存在长时记忆中的内容搜索或检索的过程，这个过程往往要通过外部环境提示某些情境或刺激才能完成。

（6）概括。所谓概括，就是指学生将习得的知识技能运用到类似的情境中的过程。

（7）作业。作业反映的是一种检验或巩固过程，通过作业，可以了解学生的学习情况。

（8）反馈。反馈发生在学生学习行为完成之后。当学生得到他的学习行为使一定的预期得以实现这个信息后，学习的行为就完成了。反馈是学习者通过对其行为效果的观察提供的。如果学习的目的是习得某项运动技能，则反馈来自成功地做出这种运动技能。

二、体育学习的策略

体育学习策略指的是学生在体育学习过程中，为了达到特定的学习目标、提高学习效果而主动采取的对学习活动进行自我调节和控制的一系列程序、方法和技能。

（一）体育学习策略的特点

体育学习策略的特点可以概括为以下几点。

（1）指向性。所谓指向性，就是指体育学习策略的产生和应用是有着明确的目标的，即解决在体育学习过程中各种各样的问题，掌握特定的学习内容提要，达到预定的学习目标，获得理想的学习效果。

（2）灵活性。学习策略不止一种，尤其在体育学习过程中，不存在一个大而全、能解决学习中所有问题的学习策略。所以，不同的问题，其学习目标、内容、对象和情景等都是不同的，需要采取不同的策略。

（3）调控性。调控性指的是在体育学习活动中，学生能够根据学习的要求，选择适当的解决问题的方法，监控学习活动的过程，不断取得反馈信息，及时调控自己的学习过程，维持或修正解决问题的方法和手段。

（4）操作性。体育学习策略的制订是为了更好地解决学生在学习过程中遇到的问题，它们是针对体育学习目标的具体要求而制订的，并具有与之相对应的实施程序和方法，所以它们具备良好的可操作性，也就是能转化为学生的具体行动。

（5）综合整体性。体育学习策略多种多样，它们在学生的体育学习过程中是相互联系、相互影响、相互作用的，它们是一个整体，共同构成了学生体育学习策略体系，对提高体育学习的效果具有重要意义。

（二）体育学习策略的构成

根据国内外教育界、心理学界对学习策略的构成所做的研究和取得的成果，结合体育学科学习的要求及其特殊性，体育学习策略主要由以下几种策略构成。

1. 体育学习的认知策略

从信息加工理论的角度来看，体育学习的认知策略是指对体育运动知识、技术进行有效的识别、理解、保持和提取的策略。这种策略又可以具体分为以下几种形式。

（1）注意选择性策略。它是指在体育学习中，学生的注意总是指向与学习目标有关的刺激，并对信息知觉具有选择性。

（2）复述策略。它是指对所学知识或动作技术的信息（如概念等）要进行反复默诵、重复练习等。

（3）练习策略。它是指从行为上保存动作技术的策略。

（4）精细加工策略。它是指通过把新学的体育知识、动作技术与已有的知识和技术动作联系起来，以此增加新信息的意义。

2. 体育学习的元认知策略

所谓元认知策略，指的是个体对自己的认知过程和结果以及与之有关的事项的认知，可以说是对认知的认知。元认知是体育学习策略结构性的核心，它的实质可以概括为个体对自己认知活动的自我意识、自我体验和自我控制。元认知的策略又可以具体分为以下几项主要策略。

（1）心理激活策略。学生在面临学习的任务现实和远景价值时有明确的认知，才能在体育学习中激活和维持良好的注意、情绪和动机水平，才会更有效地选择和运用学习方法。因此，要采用心理激活策略，在学生从事体育学习时，激活其学习心理上的觉醒状态，包括学生的注意、情绪和动机等。

（2）制订计划策略。在体育学习过程中，学生进入学习状态后，就要对自己的学习环境、学习目标、自己的个性和学习特点等有一个清醒的认识，进而对自己在体育学习上的强势和弱势进行分析思考，从而找到适合自己的学习内容和学习方法，并为之制订相应的学习计划，列出可能需要的学习和练习方法，这样有利于帮助学生更科学、有效地学好相应的知识。

（3）监视策略。监视策略指的是学生在体育学习过程中，需要不断把自己所采用的学习和练习步骤、学习和练习的方法、手段与习得的结果联系起来进行对照，从而对自己的学习计划、学习和练习的方法、手段等进行检查，并进行适当的调整。

（4）调节策略。根据从监视策略所获得的有关信息，对学习计划和方法进行调节，维持或修正体育学习行为，使学习的计划和方法更适合学习的要求，有利于预期目标的实现。

3. 体育学习的资源管理策略

（1）体育学习的环境管理策略，在体育学习过程中，学生需要将学习和练习相结合，因此，所谓的学习环境，就是指学生在学习和练习时所处的场所环境，这个环境的好坏将会严重影响他们的学习效果。因此，在进行体育资源管理的时候，一定要考虑到这一要素，为学生提供良好的学习环境和练习场所。

（2）体育学习的时间管理策略。体育学习的时间包括学习的时间和练习的时间，只有合理分配，才能保障良好的作息制度以及高效的学习。因此，制定一个合理的学习时间表对促进学生的体育学习是十分有益的。

（3）体育学习的努力管理策略。这主要指的是当面对学习过程中的种种困难时，学生需要付出自身的意志努力，适应由于练习而产生的身心方面的不适，坚持不懈、自我强化、自我调整，从而优化练习效果。

（4）寻求他人的支持策略。除了自身的努力外，学生还可以适当寻求他人的支持和帮助，包括体育教师、同学、小组帮助等。这一策略也需要学生了解自己的学习情况并清楚自己要达到的目标，从而提高学习效果或改进学习和练习方法等。

4. 体育学习的运动技能形成策略

这一策略又可以具体分为以下三种策略。

（1）认知与定向阶段的练习策略。

（2）联系形成阶段的练习策略。

（3）自动化熟练阶段的练习策略。

（三）体育学习策略的指导

体育学习策略的指导一般要注意以下三个方面的内容。

1. 影响体育学习策略获得和运用的内部因素

（1）学生的年龄特征。不同年龄段学生的学习能力是不同的，其一般规律是随着年龄的增长，学生学习、掌握和运用策略的水平会越来越高。因此，年龄越大，接触到的学习策略越复杂。

（2）学生的智力水平。每个人的智力水平都是不一样的，这就决定了每个人的学习能力也有一定差异。所以，在体育学习过程中，不同的学生因为智力水平的不同，掌握学习策略的能力也有所区别。

（3）学生的动机水平。动机是学生学习的动力，所以学习动机的强弱将会在很大程度上影响学生的学习积极性以及他们的学习成效。

（4）学生已有的体育知识和动作技术基础。

（5）学生的元认知发展水平。所谓元认知，就是对认知的认知。而学生的元认知水平也是随年龄的增长而增长的。

2. 影响体育学习策略获得和运用的外部条件

外部条件主要指教师因素，如体育教师的策略教学与指导的意识、体育教师的策略教学经验及其教学方法的灵活运用等。

3. 体育学习策略指导应该注意的事项

在进行体育学习策略指导时，应着重注意以下问题。

（1）尊重学生的个别差异。每个人的年龄、性别、体育基础、身体条件、智力水平等都会对其体育学习产生不同程度的影响，因此，在体育学习过程中，教师应该理解和尊重每个学生体现出来的差异，善于根据学生特点有针对性地进行学习策略指导。

（2）为学生提供灵活运用体育学习方法的机会和条件。学习方法是为了解决实际问题，并且只有通过运用才能发展成学习策略。因此，体育教师应该努力为学生创造运用不同的学习方法的机会和条件，让他们在实践过程中，不断地提高自身的体育学习策略水平。为了实现这一目标，教师可以在教学过程中，设计更多的相关活动，营造相应的学习氛围，激发学生的学习兴趣，提高他们的参与积极性。

(3) 激发学生运用体育学习策略进行学习和运用的兴趣。俗话说，兴趣是最好的老师，提高学生的兴趣对提高学生的学习效率具有重要意义。但是在激发学生的学习兴趣之前，教师要通过一系列讲解和引导，让学生清楚地认识到体育学习策略方面的知识，以及这些知识将会在他们将来的学习、生活和工作中产生重要的作用和意义。一旦学生认识到其重要性，那么他们的学习愿望就会大大提高，教师的目的也就达到了。

三、体育学习评价

在进行体育学习评价之前，首先要对其基本理念进行了解。体育学习评价要注意以下几项基本理念。

(1) 关注学生的进步与发展。

(2) 实现评价主体的多元性。

(3) 强调评价内容的全面性和可选择性。

(4) 在评价方法的选择上要关注学生的个体差异。

(一) 评价的目的

体育学习评价的目的主要可以概括为以下几点。

(1) 培养学生正确认识、评价自己与他人的能力，达到自我教育和互相教育的效果。

(2) 为学生提供展示自己能力、水平和个性的机会。

(3) 判断学生在体育学习中存在的不足。对学生进行评价，就要客观地就其优缺点进行分析探讨，不能只看到好的一面，还要看到其不足的一面，进而加以改进，真正提高学生的学习效率。

(二) 评价的内容

体育学习的评价主要包括以下几方面的内容。

1. 知识与技能的评价

所谓的体育知识和技能，主要包括对体育和健康的认识，体育与健康知识和方法的掌握与运用，以及专项运动技能的掌握与运用情况。所以在评价时，主要从这几方面展开，对学生的学习情况进行分析。

2. 体能的评价

学生的体能不是一成不变的，例如，年龄的增长会在很大程度上影响学生的体能水平。当然，除了年龄，学生的体能、兴趣、爱好、特长等都是影响其体能水平的重要因素，因此，对不同学生的体能水平进行评价的时候，不能一视同仁，而要根据每个学生不同的情况、不同的发展目标和学习内容，选择相应的体能测试项目。

3. 健康行为的评价

判断学生的行为是否健康，一般是有一定的参考标准的。例如，是否有不良生活习惯、是否学会制定并遵守合理的作息制度、是否注意个人的卫生、是否为维护公共卫生而努力等。如果生活习惯良好、拥有合理的作息制度、卫生情况良好，一般可以说明该学生的行为是比较健康的。

4. 学习态度的评价

学生的学习态度如何也是具有一系列的参考标准的。例如，能否主动地参与体育活动；能否运用所学知识和技能参与体育活动；能否积极主动地思考，为达到目标而反复练习；能否积极投入健康教育活动等，都将成为他们的重要评价依据。

（三）体育学习评价方法的实施

1. 定性评价与定量评价相结合

定量的评价方法往往只能针对能够通过计时、计量进行测量与评价的外显性行为，比较适合对学生的体能和运动技能做出评价，而对于学生的体育学习态度、锻炼习惯、意志品质、自信心和自尊心等则很难采用计时、计量的方法，只能用定性的分析方法来进行评价。

2. 终结性评价与过程性评价相结合

终结性评价是在体育教学活动结束时进行的一次性评价，如期末的考核、考试等。过程性评价则是在教学过程中，为使学习效果更好而对学生学习的各个方面不断进行评价，它有助于及时了解学生学习的进展情况、存在的问题，以便及时反馈和有效调整教学过程，促使学生有效学习，不断进步。

3. 定期评价与经常性评价相结合

定期性评价是指以教研室为单位组织的集体评价活动以及定期的常规检查等。经常性评价是指以教师个体为单位进行的经常性活动，再配之以日常的评价，就可以使教学评价成为整个教学活动的有机组成部分。

4. 绝对性评价与个体差异性评价相结合

在评定学生体育学习成绩时，常运用对社会参照标准进行加减的评定方法进行评价，同时也充分考虑学生态度和行为的进步与发展。采用个体差异性标准评价，有助于学生看到自己努力后所取得的进步，从而建立学习的自信心和自尊心。

（四）体育学习评价的形式

1. 学生自评和互评

通过学生自评和互评，能有效增强学生的主体意识。

2. 教师评价

体育教师依据学生的学习目标达成度、行为表现和进步幅度等，参照学生自我评价和相互评价的情况，对学生的体能、知识与技能、学习态度、情意表现与合作精神、健康行为等五个方面的学习成绩进行综合评价，以保证体育学习评价结果的公正性。

第三节　学校体育课程资源开发

随着社会与教育进程的不断发展，课程资源的重要性也日益显现，如果没有课程资源作为支持，课程改革的设想几乎就是空中楼阁，这也就意味着很难达到预设的教育成果，因此课程目标的实现水平很大程度上取决于课程资源的丰富程度，这也就是为什么在最新的基础教育课程改革中，人们将课程资源的开发与利用作为非常重要的一个课题。

课程资源的重要程度同样适合体育课程，由于体育课程需要一定的设备设施，这就在很大程度上决定了体育课程的资源开发限度，最明显的差别就是城乡差别或不同地区的差别，而这种差别有时候很难获得统一，因此，要想达到预定的体育课程教学目标，就要对当地的课程资源进行充分开发，与此同时，在体育课程资源开发的过程当中，开发人员要充分认识到体育课程资源开发的性质、作用和原则，这是体育课程资源开发的关键，同时也是相关从业人员亟待解决的问题。

一、体育课程资源开发的原则

体育课程资源的开发需要遵循一定的原则，在此列举了三种比较主要的原则，具体内容如下。

（一）兴趣性原则

兴趣是学生学习最好的老师，同时也是他们学习的初始动机，是有效学习的保证，学生的兴趣直接影响着学生的学习行为和效果。如果学生对一门课程不感兴趣，那么无论教师教得多好，学生也学不进去，难以获得良好的学习效果。因此，对于体育与健康新课程来说，激发和保持学生的运动兴趣是其重要的理念之一。

学生对什么样的事物感兴趣会受到年龄、性别、心理、生理等多方面因素的影响，就拿体育学习来说，对同样一种体育课程资源，不同阶段的学生的喜好和利用程度也不一样。所以，盲目地迎合学生的兴趣并不能促进体育教学的良好发展，在开发和利用资源过程中，要对学生的年龄、生理、心理、爱好、接受能力等进行全方位考量。

（二）发展性原则

所谓发展性原则，是指在促使学生不断学习的过程中，实现能力的积累和提高。所以，在开发和利用教学资源的时候，要考虑到学生的学习、生活以及未来的工作等实践，从而促进其身体活动能力、运动技能以及实践能力的提高。

（三）健康性原则

在当前社会中，人们越来越重视身体健康，无论哪个年龄阶段，越来越多的人逐渐加入体育运动的行列当中。对于学校体育课程来说，“健康第一”是新课标下体育与健康课程的重要指导思想。整个课程的设计是根据身体、心理、社会适应的整体健康观来进行的，健康性是课程的主线。因此，在开发与利用体育课程资源时，既要充分考虑开发与利用的课程资源对学生身体健康的作用，还要思考资源对学生心理健康、社会适应的作用。同时，安全问题也是开发与利用体育资源必须认真考虑的内容。

二、体育课程资源开发的内容

体育课程的设置涉及方方面面的内容，需要对多种资源进行收集和开发，从而促进体育课程的有效实施。这些具体的资源包括自然地理资源、体育信息资源、人力资源、课内资源和课外资源等多种形式，其具体的开发和利用情况如下。

（一）课程内容资源的开发与利用

1. 简化和改造传统的竞技运动教材

传统的运动教材在一定程度上对当时的体育教育起到重要作用，因此，不能完全对其否定。对于传统的运动教材不仅要继承其合理的部分，更要在继承的基础上改造和创新教学内容，结合时代特点，从整体健康角度出发，创造出新的适应学生生理、心理特点的教学内容、要求和方法，使之更好地发挥效能。

2. 发掘有地方特色运动的教材

在课题研究中，将地方特色运动分成两类：一类是前人已有的、而现在却被湮没或基本失传的项目，如滚铁环、打陀螺、拍毽子等，应在实践中发掘、整理并使之重现；另一类是具有民风、民俗的特征性活动内容，如竹竿活动、胶圈活动等，从中筛选出具有典型的地方特色并符合学生特点的活动内容，进行教学实践研究。

3．开发来自学生生活的教材

选择和处理教材内容不仅是教师的事情，而且也是学生的事情，学生才是学习的主体，他们的“动”与“不动”是课堂的核心。新课程要求以学生的发展为中心，再次强调了学生的主体地位。因此，从学生生活中开发教材，才能真正贴合学生的学习和生活，在教学内容的版块中给学生以发挥、畅想的空间。

4．引进流行时尚的教材

时代在不断发展和变化，因此，现代教育也要结合时代特点，不断引进新的教学内容。在新课程教学中，要根据学生年龄和身心的发展特征引入流行时尚的教材，如定向运动、拓展运动、搏击、柔道、街舞、女子防身术等内容，以达到提高学生心理健康水平和社会适应能力的目标。

5．自编、自创教材

就新课程的教学内容来说，典型的特点就是具有较大的不确切性，这一点对于现代体育教学来说，可以说是有利有弊，虽然不可否定地是它给教师的教学带来了一定的困难，但同时也给了教师广阔的创新空间。在课题研究中，要引导教师从学生身心特点、场地器材、教学实际出发，自编、自创教材，创造性地实践新课程。例如，在实践中进行体育故事、谜语、游戏、小器材的自编、自创等。

（二）课外和校外体育资源的开发与利用

要想实现体育教育的创新和发展，仅仅依靠校内有限的资源是不行的，必须结合课外和校外的体育资源，丰富教学内容。实际上校外体育资源也是十分丰富的，如家庭爬山、打球、亲子活动、社区竞赛、青少年活动中心培训、少体校训练、体育俱乐部、兴趣班活动以及各种节假日的体育活动和竞赛等。

（三）自然地理资源的开发与利用

我国幅员辽阔，地域宽广，地形、地貌千姿百态，季节气候气象万千，蕴藏着丰富的课程资源，应重视开发和利用。比如，阳光、空气、水和山（春、秋游、远足、爬山、散步、定向活动、无线电测向运动、自行车慢骑、游戏、日光浴、游泳、打雪仗、滚雪球、堆雪人等）。

（四）体育信息资源的开发与利用

21世纪是一个信息化的时代，各种信息资源极大地丰富了人们的生活。因此，在当今世界，为了不断充实和更新课程内容，提升专业素养，要充分利用各种信息资源获取体育信息。体育信息资源的开发和利用包括创设校内广播、黑板报、挂图、比赛、体育小报、体育作文等载体，增强体育校园文化的建设。

（五）人力资源的开发与利用

开发和利用校内领导、班主任、体育教师、卫生教师、任课教师、学生以及校外家长、教练、社会体育爱好者的自身优势和体育特长，创设平台，引导他们参与学校体育活动。

三、体育课程资源开发的作用

（一）促进学生的发展

学生在教育教学过程中是重要的主体，教育教学的最终目标也是希望促进学生的全面发展。因此，在进行体育课程资源开发的时候，应该将促进学生的成长与发展作为核心思想，不断拓宽资源开发的方向，提高资源利用率。

体育课程资源开发在促进学生发展方面具有以下作用。

(1) 体育课程资源的不断丰富和发展，可以有效提高学生的学习积极性，从而加强他们的实践能力和创新能力，充分发挥他们在学习过程中的主体地位，从而加快现行体育课堂教学的改革。

(2) 体育课程资源的多元化可以使学生的学习和创造过程更加有趣和丰富，学生可以在更具开放性和共享性的环境下锻炼自己的创造能力。与此同时，在这个过程中，教师和学生的互动交流愈加频繁，他们在合作、互协的过程中发展民主、平等的意识和观念。教师与学生也不再是传统的主客或主动与被动的关系，教学过程也不再采用教师灌输，学生吸收的模式，教师与学生在更加平等、更加有趣的教学过程中不断提高和发展自身的能力。

(二) 促进体育教师素质的提高

体育课程资源的开发和利用对体育教师的教学视野、教学水平起到了极大的促进、推动，甚至是挑战的作用。体育课程资源的开发和利用在很大程度上引入学生需要、学生实践等内容，可以最大限度地满足青少年的多方面需求，促进青少年人格、个性、身体、心理、社会适应的健康完善，这也必将使体育教师在教学中的指导性地位更加突出，从而要求体育教师必须不断进行学习。体育教师不仅要学习体育与健康课程理念，领会新课标精神，还要能在教学工作中实践新课标；不仅要掌握主动技能，还要钻研针对运动技能采用何种教学技能；不仅要了解多种运动项目的性质特点，还要能创造性改编、创造运动方法。通过这一系列的学习和实践，体育教师的素质必然会不断提高。

四、体育设施的开发

在课题实践中，开发校内外体育设施（球场、空地、教室、公园、健身乐园、卧室、走廊、过道等），利用体育器材的特点，发挥其多功能作用，为实现教学目标服务。

1. 常规设施

操场、跑道、篮球架、足球门、单杠、双杠、天梯、滑梯、爬竿、领操台、乒乓球台等。

2. 常用器材

篮球、排球、足球、乒乓球、垒球、实心球、体操垫、体操棒、跨栏架、短绳、橡皮筋、毽子、小哑铃、小沙包、塑料圈等。

3. 自制、代用器材

胶圈、胶棒、纸球、纸棒、纸制器材、饮料瓶、易拉罐、泡沫拼花地板、小木夹、彩带、双色帽、课桌凳、家庭生活用品（小桶、小凳等）。

五、新课标下体育课程资源开发的关键是教师资源开发

体育与健康学科是一门综合程度极高的学科，它要求体育教师具有丰富的体育专业知识和相关学科的知识，能够在学生面前展现一种独特的人格魅力，这对教学效果是一种潜移默化的影响。随着新课程基础教育改革的实施，需要体育教师在完善自身学科知识的同时必须掌握相关的教育理论和学科知识，如教育学原理、心理学、社会学、运动保健学、运动生理学等。没有一流的教师，就没有一流的教育，学生的发展必须依靠训练有素的专

业教师，即使信息技术、网络技术再发达，体育场地设施设备再先进，都不能取代体育教师绝对首要的地位。因此，在新课标下进行体育课程资源的开发与利用，要牢牢把握住体育教师资源开发这一关键。

第十二章　体育教学环境

第一节　体育教学环境概述

一、体育教学环境的含义

教学环境的概念，有广义和狭义之分。

广义的教学环境，是指所有可能对教学产生影响的环境因素，小到家庭关系、邻里关系，大到国际局势，从社会科技发展水平到社会政治经济制度，这些都可以对教学活动产生影响，也都可以被认为是广义的教学环境。

狭义的教学环境，相对广义的教学环境，主要局限于教学活动开展的地点，也就是学校这个范围中，主要是指能够直接对学校教学活动产生影响的各种环境因素，比如学校的地理位置、气候条件、教学条件、师生关系等。人们通常所说的教学环境，主要是指狭义的教学环境。所以，根据教学环境的概念，可以得出体育教学环境的概念。体育教学环境，就是指在学校体育教学过程中可能对教学活动产生影响的所有条件。

二、体育教学环境的特点

教学环境之所以越来越受重视，是因为它在教学活动中具有重要的意义。而体育教学环境相对于其他学科教学环境而言，价值尤为突出，体育教学环境比其他学科教学环境对教学产生的影响更加直接、显著。体育教学环境之所以有如此重要的作用，主要是由其自身的特点所决定的。

（一）体育教学环境的科学性和可调控性

体育教学环境的设计不是随意进行的，而是有目的、有计划的。换句话说，体育教学过程中的体育教学环境并不是自发形成的，而是经过科学地设计的，其设计原则就是要有利于体育教学目标的实现，适应学生的身心发展特征和兴趣爱好，并且要遵循体育教学的基本规律。也正是从这个角度来说，体育教学环境是科学的。

在体育教学过程中，体育教师可以根据体育教学活动的需要以及相关条件的变化，随时对体育教学环境进行必要的调节和控制，发挥体育教学环境对学生身心发展的积极作用，消除不利因素的影响，从而使体育教学环境朝着有利于教学活动的方向发展。所以说，体育教学环境是可以调控的。

（二）体育教学环境的开放性

与其他学科的教学大不相同，体育教学活动很少在室内进行，大多数情况下，体育教学活动是在室外进行。与室内相对封闭的教学环境相比，体育教学活动要更大程度地受外界环境的影响，同时，能对体育教学活动产生影响的环境因素也比其他教学活动要多。例如，对于其他学科的教学活动来说，室外突然下起大雨基本上不会影响到正在进行的教学活动，最多只要打开电灯就可以了；而正在室外进行的体育教学活动可能会因为突如其来的大雨而完全终止，预定的教学计划也就无法顺利完成。所以，相对于其他学科来说，体育教学环境的开放性为体育教学的顺利进行带来了一定的变数，这也凸显了体育教学环境的重要价值。

（三）体育教学环境的复杂性

相对于其他学科来说，体育教学环境是比较复杂的。一方面，体育教学环境可能比其他学科受到更多因素的影响，如外界的风雨雷电、气温等都会对体育教学活动产生影响；另一方面，体育教学环境的变化速度比较快，变化的情况也比较不容易控制。所以说，体育教学环境是相当复杂的。

（四）体育教学环境对学生影响的潜在性

体育教学环境对学生而言，犹如空气和水一样，无时无刻不存在着，无时无刻不在影响着体育教学活动。正是由于前面提及的那些体育教学环境的特征，使得体育教学活动中能够对教学过程产生影响的环境因素太多也太复杂，学生很难全面、准确地注意到所有的教学环境因素。也可以说，体育教学环境几乎都是用一种比较弱的刺激潜移默化地对学生产生影响。所以说，体育教学环境对学生的影响具有一定的潜在性。

（五）体育教学环境的教育性

与其他学科一样，体育教学环境是教育活动发生的场所，是被专门设计出来进行教学活动的场所，这样设计的目的就是为了实现体育教学的教养、教育和发展目标，这也就决定了体育教学环境必须有其教育价值。所以，体育教学环境是有教育性的。

三、体育教学环境的功能

体育教学环境的功能一般表现在以下四个方面。

（一）导向功能

体育教学环境是根据体育教学目标设计出来的，因此能够对学生产生一定程度的导向作用，帮助学生通过体育学习养成对体育运动的兴趣、爱好，培养学生的体育锻炼习惯，并且树立起终身体育的观念，形成文明和健康向上的生活方式。

（二）陶冶功能

体育教学环境因素的表现形式各不相同，它可以是有形的，也可以是无形的；它可以是物质环境，也可以是精神环境；它可以是室内的，又可以是室外的。这些因素综合起来，就会从各个侧面对学生产生潜移默化的影响，有时候甚至是在不经意间就起到了良好的教育效果。因此，准确、恰当地运用体育教学环境的陶冶功能，可以帮助教师更好地实现体育教学活动的目标，对陶冶学生的情操、净化他们的心灵，培养他们的审美情趣以及养成他们高尚的道德品质和行为习惯，具有深远的意义。

（三）激励功能

每个人都希望在优美宜人的环境中生活和工作，沐浴在温暖的阳光里，呼吸着清新的空气，仿佛能够让人精神百倍，工作效率似乎也提高了。体育教学活动也是如此，在良好的体育教学环境里，教师的工作积极性和工作热情都会明显地提高；当然，良好的体育教学环境也可以激发学生的学习积极性，增强他们参与体育锻炼的动力。

（四）健康功能

一方面，体育教学环境不仅仅存在于学校体育教学过程中，它还存在于整个学校教学过程中，是全体教师和学生生活、学习的地方，清洁的校舍、安静的校园、充足的教学设施和良好的教学氛围不仅有利于体育教学的顺利进行，还有利于促进师生身心健康发展；另一方面，在一个优美整洁的环境中学习，可以塑造师生积极的心理环境，而积极的心理环境又可以使学生在教学过程中保持积极的情绪和乐观的心态，不仅有利于促进学生的身体健康，还有利于促进学生的心理健康，长远来看，良好的体育教学环境对学生的身心健康和全面发展都有着积极的促进作用。

第二节　体育教学环境的要素

体育教学环境并不是单独由某一类因素构成的，它是一个由多种不同类型的环境因素构成的比较复杂的环境体系。所以，体育教学环境的表现形式各不相同，它可以是有形的，也可以是无形的；它可以是制度的，也可以是非制度的；它可以是动态的，又可以是静态的。总的来说，体育教学环境的构成要素大致可以划分为两类：一类是体育教学的物理环境，一类是体育教学的心理环境。

一、体育教学的物理环境

任何一个活动都需要在一定的物理环境中进行，物理环境或多或少地都会在活动中起到一定的作用，毕竟所有的人类活动都必须发生在一个时间和空间环境中。对于体育教学来说，物理环境是体育教学环境中有形的因素，也是一个非常重要的因素，从体育器材设施到地理地貌，从季节气候到温度湿度等，这些物理环境因素无一不对体育教学的效果产生着重要的影响。通常，体育教学的物理环境由各种物资和物理要素构成，主要包括体育教学的自然环境、体育教学的设施环境、体育教学的时空环境、体育教学的信息环境等。

二、体育教学的心理环境

相对于体育教学的物理环境，体育教学的心理环境并不那么明显，它是体育教学中无形的和动态的环境因素。但是，体育教学的心理因素直接关系到体育教学的效果如何，影响着体育教学的成败。这里所说的体育教学的心理环境，主要包括学校体育传统与风气、体育教学的组织环境、体育教学中的人际关系和体育课堂气氛等。

第三节　体育教学环境的建构与设计

教学环境是古今中外教育家一直关注的一个教育命题。特别是随着全球教育改革意识的催发越来越浓，对此的研究就更为深入、系统、科学。大量的教育实践表明，任何教育都必须在一定的时间和空间条件下得以进行，环境是教育必不可少的条件。教学实践也证明，教学环境具有自身特定的环境区域，教学过程只有与教学环境密切配合才能使教学处于和谐状态，充分提高教学质量。无视或忽视教学环境的教学活动，难以取得良好的效果。

所谓的教学环境是指与教学有关、影响教学环境因素的总体。教学环境包括：教学自然环境、教学物质环境、教学人文环境、教学观念环境。前两者属物化环境——硬环境，后两者属人文环境——软环境。因而，教学环境是多因素组成的综合环境。如果再放大点考察，那么校园的自然环境与物质环境是学校育人的硬环境；再缩小一点考察，那么班级环境、课堂环境就是软环境。它的本质特点是谋求把校园环境、班级环境、课堂环境、集约联盟，整体优化，为有效实施体育教学服务。

环境学研究结果证实，环境具有导向、凝聚和辐射功能，特定的环境可创造出特定的文化与特定的行为。因而，学校体育教学环境对教和学的行为有着极大的制约和影响，是体育教学不可缺少的重要因素。它不仅对体育教学任务和教材内容的有效性实施影响，而且也关涉着对学生体育认知激发、维持、促进的支持。可在一定程度上增减体育教学过程，辐射与导向体育教师的教学行为和学生学习能力，对教学效果及教学艺术都将产生积极影响。如果说教师和学生是体育教学活动的主角，那么教学环境就好比是他们活动的舞台，缺乏这样一个舞台，师生活动就失去了依托和基础。教学活动也就变成了无源之水、无本之木。为此现代教学对教学环境的要求日益提高，要求教师了解这些理论，以系统的观点为指导深入把握不同教学环境中所发生的行为模式。科学考虑教学环境与教学方法和手段之间关系的组合，使之协调和谐，以便能对教学环境作相应的调节和控制，促进教学与环境等各种教育功能的实现。有如学者田慧生所说，“校园环境的气氛决定教育系统的成败。”也如李秉德先生曾指出，“教学的效果取决于教学诸要素构成的合力。”

一、体育教学自然环境的构建与设计

学校体育设施是实施教育的场所，也是有效教学的载体。因此，学校中的场馆、器械设计布置与安排都具有教育意义。学校的每个运动角落都是教育的场所，每堂课的教学环境都能与教育联系和衔接。恰如美国学者 Lensborg（1992）认为环境的自然美学有三个主要的维度：一是提供愉悦的感觉；二是有令人兴奋的知觉结构；三是有愉快的象征联结。不难想象，当学生置身于这样的教学环境，美的情感怎能不从心底里喷涌而出，学习的感受怎能不得到提升呢。正如马克思在论教育时曾说：“人的全部发展都取决于教育和外部环境。”对此，苏联教育家苏霍姆林斯基十分重视大自然情境的教育作用。他经常带领孩子们到大自然中去，细心观察、体验大自然的美，从而激发学生的学习兴趣，使他们在轻松愉快的气氛中学习知识、发展想象力和审美能力。他说：“我力求做到在孩子整个童年时期，使周围世界和大自然始终都以鲜明的形象、画面、概念和印象来给学生的思维提供养料。”同样，为了达到这样的目的，2008 北京奥运会在“绿色、科技、人文”奥运的引领下，每一项赛事都努力体认着中华民族对环境科学观、环境文化观、环境经济观的认同感和凝现，笃实铿锵了我国对环境文明的尊重。这些说明了“体育需要有环境”的命题。恰如苏霍姆林斯基指出，“用环境创造的情景来丰富集体精神生活的一切东西，这是教育过程中最微妙的领域之一。”也诚如著名小说家契诃夫曾经写道：“学生的精神状态，在大多数情况中，都是由环境培养出来的。那么，在他念书的地方，它无论走到哪儿，所看见的，都应当不是别的，而是宏大的、强壮的、优雅的东西才对……求上帝别让他瞧见那些瘦伶伶的树木，七零八落的窗子，灰色的墙，罩着破破烂烂漆布的门才好。”

这一命题揭示，环境对体育教学存有制约。为此，体育教学要重视挖掘和运用，教学环境中一切可利用的因素优化教学。对教学环境的内容、形式、风格、意向、情趣、氛围等诸因素，从间接性、外在性进行布置、改造和构建，充分发挥环境“静中有动”体育教育的作用。如以多样变化的学习情境条件，为学生的学习创设更加有利的准备状态，引起注意、促进动机，激活求知欲，以此来引导学生的学习提高教学效果。如借助场地器材的相邻法、重叠法、流水法、综合法的布置来提高课堂教学的科学性。如借助体操垫的菱型、阶梯型、环状型的不同布置支持学习注意；借助语言停顿、口音、高低、快慢、击掌、哨音、面部不同表情等自然变化支持学习注意力；借助校园场地、器材、线条、颜色的优美性、动态性的布置优化教学。

二、体育教学物理环境的构建与设计

教学物理环境，包括场地环境、教学设备、教学工具等。环境心理学的研究结果证实，物理环境有直观感，不仅可体现出“美的流动”欣赏性、教育性，可引发欣赏者仿效、参与。如吉利兰德（J. W. Gilliand）的实验证明，教学的物理环境，存有影响学生情绪体验和用脑效率的关系。研究发现，淡绿色和浅蓝色可使人平静，易于消除大脑疲劳，提高用脑效率；而深红色、深黄色可对人产生强烈刺激，使大脑兴奋，随后则趋向抑制。同样，音量适中、悦耳动听的讲解可以使学生愉快，易于进入智力活动的最佳状态；有如李秉德先生在《教学论》一书中认为，积极良好的教学环境主要有六种功能：激励功能、陶冶功能、益智功能、健体功能、美育功能、助长功能。因此，场地、器械、场馆的不同造型、颜色以及室内外的各种装饰、布置，都会对师生的精神面貌、教学情绪产生潜移默化的影响。因而，教学设施不是随意安排的，它应体现学校的教育意图与价值取向。要整洁卫生、线条、颜色等醒目、和谐，有催人积极向上的氛围。要整齐干净，地板要清洁，窗帘要漂亮，灯光要明亮，要让学生心情愉悦、舒畅。场地、场馆的张贴物要格调高雅、催人上进，可张贴名人名言、顽强拼搏的运动图像、动人的书法、绘画作品等，也可定期更换，使学生有新鲜感。有条件可放些鲜花，以使学生闻香之味，精神抖擞，消除疲劳。同样如健美操学习声响过大，会使人头晕无力，兴奋性减弱，记忆力减退，注意力不集中，脑的使用效率明显降低。可见，教学的物理环境对师生的身体健康及心理活动都会产生很大影响。提供丰富多样的适宜环境刺激，可促进学生的智力活动，让学生多种感官参与学习活动，充分开发大脑左右两半球的功能，实现学习潜能的开发。正如大教育家夸美纽斯认为，“学校应当是一个快乐的场所，校内校外看上去都应当富有吸引力。”也如苏霍姆林斯基所言：“我们努力使学校的墙壁也讲话，这是因为丰富的墙壁布置，是我们道德的、精神的、认知的教育体系中的一个组成部分。”

三、体育教学人文环境的构建与设计

教学人文环境包括师生之间的关系、同学之间的关系、班风、学风等。教学人文环境是隐性的、是潜移默化的，它反映了师生对教学的态度以及对周围条件的态度，反映了课堂教学情境与学生集体之间的关系。它影响着学生对教师所教学科的兴趣，影响学生的学习情绪和学习效率，影响学生的思想品德，同时也影响学生对教师的情感。恰如德国心理学家缪勒（G. E. Moller）和舒曼（F. Chuman）、苏联心理学家乌兹那捷等提出的定式理论认为，个体有思想定式、政治定式、社会定式、环境与行为定式四种倾向。定式中包含着认知成分、情感成分和行为成分。这种状态具有稳定的结构和倾向，决定着个体同类后续心理和行为活动的模式。例如，良好的师生关系，能使教学中师生配合默契、相互信任、相互尊重，增强学习效果。同学间的和睦友善、互相帮助、相互关爱，可充分调动学生的学习积极性，从而取得最佳的学习效果。又如，优良的班风、良好的班级秩序与学风，是个人和群体学习力的体现，是学习的重要环境和成功学习的要件。同时也是一种巨大的教育力量，对师生行为、学校秩序都有影响。实践证明，健康班风、学风的集体规范所以能产生这样的作用，主要是因为它无形中通过集体的行为造成了学生对这一标准和价值的从众。它既塑造了学生的态度和价值观念，又影响他们在教室里的学习活动。正如德国学者班尼所说："从众之所以能够达成，乃是因为个人希望为别人所赞许和接纳。这种力量是如此微妙，以致大多数人并不觉察到它在起作用，而且他们也没有认识到自己的行为正在发生变化。"再如，教师的教学风范是教师亲生、爱生、为生的修养境界。缺少它们就会成为一个不受学生欢迎的教师，何来学习的成效。诚如班尼所言，真正能教导学生的就是教师的人格，而不是所谓的教学方法。"善教者使人继其者"，讲的就是这个道理。因而，教师的风范、风格几乎决定了教师教学的有效程度，实在值得关注。因而，体育教师在教学前必须运用各种策略，培养良好的师生关系、同学关系和集体组织关系，促进师生互动、生生互动，才能使教学活动顺畅。如借助体育教学集体交往的环境，让学生从不同角度和场合体验角色、认识自我、亲和人际交往与沟通交流。如借助"可控制的学习挑战或学习竞赛"等情景设计，积极扶助学生收获自信、发展自我，建构自我。如借助自主学习、问题学习、伙伴教学、小组教学、合作教学、探究教学、发现教学等他主、合作与自主学习的不同情景，多种学习、多种角度地培养学生内在动机，促进学生在认识和参与学习社会的情景中构建自我。相信通过上述丰富的学习活动，能够帮助学生进步，形成自我调控能力，较好地获得发展。这不仅是区别教师是专家与新手的方法，也是教师专业教学能力的表现，还是师资培养中的重要议题，切切不可忽视。曾如古希腊荷马所说，依靠相互间的信赖和帮助，能够完成伟大的事业，并能有伟大的发现。

四、体育教学观念环境的构建与设计

从信息发生学角度说，记忆来源于良性的环境刺激。良性的环境可激发兴趣，鼓舞士气，振奋精神，开拓思维，沟通感情，可对学习者进行潜移默化的教育。创设良好的人性化的体育教学环境，可以充分发挥学生的兴趣、爱好、启迪学生的心智，而且还能陶冶他们的道德情操。如"如果你要想强壮，跑步吧！如果你要想健美，跑步吧！如果你要想聪明，跑步吧"的体育观念；又如"每天锻炼 1 小时，健康工作 50 年，幸福生活一辈子"的体育观念。恰如一学者所言，"饱含了感情的记忆，将是最长久的记忆。"说明教学观念环境具有教育性、启发性、针对性、科学性等教书育人的突出特点。可以促进学生的学习和活动的效率，并给予学生丰富的体育运动感观刺激。在这种教育情境中，学生很容易受到感化和熏陶，进而激发出无限的学习热情，积极主动地参与到体育运动过程之中。我国新一轮基础教育改革在具体目标中提出："改变课程过于注重知识传授的倾向，强调形成积极主动的学习态度，使获得基础知识与基本技能的过程同时成为学会学习和形成正确价值观的过程"；"改变课程实施过于强调接受学习、死记硬背、机械训练的现状，倡导学生主动参与、乐于探究、勤于动手，培养学生收集和处理信息的能力、获取新知识的能力、分析和解决问题的能力以及交流与合作的能力。”据此，体育教师要通过自己的积极的能动作用，结合现行体育教学的现状，不断地利用和发挥教学环境的有利因素的同时，通过自己的能动改造和完善活动，构建和实践一种既符合新课程理念，又切合实际、操作可行的教学观念环境。如在了解学生已有知识和经验的基础上，引导学生对知识在其中得以存在和应用的整个情景、背景或环境再发现和获得知识的加工整合，改组和扩大原有的认知结构和知识体系，建构属于学习者自己的知识与经验。为此，体育教师要加强观念修养，提高和改进应用教学环境的艺术能力。努力“一步一回顾”，在教法上不断总结教学经验把握教学与环境的艺术，使学生爱听乐听，保持注意力，唤起求知欲。在教学内容与教学形式上能辩证施教；体会运用“取与舍，主与次，”详与略，简与繁，含与露，小与大”的教学环境艺术；辩证处理好教学整体与环境的关系，催化德智交织、情知交融、循序渐进、智能统一、因材施教在教学情趣美的渗透，加深学生对知识的理解。在教学技巧上，潜心打造教学艺术，在有限的环境时空条件里得到充分的运用，使师生在教学中交融，产生高峰体验，形成共鸣，以获得学生的欢迎。

综上而述，体育教学是一个多种因素共同起作用的过程，其中，有效教学环境因素是完成课堂教学的重要条件，课堂环境的优劣对学生的学习、成长和发展有着非常重要的影响。体育运动的学习受外部环境和内部环境的制约。外部环境的师资力量、场地器械设施、教学方法手段、校园环境等，内部环境的生理、心理、认知能力等因素都对学习效果产生直接的影响，并从某些外部特征上把教学活动导向不同的境界。“教学需要有环境”，这一有规律性的命题告诉我们，尽管教学环境的影响只是潜在的，但其作用是不可忽视的。体育教学环境存有物质因素、社会文化和心理因素的构成，它们之间是相互影响、相互渗透、相互统一的。良好的体育物质环境感染着学生学习的兴趣，而自然环境和体育人文环境则是形成学生学习的心理条件，它们都可对智力因素和非智力因素提供认知的支持。为此，体育教学要利用环境、改造环境、优化环境来提高教学效果，使教学环境和体育教学过程达到真正的协调统一。通过环境与体育文化的链接，陶冶领悟体育的文化思想、学科知识与人、社会的联系。树立起“每天锻炼 1 小时，幸福生活一辈子”的人生目标，深化学生终身热爱体育运动的意识。因而对此驻足与把握，充分认识教学环境的构成要素及其作用，是必要的也是十分重要的。正如学者施良方指出，“两者并不是相互排斥的，两者都是完善教育科学所必需的，不能相互代替。”

第四节　我国学校体育教学的建设与发展

体育教学理论是指引教学走向成功的行动指南，避免错误的基石，形塑教学任务的准绳。它对优化体育课堂教学，引导教师科学发展，深入贯彻新时期我国义务教育阶段的新方针与把握体育与健康课程发展的趋势具有十分重要的作用。历史证明，体育教学理论不是“永恒的格式化”，它是一个国家的课程在历史进程中与时俱进的表征。对它的探讨不仅本身具有深刻的实质性意义，还涉及对学校体育发展的认识论思考。因而，需要对此进行驻足与研究，架起一座有力的桥梁促进体育教学理论和教学实践联盟，帮助广大体育教师一览全貌，加深应用于实际的效果。基于此，对我国体育教学理论进行梳理，完善体育教学理论的建设。

自20世纪下半叶以来，全球化呈现出越来越突出的发展趋势，影响着社会政治、经济、文化的各个方面。这一深刻的擅变引发文化的交融与共生，启迪催生了终身教育思潮、学习化社会、多元智力理论、建构主义学习理论等多种教育形态的呈现，为世界各国普遍接受和认同。为世界各国的教育改革注入了活力，提供了一定的理论基础，也为我国学校体育的再生长提供了新的动力和支持。它迫使学校体育从一种固态稳定的传统教育态势，向处于日渐多元不断变化的动态现代教育迈进。由此引发了学校体育的教育目标、课程与教学改革的不断调整和改革以适应这一挑战。引发我国学校体育教学理论在以下方面发生着深刻的变革：

第一，理论坐标由传统技能认知论向终身体育的主体教育论转换，改进了自身的缺陷。为中国学校体育实践的创生提供了方法论的解释，促进了学校体育教学的发展。

第二，学科研究方向、理论格局从对教学形式、活动程序和操作方法等基本问题的元素考察，向有关教学的性质、状态、关系、发展等整体性探明转换，扩展了教学理论探索和实践方法改革的路径。

第三，研究方法上，突破了长期以来追求“大一统”的传统思维方式，打通了多样性与共性的统一，开凿了西方的科学方法与中国人文思想的兼容并蓄。

一、学校体育教学理论和实践的变革与发展

以方法论端看学校体育教学开放30多年历程变迁的进步性与偏误性、历史性与复杂性，斧正“马克思主义中国化”在体育教学理论建设与发展的必要性和真理性。这对于我们改变“自周有终，相亦惟终”路径依赖的习见，正确选择和应用异域教学理论，剔除“附庸”，扬弃“独立”有所启示。为我国体育教学理论提供契合民族文化性、适切性否定之否定的资鉴。因此，跟进走好普遍性论述显得尤为必要和迫切。文献显示，由于对这一存在至今未有所逮，因而对其驻足是必要的，也是十分重要的。

（一）多元化教育理念唤醒了学校体育教学的再认识

改革需要新的视角和方法论。显然，带着全球化烙印的多元化教育理念，拭亮唤醒对我国学校体育本质的再认识，带来一系列革命性的观念变化。为学校体育的自我更新，摆脱课程“跑道”路径单一学程的静态模式。力图形成一种新的教育观，提供了有源意义之源。它改变了学科以自然性视角对学校体育居高临下的俯瞰。使学科走出了习惯以外在技能论“英雄”的弊端。推使学校体育从单纯的生物理解，到整体文化性格的构建，开阔了学校体育的应用空间。它使学科结构由单一走向广义，教育属性由狭义走向多重。消弭了学科百年来单一发展的不平衡性和由此产生的矛盾性。催化学科兼收并蓄、博采多长，成为一个多元文化性格的集合体，由学科走向领域，满足了社会对学校体育多元文化性格的要求和渴望。

这一变迁为学校体育的再生长提供了新的理论基础，为学校体育的教育目标和实践提供了新的设计和思路，形成一种新的教育观。扬弃时下我们在体育学习中，一个根本的因素就是把体育学科当作一种单纯的教育手段，把人的学习当作单纯的体育知识积累的学习导向。启示我们认识到学生的全面发展，是知识与技能、过程与方法、情感态度与价值观教育共生的结果。理解我们体育教学，如果只重视一部分人类的能力（技能）并且围绕它来组织课程教学，把它视为完整人生的标准加以过分强调。那么这种教育就不可能成为最

好的教育，是偏颇的。追思我们重新审视学科教育的属性与作用及在学校教育的位置，弄清体育教育与人的素质和社会可持续发展之间的关系。驻足以体育为媒介将不同文化属性整合到课程与教学中去。从学科的特点出发，努力探寻“学科教学观与学习主观能动性的研究”“学科科学性与人文性的研究”“学科教学活动的丰富性与教学目标价值取向多元性的研究”“学科知识观与学习方式变革的研究”的新路子。发挥学校体育“德智体”多因素育人潜在的优势，把德育、智育、美育等有机地统一在体育教学活动的各个环节，才是最根本的价值所在。让每一个学生都能在“德智体”中发展，都能享受体育学习“懂会乐”和谐的乐趣。达到既是运动又是教育、既能锻炼又能娱乐两者不可偏废的关联。走出当前学校体育单一技艺系统复制的狭隘框架。理解我们过去的主张和行为是站在狭隘的“学科立场”唯体育而研究体育。所有的研究只围绕学科的“形式”，而没有触及学科教育的“本质”。因而，只能培养出体育的“勇士”，而不能培养出全面发展的“人气正如有学者指出：体育学习与培养仅仅满足于一般传授技艺与增进体能。体育文化的意义和体育人化的崇高境界却被淡化和遗忘了。

在学术思想上，理解了“离开世界就不理解自己”的真理性。改革开放把中国学校体育推向了世界，使我们走向了有源意义的真理性。直面体验出学校体育与世界先进文化相呼应，互相汲取营养，离开对方就不理解自己的意义。使我们真切地认识了学校体育自身特有的历史和科学特征，为中国学校体育更高起点的发展提供了重要的理论支撑，赋予更加全面的内容和更加先进的文化形式。

拦蓄了学校体育社会本位片面的命题，清除了“学校体育一切方面和全部过程归结为国家”的工具论缺陷。改革重塑了学校体育“人与国家”的主客观关系。澄清了人是学校体育的主观性内容，国家是学校体育客观性的表现形式。明白了不能离开人的发展谈国家的发展，也不能离开国家发展谈人的发展。揭示了学校体育个人本位和国家本位相互依存、互相贯通、共同构成的和谐内涵。

揭开了人的发展是学校体育教育层面的核心，确立“以人为本”的指导思想。改革呈现了学校体育以人为本的教育本质，指明学校体育的教育责任、文化责任、服务和引领社会前进的责任。改革了一切与社会进步和人的全面发展不相适应的体系和体制，再认识和把握新时期学校体育所面对的，不仅仅是生物特征，不仅仅是如何跑得快、跳得高、技术好；而是要在体育运动中体现人的本质、人的权利、人的历史和人的发展。

改革了旧的教学体制和课程，正确认识与领会体育与健康课程的性质与特征。打破了学校体育局限于“技能”的桎梏。在“素质教育”“终身体育”“健康第一”等张力的指向下，改革了课程功能、课程结构、课程内容、教与学的方式、评价功能、课程管理。建立和发展了有我国明显特征的“坚持健康第一的指导思想，培养学生健康的意识和体魄；改革课程内容和教学方式，努力体现课程的时代性；强调以学生发展为中心，帮助学生学会学习；注重学生运动爱好和专长的形成，奠定学生终身体育的基础”的学校体育体系。为未来中国特色学校体育的健康发展奠定了基础，提供了有力的保障。

闯过那种认为只有资本主义国家的学校体育发展模式才是最完美的、必须效仿的、唯一模式的观点。“现代化不等于西方化”，改革使学校体育跨过了可以不经过资本主义制度的“卡夫丁大峡谷”，而走向先进文化的道路。为我们正确认识中外学校体育模式的多样性，自觉选择和吸收世界学校体育先进文化成果，如何在经济、文化落后的中国建设和发展学校体育现代化提供科学的标尺。弱化和消弭了学校体育国际化和本土化相互掣肘的混沌局面和两极对抗的张力。为传播、推广和运用外来体育文化“中国化”的发展做出了正确的指引。

中国特色是正确借鉴外来文化的立场。为我们如何对待60年中国学校体育的成就和教训，如何认识中外学校体育模式的多样性，如何选择和吸收世界学校体育的先进文化成果，如何在经济文化落后的建设中发展学校体育现代化，提供了科学的标尺。为如何建设学校体育、发展学校体育、解放学校体育思想、激发学校体育活力、拭新学校体育先进文化力，提供了正确的价值取向和根本的检验标准。“马克思主义中国化”是学校体育的出发点，“特色”是中国学校体育的落脚点。保证了中国学校体育能不断排除“左”和“右”的思潮干扰，沿着建设中国特色学校体育的正确道路前进。

完成了对教育本质的再认识，构建了由学科走向领域的体系。改革开放铸冶了中国学校体育特色的实现机制和指导思想，滋润成熟学校体育新的学科形式，完成了对教育本质的再认识，构建了由学科走向领域的体系。解脱了学校体育单一竞技维度探求教学规律的桎梏，结束了学校体育百余年来“唯传授技能以外，一无所有”的含义。以“五个领域”“三个目标”为学校体育教学找到了有关意义与行为的解释。以“水平标准”为新课程的实施和管理提供了指导标尺；以“多元评价”为新课程教育的效果和效率提供了检验标准；以“多元化教育理念”把教推向学；以“选项学习”点燃支援基于学习者自身意义展开的“知识传递”；在“教师是主导，学生是主体”等共享话语下催生了课堂教学的新风貌。形成了学校体育由学科走向领域的科学体系。

二、学校体育教学理论和实践的方法论思考

唯物辩证法指出，任何价值观念的产生和确立，都根源于事物内部矛盾异化的困境。从结构与维度上勾勒改革开放30多年学校体育教学的历程可以发现，我们教学的跨越式进步是通过模仿和引进先进国家的教学理论成果实现的。这一外源性给我们带来更多的是引介而非生发、改造而非创造。它既带来了进步，也产生一系列的病灶亟待修补与完善。一是从系统性看，我们是“躺在睡帽中的哲学”，不论是理论研究，还是实践探索仍处于应用和争鸣阶段。没有能整体反映教学不同阶段现象与特征的系统表达，没有可以反复进行阐释的概念、原则、标准、界限和结论能让实践“分享”普遍性论述。二是从科学性看，“不通群经不能解一经”，我们还没有建立从亦然、应然到实然的稳定存在的现实对象，没有构建一个满足我国学校体育教学环境、价值取向和教学机制的通用概念和理论体系。可谓不成系统、未成体系、理论乏力，依然没有走出“密涅瓦的猫头鹰总是在暮色降临的时候才悄然起飞”的静观写照。诚如恩格斯在《致 H. 沃斯的信》中所说：“一个民族除非用自己的语言来习知那最优秀的东西，否则这个东西就不会真正成为它的财富。”那么如何解决这两个问题就成为当前学校体育教学的迫切要求。对此有学者任平提出，与各种在场的思想展开批判性对话，方法论是最好的基本方式。为什么？因为方法论是关于方法本身的理论，是一种可帮助我们如何找到既能突破现实又能推陈出新的方法。用现代话语讲为“元方法”“文化自觉”，用历史话语讲为“形而上者谓之道，形而下者谓之器”。它不关注对已有方法的理论说明或运用指导，而是通过对现有方法表层不合理性的发现走向其背后深层的方法论反思。生发新的方法构建，进而超越使总体发生突破性的变化。具

有德国哲学家尼采曾说的“重新估定一切价值”的指导和规范“行”的作用。正是在这一背景下方法论的嵌入具有引导作用，可纠偏我们“自周有终，相亦惟终”模仿路径依赖的习见，正确选择和应用异域教学理论。内省自身剔除“追随”扬弃“超越”，为我国体育教学理论提供契合民族文化性、适切性的否定之否定的资鉴。这对今后跟进走好学校体育教学可持续发展的旨趣显得尤为必要和迫切。诚如恩格斯曾经指出：“一门科学提出每一种新见解，都饱含着这门科学术语的革命。”

1. 学校体育教学建设的方法论思考

从理论生发学来看，改革开放 30 多年来前人的研究、异域教育的启迪、本土教学实践的质疑为体育教学理论的发展注入了活力，提供了动力。引发校体育新的阶段性特征愈发凸显，教学观念、教学方式、学习方式与学习评价方式等发生着急剧的变化。对此，我们传统教学理论资源面对邃转丧失了解释力，已难以为广大体育教师提高专业化能力，探索应答改革发展的实践和理论提供支撑。恰如英国教育家施瓦步所宣称：“课程领域已步入穷途，按照现行的方法和原则已不能维持其研究，它需要新原则，以便对其问题的特点和多样性形成一种新观点。它需要新的方法，以便适应课程领域中出现的一整套新问题。”在这一背景下，依据现代教育理论的研究成果，衍发王文生、樊临虎、陈建绩、龚正伟、毛振明、姚蕾、张勇的理论相继问世。在这些学者隼路蓝缕的辛勤研究下，已基本梳理了“教学是什么”的宏观描述，对我国学校体育教学的上位概念的“元认识”的探讨有了新的提升；概观坊间目前有关中观“如何教学”共识的理论专著至今仍处于空白，难以满足学校体育新课程逐力推进需求的日益渴望；微观“怎样教学”的理论专著也较为稀缺，仅有杨雪芹、张振华。科学和哲学告诉我们，任何一种学科都必须存有已然、应然、实然三个递进的学说才是完善的。从目前国内体育教学理论的研究现状来看，教学上位概念的“元认识”理论研究多“一名多篇”，教学下位概念的实践、实证的归纳性研究少；教学中观理论至今空白。可谓参差不齐、不成系统，远远跟不上时代的需要。缺乏一条贯穿上位一中位一下位的系统理论的集合，显得分散而漂浮，未能为实践应用各种教学方法提供重要的基础表述与细化。正如学者黄汉升在山东大学 2009 年主办的全国体育硕士导师研修班所说，“现在我国体育教学领域并不缺少各种各样的通俗论小册子，缺少的是能够系统说明和解决实际问题的教学理论与方法。”

由于中观教学理论是应用体育各种教学方法和手段的基础及重要表述与细化，是衡量体育教师专业化能力的重要尺度。是填平和破茧新课程、新教学、新学习与实践鸿沟的有源之水。它的研究与建构直接关系到“上位”《体育教学论》与“下位”《体育教学设计》承应对接与归属效力的实现、界定。忽视“中观”理论与方法的这一关键“解释力”话语的构建，“上位”《体育教学论》就会失去指导力，“下位”《体育教学设计》就会混淆应用力。“皮之不在，毛之焉存，”讲的就是这个道理。因而，目前急需的、十分重要的是提纲挈领努力建构能应对新教育实施，解决体育新课程逐力推进在教学实践中困惑的难题：中观教学理论、体育教学理论与方法，以增大广大体育教师的能力，去理解、去祈魅改革与发展中出现的问题。为广大教师开辟“教学智慧”，“减少教学障碍、增加教学良机”，“避免低效、无效甚至负效”为教学行为的产生提供指导和参考。正如毛振明先生所言，体育教学方法研究遗留的课题很多需要全国同仁共同确认和探讨。不去创造或缺少这些观念我们将永远无成。恰如马克思曾指出：“哲学家们只是用不同的方式解释世界，而问题在于改变世界。”毛泽东也说：“马克思主义哲学认为十分重要的问题，不在于懂得了客观世界的规律性，因而能够解释世界，而在于拿了这种对于客观规律性的认识去能动地改造世界。”从上述思想意义说，缺少解释力的理论是瘸腿的、残疾的，缺少实践力的理论则是没有价值的。只有解释力与实践力的务实统一，科学的理论、正确的认识、美好的理想才能逐步变为现实。这一论断对体育教学理论的构建同样非常重要。

2. 学校体育教学发展的方法论思考

上述从工具理性的向度梳理了学校体育教学理论消落的结构性和问题性，从缺什么、要什么的认知角度，辨识学校体育教学的存废与发展。以期为老问题寻找新答案，为新问题寻找好答案，从而对学校体育教学的建设与发展有所启迪。

思考一：当前不端和薄弱使我们不得不思考，是什么原因窄化了这些形态和取向？

首先，在对待国外教育理念的建设上，我们有两步路程“理解考量、互动通约‘的回答。我们学界基本完成了第一步，对每一种理论在特定的背景与学说的抽象解约与评判，结束了不休的理论源基础观的争论。而没有实现第二步的经受事实、经验检验的释放，通过沉入事实之中，提取符合现实状况的答案。将其置于中国学校体育教学不同环境与实践的互动通约，为广大体育教师提供对国外先进教育理念实施的路径和应用的经验总结，供他们展开有效的理解和应用。这一制约因素解锁出，第二步的实现要求研究者既要熟悉我国学科的理论范畴和相关知识外，还必须对所涉的现代国外教育理念具有相应的素养，才能实现互动通约对之提出恰当的评判与构建。由于两者缺一不可，受专业知识面的限制，以致学界往往怯于面对而采取回避，因而造成理论多方法少的诟病，难以应对实践问题，难以为学校为体育新课程所用。

其次，在对待内源性教育理念的建设上，我们有三步路程——“思想革新、方式革新和方法革新”的回答。在第一步我们只完成了价值认知，彰显了不改革没有发展，但思想革新还没有真正实现。为什么？如资料查询发现，我们对学校体育必然坚守的论纲和共识依赖的精神母语“中国特色学校体育”尚未破茧，至今没有一篇文章解析把其讲清楚，帮助“大众行”更好地理解与步入这一鲜活的思想，借助其真理价值在整体上取得更高的成就，加快推进中国特色学校体育的建设。在第二步同样我们仅完成了理论设计“课程标准”的方式革新，在实证应用上至今才刚刚推出新课程标准修订的实施，划断了对其长期的争论。在第三步如上所述“上位教学论”一篇多名，“中位教学理论与方法”空白，“下位教学设计”阙如。

“工欲善其事，必先利其器。”改革发展的历程证明，没有正确的理论指导，就不会有成功的实践。这一结构性的不足，给学校体育新课程教学不断带来减速，由于广大体育教师没有除旧布新的经验支撑，只能穿新鞋走老路。这就是为什么会连续多年出现学生体质水平下降，为什么学生对体育不能“入道见志”？因而，从当前学校体育教学发展的路向审视？我们既没有绩效学校体育教学理论的建设实现布新，也没有为实践情境应用新见、修正改进旧见、总结巩固已有经验知识，助推其走向“濯去旧见，以来新意”。不可否认，导致上述问题的存在既有社会因素，也有学校体育本身的因素，不能简单地肯定与否定，但自身的不端应负主要责任。

思考二：重估“一切价值”后，今后的路应该怎样走？

从国内外学校体育教学的出场路径来看，它可以明确区分为两种态度与路径：一个是因循“照着别人讲”，另一个是革化“结合自己讲前者的立足点是比附他国教学理论的先进成果来提升和改变本国教学理论的水平。通过对他国在教学理论发展过程中经验和教训的汲取，解决本国教学实践中遭遇的困惑与难题。由于不同国家或民族的文化背景存在着价值取向、本土化立场和时代要求等方面的差异性。受路径依赖的拘囿，这一简单平移的出场难以产生完整的认识，容易出现“回图吞枣”，穷高反下、邯郸学步失其故步。很长时期难以从中产生新的理论形态，契合本国学校体育教学的实践。正如恩格斯说过，错误常常事后才被认识到。但其作为推动发展的先当债主后当财主的“否定性”之处，是应于肯定的。因而，也是后发型国家迅速摆脱落后态势的一条有效、便捷的本土化教学理论的可行之路。但其既是“进步”又是“终结”的内在性背驰隐含着滞胀，使其难以拥有理论的“自主”，导致其自主创新力受到质疑。难以实现自身的完善，这一异化在我国各个领域已有显示。

后者的出场是将他国的教学理论，自觉坚守于本民族文化之中予以分享。提倡一种既追随、借鉴，又审视、批判的不断更新、不断自觉、不断发展的“六经注我、我注六经”的出场。力图通过对他国教学理论发展的理性分析，识别出各自教学理论建设中的经验和教训。把握其在本国特定的适用范围和局限，化解反思本国教学理论建设的成败，使之获得新的活力适应时代的变化。明晰对其的引进，是为本国教学理论的建设提供方法论的启示。“取其精华，去其糟粕”，更好地指导本国教学理论的建设。后者的文化逻辑，是“马克思主义中国化”的方法论自觉和实践的相互激发，是我们发展的轨迹、坚守的范式和润身致用的要旨。从理论的引进到理论的中国化或本土化，再到理论的创新；即学习理论、应用理论、贡献理论，才是我们普遍的论述与永远的出场。实践证明，科学可以直接拿来，但“文化”是不能直接拿来的。在这个问题上，我们必须有方法论自觉的意识，这是有根本区别的。

思考三：今后的路有了，应该怎样建构？

从元意义上讲，一个民族要想走上世界，必须有普遍性论述的表达。但人类发展史告诉我们，每个文化中都会有独特的经验，不是所有的都可以上升为普世的原则。因此理论建构的出场将成为我们不得不面对又必须解决好的问题。当今，中国的学校体育既有别于中国传统学校体育的发展逻辑，又区别于西方理论勾画出来的现代教育形态。其要素之间复杂的关联性之大给我们“自己讲”的出场带来难度。由于受国情、历史间距等诸联因素的牵涉“缠绕”，中国学校体育教学建设可能有多个“自己讲”的方向，我们认为最为基础的是要做好以下三个方面才是可为的：

其一，是讲出传统体育教学理论的新用。讲出我们用民族教育元素嘉惠自身新发展的认识、思考和体认，改变我们过去引进了新的方法忽视了自身传统经验的弊端。据历史记载在传统教育上，从春秋孔子的伊始到清朝的颜元等，中国有一大批对后世影响深远的教育家和理论。如《大学》《学记》《劝学》等，这些教育专论提出一系列具有独特风格的教育教学思想和手段。其内容和形式的认识之高不仅在过去，在现在世界也占有领先地位。对其诠释不仅是中国体育教育的需要，也是世界学校体育的渴望。可改变中国学校体育已有百年历史，但这百年历史中没有对祖宗教学的总结。这一“尘封”对不少体育教师来讲已成为“盲区”，丢掉祖宗应引起我们的重视。正如西方学者不断回到古希腊一样，中国学校体育也要返本归源立着传统讲新意的科学和理解，以增强我们学术出场的解释力和普遍论述力。这是建设中国学校体育教学必须解决的一个重要问题。诚如毛泽东同志说过："从孔夫子到孙中山，我们应当给予总结，承接这一份珍贵的遗产。"

其二，是讲出改革30多年体育教学的成败得失。①讲出我们教条化用他国理论注脚自己的教训；讲出我们把民族教育"立人"的本体论与西方教育"立真理"的方法论，中西融合化解我执的经验；讲出主义可以拿来，问题必须土产，理论须应自立的收获。②讲出既不能走"入乎西方、出乎西方"表述中国体育教学范式，也要警惕试图割开与西方体育教学理论对话的取向。深层次地认识到中西两家教育各有它孰长孰短，既有形而上的精华，也有形而下的糟粕，为学校体育教学登高望远提供普理论启发。正如著名学者成中英所说："中国教育重视形而上价值的本体论关怀，西方教育重视知识科学性的方法论阐释。双方相互为用，不可代替，缺一不可。"

其三，是讲出未来体育教学的新质。①充分利用西方学术成果和占据前沿最高点，展开对体育教学的形式与特征、审美特性等内在问题的研究，抽绎出新的理论空间，加快我国学校体育理论体系的构建。②从寻绎理论对实践指导的一般、普遍认识的照着说，走向改造实践、应答国情的自己说。推动体育教学方式实现飞跃。③从纠结于某一流派、某一理论、某一观点、某一专题的考察论证，走向多角度、多层面的整体比较研究方法论的把握分析和反思。积极推衍生发燃犀本土化特色教学理论的扩展，增强我们的学术解释力和普遍论述力。④从忽视传统到找回传统，从摧毁与争辩传统，到转换现代与传统相继的承续与超越。从民族教育元理论的回旋悟出道理，厚重中国学校体育特色性的普遍论述。壮大学术积累，形成学派传承。恰如马克思在《关于费尔巴哈的提纲》中所说"新唯物主义的立脚点是人类社会或社会化的人类。"

"小楼一夜听春雨，深巷明朝卖杏花。"30多年来学校体育教学的改革开放，给我们借鉴汲取世界各国的体育教学的成果打开了窗户。让我们树立了体育教学的时代精神，重新理解了体育教学的本性，重建了学科体系，感同身受到全球化教育现代性巨大裹挟和纠缠的"力量"。这些反传统的新鲜概念和视角翻转了我们对传统体育教学的认知，使我们登高望远发现了问题；燃犀了民族文化意识的觉醒，让我们洞穿了马克思主义中国化教育的意义，立足自身借鉴他者。30多年来的艰难求索，几经周折，让我们捕捉到学校体育教学的深处是文化与人，俯察领会到体育是文化的样式，是问渠人发展的样法。改变了我们传统教学"唯技能以外一无所有"的偏好与统一进度、统一方式、统一要求、统一标准的制造。这些嬗变表明中国学校体育的出场正处在一个重要转折点上，如何打通中外教学理论与本土化实践的链接从"照着说"到"自己说"显得尤为必要和迫切。联系世界特征、依据国情发展。从理性上对其进行把握，从走入、走近的路径依赖中唤出反求诸己的否定之否定地蜕变，抽象出放之四海的普遍性论述。为世界作出中国的贡献，是我们21世纪学校体育承担的历史责任。因而，对其认知的"深浅"，与所持态度的写照，无疑影响与制约着21世纪中国学校体育教学建设的方向，与自觉地用方法论的态度推进学校体育教学"中国化"的任务。俗语讲，一元钱的硬币虽小，若是紧靠眼睛，也会遮蔽一切阳光。这个道理讲出对其的致知可帮助我们更清楚地认识自己。领悟任何一个能走在时代前列的文化，任何一个能在世界普遍论述的理论，都是民族性与时代性的统一。"曲有误，周郎顾"，"吾爱我师、吾更爱真理"，作者不揣浅陋张目撰写"方法论"于本章寓证，希望能抛砖引玉获得更多的求是。正如孔子曰："沽之哉，沽之哉。我待贾者也。"

三、对新旧世纪体育教学视域与范式的哲学思考

迈入21世纪，新知识经济燃犀催发了人的主体意识觉醒和主体地位的确立，在工业化时代被压抑的个性化需求开始觉醒，以表现个性化解放的浪潮席卷了整个社会日益凸显成为不可阻挡的世界潮流。受这一潮涌，如何使人按照个性的差异来自由的发展，就成为学校教育无法回避的趋势与问题。正如有学者郭文安、靖国平研究认为，21世纪教育是对于人的独立个性的追求与探索。也诚如这个基石的奠定人马克思指出，自由个性是人的个性发展的最高阶段，并把实现自由个性作为是共产主义解放人类的宏伟目标。学校体育借以培养人作为自己的标识，显然能不能表达这种新的关系，并把这种视域纳入实施，就成为21世纪学校体育教学必需的思考。由于不同的体育教育理念与范式集中表达并反映着人特定的存在方式，折射着不同时期的时代诉求，烙印着不同教育的价值转向和发展。因此，本文拟就这一围绕作一梳理评析，释义新旧世纪体育教学的发展与应当努力追求的方向，以期更为完整、准确地把握新世纪学校体育教学的视域和范式，为其走入新课程提供支撑。

1. 对传统学校体育教学的回顾与讨论

（1）对传统学校体育教学的回顾。要走向未来摆脱干扰，就要理性的论证自己。从文本解读来看，受19世纪工业革命发展的驱动，唯科学价值观不断膨胀，在整个社会文化氛围中弥漫着人类的进步依存于科学的价值和科学事业的崇拜。人们开始相信通过运用科学的标准和计算的方法，可以对各种过程和活动进行预测复制、目标控制以更好地造福人类。受这一崇尚塑造“教育是一种理性计算的结果”，学校体育负载的价值使命就成为，把从生存的人转向社会的人。以体育的运动方式满足人的身体对自然环境、社会实践的需求。实现把人的生存方式与动物的生存区分开来。即学校体育只是作为人的工具性实质，没有类本质、类生活的意义存在。其对象仅满足人的生产劳动的自然生命需要，没有建立人的自由全面发展的完整社会要求。因而，没有走入因学校体育的介入，导致人的类生命本性发生变化。即新的价值目标建立、新生活态度确立，实现人的存在和意义的统一。这说明传统学校体育，只是把发展人强壮的自然物质关系纳入到自己的核心范畴，让人对体质增强的理解是自己运动的结果。没有“形而上的谓之道”，让人收获与确证体育给自我带来的、自由的生命表现与体育幸福的乐趣，实现心灵与身体的自我统一。即马克思所说的：“人的生命活动的独特性，在于人能使自己的生命活动本身，变成自己意志和自己意识的对象。”而只是“形而下的谓之器”，从人的物质统一性出发，强调人存在的自然性、客观性、物质性。其结果把体育教学变成单板的技能传授与刻苦的标准训练，把体育学习变成了“只认技能不认人”的灌输和规训，失去了体育学习懂会乐的因果性和目的性的统一。没有能实现在体育活动中能通过人与对象的关系展开自身的存在，使自身成为对象，对象成为自身。在体育学习中通过体育主体对象化的活动来证明自己、领会自己。正如学者毛振明在《体育教学改革新视野》一书指出：体育学习与培养仅仅满足于一般传授技艺与增进体能。体育文化“懂、会、乐”的意义和体育人化的崇高境界却被淡化和遗忘了。不可否认传统体育教学也为学习者带来满足于自身增强的成果陶醉，引发学习者在不受肉体的影响下也能真正进行锻炼，但对象的投射还是不能排除其还是把增强体质视为目的。正如有学者指出，体育课的一切感觉都被简化为肉体的收获，技能雕刻的占有。犹如商人们

只关注钻石的交换价值，而看不到它的美。导致学校体育教学的指导和培养只是把人变成了勇士，没有使人成为人。”

（2）对传统学校体育教学的讨论。前文指出受19世纪工业革命发展的驱动，学校体育选择工具性为标签，以追求体育技能的标准为主导，以注重身体增强为目标；以统一进度、统一模式、统一方法和统一要求为教学形式；灌输以集体的形式进行，强调外在规则的权威，规训受教育者作为受体出现，把外在目标的实现作为体育教学的活动重心，把考试结果作为衡量学习者幸福的尺度，把学生的个体意志的养成施加以集体代表评判为转移。在当时来看，显然这一目标推动了教育大众行的进程，其价值是具有科学性的。它把体育从属于私人领域转变为学校公共领域所有；从以培养贵族走向培养公民，从过去注重少数人转向面对大众。其目标是符合工业社会文明的规律和趋势的，这对于改变自然散漫的私塾教育无疑是一个巨大的进步。但是从今天的眼光来看，传统体育教学观是有所偏失的。因为这种同质的学习方式模式，造成享有运动优势的学生无从得到发展和满足。同时统一标准的教学与考核影响了一些学生的自信、学习动机和态度，使得他们产生失败感，厌弃体育学习、讨厌体育运动，给未来终身体育可循环增添危机。它的代价一是牺牲了个别化的教学，二是脱离了对人的关照，三是压抑了人的个性发展。这一二律悖反的现象，同时也揭示出其教学价值的长处所在，可能正是它的短处产生的根源。正如马克思曾说“每一个原理都有其出现的世纪”。一个时代的理论总是受到它的时代精神的影响。与当年毛泽东的“实事求是”，邓小平的“发展是硬道理”一样，教学的发展也是一个具有鲜明时代特征和现实针对性的理论概念。其形成也是伴随着历史履迹社会文明演化的阶梯上升而日益丰实的。因此，不能以传统学习方式的缺陷而否定其存在的贡献。传统学习方式并不完全是谬误、只是它在张扬科学知识一面的时候，遮蔽了另一面掩盖了人的主体性、能动性。曾如赫伯特·马尔库塞在《理性和革命》一书中所说，“发达工业文明的内在矛盾正在于此：其不合理成分中存在于合理性中。”

（3）对传统学校体育教学的思考。托马斯·库恩在《科学革命的结构》一书中告诉我们，通常判断一个学科的属性有三种形态。首先界定它研究的对象是以什么形态存在的，其次看它是通过什么方法实施的，再次筛选它的价值判断追求的结果是什么，最后做出主体判断它的学科归属于什么路向。以此为依据判断可以发现受时代的制约，一是工业革命时期的学校体育教学的对象形态强调社会工具属性的一面，体育活动的目的在于使个体的人服从社会的要求，主张按照社会的需要来塑造个体的行为，把体育学习过程视为个体社会化的过程。二是其方法实施采用的是统一模式教学，统一课程内容教学，统一考试标准评价。使学对教保持着一种被动的状态，学习方式就是遵循教所设计、规定的道路行进，按照教所提供的“模子”塑形。三是显然在这一进程中学校体育追求的工具性价值掩蔽了对个性价值的尊重。学校体育教学活动服从于统一的制度规定和标准化设计，人变成了客体而不是主体。时代的进步告诉我们，人的发展不仅需要知识，还需要许多其他的东西。如果紧紧围绕人的某一素质去发展是偏颇的是不完整的。今天，我们能够充分体会到这一进程的弊端，尽管此时期的学校体育教学属性具有促进人的发展和社会发展的双重功能，但由于社会工具性的阴影太长太大，摧毁了促进人的个性化成长。其知识传递、技能训练和道德训教以机械化、工业化的逻辑为标准，如此的结果抹杀了个性化潜能得以充分发展的可能。

2. 新知识经济时代体育教学的视域与范式

纵观人类社会的发展史，人类实践活动可粗略地划分为两种向度，一种是外向度的实践主要以物质生产、物质交往等形式，即“外部实践变革改造世界”。另一种是内向度的实践主要以思想解放、思维创新，即“主观世界的变革改造世界”。在工业文明时代，人依附于物，社会的每一次进步总是需要靠外向度实践的前进而拉动。然而，当时代跨越工业文明，迈步进入知识时代时一切迥然，社会从劳动解放转向人的解放。个性化的浪潮一跃而成为时代腾飞“最富革命性、创造性、主导性的生产力，成为拉动人类世界飞速发展的动力系统。”恰如未来学家阿尔温·托夫勒认为，工业社会的特点是标准化，而知识社会的特点是个性化、多样化、创造性、自主性。由于这一视界的萌新与我们今日人类的生存和命运息息相关的，都是人类要生存和发展下去所要亟待解决的问题。其影响也不可避免地波及”以人的发展为基础的教育领域。引发人们惊讶地发现在教育圣坛上却没有个性化人的存在，这不能不促使人类检讨这一损害。翻转从外向性知识的存在走向内向性知识的思考，从根本上颠覆了人类旧有教育的标准化、统一化的永恒绝对理解方式。要求教育提供更多的个性选择，给予更大的个性化知识支配。曾如美国学者库姆斯在《对现代教育的挑战》一书中提出的，“现代教育满足人类的物质性需要，知识经济时代的教育则更多地满足人类的精神性、文化性和个性选择的需要。”

（1）新知识经济时代体育教学的视域。这一“思想范式”打破了学校体育大一统的教学方式，颠覆了传统学校体育关于教育的解释。燃犀学校体育教学反思质疑 20 世纪以来的体育教育和课程基础，解构学校体育教学范式的转换，以重建适合新世纪基于个人发展的体育课程为己任。这一思路分野，使学校体育由寻求普遍性的教育规律走向寻求个人情境化的教育意义。推使学校体育从简单提高人的自然性存在概念的内容变为丰富个性化有意义的生活概念的内容的迈进。从教育“人”的角度来看，学校体育的任何一种规定都涉及人及其活动。因此，不能离开人的活动来理解和把握证明。因为它不仅影响着人未来的生存和发展，而且还制约着人的主体活动的要素。正如马克思在《费尔巴哈的提纲》中指出的：“社会生活在本质上是实践的。”因而，21 世纪体育教学视域——应以人的完整性和全面发展为核心，满足全体学生对体育学习高质量、多样化的广泛需求，为每一个学生提供适合的体育运动方式。鼓励个性发展，让每个孩子的运动潜能都能得到充分发展，养成他们终身体育的观念、能力与终身享受体育运动的乐趣，为人的全面发展增砖添瓦。形成与新世纪发展要求相适应的体育教育机制，缩小我们学校体育同发达国家主要在质量上的差距。使中国学校体育的教学质量达到世界先进水平，解决一句话“人人上体育课并不等于人人享受体育课”的问题。曾如德国人文学家恩斯特·卡西尔所言，“如果没有去把握它的核心实质和本真形式的意愿或能力，充其量不过是仅仅从表面借取一些个别因素，那么这些因素不可能转化成真正的生成能力或动力。”

（2）新知识经济时代体育教学的范式。如果说工业革命时期学校体育教学观第一次从行动上肯定了人物质的身体性发展价值，那么新知识经济时代的学校体育则是第一次在理论上确立了个性化教学的崇高。使体育教学活动不再是仅以集体直觉为基础，使个性化学习成为学校体育教学围绕的“太阳”。因而，21 世纪的体育教学范式一就是为全体学生提供更加广泛、多样、灵活学习体育的机会和平台，努力保障全体学生终身体育的养成。为此，体育教学应是因人而异、因材施教，尊重个性差异，弘扬个性。即体育教学更多的时候需要实施的是区别对待，而不是一视同仁，从而确保每个个体在个性潜能上都能获得充分发展。而非像传统体育教学的诟病——生产流水线式地千篇一律的一个标准。诚如学者李秉德所论，“它不仅是现代学校教育的一种努力目标，更是未来学习化社会所必需的一种理念，从而也成为现代教学论的精神之一。”

为此，“以学生为主导、教师为主体”成为体育教学的核心价值观，“学生的需要是第一需要”成为体育教学内容选择的主导，“为学习而设计、为理解而掌握”成为体育教学的思想，分层教学、多元教学成为衡量体育教学方法的根本标准，既重视过程又重视结果成为体育教学评价的追求。点燃把教推向学，支援学习者基于自身意义发现而展开的学习。尽力在教学中建立自由学习的度、见意自主学习力量的释放；引发着眼于形成个性“知识传递”的教学环境，展开关注学习者“潜能”存在的多样化、多类别、多层次的“选项”教学、分层教学等个人理解的自主建构。告诫我们体育学习不是标准化的统一，体育学习不存在差生，每个学生都有自己的学习领域，有自己的学习类型和认知风格。只要根据学生的喜爱去教学，有意义的学习就能发生，学生终身体育的行为就可能养成。从而实现知与行的统一，“学而时习之，不亦说（悦）乎”让学生获得的愉悦的情感体验。如果说传统体育教育更多的是从“如何教”的角度强调体育教育的话，那么新体育教育观则是从“如何学”角度进行体育教育的探讨；在指向对象方面，传统体育教育解决的是教学组织设计的逻辑问题，而新教育观则从知识与人、知识与生活、知识与社会，燃犀体育教学的集体性与个性化体育教学的融合和建构。把学习内容的情趣美和着力于教学过程的组织体验下，燃发学生形成运动体验的乐趣和成功进步的可循环感觉。正如苏霍姆林斯基所说：“建立学习跟知识之间的和谐，是学校面临的最重要的实际和理论问题之一”。

四、我国学校体育教学的路向、问题与展望

1．我国学校体育教学的路向

（1）学校体育教学目标向多元性、多层次性、多水平性方向发展，以适应社会发展对人才培养的需要。

（2）学校体育教学体系向符合国情、具有民族资源特色的方向发展，实现体育教育中国化的任务。

（3）学校体育教学的竞技性、健身性、休闲性、娱乐性、社会性、生活性将更进一步的显现，体现以学校体育人为本和人文性的回归。

2．我国学校体育教学研究的问题

（1）对国外新教育理念吸收不够，历史经验的继承不强；未能化解我执，实现“马克思主义中国化”的飞跃。即“主义”可以拿来，“问题”必须是土产的。鼎新广大教师“登高望远”脱掉旧教学认知的外套，会通对“21世纪新体育教学本质”的认知。形成教育实践的新视阈，构筑起教育实践的新行为。

（2）揭示教学问题性、缺陷性、错误性研究较多，针对教学方法、教学组织、教学设计的科学应用研究较少。造成适应与满足新体育教学实践的方法与手段不多，未能为广大教师开辟“教学智慧”，“减少教学障碍、增加教学良机”，避免低效、无效甚至负效教学行为的产生提供指导和参考。破茧广大教师在新课程实施中出现的正确与迷误、求新与偏见一起增长的“困惑“。

3. 未来学校体育教学的展望

（1）对现代教育理念和成果与我国历史间距的“马克思主义中国化”认识得更深刻、更全面，为持续推进素质教育的实施与21世纪体育新课程的逐力推进提供支撑。

（2）学校体育课程实践改革的本土化、区域化、特色化路向将更加鲜明，全面推进“为学习而设计”，“为理解时刻而教”，“学习的自由度”，“个性化分层教学”等一系列知识传递的新环境，支援基于学习者自身意义发现而展开的学习，在一个更高的层面上切入实践指导教学。

本文以传统与现代体育教学方式的变革与构建为主题，从历史演进的角度探讨传统与现代体育教学视域和范式的本质、区别与特征，深化其在新世纪体育教学的认识。力求以“新认识论”的视角，对仍然误导着教育的以“教”为主的认识论作深刻反思。试图把学校变成一个个性化快意的场所，使学科教学获得存在的意义。纠正传统的弊端，开拓原来狭窄的看法，走出知识论、工具论的误区。恰如马克思对旧唯物主义批判时指出的：“从前的一切唯物主义——包括费尔巴哈唯物主义的主要缺点是：对事物、现实、感性，只是从客体的或者直观的形式去理解，而不是把它们当作人的感性活动，当作实践去理解，不是从主观方面去理解。”

同时这一思考投射俯拾出教学方式的变革实质上是长青的，它随着社会进步和人类发展从局限走向超越，不断丰实从一座高峰走向另一座高峰。拍照出体育教学活动不是纯粹的客观现象，不同时代烙印着不同的价值追求，对其理解要释义科学的扬弃。正如列宁所说，“我们的学说不是教条，而是行动的指南。”

第十三章　学校课外体育活动及课余体育竞赛管理

学校体育活动不仅包括课堂教学活动，还包括课外体育活动和课余体育竞赛活动，这些活动都是学校教育的重要组成部分。课外体育活动和课余体育竞赛对于增强学生体质、促进学生身心和谐发展、提高学生社会适应能力等方面发挥着重要的作用，加强对这些活动的科学管理有助于充分发挥其对学生的积极影响。本章主要就学校课外体育活动及课余体育竞赛管理进行分析与研究，主要内容包括学校课外体育及课余体育竞赛的基本概论、组织与管理、发展及完善。

第一节　学校课外体育与课余体育竞赛概述

一、课外体育活动概述

（一）课外体育活动的概念

课前、课间和课后在学校范围内进行的，以全体学生为对象，以促进学生生长发育，增进学生健康，满足学生多种身心需要为目的的体育锻炼活动就是所谓的课外体育活动。

学校开展课外体育活动主要是为了促进学生身体、心理和社会适应能力的全面与协调发展。

（二）课外体育活动的特点

1. 多样性

课外体育活动内容丰富多样。学校不仅要统一计划与安排课外体育活动，还应在充分考虑学生兴趣和爱好的基础上开展多种形式的体育活动。目前，既适应时代潮流、又迎合学生的锻炼和参与兴趣的新兴体育运动项目在学校不断涌现，这些运动形式和内容值得向广大师生宣传与推广。

2. 多向性

课堂体育活动的目的任务具有多向性。通过开展体育课外活动以完成学校体育的任务，达到学校体育的目的。不同学生参与体育锻炼的目的不同，常见的参与动机有强身健体、提高技能水平、通过考试等，这是课外活动的目的任务多向性的主要表现。因此，学校通常通过建立一系列的规章制度，采取相应的措施，使每一名学生都能积极参加各种课外体育活动，从而提高学生的身心健康水平。

3. 灵活性

体育课外活动的灵活性具体是指课外活动组织形式应该是灵活多变的，这一特征是由课外体育活动的性质决定的。

不同学生之间存在明显的个体差异，因此要想统一开展活动是不切实际的，这就要求学校应采用灵活多样的课外活动组织形式来满足不同学生的需求。体育课外活动的性质决定了其形式的灵活性。

二、课余体育竞赛概述

（一）课余体育竞赛的概念

课余体育竞赛指的是在课余时间进行的，以运动项目、游戏活动、身体练习为内容，以争取优胜为目的，在校内、外组织学生进行的，根据正规的、简化的或自定的规则所进行个人或集体的体力、技艺、智力和心理的各种运动竞赛活动。

课余体育竞赛是学校课外体育的重要组成部分，通过开展学校课余体育竞赛，能够实现学校体育目标，推动学校群众性体育运动广泛开展，增强学生体质，加强教师和学生之间的交流，提高学生的团体意识、竞争意识与运动水平，激发学生的体育热情，提高学生的社会适应能力。总之，课余体育竞赛在推动学生全面发展方面发挥着重要的作用。

（二）课余体育竞赛的特点

课余体育竞赛与课余体育训练既有着一定的联系，又相互区别。在特点方面，课余体育竞赛与课余体育训练也存在着相同与不同之处。课余体育竞赛的特点主要有以下方面。

1. 课余性

课余性是课余体育竞赛的一大特点，也是课余体育竞赛与其他运动竞赛的一个重要区别。学生是课余体育竞赛的主要对象，其以学业为主，只有在完成学习任务的基础上才能参与课余体育竞赛，因此课余体育竞赛一般在课余时间或节假日举办。

2. 教育性

课余体育竞赛是学校体育教育的重要组成部分，学校具有教育性特点，课余体育竞赛通过比赛的形式，促进与推动学校各项体育活动的开展，培养学生的团队精神和拼搏精神，使学生养成遵守纪律的好习惯，因此也具有教育性。

3. 多样性

多样性既是课余体育竞赛的特点，也是对课余体育竞赛的基本要求。课余体育竞赛的运动项目较多，不同项目的竞赛采用不同的组织形式、场地、器材和比赛方法，这体现了课余体育竞赛的多样性特点。

课余体育竞赛要想吸引、鼓励更多的学生参与进来，必须做到多样性，不仅要内容丰富多样，还要采用多样化的组织形式，并在参加办法、记分方面不断完善与创新，提高课余体育竞赛的质量。

4. 群众性

群众性是课余体育竞赛的另一特点，与其他运动竞赛不同，课余体育竞赛是为了增强学生体质而开展的，是面向全体学生的，因此全体学生的需求是有关部门在举办课余体育竞赛时需要重点考虑的因素。课余体育竞赛运动项目的设置，以及规则的制定都要从全体学生出发，为学生参加竞赛提供机会与便利。学校开展课余体育竞赛，希望大多数学生都能够参与其中，体现了群众性特征。

第二节　课外体育活动的组织、实施及管理

一、课外体育活动的组织与实施

课外体育活动的组织与实施是一个系统的操作过程，具有自觉自愿为主、强制规定为

辅和宏观调控指导、微观自主开放的特点。与体育课堂教学相比，学生在课外体育活动中具有很大的自由度，自觉、自愿、自主、积极、主动、灵活始终都是课外体育活动的主基调。但是，这并不意味着课外体育活动可以放任自由，相反，作为实现学校体育目标的重要途径，必须加强对课外体育活动的宏观调控指导，为课外活动制定计划，对学校有限的体育资源进行合理配置，提高课外体育活动的实施效率，达到预期目标。

（一）课外体育活动的组织形式

1. 全校性活动和年级活动

全校课外体育活动一般规模较大，能够产生巨大的影响。全校性活动便于统一领导和指挥，督促、检查、比较、评价等工作的实施也比较方便，有利于班级、年级之间的相互学习、相互促进，有利于针对全体学生进行爱国主义教育和集体主义教育，有利于加强纪律性教育，培养学生的集体荣誉感。

全校性活动内容的选择余地并不大，这主要是因为受到场地、组织方式、学生个体差别等因素的影响。一般来说，早操、课间操等都属于全校性活动。场地较小，组织全校性活动有困难的学校可考虑以年级为单位组织课外活动。

2. 班级活动和小组活动

生动活泼、灵活机动、受限制因素少、方便组织与管理、选择余地大及锻炼效果好是班级活动和小组活动的主要特点。班级体育锻炼活动以教学班为单位，负责组织的主要是教学班的体育委员，其他班干部协助、配合体育委员的工作。体育教师和班主任主要发挥指导和辅导作用。

小组体育锻炼活动可按学生班级自然分组，也可以学生性别、体质情况、兴趣爱好等因素为依据进行分组，如成立足球组、羽毛球组等。各组配备体育积极分子任组长，带领小组开展活动。可根据不同季节、场地器材等条件灵活地选择与安排班级活动和小组活动，游戏、做操、长跑、球类、游泳等是常见的活动内容。

3. 俱乐部活动

校园内的体育俱乐部活动是近些年来出现的课外体育活动组织形式，其有两种类型，分别是单项俱乐部和综合俱乐部。有组织与管理、有专人指导、有经费支持、具有一定的导向性、活动效果好、深受学生欢迎是学校俱乐部活动的主要特征。

学校一般根据自己的硬件设施、师资力量、体育传统优势等因素筹建俱乐部。筹建俱乐部的资金来源主要包括学校下拨经费、参与俱乐部的学生缴纳的会费以及社会赞助。学生根据各自的兴趣爱好等需求自愿加入俱乐部，参加符合自己特长和要求的体育锻炼活动。

有些俱乐部活动带有课余体育训练性质，有些是为了提高技术水平而开展的，还有一部分纯粹是为了娱乐而开展的，学生可根据自己的活动需求选择性地参与。

4. 小团体活动

小团体是指有共同体育兴趣爱好和特长的学生自发组成的体育锻炼的集体。小团体成员可能是本班同学，也可能包括其他班同学，甚至一个团体中有来自不同年级的同学。这是小团体活动与小组活动的主要区别。

小团体的组织比较松散、自由、经济，成员数量视情况而定，相对不固定。团体成员往往有着共同的目的、兴趣爱好和特长，因此自发组织起来，共同开展体育活动，互相交流、切磋技艺，相互促进与提高，并获得成功和快乐的体验，建立和谐的人际关系。

小团体活动在学生的课外体育活动中占有重要的地位，不能被其他组织形式所替代，它有利于促进学生体育兴趣的形成和发展，促进学生良好锻炼习惯的养成，培养学生的终身体育意识，是学生在身体、心理、社交等方面发展的良好载体。

5. 个人锻炼活动

个人锻炼活动是指学生个体根据自己的兴趣爱好和需要，按体育锻炼的方法要求，自觉自愿地选择相应的体育锻炼项目，在课外单独进行的体育锻炼活动。个人锻炼活动体现了学生的体育意识觉醒，有利于促进学生体育兴趣的形成和发展，有利于巩固学生的体育锻炼习惯，有利于实现学校体育的终极目标。

一般来说，自觉参与体育锻炼的学生对体育的兴趣比较强烈，个人在体育知识、运动技术技能、身体素质等方面有一定的基础，常常是班上的体育积极分子。因此，体育教师要积极做好引导工作，扬长避短，充分发挥他们的特点，以达到以点带面、整体提高的功效。个人锻炼活动对内容的选择相当广泛，这与个体兴趣、爱好、需求的多样性有极大关系。

需要指出的是，个人锻炼活动与集体活动在一定程度上互相促进，互相转化，二者并不矛盾，不存在排他性。

（二）课外体育活动工作计划

课外体育活动工作计划是全校体育工作计划的重要组成部分，它为课外体育活动的开展指明方向，有利于初级学校体育工作目标的实现。此外，课外体育活动也是学校课外活动的重要组成部分，且涉及学校宣传、后勤等相关部门，因此要想顺利实施课外体育活动工作计划，就需要相关部门密切沟通和合作。

1. 全校性活动计划

一般来说，学校体育教研室或体育教研组会在总结过去学年或学期经验及广泛听取各方面意见的基础上对全校性课外体育活动计划进行制定，制定后报学校主管领导批准，然后开始执行。全校性课外体育活动计划可以是一个学年或学期的计划，主要包括以下几方面的内容：

（1）课外体育活动的指导思想与目标。

（2）早操、课间操、大课间活动的内容及组织措施。

（3）年级活动、班级活动和体育俱乐部的宏观安排。

（4）学生体育干部的培训提高。

（5）体育素质的测试安排。

（6）宣传教育、检查评比工作的落实等。

2. 年级活动计划

对规模较大、学生较多的学校适合制定年级课外体育活动计划，通常是体育教研室或体育教研组负责整个年级体育教学的教师和年级主任或组长协同完成年级活动计划的制定。学校课外体育活动的计划以及本年级学生身心发展的特点、体育基础、运动水平等是制定计划的主要依据，关键是将学校课外体育活动计划细化，并安排适合本年级学生特点的课外体育活动。

3. 班级活动计划

为了落实学校活动计划或年级活动计划，需要由班级体育委员会制定班级课外体育活动计划，该计划是具体实施方案，在制定时，由班主任、体育教师指导，还要征求全班同学的意见和建议。班级课外体育活动计划的实施有利于推动学生的课外体育活动的开展，有利于使“每天一小时体育锻炼”成为现实。班级活动的时间、场地、器材等一般需按学校总体进行安排。

该计划的内容主要包括：活动的目标；活动的内容和形式；活动小组的划分；检查评比方法等。

4．俱乐部活动计划

作为近几年涌现出来的课外体育活动组织形式，校园内的体育俱乐部活动趋向于自成一体的组织。但总体来说，它仍然是学校课外体育活动的一部分，也必然要在学校课外体育活动的计划框架内运作。俱乐部的活动计划由专门人员制定，制定活动目标、任务时，安排运营方式、人员和进行经费预算时，合理配置场地器材设备时，都需要根据学校体育工作的总体规划和课外体育活动计划而确立。由于俱乐部承担着多种任务，它的计划相对较复杂，需要统筹兼顾。

5．小团体活动计划和个人活动计划

小团体活动和个人活动自由度较大，不容易规范管理，因此缺乏计划性。小团体时聚时散，在很大程度上是随意的，无计划可谈。一般来说，体育教师可通过指导、咨询、协调等形式介入其间，尽可能做到有求必应，有叫必到，并鼓励、启发学生有序有计划地进行锻炼，并长期坚持下去。

体育教师要耐心引导学生个人的活动，启发学生根据班级课外体育活动计划，结合自身实际，有针对性地安排锻炼计划，个人活动计划的内容主要包括个人活动的目标、场所、时间、内容以及方法等。

（三）课外体育活动的实施

制定好课外体育活动工作计划后，要科学地加以组织与实施，课外体育活动的实施是动态而又系统的过程，需要多个部门一起协调配合才能完成。通常，课外体育活动的组织实施包括以下几方面的工作。

1．确立实施制度和工作规范

主管校长召集相关部门根据学校课外体育活动计划确定实施制度，并将这些制度纳入学校作息时间内规范管理，从而保证各项制度能够有效地实施操作。与此同时，还应建立相应的工作规范。

2．明确职责和工作范围

（1）校领导职责和工作范围。作为全校课外体育活动的总负责人，校长或主管校领导要亲自参与晨操、课间操、大课间活动等全校性课外体育活动，身体力行地鼓励学生积极锻炼，同时可以深入一线对课外体育活动开展情况进行了解，以便发现和解决问题。

（2）班主任职责和工作范围。作为各班级课外体育活动的负责人，班主任具有非同一般的感召力，因此必须在课外体育活动的实施中积极发挥自己的作用，通过教育、鼓励、引导和督促等形式，使学生积极参加活动。班主任的具体职责包括以下几点：

①了解和掌握本班学生的运动兴趣、运动习惯、基础水平及体育特长等情况。

②协助学生干部组织本班学生按时出操或开展其他活动。

③维持本班级纪律和秩序。

（3）体育教师职责和工作范围。作为课外体育活动的业务工作责任人，体育教师具体负责实施方案的编制和落实。具体的操作包括以下几点：

①安排全校晨操、课间操、大课间活动等活动内容。

②选择乐曲，带操等。

③负责班级活动场所及进退场安排。

④协助班主任组织所带年级的活动等。

（4）学生干部职责和工作范围。共青团、少先队、学生会、班级以及学生体育协会等组织中的骨干都是学生干部，他们直接影响着课外体育活动能否顺利实施。学生干部必须以身作则，组织并带动学生积极主动地参加课外体育活动。

3．编制实施方案和落实方案

（1）编制实施方案。全校性的课外体育活动应根据课外体育活动计划，由体育教研组（室）负责人协同全体体育教师编制具体实施方案，征求各方面意见后报主管校长，获得批准后才可实施。年级课外体育活动实施方案则应由年级体育教师会同年级主任和各班班主任协商编制。

（2）方案的实施。课外体育活动操作实施的实质就是从领导到教师，各司其职、各尽其能，扎扎实实地把课外体育活动的具体实施方案付诸实践的过程。在这个过程中，领导负责统领全局；班主任负责组织、引导和督促；体育教师负责指导、协调和组织。

二、课外体育活动管理

（一）课外体育活动管理的概念

课外体育活动管理指的是保证学校体育目标的实现，对学校课外体育活动进行领导、计划、组织、控制和创新的综合过程。

（二）课外体育活动管理的内容

课外体育活动管理分为常规管理和项目管理。

1．常规管理

常规管理是指针对学校课外体育活动的常规工作进行的管理，主要包括对“两操”、体育场地器材、体育社团的管理等。

常规管理应该注重组织设计、制度建设和检查评比等。

（1）组织设计。规模较大的学校可设立专门的课外体育活动组织管理机构，如群众体育领导办公室对学校课外体育活动统一组织管理。

（2）制度建设。制度建设是指对课外体育活动的各项基本制度（“两操”制度、课余锻炼制度等）进行制定并实施，为开展课外体育活动制定行为规范。

（3）检查评比。学校在每学期或学年都应对课外体育活动展开检查与评比工作，从而更好地督促学校课外体育活动的开展。

2．项目管理

项目管理是指针对学校课外体育活动的大型项目开展的管理，如学校阳光体育活动、体育文化艺术节等。单次性、独特性和目标明确等是项目管理的主要特点。

项目管理需要做好项目策划、项目监控和项目评估工作。

为了更好地实行项目管理，可以引进项目管理的综合性工作分解结构，以可交付成果为导向对项目要素进行分组，它归纳和定义了项目的整个工作范围，每下降一层代表对项目工作进行更详细的定义。在一定意义上，工作分解结构规定了一个项目实施的步骤和基本要素，是一个项目实施的标准版本。无论在项目计划中，还是在管理中，工作分解结构总是处于计划过程的中心，制定进度计划、风险管理计划、采购计划，进行资源需求分析、成本预算等都要以此为基础。

在学校课外体育活动管理中引进项目管理工作分解结构，应总结活动的基本过程，在相关人员参与的情况下，对课外体育活动实施的每一个步骤和相关要素进行制定与明确，形成课外体育活动的标准模板，为学校课外体育活动的顺利开展提供有价值的参考与依据。

（三）课外体育活动管理的过程

课外体育活动管理的基本过程包括以下几个方面。

1. 领导

课外体育活动内容丰富多样，形式各有特点，既有校内活动，又有校外活动，既涉及全校和班级活动，又涉及团体和个人活动。因此，要将课外体育活动管理好，需要组建领导机构。课外体育活动的全校性管理和专业化管理的问题是组建领导机构时需要考虑的主要问题，全校性行政管理部门是主要负责承担领导机构的组织，体育教研部门人员是领导机构的重要成员。可在全校体育管理机构（学校体育工作部）下设课外体育活动部门，体育教师和班主任是该部门的主要成员，主要负责指导学生参与课外体育活动。

2. 制定计划

学校体育设施条件、学生的体育兴趣、学校作息制度、体育教师的情况等是制定课外体育活动计划时需要综合考虑的几个重要因素，只有协调各种因素的综合作用，才能提高课外体育活动计划的趣味性、灵活性、自主性和有效性。

制定学校体育计划可以从以下四个层面进行考虑：

（1）国家层面或者省市层面的课外体育活动计划。

（2）全校性的课外体育活动计划。

（3）班级性课外体育活动计划。

（4）学生课外体育活动计划。

3. 组织

组织与实施课外体育活动需依照课外体育活动计划，在课外体育活动管理机构的领导下进行。具体内容包括以下几方面：

（1）宣布计划。将已经制定好的课外体育活动计划告知教师和学生。

（2）确定制度。对有关课外体育活动的制度如考勤制度、检查制度和奖惩制度等加以制定与明确。

（3）明确工作职责。课外活动由学校体育管理部门牵头，班主任作为组织负责人，体育教师作为业务负责人，各级学生社团积极参与，对工作机制和每个人的工作职责要明确。

（4）组织实施。管理人员和教师身体力行，鼓励学生积极参与课外体育活动。在组织与实施课外体育活动的过程中，体育管理部门、学校职能部门、各院系、班级、社团都要互相沟通与协作，促进这项工程的顺利完成。

4. 控制

在课外体育活动开展过程中，要妥善处理受各种因素影响的变动性，科学控制课外体育活动，保证活动效果。控制要依据课外体育活动计划和相关制度规定，及时检查评估课外体育活动的每一个环节，发现问题及时纠正，以保证课外体育活动的顺利实施。

监测学生体质健康状况是控制课外体育活动的一个重要手段。在监测中，可借助《国家学生体质健康标准》的测试进行。各级各类学校每年都要开展学生体质健康测试工作，如果做好全国性的统筹管理，就可以将监控“化整为零”。也就是各级各类学校每年自行开展体质健康测试，向全国学生体质健康标准数据管理中心上报测试数据，形成全国性学生体质健康数据库，从而对学生体质的动态状况进行更好的把握。

为了更好地运用体质测试这一监控手段，教育部应规定较集中的《国家学生体质健康标准》测试时间和数据上报时间，并保证数据的准确性，从而为学校体育工作的开展提供可靠的依据。

第三节　课余体育竞赛的组织与管理

一、课余体育竞赛组织管理概述

（一）课余体育竞赛组织管理的概念

课余体育竞赛管理指的是将课余体育竞赛的各种资源整合起来，最大限度地发挥资源的合力作用，高效达成课余竞赛目标的活动过程。在学校体育工作和体育事业发展中，课余竞赛具有极其重要的地位，因此做好课余体育竞赛管理工作是非常必要的。

（二）课余体育竞赛组织管理的内容

在课余竞赛管理中，首要问题是对管理主体和客体进行明确。竞赛的管理部门、组织实施部门和参加部门是课余体育竞赛的主体，客体就是竞赛，管理主体围绕课余体育竞赛开展管理工作。课余体育竞赛是一个复杂系统，为了对课余竞赛管理的实质进行更清晰地分析，需要划分管理内容的类型，因为课余体育竞赛管理的客体是一致的，所以主要以课余竞赛管理的主体为依据进行分类，但是管理的主体却具有差异性，因此，根据管理主体的不同，可以将课余体育竞赛管理分为外部管理（管赛）、组织管理（办赛）和内部管理（参赛）。这些工作分别由竞赛管理部门、组织实施部门以及参加部门负责。

二、管赛：课余体育竞赛外部管理

课余体育竞赛的外部管理是指校外学校体育管理机构对学生体育竞赛进行计划、组织、领导和控制的综合活动过程。政府行政部门和相关社会团体是主要管理主体。

（一）课余体育竞赛的管理机构

我国学生运动会的主办单位一般是教育部、国家体育总局、共青团中央，教育部学生体育协会是协办单位，当地政府是承办单位。因此，课余体育竞赛的主管部门主要包括政府部门（教育部和国家体育总局）和社会团体（共青团中央和教育部学生体育协会）。

以上管理部门各有自己的职责与工作范围，教育部是学生体育竞赛的主管部门，教育部学生体育协会是学生体育竞赛的授权管理单位，国家体育总局以及国家体育总局下属各个项目协会是课余体育竞赛体育业务指导部门，共青团中央是课余体育竞赛的青少年工作业务指导部门。

课余体育竞赛管理机构如图 13－1 所示。

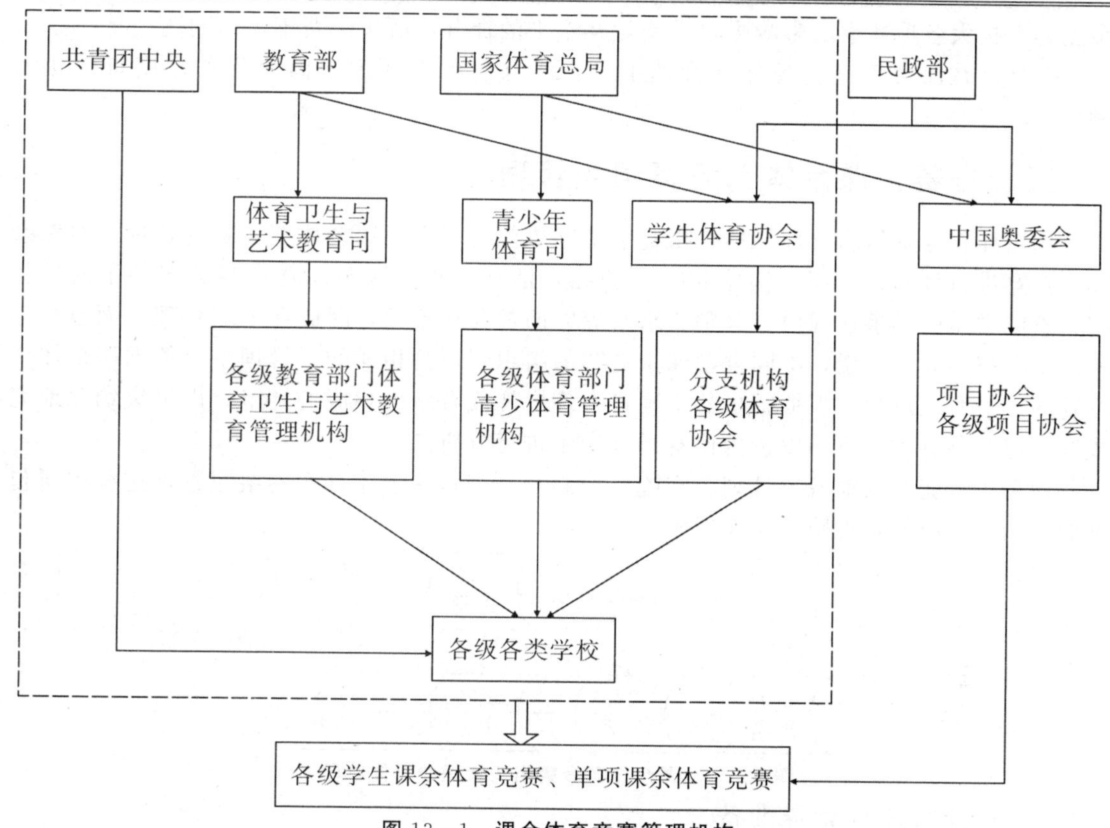

图 13－1　课余体育竞赛管理机构

（二）课余体育竞赛外部管理的优化

1．健全管理机构，优化管理系统

完善教育部学生体育协会的管理机构，依据竞赛管理职能，借鉴国外经验，科学设置职能管理部门。优化设置单项分会，在学生中开展广泛、具有良好群众基础的项目时都应设立单项分会，尤其是中学生体育协会的单项分会应该继续增设。

2．改革竞赛制度，对教育系统和体育系统的青少年赛事进行整合

体育系统和教育系统竞赛的分离会导致竞赛目标的差异和专业队归属的纠纷，因此，只有将体育系统和教育系统的竞赛合二为一才能够解决问题。新的竞赛制度立足于青少年，使专业队回归学校，可以实现运动员“教育”与“体育”的结合。

3．加强学生体育竞赛的法制化管理工作

继续完善学生体育竞赛的法规建设，充分听取学校、教练员、学生的意见，增强参赛单位对竞赛法制的认可，对竞赛中出现的不良现象及时进行纠正，以增强学生体育竞赛开展的规范化。

4．强化落实学生体育竞赛的管理规定

（1）以国际比赛为导向，启用真正意义上的学生运动员参加国际比赛。

（2）对竞赛管理规定严格执行，使国内学生体育竞赛依法得到开展。

（3）对各项赛事进行监督与检查，严格惩处比赛中的违规现象。

5．增加学生体育竞赛的数量，建立学生竞赛体系

增加课余竞赛数量，开展市场化运作，将课余竞赛与职业联赛以及商业活动相结合，以大学生篮球联赛、足球联赛和排球联赛为突破口，教育部学生体育协会统一规划管理课

余竞赛，扩大各项赛事的影响力，带动竞赛水平的提升，解决经费不足的问题。

此外，在课余体育竞赛外部管理中，要注意避免出现过于商业化和过度行政化的倾向。

三、办赛：课余体育竞赛组织管理

课余体育竞赛组织管理具体是指赛事举办单位为了实现课余体育竞赛的目标，对课余体育竞赛进行计划、组织、实施和控制的综合活动过程。课余体育竞赛有多种不同的类型，不同类型的赛事在规模、级别、水平等方面都存在差异，因此在组织管理方面也会有所区别。但本质上来说，不同类型课余竞赛的组织管理是相通的，管理中可依据课余体育竞赛的一般管理过程，根据赛事的不同，合理增加或者减少相应的环节，以最集约化地完成赛事组织与管理。下面以校内比赛承办为主进行分析。

课余体育竞赛的准备、计划、实施、控制和结束是课余体育竞赛组织管理过程中所包括的五个具体阶段，如图 13－2 所示。

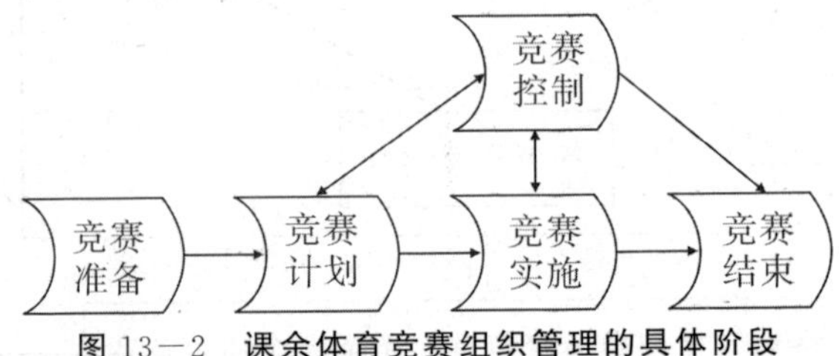

图 13－2　课余体育竞赛组织管理的具体阶段

（一）课余体育竞赛准备

课余体育竞赛准备是产生举办赛事的设想，分析设想的可行性，决定是否举办赛事并着手相应的准备。形成设想、环境扫描、可行性分析和举办准备是课余体育竞赛准备阶段的几项主要工作与任务，如图 13－3 所示。

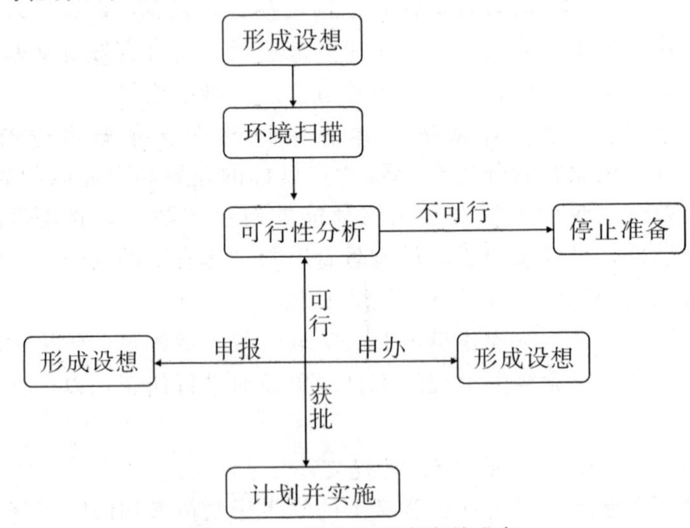

图 13－3　课余体育竞赛的准备

1. 形成设想

形成设想是举办课余体育竞赛的首要环节，举办课余体育竞赛有多种多样的原因，如增强学生体质、开展学校体育工作、提升学校影响力、选拔优秀的竞技体育后备人才等。在这些赛事设想和举办动机的指引下，需成立竞赛筹备委员会或领导小组，从组织上为竞赛准备打好基础，形成课余体育竞赛的管理主体。

2. 环境扫描

从管理学角度来看，环境扫描是指通过考察组织环境，搜集关于国际政治、社会、经济事务的信息和关于公共团体和个人意向转变的信息以及关于可能出现的国际市场动向的信息，以预测和解释环境正在发生的变化。课余体育竞赛的环境扫描是指获取有关竞赛的政治、经济、社会、教育、体育等信息，并分析这些信息，对学生竞赛举办的动向加以准确把握，对课余体育竞赛举办的机遇和挑战进行分析。

3. 可行性分析

课余体育竞赛的可行性分析包括以下四个步骤：

（1）确定目标。将举办课余体育竞赛的目标（竞赛目标、财务目标、促进学校体育工作的目标等）明确下来，将这些目标具体化。

（2）分析资源。对有利于实现课余体育竞赛目标的物质资源、人力资源和财力资源等资源条件进行分析。

（3）成本收益分析。根据赛事目标和相关资源，对实现赛事目标的成本与收益进行核算，以便控制成本，提高收益。

（4）考虑环境因素。对赛事举办中可能遇到的障碍以及预期实现的目标进行预测，全面计算、比较、分析，在此基础上对课余体育竞赛的举办是否可行进行论证。

4. 举办准备

课余体育竞赛的举办准备工作分为以下两类。

（1）有主办单位的赛事。这类赛事需先向主办单位申办，如全国大、中学生运动会以及各单项分会主办的年度单项竞赛。根据《全国学生体育竞赛管理规定》的要求，"申请承办全国大学生运动会、全国中学生运动会应当在上一届运动会举办前，向主办单位递交申请承办报告，并需附当地人民政府批复意见书、承办工作实施意向书、经费预算及经费保证。申办中国大学生体育协会授权的各单项分会主办年度单项比赛，应当上报年度竞赛计划，并向中国大学生或者中学生体育协会提供承办单位名称、比赛名称、比赛日期、地点、参赛队数、竞赛规程和经费条件，经批准后方可举行学生体育竞赛"。

（2）新组织或者没有主办单位的赛事。这类赛事应该根据课余体育竞赛的规模和涉及范围，向相应主管部门报批比赛，学校体育运动委员会是学校内部课余体育竞赛的主管部门，因此一般是向学校体育运动委员会报批。报批时，要严格遵循行政程序，提供相应竞赛材料和方案。

（二）课余体育竞赛计划

课余竞赛计划是指明确课余体育竞赛目标并规划与设计竞赛实施的过程。

1. 计划制定的过程

赛事计划的制定过程包括以下几个阶段。

（1）情形分析。情形分析主要是指分析外部情形和内部情形，一般采用 SWOT 分析法进行分析。其中，S（Strength）代表举办比赛具有的优势，W 代表举办比赛客观存在的劣势（Weakness），O（Opportunity）代表举办比赛的机会，T（Threats）代表举办比赛面临的威胁。

机会和威胁主要是针对承办赛事的外部环境而言的，主要包括政治、经济、社会、体育、教育等宏观环境。而优势和劣势主要是针对赛事承办单位内部环境而言的，包括财政资源、物力资源、人力资源、组织管理和后勤管理等内容。

（2）目标设定。依据情形分析结果，准确把握内外情形，在此基础上将竞赛目标明确下来。

（3）战略管理。战略管理是指从长远目标角度规划赛事。这一过程具体包括确定使命、目标和战略，分析环境，识别机遇和威胁，分析组织的资源和能源，识别优劣势，设计战略，实施战略及评估结果八个步骤。

（4）作业计划。作业计划是对课余体育竞赛的实施细节所作出的具体规定，包括行动计划和进度表，每一个作业计划有一系列目标的设置，完成与实现具体目标就可以促进整体目标的实现。

作业计划的要素主要包括竞赛计划、营销计划、财政预算、风险管理计划、人力资源计划、后勤保障计划和信息技术管理等。

①赛计划。主要内容包括通知下发、报名、注册、报道、比赛、裁判员、运动员、积分办法和奖励措施等。

②营销计划。主要内容包括制定营销策略、宣传与推广竞赛、征集赞助商、回报赞助商、纪念品和门票销售等。

③财政预算。主要内容包括收支预算和现金流预算。

④风险管理计划。指通过签订合同、购买保险、依据法律、申请许可等方法降低竞赛风险。

⑤人力资源计划。主要内容包括对工作人员、裁判员、志愿者进行招聘、培训和管理。

⑥后勤保障计划。主要内容包括安排竞赛场馆设施与器材、各种材料用具、医疗、餐饮、住宿等要素。

⑦信息技术管理。主要内容包括信息管理系统构建、通信、宣传、档案管理等。

为了将以上作业计划管理的工作做好，避免办赛过程中出现问题，一般采用流程图的方法，如图 13—4 所示的甘特图和如图 13—5 所示的网络分析技术图是最常见的两种流程图。

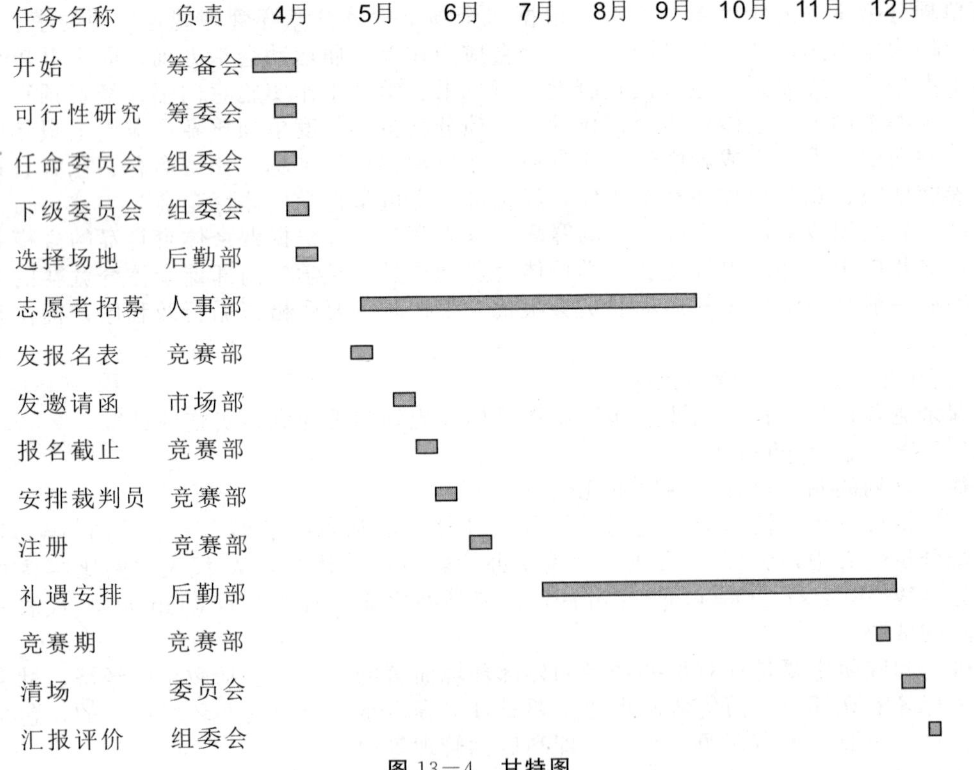

图 13—4 甘特图

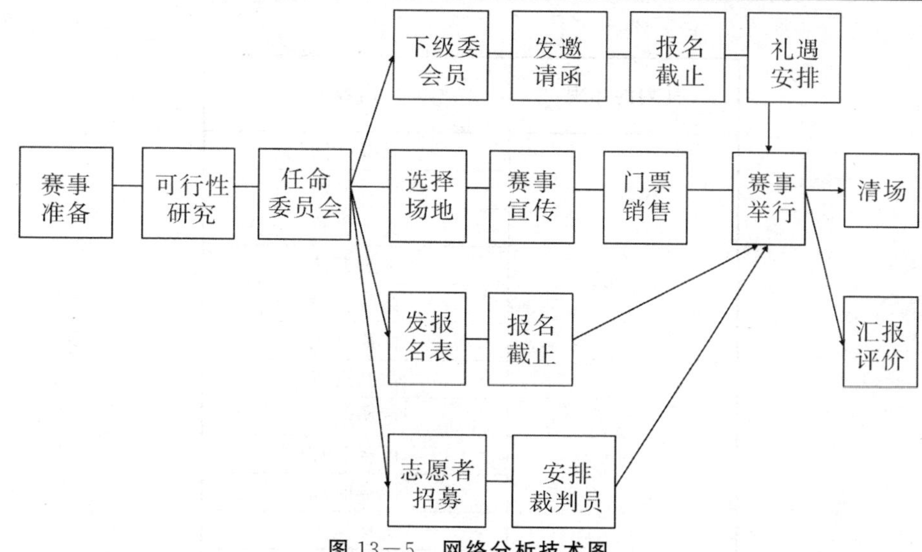

图 13－5　网络分析技术图

2. 计划制定的组织

竞赛组织委员会是课余体育竞赛计划制定的主体机构，因此在计划制定的组织环节，首要的工作是组建组织委员会，该组织主要负责比赛的领导、计划以及组织实施工作，并对竞赛的各种相关事项进行处理，促进竞赛的顺利举办。组织委员会首先要对竞赛工作部门（办公室、竞赛部门、接待部门、设施部门、纪律部门、财务部门、宣传部门和安全部门等）进行设立，并明确各部门的职责，然后配备相关工作人员，明确不同工作人员的工作范围，最后组织实施竞赛活动。

3. 计划的体现形式

竞赛规程是课余体育竞赛计划的主要体现形式。竞赛规程是指导课余体育竞赛举办与实施的相关政策与规定。如果是举办综合性运动会，需要对总竞赛规程和单项竞赛规程进行制定。在此基础上，组织委员会要对竞赛秩序册进行编制。竞赛规程和竞赛秩序册的内容具体如表 13－1 所示。

表 13－1　竞赛规程和竞赛秩序册的内容

计划的体现	内容
竞赛规程	竞赛名称
	主办单位
	承办单位
	竞赛项目
	竞赛时间
	竞赛地点
	参赛人员
	参赛条件
	参加办法

续表

计划的体现	内容
竞赛规程	竞赛办法
	计分办法
	奖项设置
	奖励办法
	竞赛记录
	仲裁办法
	裁判选派
	竞赛经费
竞赛秩序册	比赛名称
	比赛时间
	比赛地点
	主办单位
	承办单位
	协办单位
	竞赛组织机构及人员名单
	代表团名单
	裁判员名单
	运动员名单
	竞赛规程
	竞赛日程
	赛会记录
	竞赛场地示意图
	各项规章制度

（三）课余体育竞赛实施

1. 实施过程

课余体育竞赛的实施步骤如下：

（1）明确工作任务。从管理过程角度而言，筹备、竞赛和收尾是课余体育竞赛的三大工作任务。

（2）合理分工。竞赛管理人员、裁判员、后勤保障人员和志愿者等都是竞赛中会涉及的工作人员。对这些工作人员要有明确的分工，明确不同类型工作人员的任务与职责。

（3）财务预算。对各项竞赛工作任务进行分析，估算完成竞赛任务所需的资源，对各项任务所需的经费进行预算。完成财务预算后，要根据经费总额进行适当调整。

（4）规划进度。在任务分析的基础上，将各项任务依照时间顺序列入进度表，要表明每项任务最后完成的期限以及主要负责人和单位。完成任务进度表以后，需要将关键任务确定下来，其他任务服从关键任务。

（5）竞赛实施。每个人或团队负责竞赛任务的一个单元，每个单元要服从于整体的竞赛进度。在课余体育竞赛总指挥的领导下，在进度表的指引下，实现各个竞赛单元的顺利运转，从而使课余体育竞赛得以有序实施。

2. 实施内容

课余体育竞赛实施的内容比较复杂，主要包括以下几个方面：

(1) 报道、注册、训练。报道、注册、训练是竞赛的前期过程。因此必须高质量地完成前期管理工作，以确保后续工作的顺利开展。

(2) 竞赛会议。竞赛会议包括运动员、教练员和领队会议；裁判员会议；工作人员会议等。

(3) 场地设施布置。场地设施是课余体育竞赛举办的物质基础，合理布置场地设施是顺利举办体育赛事的基础与前提条件。

(4) 兴奋剂检测。为了保证竞赛公平，对运动员加以保护，需要严格进行兴奋剂检测。

(5) 竞赛过程管理。竞赛过程的管理内容主要包括开幕式管理、竞赛管理、人员管理、后勤管理以及闭幕式管理。

(6) 营销管理。营销管理一方面要保证体育比赛的质量，确保比赛能够提供营销的相关服务，满足消费者的需求；另一方面要保证赛事营销产品为竞赛服务，促进竞赛的顺利开展。达到这两方面的要求才可实现双赢。

(7) 财务管理。在财务管理中，要制定财务目标，编制财务预算，控制财务支出，确保实际收支与预算相符。

(8) 风险管理。风险管理的一般步骤为风险识别、风险处理，主要通过风险回避法和减小风险法来降低赛事风险。

(四) 课余体育竞赛控制

1. 课余体育竞赛控制的概念

课余体育竞赛控制是指监控课余竞赛中的各项活动，发现偏差及时纠正，保证课余竞赛活动的顺利开展。一般由课余竞赛组织委员会负责控制工作，在赛事活动中按照控制标准对各项工作进行检查，处理可能出现的问题，从而顺利达成竞赛目标。

2. 课余体育竞赛控制的内容

课余体育竞赛控制的内容主要包括人员控制、竞赛控制、财务控制和风险控制。

3. 课余体育竞赛控制的方法

前馈控制、现场控制和反馈控制等是几种常见的课余体育竞赛控制方法。

4. 课余体育竞赛控制的步骤

竞赛控制一般按照以下步骤进行：

(1) 制定控制标准。

(2) 衡量工作绩效。

(3) 纠正工作偏差。

(五) 课余体育竞赛结束

在课余体育竞赛结束阶段，需做好清理现场和评估竞赛两项工作，具体如下。

1. 清理现场

要做好竞赛体育场馆、设施、器材清点和卫生工作，移交场馆、设施以及器材，管理上要做好交接，处理各种问题。

2. 课余体育竞赛评估

（1）课余体育竞赛评估的内容。依据赛后评估理论，对竞赛组织、竞赛成绩、竞赛财务、竞赛后勤等各方面内容的评估报告进行针对性的制定，针对不同的组织和要求进行不同的评估。

（2）课余体育竞赛评估的方法。常见的竞赛评估方法如表13－2所示。

表13－2 课余体育竞赛评估的方法

评估方法	具体内容与手段
数据收集法	运动员数据收集
	裁判员数据收集
	观众数据收集
	销售数据收集
	会议数据收集
观察法	赛事管理人员的报告
	后勤工作人员的报告
	合作伙伴的报告
	主办机构的反馈
	服务机构的报告
	赞助商的报告
	会议信息
调查法	问卷调查法
	面谈法
媒体报道	网络报道
	报刊报道
	电视报道

四、参赛：课余体育竞赛内部管理

为了促进课余体育竞赛成绩的提高，促进课余体育竞赛重要作用的充分发挥，参赛单位需对参赛进行科学管理。参赛包括代表国家参赛、代表省市参赛和代表学校参赛，下面主要分析代表学校参赛的管理工作。参赛管理分为以下几个步骤。

（一）组队

组队阶段的主要工作包括以下几方面：

（1）由学校体育管理部门指导，体育教研部门组织，对参赛运动队进行组建。

（2）建立组织机构——队委会。

（3）选择参赛队员、教练员、领队以及后勤保障人员。

（二）准备

准备阶段的主要工作有以下几方面：

（1）开展针对性训练，提高参赛水平，做好体能和技术、战术的准备。

（2）进行参赛教育，开展参赛动员和鼓励工作，做好思想上的准备。

（3）提供参赛必需的经费和装备，做好比赛的物质准备。

（三）参赛

参赛阶段，学生运动员在队委会的领导和教练员的指导下参加比赛，此时在管理上要以参赛为中心，所有部门和人员围绕参赛开展工作。

（四）总结

（1）在比赛结束后总结参加比赛的经验与教训，分析原因，摸清重点，指导接下来的训练和参赛工作。

（2）要做好奖励工作，对教练员的工作合理评估，奖励比赛成绩优异的学生运动员。

第四节　课外体育活动及课余体育竞赛管理的创新发展与完善

一、课外体育活动管理的发展与完善

（一）树立课外体育活动的系统管理理念

在课外体育活动系统管理理念的建立中，应以系统原理为指导，将课外体育活动、体育课程教学和校园体育文化建设成为一个有机的系统，使三者相互促进。

以体育教学为先导，通过体育课程教学让学生了解体育运动和科学健身知识，掌握两项以上的运动技能，形成体育活动的能力和基础。对课外体育活动进行有目的、有计划的整合，构建课外活动平台，将学生课堂掌握的运动技能运用到课外体育活动中去，从而促进学生体质的增强。在课外体育活动中让学生将自己的运动技能充分展示出来，从中感受体育的乐趣，提高其参与体育锻炼的积极主动性。课外体育活动具有自愿性和课余性，因此，在开展课外体育活动的过程中，必须依托校园体育文化的作用。开展校园体育文化建设能够促进学生形成“健康第一”的价值观，在校园体育文化的熏陶和影响下，将体育锻炼内化为自身的一种行为，并逐渐养成参与体育的意识和习惯。校园文化具有以人为本的特性，其柔性管理方法更能被学生接受，这也是学校体育管理发展的一个重要趋向。

（二）构建课内外一体化的管理体系

《全国普通高等学校体育课程教学指导纲要》指出：“为实现体育课程目标，应将课堂教学与课外体育活动有机结合，要把有目的、有计划、有组织的课外体育活动、运动训练等纳入体育课程中，形成课内外有机联系的课程结构。”课堂体育教学、课外体育活动是一个有机整体。这就需要不断改革课堂体育教学，提高课堂教学质量与效果，培养学生的体育意识和运动技能。课外体育活动要做好系统管理，要以人为本，将各个单位和人员的积极性调动起来。具体可采取以下几方面的管理措施：

（1）解决体育学院责权利不对等的弊病，赋予其“行政管理职能”。

（2）发挥学生体育社团的作用，实现课外活动组织的多元化。

（3）建立体育技术指导团队。

（4）建立项目辅导站或俱乐部。

（5）充分发挥高水平运动队的带动作用。

（6）将体育活动的权利归还给全体学生。

（7）建立体育教师全面负责制。

二、课余体育竞赛管理的发展与完善

在课余体育竞赛管理的创新发展与完善中，应重点做好以下三个“转变”。

（一）单一作用向多元作用的转变

在未来的课余体育竞赛管理中，不但要发挥课余竞赛在培养竞技体育后备人才方面的作用，提高运动员的竞赛水平和能力，还要善于借助课余竞赛营造良好的校园体育文化，推动全体学生课余体育活动的开展，用运动员积极的精神面貌和高水平的竞技能力树立与宣传良好的学校形象。总之，要发挥体育竞赛的多元作用，促进课余体育竞赛的综合效益的实现。

（二）成绩导向向成长导向的转变

单纯以成绩为导向，容易导致体育竞赛目的偏离，因此，在管理中应将成绩导向转变为成长导向。用体育竞赛引导学生运动员提高竞技能力，提高思想素养，引导全校学生发扬拼搏与坚持的体育精神，促进学生运动员和所有学生的共同成长。

（三）一方办赛向多方办赛的转变

学生体育竞赛的主办方应充分听取参赛院校的建议，合理利用市场规律，以开放的姿态将国家、社会、学校和企业的积极性充分调动起来，形成合力办赛的局面。总之，应提高赛事管理水平，使体育竞赛更好地服务于学校教育和社会的进步与发展。

第十四章 现代体育教学健康与安全管理

体育教育一个非常重要的目的就是促进学生身心健康，但在实际的体育教学中，往往会发生各种状况。因此，就需要形成体育健康的管理意识。本章就从体育健康管理的理论及发展、体育教学中学生健康管理规划、学生体质健康测评、体育安全教育与管理的内容与方法和体育教学中常见伤病的救护这五个方面来研究现代体育教学健康与安全管理的问题。

第一节 体育健康管理理论及发展

一、体育健康管理的理论

（一）体育健康管理的概念

体育健康管理指的是为了达到预防与治疗疾病、保持与提高健康的目标，运用管理学的理论和思想，综合多个相关学科的理论和方法来进行体育健康管理。体育健康管理的目的是提高社会健康意识，改善群体健康行为，提高人们的生活质量，是一种有计划、有组织的系统活动过程。确切地说，是指对个人或群体的健康危险因素进行全面管理的过程，其宗旨是调动个人及集体的积极性，让他们有效地利用能利用的资源来达到身体健康的目的。

体育健康管理有很多种类型。根据体育健康管理的对象不同，可以将体育健康管理分为个体体育健康管理、团队或群体体育健康管理。个体体育健康管理的单位是个人，它一方面要求个人要了解和掌握自己的健康状态，并在遇到疾病时主动接受医疗保健服务；另一方面又要求相关的医务工作人员和组织要主动地了解和掌握人体的健康相关情况，及时为病人提供服务。团队或群体体育健康管理是指以有一定组织构架的团队或群体为单位进行管理，它要求整个团队根据自身的特点建立自己健康管理的体系，充分了解和掌握团队中每一个人的健康状况，与相关专业机构合作，制定合理的健康策略，提供包括健康文化在内的丰富的团队健康资源。

根据体育健康管理服务来源不同，可以把体育健康管理分为自我体育健康管理和社会体育健康管理。自我体育健康管理指的是以被管理者个人的自我管理为主，健康相关专业人员和机构的管理为辅。社会体育健康管理指的是以社会体育健康管理服务机构提供体育健康管理服务为主，被管理者积极配合进行自我管理为辅而进行的体育健康管理。

（二）体育健康管理的目的和意义

体育健康管理主要目的是通过合理配置社会资源用尽可能少的花费和代价，达到降低个体的健康风险和疾病发生率；更早地发现疾病，提高疾病的临床治愈率，降低死亡率；进而全面提高整个社会的健康水平和生活质量。

通过实践证明，体育健康管理对于改善人类健康水平具有重大意义。首先它可以延缓疾病的发生，能够提供防范措施、提早发现疾病，能够提高医疗的服务效率，进而让患者大幅度降低医疗支出，自我管理个人的健康。体育健康管理的服务是有偿服务，因此还可以为医疗单位增加服务性收入，从而也保证了慢性病防治工作的可持续发展。

在人们相对处于健康的时候，希望能够保持健康，所以接受体育健康管理，这在表面上看似乎是一种健康消费，但由于其能促进健康，因此在实质上是一种健康投资。健康投资是可持续性的，在发生疾病时进行治疗的支出是为了恢复健康而进行的健康消费。健康消费是一锤子买卖，身体恢复健康后，这种消费往往就会停止。但对慢性非传染性疾病而言，由于彻底治愈的概率低，治疗时间长，其健康消费实质上是持续性的。健康消费会因造成疾病的原因不同而支出不同，其差别很大，其中某些疾病（一般是慢性疾病、恶性疾病等）的支出是巨大的，对健康的投资实际上是为了减少对健康的消费。

体育健康管理不仅是关于健康的概念，也是保持健康的一种方法，更是一套完善、周密的服务，可以使人更好地拥有健康，使病人及时恢复健康并能有效降低医疗支出，是一种有回报的健康投资。

二、体育健康管理的发展

（一）全民化发展趋势

1. 全民健身运动的科学内涵

党和国家要求我国人民大力发展群众体育，诸如“发展体育运动，增强人民体质”的口号相继提出，最大限度地满足人民对体育的需求，保证人民的生活质量稳步提高。全民健身运动就是以满足全国各地群众日益增长的体育健身需求为目标，以形式多样、内容丰富的体育活动为载体，以锻炼身体为基本形式，以提高身体健康为主要目标的体育活动，并在其过程中形成了以人民精神生活为主体的体育文化。

大力推进全民健身事业发展已成为我国体育事业发展中最鲜明的主题，全民健身运动是一个具有时代特征和意义的革新行动。2008 年我国成功举办了北京奥运会，在这个特殊的契机下，《全民健身条例》的颁布实施和全民健身日的设立，更是在法律层面上加强了群众体育法制制度的基础建设。今日的全民健身已经远远超出了自身的含义，发展成一种独特的理念、一个鲜明的方向、一项利国利民的事业，成为群众健康的各个因素、各个方面上按一定方向发挥作用的运行标志，成为一种协调群众体育发展过程的机理，成为推动群众体育事业发展的运行机制。全民健身已经成为当今大众体育的一个突出主题和标志，代表了广大群众的根本利益。

2. 全民健身运动发展的特征

（1）健身活动的主体性。健身活动的主体性是指人作为活动主体的本质特性，是人在与客体相互作用中得到发展后具有的自觉能动和主动创造的特性。全民健身的哲学方法实现了人类历史上探究人的主体性的思想成果的辩证综合，这种综合的前提在于把强身健体和个人发展的概念引入体育实践中，使人在体育运动中做到理论结合实践，既发展了身体属性也完善了精神属性，即实践和认识在有机联系中统一起来。只有肯定人作为全民健身运动实践和认识主体的身份，才能真正理解人同其他活动的客体的关系的本质规定性。

因此，全民健身运动所表现出来的健身运动、娱乐休闲、户外探险的主体性行为和手段，使人达到强身健体、陶冶情操、愉悦身心、实现自我的效果，增强了人们之间的沟通与交流，推动着社会的生产方式和生活方式的进步，引领了时代发展的潮流，拓展了人的主体功能。当人的主体意识觉醒后，就会有追求独立自主的意识，在追求中人的主体性就显示出力量，在驾驭各种社会关系的时候能够发挥出优势。健全的精神依赖于健康的身体，体育活动既作用于人的身体，也作用于人的精神；既作用于社会，也作用于全民健身运动在社会文化中的独特地位。

（2）健身活动的广泛性。在现代社会发展中，全民健身运动是一种独特的文化方式，它集合了各地区、各民族的人民，涵盖了各个生活阶层，包容了不同地域环境，吸纳了各行各业的人们。无论身处城市还是农村，无论是在学校、单位还是社区，凡是有人生活的地方，就有体育健身运动的存在。国家倡导大众积极参与群众体育活动，人们参与体育活动的内容可以按照自身的情况，根据不同参与的程度、运动量的大小而定，但人们同时要有主动健身的意识，具有强烈的体验的渴望。通过亲身体验或间接参与来按需所取，既有国家的组织，也有社会机构、团体单位的组织；既有规范合理的活动，也有群众自发的活动。在参与组织中，既有国家行政机构，也有来自社会的体育团体；既有组织严密的社会体育指导中心和指导站，也有群众自发的体育运动小队。体育运动已经成为全民大众生活中一项重要的活动内容。

（3）健身活动的多样性。全民健身运动的产生与人的产生、社会发展是同一过程的不同方面，健身活动的背后是人们在参与中表现出来的活动方式，即开展活动的方式，通过不同载体，根据特定的社会关系和社会要求实现的。从整个过程来看，全民健身运动正是人们积极活动经验的保存、发展和传递。从结果来看，全民健身将分化出包容性更强的活动内容，以满足不同人的不同体育需求。历史上人们掌握体育文化的过程，主要是发扬和继承特定的活动方式，获得从事各种活动的基本能力。社会发展日益多姿多彩，人们的生活价值观、生活方式、经济条件和思想观念等差异将导致社会出现多元化发展的趋势，这种社会的多元化可以引导健身活动的多样性，人们逐渐不满足于简单的、统一的健身活动，而是将体育需求融入更多的其他需求之中，构成一种复合、多样并要求社会提供能够满足这种复合、多样需求的多重功能的产品和服务。

（二）终身化发展趋势

1. 终身体育的科学内涵

终身体育一般是指一个人终生所进行的身体锻炼和受到的体育教育。终身体育有两个方面的含义，一是指人从生命开始至生命结束中学习与参加的身体锻炼，使终身有明确的目的性，使体育成为生活中始终不可缺少的重要内容；二是指人在终身体育思想的指导下，以体育的体系化、整体化为目标，在不同时期、不同生活领域中参加体育活动的实践过程。

（1）个人自身发展需要体育锻炼伴随终身。个人自身发展随着不同年龄阶段呈现出一定的规律性。人的一生主要经历三个发展时期，即生长发育期、成熟期和衰退期。体育锻炼本身具有提高健康、增强体质的功能，对人的各个不同时期都能带来积极的影响，所以体育锻炼要根据各个不同时期人体发展的特点提出各个时期的要求。生长发育时期的要求是保证和促进身体的正常生长发育；成熟期的要求是保持旺盛的精力与充沛的活力；衰退期的要求是延缓衰退、延年益寿、老当益壮。

(2) 终身体育是现代社会发展的需要。现代生活中，社会的发展和科技的革新，促使生产方式和生活方式更加便捷，人们的劳动量越来越小，竞争却更加激烈，工作压力也越来越大，这就给人们的健康状况带来了消极的影响。由于身体活动的减少，工作、生活的节奏加快，精神持续紧张，饮食不规律，膳食结构不平衡等因素，造成高血压、高血糖、心脏病、肥胖、神经衰弱等现代文明病的产生，严重威胁着人们的健康和生命。为了改善个体的健康状况，现代人的健康意识普遍加强，使体育锻炼成为人们提高生活质量、防治文明病不可缺少的内容之一。

2. 终身体育的意义

(1) 为学校体育教育改革提出新的思路，注入新的活力。终身体育思想的提出，为学校体育教学提供了新的思想和新的方向，那就是学校体育应该为培养学生终身体育的意识奠定必要的基础，加强培养学生对体育的爱好、兴趣，让学生自觉养成锻炼的习惯，对学生主动参加和组织体育活动的能力提出更高的要求。另外，参加体育实践的同时，也要注重掌握体育基本理论知识和科学的身体锻炼方法以及检查评定方法，这样才能形成终身体育的意识、思想和能力。所以就培养学生终身体育的意识来说，不论是中小学还是高校都有着义不容辞的责任。

(2) 为事业有成、生活美满奠定基础。体育锻炼能促进人的智力发展，提高身体的心肺功能，保持旺盛的精力。通过锻炼还能让人体正常发育，增强体能，延缓衰老，保持心理健康和情绪稳定，以乐观的心态去迎接生活和工作。因此，坚持体育锻炼是一个人健康幸福的基础。从体育心理学、社会学的角度看，身体锻炼活动不仅可以调节感情，增加生活中的情趣，有助于形成健全的心理状态，而且在各年龄阶段，在不同人群中参加体育活动，能够扩大人们的“朋友圈”，有助于学习多种知识，增强人们的社会交往能力。

第二节　体育教学中学生健康管理规划

一、树立终身健康管理的理念

学生时代是人生的大好时光，但有的学生缺乏健康管理的概念，经常做出诸如熬夜、暴饮暴食等有害健康的行为，对这些行为的危害性和严重性认识不足。因此，健康管理必须贯穿人的生命的全过程。当身体出现各种微小的病变时，能及时发现、预防，不仅节约卫生资源，更重要的是提高自身健康水平，减少发病率，延长寿命。

二、了解自身健康状况并做出针对性规划

每个人的健康需求是不同的。学生在管理健康时，进行运动锻炼主要是释放压力和展现个性，可从事对抗性强、竞争激烈或强度较大的运动，身材纤细的个体可从事健美锻炼，体格粗壮的个体可从事减肥锻炼。到了中年时期，锻炼的强度就会逐渐下降，主要从事长时间低强度的运动。到了老年时期，应从事更低强度的运动。

三、掌握养护身体的科学方法

不同的运动项目适合不同的人群。运动锻炼既不能缺乏，也不能过度。每个人都应主动去寻找适合自己的运动项目和锻炼方式，并科学地进行健身锻炼。在运动中要学会评估合适的运动量与运动强度，并注意预防运动损伤。

四、坚持健康的生活方式

生活方式是人们长期形成的生活习惯、生活制度和生活意识，可理解为形成习惯后较为固定的行为方式。健康的生活方式有多种形式，并无定论，可以从影响健康的各种因素中去寻找和发现健康的生活方式。影响健康的因素中有先天遗传的，也有后天产生的。先天遗传比较简单，就是家族遗传的某些特性，后天的有环境因素、营养饮食因素、生活作息规律等。有些因素能够控制，而有些因素是不可控的。因此应该对影响健康的可控因素进行有效的管理。

健康的生活方式即生活习惯是需要培养的。每个人都有自己的生活习惯，这是由于生活在社会中的每个人都接受客观世界的各种刺激，而这些刺激作用于人的大脑皮层，形成了思维定型，也就产生了各种不同的习惯。习惯一旦形成后，就成为一种不需要意志去努力监督的、自动化的行为模式。健康的生活方式主要有三个方面，即合理的膳食、锻炼的习惯和良好的心态。体育教学中教师应在课上适时对学生进行良好生活方式的教育，潜移默化、润物无声地向学生灌输相关方面的内容。

（一）膳食合理

日常的一日三餐是摄取营养的正常途径，而饮食的营养是影响人体健康的最重要因素，同时也是保证健康的物质基础。经济不断发展，人们的生活质量越来越高，使得人们的膳食结构发生改变，部分居民膳食中大鱼大肉越来越多，蛋白质、油脂的摄入大幅增加，导致膳食向高脂肪、高热量、高胆固醇的不正确方向发展。因营养不均导致的慢性疾病如心脑血管病、动脉硬化、“三高”、糖尿病、肥胖、恶性肿瘤等的发生率也是越来越高，且此类慢性疾病已成为人们失去健康、生命走向尽头的直接原因。

所以营养摄入一定要合理，也就是每日由食物摄入的营养物质要适度，各营养素摄入量不能过低也不能过高。体育教学中有机会要向学生讲述如何吃得营养、吃得科学、吃得健康，要让学生了解糖、脂肪、蛋白质、维生素、矿物质、水、膳食纤维等诸多营养素，了解饮食营养的原则，如食物的数量要满足能量的消耗、食物多样化的营养平衡、合理安排进餐时间等。

合理的膳食要求摒弃不良的饮食习惯，注意饮食均衡。现在年轻人，不吃早饭的大有人在，因为前一天熬夜，导致第二天睡懒觉，没时间吃饭或错过了早饭点的情况在大学生群体中大有人在。人体在晚间和午夜进行长时间的代谢，早餐是最重要的，不吃早餐会影响胆汁液的分泌，有可能形成胆结石。不良的饮食习惯还有暴饮暴食、偏食挑食、长时间喝饮料、把零食当饭吃、光顾不卫生的路边摊等。

（二）勤锻炼

体育锻炼被人们作为维护管理健康的重要手段是有大量的科研数据作证明的，也已被人们所熟知。科学的锻炼对人的生理、心理和社会适应都是一个非常积极的手段。经常参加适合个人特点的体育锻炼是保持人体生理机能、促进健康的方法。体育锻炼能够从根本上增强人体各器官的功能，增强人体的免疫力，提高机体对环境的适应能力，从而提高健康水平。

（三）保持良好情绪

要管理健康必须要学会管理情绪。当今社会经济快速发展，人们的生活、工作节奏越来越快，精神压力越来越大，造成的心理问题和疾病越来越多。多种迹象表明，心理问题已成为不可忽视的影响健康的危险因素。

保持良好的心态是管理健康、预防疾病的重要环节。良好的心态、稳定的情绪是健康长寿的重要条件，管理健康就要管理好心态与情绪。

情绪对健康的影响机制是长期和持久的，消极的情绪会导致神经系统的机能失调。如果经常出现悲观情绪，负能量爆棚，就会引起过度的神经紧张，造成机体出现病变，如神经功能紊乱、内分泌失调、高血压等，进而导致一些器官、系统的疾病。

现代医学研究发现，中枢神经系统、内分泌系统和免疫系统是相互作用和影响的。紧张的情绪刺激可通过下丘脑及其他控制分泌的激素影响免疫功能，如影响淋巴细胞的成熟、抑制抗体反应、降低巨噬细胞的活动能力、干扰淋巴细胞的再循环、抑制球蛋白的形成、降低抗体活性等，从而降低机体对病毒、细菌或过敏物的抵抗力而致病。同时，机体免疫力功能的抑制也是引起肿瘤的原因之一。

在日常的体育教学上，防止学生出现不良的情绪，就需要对学生进行心理教育，教会学生控制和调节情绪，及时化解那些强烈的、持久的不良情绪。在体育课程上，体育教师要从以下两方面去引导学生。

1. 加强修养、心胸坦荡

要让学生明白人生的意义是什么。一个人具备了正确的人生观、价值观，当在生活和学习中遇到了问题，就能正确认知和对待，积极乐观地面对生活，就会觉得生活充满生机，反之便会自寻烦恼，萎靡不振。人要有一定的信念，修身养性，“仁智者寿”。拥有了高尚的情操与品格，就能承受不良的刺激，把不良情绪的反应降到最小最低，从而保持身体的健康。

2. 掌握心态和情绪的调节方法

如何调节与控制过量的情绪是一项心理素质能力。调节和控制的方法很多，主要有调节需求、知足常乐、意志控制、转化控制、冷化控制、分散刺激、放松精神、积极预防、药物控制等。

体育课称之为“体育与健康”后，意味着在体育教学中健康知识的传授也十分重要，与体育运动技能的学习一样，也是学生必须去学习和掌握的。体育教师要做健康理念的传授者、传播者；主动向学生传授医学、防病、养生、健体等知识；让学生充分了解健康管理的意义，懂得健康管理的方法；要树立健康管理的理念，并把理念运用到实践中去支配行动；要让学生懂得制定健康规划。除此之外，最关键的是要让学生坚持健康的生活方式。

学生正处于青春年少，可塑性还很大，良好的生活习惯特别是锻炼身体的习惯比较容易形成。体育与健康课要不失时机地注意培养学生锻炼身体的习惯。

第三节　学生体质健康测评

一、身体形态的测量内容及方法

（一）身高

身高，也称“空间整体指标”。是机体纵向发育水平的重要指标之一，具体是指人体从站立底面到头顶点的垂直距离。人的身高指数受遗传因素和环境因素的双重制约和影响，遗传程度很高，很大程度上取决于父母的遗传基因，男孩遗传度为75%，女孩遗传度为92%。通过利用哈费利采克公式，能够预测出身高。

儿子身高＝（父身高＋母身高）×1.078/2

女儿身高＝（父身高×0.923＋母身高）/2

测量仪器：标准身高坐高计。

测量方法：受试者赤足，在地板上做好立正姿势，背部紧贴身高坐高计，脚跟、骶骨和两肩胛间接触立柱，耳眼处水平位。测试人员向下滑动水平压板直到受试者头顶，双眼与压板水平，观察读数，并将测量值记录下来。

在测量身高时，有以下几方面需要注意：

（1）水平放置身高坐高计，立柱的刻度尺与光源面对。

（2）测量期间，受试者的脚跟、骶骨和肩胛骨间要与立柱紧靠。

（3）水平压板要与受试者的头顶接触，二者之间要保持适度的松紧程度，有发髻的受试者应把发髻放下。

（4）测量身高的单位是厘米，测量结果保留小数点后一位，测量误差不能超过0.5厘米。

（二）体重

体重是衡量人体骨骼、肌肉、皮下脂肪及内脏器官等综合发展与变化的指标。学生的体重会受到多方面影响，遗传、性别、年龄、季节、锻炼情况、运动损伤、疾病等因素都有可能造成体重出现变化。

测量仪器：标准体重计，误差不超过0.1%。

测量方法：受试者赤足、身着较轻的服装站立于体重计中央，测试者移动刻度尺稳定在水平位后读数并记录其体重值。

在测量体重时应注意以下几点：

（1）保证测量仪器正常，受试者衣着尽量越轻越好，建议男生穿薄短裤，女生可穿短裤背心。

（2）测量时间最好在上午进行，因此建议学生在测试前排尽大小便。

（3）每测50名学生后，就要校正仪器的准确度，测试完毕后要检查仪器。

（4）测量单位是千克，测量结果保留一位小数。

（三）胸围

测量胸围应从肩胛下角下缘开始，男性到胸部的上缘，女性到乳房上方第四肋骨处，是胸部的水平围长。青少年的胸廓大小和胸部肌肉发育状况能够通过胸围间接反映出来，胸围这一形态指标能够很好地反映青少年的体型和健康状况。

测量仪器：软带尺。

测量方法：男生赤裸上身，自然站立，轻松呼吸，检测者将软带尺上缘放在男子背部的肩胛骨下角，在胸部则用软带尺下缘置于乳头上进行计量；女子戴胸罩，将软带尺置于背部两肩胛骨下角，胸部置于乳房上缘进行计量。

在测量胸围时应注意以下几点：

（1）受试者不能低头、耸肩、呼气。

（2）软带尺的松紧程度要合适，太紧或太松都会导致测量结果出现偏差。

（3）受测者接受测量时，其中一人在其背后协助测试人员把软带尺围定于肩胛下角下缘，防止尺子下滑，软带尺要保持水平。

（4）只测量受测者的静气围，即平静时呼气末而吸气尚未开始时的胸围大小。

（5）测量单位是厘米，测量结果保留一位小数，测量的误差不得超过1厘米。

（四）腰围

腰围也称腹围，具体是指人体腰部围度的长短或大小，可以反映人体腰部肌肉发育水平及腹部皮下脂肪厚度与沉积的状况。

测量仪器：软带尺。

测量方法：受试者自然站立，测量者将带尺置于受试者的肚脐上，以水平位绕腹一周，取其自然呼吸时的计量值。

测量胸围时应注意以下几点：

（1）大运动量锻炼后不适宜测量腰围。

（2）测量单位是厘米，测量结果保留一位小数，测量误差不得超过0.5厘米。

二、身体素质的测评内容及方法

（一）力量素质测评

一般来说，对于学生的基础力量素质的测评主要通过以下方法进行：原地纵跳摸高（反映下肢伸肌特别是膝关节伸肌和足跖屈肌垂直向上跳起的爆发力指标）、立定跳远（测评下肢肌特别是膝关节伸肌和足屈肌向前跳的爆发力指标，同时也能反映一定的灵敏性）、握力和屈膝仰卧起坐，这里重点介绍后两种力量测试方法。

1. 握力测试

握力测试与学生的全身力量密切相关，它能够间接反映学生的身体健康状况。当学生的握力增长或维持在较高的水平时，说明力量素质优秀，健康水平就好，握力下降时则说明健康状况出现问题。因此，《学生体质健康标准》中曾经将握力列入测试项目。

（1）测试仪器：受试者根据自己手掌的大小选择握力计，握力计的型号有大、中、小。

（2）测试方法：受试者选择适宜的握力计，用左手或右手持握力计尽力抓握，左、右手各测两次。

（3）注意事项：测验时身体保持正直，双臂自然下垂。

（4）测试评价：每次抓握后，测试人员记录握力计指针读数（千克）。

①握力单一评价，精确到百分位数。

②握力指数评价。握力与人的体重的大小有一定关系，身材高大魁梧的人与矮小瘦弱

的人相比，握力有着很大的差异，所以为了确保相对的公平，可采用握力体重指数进行评分。握力体重指数每千克体重的握力，是对肌肉相对力量的反映。人前臂和手部肌肉的力量主要通过握力体现出来，同时其他肌群的力量也能够通过握力进行一定程度的反应。握力指数这一指标能够很好地对人体肌肉总力量进行反映。

2. 仰卧起坐测试

通过仰卧起坐测试，可以对个体的腹肌力量和耐力进行充分了解。测试方法简单易行，多年来一直在学生的体育锻炼和体质测量中备受重视。对于女生而言，良好的腰腹肌力量对身体轮廓乃至将来生育等方面都有着十分重要的作用。

(1) 测试仪器：电子测试仪。

(2) 测试方法如下：

①受试者在平铺的软垫上全身仰卧，双腿稍微分开，双脚并拢，膝盖自然弯曲，两手指在脑后交叉将头抱住。同伴将受试者两侧踝关节压住，以对其下肢进行固定。受试者仰卧时，两肩胛必须与垫子接触，起坐时两肘关节要与双膝碰触或超过肘关节才算完成一次仰卧起坐，如果没达到标准不能算数。

②测试者发出“开始”口令，同时开始计时，对受试者在一分钟内完成的次数进行记录。

③完成一分钟计时后，受试者虽然已经坐起，但是如果两肘关节没有与双膝关节接触，或者没有超过，那么这次就不能算数。最后将最终计数记录下来。

(3) 注意事项如下：

①测试过程中，倘若受试者是借用肘部撑垫或臀部上挺的力量完成起坐动作，那么该动作是不合格的，也不能算数。

②测试过程中，测试者要随时把完成的次数报告给受试者，通常是受试者做一次测试者喊一次数目。

③受测者的双脚一定要放在垫上，并由同伴固定，测试时双脚是不能移动的。

(4) 测试评价如下：规定时间内完成仰卧起坐次数多者腰腹能力较好。

(二) 速度素质测评

1. 动作速度测评

个体动作速度的快慢是测试速度素质的重要指标。测定动作速度需要配备专门的仪器，如果条件不够，没有专业仪器，可让受测者在一个较短的规定时间内，反复连续地做一个动作，记录下在规定时间内的动作次数，也能够测出动作速度。其中，规定时间不能太长，一般在 10～30 秒钟之间，这样就可以排除速度耐力和力量耐力等其他因素的影响，正确测算出个体的动作速度。

目前，常用的动作速度测评方法主要有 10 秒原地高抬腿跑等速度和频率测试、某一规定姿势拳击击打速度和频率测试、手指摆动指频仪测试等，这些测试均可反映神经系统反应速度的快慢和完成动作速度和频率问题。

2. 反应速度测评

反应速度与人体神经系统反应速度与肌肉系统的骨骼肌纤维的类型有密切关系，该素质受到遗传因素的影响较大，遗传度高达 75%以上，后天的训练往往不会有太大作用。反应速度的测试可通过简单反应时测试进行。

（1）测试仪器：电子测试仪。

（2）测试方法：受测者坐在仪器前，面对信号盒。测试人员发出预备口令时，受测者紧盯信号盒，准备对刺激（灯光或声音）做出按键反应。一旦看到信号灯，就立即对按键做出反应。视、听反应各测 5～10 次，求平均数，以毫秒为单位。

（3）注意事项：测试人员发出信号的时间不宜过长，一般是约 2 秒钟后呈现，不能让受试者等太久，如果等待时间太长就会影响被测者的心理，测试出来的结果也不真实。

（4）测试评价：反应时越短说明反应速度素质越好。

3．位移速度测评

位移速度受遗传因素的影响较大，后天训练不会轻易改变，通常用测 50 米跑成绩的方法来判断青少年的位移速度。

（三）耐力素质测评

耐力素质的常用测试方法具体如下。

1．定距离计时跑

（1）400 米（50 米×8 折返）跑。这项测试可以由多人同时进行，将所有受测者分为 3～4 人一组，采用站立式起跑，听到口令后开始起跑，往返 8 次。50 米往返跑时逆时针绕过竿。受测者穿跑鞋，过程中不得碰到竿，也不能用手扶竿，更不可以串道。测试人员发出起跑口令时，计时者开始计时，受测者身体冲过终点线时停止计时。用时越短则说明耐力素质越好。

（2）800 米跑、1500 米跑。测试时可多人同时进行，将所有受测者分为 3～4 人为一组，采取站立式起跑，听到测试人员口令后立刻出发，一口气跑完全程。由于距离较长，受试者跑完后不要立刻坐下或躺下，以免发生意外伤害事故。测试人员发出起跑口令时，计时者开始计时，受测者身体冲过终点线时停止计时。用时越短则说明耐力素质越好。

2．定时计距离跑

定时计距离跑具体是指在一定的时间内尽可能跑较长的距离。常用的测试方法有 9 分钟跑、12 分钟跑、15 分钟跑等。测试时，受测者站立在起跑线后，发令者发出口令后，以最快的速度坚持跑 9 分钟（12 分钟或 15 分钟），由计时者记录受测者在 9 分钟（12 分钟或 15 分钟）跑过的距离。以米为单位记录，取整。规定时间内跑进距离越长则说明耐力素质越好。

（四）柔韧素质测评

对于柔韧素质的测试，有很多种方法，在此介绍足、髓柔韧性的测试方法，具体如下。

1．足关节背屈角度测试

（1）测试仪器：关节活动度测角规（也可是测角器）。

（2）测试方法：测试时，选择一块较平整的墙壁，准备一个测角规。测试开始后，受测者面墙而立，脚跟触地，身体向前倾，双眼平视，直臂撑墙，掌心贴紧墙面、脚与墙之间的水平距离越长越好，身体保持正直，测角规一根尺面与地面、足底平行，一根尺面与腓骨平行。测试人员读取和记录两腿测角规（即腓骨与地面间）背屈角度数值，得出平均值。

（3）注意事项：测试过程中，受测者两膝伸直，脚跟不能离地。

（4）测试评价：背屈度数越小说明柔韧素质越好。

2. 足关节跖屈角度

（1）测试仪器：测角规。

（2）测试方法：受测者赤足坐在地上，先用力伸直右腿，用力绷直足背，测角规一根尺面与腓骨平行，一根尺面与足背最高处（即第二跖骨最高处）平行，上体正直稍后仰，双手扶地，保持身体平衡，测试人员分别记录两腿（外踝尖延伸至腓骨头）跖屈数值，取其平均值。

（3）注意事项：测试中，受试者的腿应尽力伸直。

（4）测试评价：夹角度数越大说明柔韧素质越好。

3. 髋关节柔韧性

（1）测试仪器：直尺或软尺。

（2）测试方法：受测者两腿前后或左右分开，通过横叉或纵叉，到最大限度，两腿尽量向远离身体方向伸出，使双腿分叉处接近地面。测量股骨大转子尖至地面的垂直距离。

（3）注意事项：尽量使双腿分叉接近地面，注意预防肌肉拉伤。

（4）测试评价：纵横劈叉距离越短说明髋关节柔韧性越好。

（五）灵敏素质测评

1. 立卧撑

测量人体迅速、准确、协调地变换身体姿势的能力。测试时，受测者取立正姿势，听到测试人员发出“开始”的口令后，双手于脚尖15厘米处扶地成蹲撑，双腿向后伸直成俯撑，再收腿成蹲撑，然后还原成立正姿势，即为一次完整的动作。开始和结束部分时的身体必须呈立正姿势，背部和双腿要伸直。受试者需连续做立卧撑10秒钟，测试人员记录受试者合格的立卧撑动作的次数。

2. 反复横跨

在平整地面上画一条中线，在中线两侧各画一条平行线，平行线与中线的距离为120厘米。测试时，受测者两脚跨中线站立，膝微屈。听到测试人员的“开始”口令后，单脚跨越横线，双脚落地，先跨右侧平行线，然后跨回中线，再跨左侧平行线，接着又跨回中线，往复进行20秒钟。测试人员记录受试者横跨次数。单位时间内横跨次数越多，说明身体灵敏性越好。

第四节　体育安全教育与管理的内容与方法

一、体育安全教育与管理的内容

（一）体育教学中的安全

体育教学是学校开展体育工作的关键环节，体育课程是实现体育教学的最主要的形式，因此体育课上的安全问题自然成为学校和教师最关心的问题。从体育课的结构来看，体育课可以分为准备部分、基本部分和结束部分三段。所以下面根据这三部分进行安全措施和安全教育的内容研究。

1. 准备部分的安全措施和安全教育

（1）上课之前，体育教师仔细检查本课所用器材和设施是否完好，运动场地上是否存在安全隐患。

（2）体育教师课前把运动器材摆放在合适的位置，对存在危险隐患的器材要派专人看管。

（3）上课后，进入课堂常规部分，教师要例行查看学生的穿着是否符合体育课标准，提醒学生不要带链子、手环等妨碍运动的饰物，询问是否有生病或不适的同学。在课上，如果进行有危险性的项目（如铅球、跳箱等），教师一定要在课程的开始阶段重点强调安全，并向学生阐明遵守规定的重要性，让学生对可能发生的危险有一定的心理准备，提高自身的安全意识。

（4）进入准备活动阶段，体育教师要根据气候条件、学生的生理和心理特点安排相应的准备热身活动。例如，以游戏形式热身，要合理安排场地，避免形式混乱，教师首先要向学生宣布游戏规则，进行中学生要合理控制自己的动作和情绪，以免发生意外。

2. 基本部分的安全措施和安全教育

（1）体育教师要根据学生的实际情况安排体育教学内容和运动负荷，避免出现超出学生能力、大部分学生完成不了的情况。同时，还应考虑不同教学内容的前后顺序，预防伤害事故。

（2）体育教师的教学方法要适当，示范动作要准确，讲解语言要清晰，引导学生准确地理解动作技术并用正确的方法去练习。

（3）体育教师要加强课堂组织纪律的管理，学生要端正上课态度，避免在课堂上自由散漫、心不在焉，不能与其他同学打闹嬉戏、不听教师指挥、为了逞能做没学过的技术动作等，要防患于未然。

（4）体育教师要在保护与帮助上仔细研究，利用现有的或自制的辅助保护器具进行难度动作的学习和练习上的保护，尤其像器械体操此类教材更需要教师发挥其智慧。与此同时，教师要传授给每位学生保护与帮助的手法、站位与要领以及危险出现时自我保护的方法，加强学生自我保护意识。挑选责任心和运动能力强的同学担当体育委员或体育课代表，并充分发挥他们的才能，使其积极配合教师，做好保护与帮助。

（5）在课堂上，体育教师要始终保持敏锐的洞察力，时刻观察每一位学生的身体和情绪状况，若发现问题要及时解决。例如，避免长跑运动中由于身体突然不适发生伤害；足球、篮球等对抗性项目中由于情绪激动，过于亢奋，同学之间因为动作过大而出现矛盾、甚至打架等。

（6）体育教师要合理摆放上课时所用的器材，摆放的位置要合适，不能太过密集，否则会引起学生相互冲撞；避免方向错误，否则学生有可能被阳光晒伤；避免摆放不规范，否则学生练习也有可能出现意外导致受伤；避免危险器材随意放置，学生触碰、把玩，引发伤害事故等。

3. 结束部分的安全措施和安全教育

（1）进入结束部分，教师要根据整堂课的运动负荷合理安排放松练习，要针对学生身心的疲劳程度选择合适的形式和内容。避免因体力不支或思想麻痹而导致伤害的发生。

（2）对课堂上出现的有碍安全的违纪行为要给予严肃的批评指正，引起学生的重视；

对出现的危险情况，教师要加以分析，引以为戒，避免重蹈覆辙。

（3）课后，教师要妥善、及时地安排送还运动器材，杜绝学生在没有教师看管的情况下，擅自使用运动器材进行练习，避免意外伤害发生。

（二）有关体育场地、器材的安全

根据我国校园的实际情况，本书将球类、田径和体操的场地和器材的安全问题进行重点研究，从学校、教师和学生这三个角度对保证体育教学安全进行探讨。

1. 球类运动场地、器材的安全措施和安全教育

目前，我国各类学校最常见的球类运动场地主要是足球场、篮球场和排球场，其次为乒乓球馆和羽毛球馆。

（1）学校应尽的职责。定期派相关人员检查球类运动场地、器材。检查器材安装是否松动；器材零件是否老化陈旧；器材是否出现变形；塑胶场地是否有破损、隆起的问题等。同时要及时解决存在的安全隐患，需要更换的要及时清场，明示学生禁止使用。

（2）体育教师应尽的职责。课前，体育教师例行检查上课所用球类场地、器材，确保一切没有问题后再进入教学环节，发现存在的安全隐患要及时向体育部门的负责人进行报告或说明。课上，教师要强调相关用品的正确使用方法，如篮球、羽毛球拍等，禁止乱扔、乱打、乱比划；教育学生规范地使用球类器材，如禁止攀爬篮球架、足球门等；教授学生自我保护的技巧，如躲避被球击中的技巧、合理避让与他人相撞的技巧等，以此提高学生自我保护的能力。

（3）学生应尽的职责。在上课前，负责借送器材的值日生或体育委员要尽到看管的义务，以防丢失和损坏；课上，学生要听从教师安排，以防混乱导致球具伤人；遵守纪律，不打闹嬉戏，不乱攀乱爬，有类似的行为，教师要加以制止，尤其是体育委员或体育课代表要做到示范带头作用，有力地协助教师维持好课堂纪律，发现任何安全问题及时向教师汇报。

2. 田径运动场地、器材的安全措施和安全教育

田径运动是我国各级别学校的必修课程，田径场地和器材也是各类学校最常见的体育配套设施。田径运动包括的项目众多，场地、器材、设备比较复杂，学校最常用的场地有标准塑胶跑道、跳远的沙坑；最常用的器材有实心球、铅球、标枪、跨栏架、跳箱、跳高架、跳高杆、跳高垫、接力棒等。

（1）学校应尽的职责。由于田径场地是学生在校园活动的主要场所，因此学校每天都应有专人定时检查田径场地内所有固定器材，包括其他运动器材的安全和使用状况，做好维护、修理、更换和采购等工作；检查和排除跑道上和沙坑中的杂物，及时打扫清洁场地；定期检查器材室内田径器材的磨损状况，及时修理和替换，杜绝有安全隐患的器材进入课堂。

（2）体育教师应尽的职责。上课之前，体育教师例行检查上课所用田径场地，选择能用的器材，如排除场地上的异物、把沙坑弄平整、挑选有弹性的跳高垫、挑选完好没有破损的接力棒等。课上体育教师要教会学生预防由于田径场地、器材可能引起的伤害，如翘起的跳远踏板、凹凸不平的沙坑、乱扔铅球和标枪、乱闯投掷区等可能引起的伤害，学生要提高警惕性。体育教师在进行铅球、标枪等投掷项目的教学时，要严格强调课堂纪律，让学生听从指挥，对违规的学生要进行批评教育，预防意外的发生。课后，体育教师要及

时回收器材和设备，要求学生在没有教师的情况下不要自行练习。

（3）学生应尽的职责。上课前，负责借送田径器材的值日生或体育委员要尽到看管的义务，在防止丢失和损坏的基础上，同时要阻止其他学生擅自拿取练习，尤其像铅球、标枪之类的投掷器材，严禁学生自行拿取。上课中，学生要听从教师的统一指挥和组织安排，不抢夺器材、不乱闯投掷区等。下课后，学生要配合教师安全回收器材，派专人将器材送还器材室，注意不能在没有教师的指导下私自进行练习。

3．体操场地、器材的安全措施和安全教育

在学校体育教学中，体操项目是很重要的一部分内容，如广播体操、健美操、集体舞、器械体操、垫上运动等都属于体操的范畴。有一定安全隐患的是器械体操和垫上运动所用的器材，如单杠、双杠、跳箱、爬杆、肋木、海绵垫等。

（1）学校应尽的职责。定期派专人检查所有体操器材的安全状况，发现问题及时修理、修补，若不能继续使用则将其报废并更换。对于固定在室外的体操器械，如单杠、双杠等要格外注意，更要保证其安装稳固、没有任何安全隐患，同时对学生在没有教师指导的情况下不允许运动的器械要有明确的文字或图片警示，避免学生在课余玩耍时出现意外。

（2）体育教师应尽的职责。上课前，体育教师要例行检查所用体操器材，如跳板弹性是否正常、海绵垫是否平整等，保证体育教学的安全进行。上课中，体育教师首先应合理摆放好体操器材，例如，技巧练习时各组海绵垫的位置与学生的站位要合理，避免学生过于拥挤而相撞；器械体操练习时，要合理有效地摆放保护垫，避免学生下落时崴脚等。其次，体育教师要教育学生在进行器械练习或垫上练习时，不能嬉笑打闹，以免由于注意力分散掉落器械或者是动作错误造成伤害。体操练习经常需要学生间的相互保护与帮助，教师应教导学生在保护与帮助中，学会预见和判断，并有效地避免因被保护学生的错误动作导致伤人事故发生，如练习跳山羊的学生在急速助跑上板后冲撞扮演山羊的同学而没有跳过，致使扮演山羊的同学和跳跃的同学相撞，前方保护的学生要能预见并能正确地采取向侧躲开的方法，避免撞击等，这类躲避技巧是需要教师在教学过程中灌输给学生的，时刻提高学生的安全意识。下课后，教师要及时回收器材，保证场地安全。

（3）学生应尽的职责。学生最好不要在体育课前或者是没做准备活动前就进行体操练习，尤其是器械动作的练习，防止受伤。值日生和体育委员要严格按照教师的要求，认真摆放体操器材，并阻止其他学生在课前就利用器材进行活动。课上，每位同学要端正态度，保持既严肃又活泼的课堂气氛，进行器械或垫上练习时一定要全力以赴，保持头脑清醒。如果上课过程中，器械或保护垫位置有移动，要及时归于原位，或让体育教师来处理。课后，值日生或体育委员要协助教师及时地将体操器材送还器材室。

二、体育安全教育与管理的方法

学生处于青少年时期，还不具备充足的安全意识和自我防范能力，安全知识十分匮乏。这是学校体育课上不断出现安全事故的一个重要因素。因此，各学校应完善体育安全教育工作，将体育伤害事故防范教育列入对学生教育的范围之中。

（一）建立学生健康档案

首先，学校对入学新生应安排常规的身体检查，同时为学生在校期间建立健康档案，方便学校掌握所有在校生的基本身体健康状况。针对一些患有不同程度的疾病、无法进行体育课的学生，学校应有计划地安排合适的教学内容，以免在体育活动中出现意外。其次，学校应要求家长定期与学生沟通，关心学生的身体状况，发现任何健康问题都要及时与学校联系，以便记录在健康档案上，方便体育教师在安排体育活动时进行具体安排和调整。

（二）开展体育安全宣传活动

学校体育的安全教育不仅要充分发挥教师的主导作用，也要充分利用学生的主体地位，充分利用电视、广播、黑板报、宣传栏等形式，大力宣传体育运动安全方面的知识和常识，让学生树立起安全意识，提高学生体育伤害事故自我防范能力，做到时刻警惕、防患于未然，树立忧患意识。

（三）举办德育报告会

学校可以邀请一些相关体育行业的专家、学者或先进模范，举行关于加强遵纪守法、团结协作，以及发扬集体主义精神等方面的专题报告会。以此让学生提高思想意识，培养良好的组织纪律性，增强个人的荣誉感和责任感，为减少和避免体育伤害事故的发生提供必要的条件。

（四）举办体育安全讲座

学校要针对学生和家长进行定期或不定期的讲座活动。邀请有经验的体育教师和保健医生进行讲授，并请家长提出建设性意见，让学生写出心得体会。同时，学校也可以对学生开展安全教育活动，让学生自行编排有关体育安全方面的节目等。举办讲座和开设专题晚会可以引导学生进行科学锻炼和动员家庭力量积极参与体育安全教育。

（五）开展体育安全知识竞赛、演讲比赛和辩论会

学校要经常开展全校、年级或班级性质的体育安全知识竞赛、演讲比赛和辩论会，这既可以提高学生的体育兴趣，拓宽体育知识面，又可以促进学生的安全意识，这种教育形式能够充分发挥学生的主观能动性，使学生的体育安全意识得到进一步加强。

（六）阶段性体育安全预防管理

学校与家长双方积极配合，针对不同性别、年龄的学生进行课外、校外体育活动的管理，尤其是在假期进行的体育活动进行严格的管理和监督，为学生提供课外、校外安全运动的指导以及出现意外的应急处理办法。提倡学生自由组合，在假期积极参加由家长或教师共同参与的体育活动，有计划、有组织地开展课外体育锻炼。学校内的活动场所应保证在校学生优先使用，对校外开放的地方，要设专人管理，制定相应的管理办法，限制闲杂人员进校活动，要加强管理，以防意外事故的发生。

第五节　体育教学中常见伤病的救护

在体育教学中，由于各种因素，学生往往会发生各种各样的伤病，对于教师来说要格外注意。本节主要介绍体育教学中一些常见伤病的救护。

一、运动擦伤

擦伤是由于皮肤受到外界的摩擦所致，如跑步或踢球时摔倒擦伤，进行单杠、双杠运

动时被器械擦伤等。主要症状是因运动使皮肤受搓致伤，擦伤后皮肤出血或组织液渗出。

擦伤是外伤中最常见的一种，也是症状最轻的一种。擦伤是皮肤表面的一处受伤。小面积擦伤，涂抹红药水即可；大面积擦伤，先用生理盐水擦拭干净，再涂抹红药水，再用消毒布覆盖、用纱布包扎。如果不出现感染，两周后即可痊愈。面部擦伤最好不要用红药水、紫药水等染色剂涂抹，用之会妨碍美观，因此用酒精消毒即可。关节附近的擦伤，最好不用干燥法治疗，否则影响运动，且一旦感染很容易波及关节，一般最好采用5%～10%的磺胺软膏或青霉素软膏涂敷。

二、关节扭伤

关节扭伤原因和症状：受外力的冲击或撞击；运动时身体重心不稳向某个方向倾斜，或踩在高低不平的地面上而致伤。伤后局部能力立即丧失，具有明显肿胀和疼痛等。

处理方法：伤后立即抬高患肢并冷敷，加压包扎后固定休息。使毛细血管收缩，防止肿胀。24 小时后即可拆除包扎，可采用热敷、理疗，使毛细血管扩张，促进血液循环。严重扭伤，如韧带断裂等应尽快到医院处理。

物理疗法多种多样，其中以冷、热和电流进行的刺激疗法最为常见。冷对体表的作用，最初是引起皮肤发红，长时间使用则引起发绀，苍白，最后引起冻僵。在康复期使用冷疗，必须努力防止反应超过第一阶段。在此阶段，局部血管收缩，血流速度减慢，局部代谢下降，伴随组织温度局部下降。

急性软组织损伤后应立即使用冷疗，以减少局部的肿胀，加快痊愈过程。因为预防了肿胀，所以不会感到疼痛。使用冷疗时必须同时抬高患肢，以利于静脉和淋巴回流。冷也可以与热交替使用，使局部组织循环产生一个更大的反射性作用。

至于冰块的使用，无论是冰袋或用毛巾包裹的塑料袋，都是简单而有效的。如采取了适当的措施保护皮肤，这种应用可持续 48 小时。较大的困难是要定期增加足够的冰，使温度保持在需要的水平。

三、脑震荡

脑震荡是脑损伤中最常见、伤势最轻的一种。头部受到外力打击后，神经细胞和神经纤维受到普遍震荡后所引起的意识和功能的一时性障碍，在短期时间内能够恢复，多无明显的解剖病理改变。在头部损伤中，头皮、颅骨和脑三部分的损伤经常不成比例，严重的脑损伤往往发生于颅骨完整或头皮损伤较轻的人。因此，头部损伤之轻重程度应以脑损伤之程度为诊断标准。

（一）损伤机制

头部受到暴力打击后，往往会出现意识障碍。在体育运动中，头部被快速飞行的足球、棒球打击或体操运动中从高处跌下时头部撞地等，都有可能发生脑震荡。

（二）症状诊断

患者往往会出现意识障碍，但一般意识障碍都较轻，有意识一时性丧失或神志恍惚等情况。意识障碍的时间长短不一，短则几秒钟，长则几分钟乃至 20～30 分钟不等。在意识丧失时，呼吸表浅，瞳孔稍大但对称，脉率稍缓，肌肉松弛，神经反射变弱甚至消失。患者出现逆行性健忘，即意识清醒后，不能想起受伤的情况和经过，但对受伤以前的事情能回想起来。

在伤后数日内，头晕、头痛较明显，以后逐渐减轻，若情绪紧张，活动头部或变换体位时，症状可加重。此外，还会出现情绪不稳、容易冲动、没有耐心、注意力不集中和耳鸣、体表多汗、失眠等一系列植物性神经功能紊乱的症状。

脑震荡的诊断根据是要有明确的头部外伤史、伤后有短时间的意识更新换代或神志恍惚、出现逆行性健忘、意识清醒后神经系统检查无阳性体征，以及血压、脉率和呼吸正常、腰椎穿刺脑脊液压和细胞数正常。

（三）处理

急救时，应让患者安静、平卧，不能站立。头部冷敷、身上保暖。若出现昏迷可指掐人中、内关穴，以及呼吸发生障碍时，可施行人工呼吸。

伤员昏迷的时间超过 4 分钟以上或两侧瞳孔大小不对称或耳、鼻、口内出血及眼球青紫或伤员清醒后剧烈头痛、呕吐或再度昏迷者，说明情况较为严重，应该立即送医院进行处理。

去医院的途中，伤员要平卧、头部两侧要用枕头或衣服垫起使之固定，避免振动和颠簸。意识不清者，要保持呼吸道的通畅，伤员侧卧，以防止呕吐物吸入气管或舌头后坠而发生窒息，以及密切观察病情的变化。

对无严重征象、短时间意识丧失后很快恢复的伤员，经过医生治疗后，也应平卧送到床上休息，并应卧床休息到头痛、头晕等症状完全消失。可用“闭目举臂单腿站立平衡试验”来决定可否参加体育活动，不能过早参加体育活动，也不能过早进行脑力劳动。

四、肌肉痉挛

肌肉痉挛俗称抽筋，是肌肉出现不自主的强直性收缩的现象。在运动中最容易发生痉挛的肌肉是小腿腓肠肌，其次是足底屈拇肌和屈趾肌。

（一）原因

（1）寒冷刺激。在低温环境下运动，特别在游泳运动中，由于冷水的刺激，容易引起肌肉痉挛。

（2）准备活动不充分。在没有充分热身的条件下从事剧烈运动，常因肌肉连续的快速收缩，使舒张不全，而引起肌肉痉挛。

（3）大量排汗。在夏天从事剧烈运动时，由于大量出汗，使体内水盐代谢失调，会引起肌肉痉挛。

（二）症状

肌肉痉挛时，局部隆起形成硬块，会让患者疼痛难忍。痉挛发生后，一时间无法缓解，即使缓解，患者也会有不适感。

（三）处理

遇到肌肉痉挛时，保持沉着和冷静，特别在游泳运动中更应如此。在一般情况下，用力牵拉痉挛的肌肉，抽筋即可被缓解。例如，腓肠肌痉挛时，可用力使足趾背伸。此外，还可以配合按摩或点穴治疗，如小腿的承山、足三里，足部的昆仑、涌泉等。

五、低血糖

人的机体内每 100 毫升血液中约含 80～100 毫克葡萄糖。当血液中的葡萄糖低于百毫升 50～60 毫克时，就会出现一定的不适，这些症状叫低血糖症。

（一）原因

运动时，人体需要消耗大量的能量，这些能量主要来自体内糖的氧化分解。首先是肌糖原的分解功能，随着肌糖原的分解，血糖不断补充，因而使血糖浓度逐渐降低；此时肝糖原分解再补充血糖，从而维持了血糖的相对恒定。但是，如果进行长时间剧烈的运动，使肝糖原被耗尽，或大脑皮层对糖代谢调节的机能失调，那么血糖的浓度就会降低，而出现低血糖症。

（二）症状

出现轻度低血糖症时，人体会感到疲乏、头晕和心慌，同时还伴随有面色苍白、出冷汗、四肢冰冷等现象。严重者则神志模糊、言语不清、四肢发抖、躁动不安，甚至出现休克和昏厥。检查时，脉搏细弱而快，呼吸短促，瞳孔散大。

（三）处理

当确诊为低血糖症时，应叫病员平卧保暖。神志清楚者，只要饮些含糖饮料或吃少量的含糖食物，症状即可缓解。如果遇到严重低血糖症患者，则应静脉注射 50％的葡萄糖 50～100 毫升，必要时可皮下注射 1 毫升的 1/1000 的肾上腺素。

第十五章　体育教与学策略的解析与运用

恩格斯在《社会主义从空想到科学的发展》一文中指出，“和任何新的学说一样，它必须首先从已有的思想材料出发。”为此，体育教学策略与学习策略的研究，缘起于体育新课程有效学习与有效教学的认知需要。提出的目的是不断加深对教学本质的探索，与把握21世纪“为学习而设计”“为理解时刻而教”的教学性质息息相关。正如有学者指出，“我们期望教师教会学生学习，然而却很少让他们懂得学习的性质。我们期望广大教师有效教学，却很少教他们解决问题的教学策略。”因而，要有效学习、有效教学，就必须理解教学策略、学习策略。如果从学习策略、教学策略的认识角度”去提倡、去建设体育有效教与学行为的认识，将有助于展现新课程功能。这不仅有利于加强对体育教学专业化的认识，而且有利于体育教学概念达到真正的明确化。同时还解决了体育教学不仅是一个概念的归属问题，更重要的是把传统教与学紧密地联系在一起，成为一个活动整体，形成“1＋1＞2”的整体功效。正如李秉德先生曾指出的，“教学的效果取决于教与学诸要素构成的合力。”

第一节　体育教学策略的建构与应用

近几年来，国内外许许多多的教学模式、教学方法不断在体育教学中涌现。面对教学方法本体，引发体育教师如何面对体育教学目标的需要科学选择或运用以至创设更加有效的教学方法的问题。为解决这一命题，“体育教学策略”研究应运而生。文献梳理发现，目前对体育教学策略的理解虽然存有多种认识，但大致存在一种共同的观点，即教学策略是从理论角度提出，解决教学实际问题的方式和方法，是围绕教学目的而特定的方案。从路径来看，教学策略大致形成向上和向下的两条研究路线：向上的路线，是将教学策略作为联结多种教学模式的教学方式，如成功体育教学模式的策略。向下的路线，是将其作为一种教学方案、教学设计，限定在某一课时、某一内容的范围。例如，课准备部分的教学策略、合作教学策略。鉴于此我们认为，教学策略应是指建立在一定的理论基础上，为实现某种教学目的而制订的具体教学实施方案。它包括合理选择和组织各种方法、材料，确定师生行为程序等内容。其关系是教学模式—教学策略—教学方法。因此，从这个认识上来说，教学策略不等同于方法技术，而是对教学方法的决策或方案选择。它是针对特定目标而提出解决具体教学问题的方法、技术的操作原则与程序的“范式”。它是教学论形成和发展的逻辑起点，也是构成教学活动的必要条件。它决定着教学方法基本构成的认识和确立，是教学论的理论基石。

遗憾的是，目前“体育教学策略”的理解尚未走向成熟，未能进一步展开实践的细化与表述，从而有效指导体育教学。近年来随着新课改的推进与课程实施的需要，有必要对其展开关注与研究，但细检众论对于体育教学策略的研究阙如的原因，一是对研究所持的观点莫衷一是，分歧很大，至今仍有待辨清。二是受时间的制约，以往研究往往失之简单，难以展现其全貌。这种后果，使人们对体育教学策略与学习策略的认识长期停留在模糊朦胧的低水平。三是由于“学习策略”与“教学策略”受特定学习方式所支配，难以为广大基层体育教师理解掌握，为此，正确与迷误相伴而生，求新与偏见一起增长。因而，本章拟就这一问题作一破茧，对体育学习策略、体育教学策略基本理念范式进行梳理与评析，力求努力填平理论与实践之间的鸿沟。帮助更多教师在教学时形成“有准备的头脑”，促使体育教学过程的最优化。为广大体育教师学习理论、应用理论、创造和贡献理论。为积聚新教学实践智慧的良机开辟源泉，在一个更高的层次上认识教学。恰如法国科学家巴斯德所说：“在科学的领域中，机遇只偏爱那种有准备的头脑。”为此，对其驻足不仅是体育教学理论发展的需要，而且也是体育新课程教学实践得以有效实施的要求。

一、体育教学策略的内涵及类型

实践证明，体育教学方法种类繁多，如果不能根据情景性和特定性而简单执行，就会邯郸学步，机械运行。为解决这一命题，“体育教学策略”研究应运而生，它为分析体育教学这一特定情境中的教什么、何时教、为什么教和怎样学，提供途径和策略。为一些教学理论的成功应用，创造了良好的条件。可见，“体育教学策略”的设计与采用是一门学问，也是一门艺术。“体育教学策略”之研究对达成教学目标、提高教学效益、促进教师的专业化发展有着积极的意义。为此，要制订有效的体育教学策略，就应该对其内涵和结构有深刻的理解与认识。诚如著名心理学家莱温德所言，“我们不能笼统地认为某个成分对于学习是最优的，应该对之进一步分析。”

（一）教学策略的内涵

美国教学设计专家梅里尔在 1996 年《教学设计新宣言》中认为，不同类型的教学策略可以促进不同种类的知识和技能的学习。学者这一分析，可为我们认识教学策略的基本特征提供一个立体的、多维的视角。得以不断创造出新的富有实践教学力的策略，从而达到有效教学的目的。

目前，世界上还未形成一个大家公认的教学策略分类体系。综述比较有影响的观点，目前教学策略的研究有六种看法。

（1）把教学策略看作为实现某种教学目标而制订的教学实施综合性方案。

（2）把教学策略作为一种教学思想的体现，认为“教学策略可以看成是一种教学观念或原则，通过教学方法、教学模式和教学手段得以体现”。

（3）认为教学策略与教学方法、步骤、教学模式同义。

（4）把教学策略看作为达到一定的教学目标而采取的一系列教学方式和行为。

（5）教学策略是教学方法的技术层面落实在教学的行为和手段上，有各种各样的分类法，如讲解法、讨论法、演示法、练习法等。

（6）教学策略是教学设计的有机组成部分，是在特定教学情境中为实现教学目标和适应学生学习的需要而采取的教学行为方式或教学活动方式本文认为，上述六种看法从不同角度对教学策略的含义作了描述或界定，对我们理解体育教学策略含义有一定启发。反映了教学策略注重于教学目标和具体方法的灵活运用，明确了教学策略是对教学方法实施过程中的具体运用和有效行为，是教师教学智慧和教学艺术的充分体现。

2. 教学策略的类型

目前，国内学者对体育教学策略的结构类型也作了初步研究，大致有以下四种不同的分类方法。

第一，以教学形式要素为中心的教策略框架。

①内容型，以有效提供学习内容为中心，强调知识的结构和知识的发生过程的策略。如基于能力差异的分组教学策略、基于知识差异的分层教学策略、基于兴趣爱好的选项教学策略等。

②形式型，以教学组织形式为中心，形成集体教学、小组教学、个别学习三种类别。如课基本部分教学策略、小群体教学策略、分组轮换与分组不轮换教学策略、个别化指导教学策略等，

③方法型，以教学方法和技术为中心与内容、形式、方法的综合。如合作教学、探究教学、自主教学。

第二，以教学过程要素为中心的教学策略框架。

依据教学过程、教学内容安排、教学方法、步骤、组织形式的选择与安排等分类的目的和特定，我们可以把教学策略分为以下不同种类。

根据教学效果来分，体育教学策略的具体操作过程其关系的表述有以下方面：

①教学实施策略，是指导教师在教学前使用的策略，包括先行者组织策略、准备策略等。

②教学管理策略，由教学组织策略和教学表达策略组成，是指导教师在教学过程中对教学内容、教学资源与约束条件、学生管理及调动的教学组织形式等运用与决策的基本方法。

③教学监控评价策略，是指教师为保证达到预期的教学目标，而对教学全过程实行计划、反馈、控制和调节等采取的策略。

根据教学环节来分，体育教学策略的具体操作过程表述有以下方面：

①关于教学活动的教学准备策略，是教师根据教学目标要求，钻研教材，组织教法，分析自我和学生，制订教学计划的策略。

②关于教学内容加工处理的教学组织策略，是针对教学的主题内容进行教学组织的基本方法，属于教学任务分析的范畴。其策略过程包括：通过信息加工分析获得教学设计的基础程序，通过学习类型分析明确达成教学目标所需要进行的学习类型，通过学习任务分析揭示达到教学终点的教学目标之前必须实现的一系列目标。

③关于教学内容传递的教学表达策略，是在教学组织策略决定之后，决定运用各种教学手段将教学内容完整、有效地传递给学生的基本方法。它包括教学方法的选择与应用策略、教学媒体的选择与组合策略，以及声画表达策略和教学表达的心理策略，等等。为此，有效把握各种教学方法的类属特征，确认教学方法与教学策略的本质特征及其适用性，方可形成有效的教学行为。

第三，以研究方法要素为中心的教学策略框架。

这种框架是依据教育思想和理念体系为导向构建教学场景，选择支持各种教学活动的资源，规划多场景运作的步骤或一系列行为。体现了教学目标归类、教学内容排序、教学策略选择等。这种框架为我们掌握基本的教学设计和规范提供了良好的基础，具有很强的

实践意义。如领会式教学模式策略、发现式教学模式策略、成功式教学模式策略等。第四，以信息加工学理论为中心的教学策略框架。

信息加工学理论把教学策略划分为：

(1) 先行组织者策略；

(2) 概念形成策略；

(3) 认知发展策略；

(4) 随机管理策略；

(5) 自我管理策略；

(6) 行为练习策略；

(7) 问题解决策略。

指出教学策略是为完成特定教学任务或教学目标而采取的途径、方法和手段的行为和认知取向，通常表现为一系列步骤或一系列行为。

教学策略的结构可以分为两个层次。第一层次是监控策略，主要成分是操作原则的知识，其功能是指示策略运用者"应该做什么"，体现在四个方面：判断，告诉人们该项策略的作用如何，能解决何种教学问题；计划，告诉人们必须按照何种规则去运用才是正确的；执行，指示人们怎样做才不偏离教学目标；评价，调节策略运用者应该做什么而不应该做什么。第二层次是应对策略，由操作程序的知识组成，其功能是指示策略运用者"应该怎么做气它由判断策略、计划策略、执行策略、评价策略构成，分别与教学问题解决过程的四个阶段相匹配。

判断策略，是对应教学问题解决第一阶段情境的方法。要能消除掉这一阶段的目标障碍，准确理解和表征问题，就必须懂得如何去感知问题中蕴含的相关信息，如何理解问题结构中的各种关系，如何分析问题的性质和类型，如何综合问题的信息等知识，而这样的知识就必须由判断策略来提供。

计划策略，是对应教学问题解决第二阶段情境的方法。它通常要指示人们如何找出能达到目标的方法和技术，如何将已搜寻出的方法技术相互比较，进行选择，如何将方法技术相互搭配起来，如何将匹配好的内容按事件进程进行编码，这样，策略运用者就能较容易地制订出一个完整的方案了。

执行策略，与教学问题解决过程的第三阶段相对应，它必须具体告诉人们如何按照方案的要求审查外部动作的正确性，唯有如此制订的方案才能变为所期望的现实。

评价策略，与教学问题解决过程的第四阶段相对应，指导策略运用者如何根据目标校验动作的成效，检查结果与目标间的差距，如何依据目标期望的价值来度量动作的意义，为策略运用者提供自我调节的信息。

上述概要说明信息教学策略的结构特点：层次性，具有不同功能、不同层位、不能互相替代；相关性，策略内部上下不同层位的成分是相互关联相互作用的；整体性，策略内部的各种组成因素都是整体中的一部分，各自都在整体内的不同层位上，为达到整体目标而发挥各自的特殊作用。如果认识不到这些特点，在策略运用时将顾此失彼。

上述各种看法都从不同角度对教学策略的含义作了描述或界定，对我们理解体育教学策略含义有一定启发。其一，教学策略从属于教学设计，确定或选择教学策略是教学设计的任务之一；其二，教学策略的制订以特定的教学目标和教学对象为依据；其三，教学策略既有观念驱动功能，更有实践操作功能，是将教学思想或模式转化为教学行为的桥梁。这三个概念的逻辑关系是：教学模式（上位）一教学策略（中位）一教学方法（下位）。

体育教学策略在应用时要注意突出两个特点：任务的要求和方法的选择。理解教学策略注重于对教学目标的意识和具体方法的灵活运用，教学策略是对教学方法实施过程中的具体运用和有效行为，是教师教学智慧和教学艺术的充分体现。属于教学设计的一部分，不能取代教学设计的全部功能。要达到有效的运用，教师必须对教学策略有理性的思考，对教学方法的理论基础有清晰的认识与正确把握。因此，可以讲教学策略是对教学方法实施过程中的具体运用和有效行为，是教师教学智慧和教学艺术的充分体现。恰如学者盛力群认为，学习、研究与应用教学策略，需要树立四个重要的教育理念：实现减负增效、运用系统思维、努力以教促学和加速自身成长。同时，也需要掌握学习方法，注重知识交叉，注重教学实践，善于获取信息资源。

二、体育教学策略的构建与应用

在对众说纷纭的教学策略概念进行整理、分析和完善之后，我们认为教学策略的构建可从以下方面把握与诊察。

（一）体育教学策略的构建可以从质与量两个维度进行考察

第一，教师教学策略的量。教学策略的量，主要指教学策略知识的丰富程度，教学策略知识越丰富，解决教学问题的对策就越多，解决问题的过程就越简缩，速度就越快。教学策略的量是策略运用熟练程度的标志。不熟练者自动化程度低，影响了速度；而熟练者则依靠大量策略运用的经验，“不假思索”直达教学目标。

第二，教师教学策略的质。教学策略的质，是教师运用教学策略的适宜性和自动化程度。教学策略的适宜性，是指所运用的教学策略与教学问题情境的高度对应及与解决教学问题的目标的得法性。主要指教师高级心理机能相关性越高其解决教学问题的效果就越好。

（二）教师教学策略构建的四个阶段

策略单一性阶段。由于教师具备的策略知识不多，策略的体验不深和经验不足，对自己所掌握的教学策略知识认为是不可置疑的。认为只要运用必定有效果，没有意识到教学策略具有变通使用性。误认为一种教学策略只具有适合解决一种教学问题的单一特点。

策略多元性阶段。由于教师具备的策略知识有所增多，教学策略的体验和经验也有所积累，策略运用有了一定程度的变通性，也认识到教学策略与教学问题之间不是单一、绝对确定的关系，因此在运用教学策略解决教学问题时能考虑到多方面的原因和寻找多种对策，教学策略结构有了一定程度的组织性，其策略运用较熟练。此阶段的教学策略表现出这样的状态：一种策略可用于解决多种教学问题，多种教学策略也可以解决一种教学问题，其价值具有多元性特点。

策略相对性阶段。与前阶段相比，教师掌握的策略知识比较丰富，运用策略已达到相当熟练的程度，教学策略的组织性和结构化特点更为突出。教师对自己所掌握的教学策略有意识地进行比较、权衡、分析教学策略与教学问题之间关系的性质，认识到每一种教学策略的使用条件、合作范围及效果不是绝对的，要与特定的教学问题情境相联系，但评价策略时仍以他人经验判断为标准，认为教学策略是不能为自己所创造的。没有学习理论、应用理论、贡献理论，所以本阶段教学策略的价值特点表现为策略的相对性。

策略个体化阶段。教师在评价教学策略时已不以他人经验为判断标准，策略知识和策略运用经验十分丰富，教学策略已完全结构化，能够正确地把握教学策略与教学问题间的一致性关系，选择和运用策略十分熟练，达到自动化程度。在此阶段，教师认为策略运用必须适合个体自身的特点，能够把一般人使用的教学策略加以改造，转变成具有个人独特教学风格的东西，并且也能够根据问题情境的特殊要求创造出教学策略，对自己所掌握和所运用的教学策略具有“对我而言是正确的”这样的认识，其策略表现出显著的个体化特征。

（三）教学策略培训的手段与方法

对教师传授运用策略的知识和应用技能，可以快速提高教师的教学策略水平，收到好的培训效果，改善教师的素质结构，提高教学效益，缩短教师成才时间。正如学者盛力群所说，“帮助学习者选择信息、组织信息和整合信息；做出示范、精心辅导和提供支架，使得学习者在学习中有计划、肯努力、愿交流、善反思，如此达到培养学习者解决非良构问题与胜任复杂任务的能力。”因而，要注意突出以下几个特点：

一是指导性。培训的内容对教师的策略能力发展具有针对性，使教师在接受培训之后能明确自己的策略能力发展方向。

二是实践性。培训的内容具有实践应用，能充实教师的实践教学，弥补策略运用经验的不足。

三是直观性。向接受培训者传授策略知识和技能的方式，必须是直观和可感受的，因为接受培训者本来就经验不足，如果所授内容过于理论化、概括抽象，不利于向能力转化。

四是可操作性。要求所授内容具体，要把策略的运用一步一步地通过活动转变成操作能力。

教学策略运用能力的提高，可以通过以下几个途径进行专门培训。

途径一，举办短期培训班，编写培训教材，专门传授策略知识和策略运用技巧，快速集中地积累有关知识，为策略能力发展打下坚实基础。

途径二，注重培养教师优良的思维品质，尤其是思维的灵活性、批判性和创造性，以提高能力发展的潜力。这一点可以通过指导教师在教学实践中经常进行教学思路设计的自我训练来实现。

途径三，鼓励教师积极发展关于教法运用的个人意见，树立教师个人的教育信念，用以激活和保持策略意识。这可以通过鼓励和督促教师写集体经验交流或教学论文来促进实现。有以下几种方法：

第一，写比较教学方案。同一个教学任务，设计两套以上教学方案，锻炼自己的策略灵活性。

第二，写教学经验总结。一篇一章或一单元一学期的教学之后，将其中的经验和教训总结出来，可以发现其中策略运用的窍门和规律。

第三，聚会性交流。若干教师聚集在一起，就某一具体教学问题交谈自己的已有做法，参与者会从其中受到某种启示，从而改善自己的策略。

第四，请他人会诊。如果自己觉得某种方法运用不妥或某种教学问题的解决不尽如人意，就说出来或再表演一下，请求他人作出诊断，这样可以帮助自己跨过策略能力发展的障碍。

第五，集体备课。可以集众人之智慧于一身，在缩短成才时间方面有显著效果。

第六，他人教学。在观摩他人教学、观看他人的教学录像、阅读他人的（当然包括优秀教师的）教案后，就其教学策略的选择、运用、效果等，依据一定的知识、理论和思想进行评估判断，从中可以他人之长补己之短，弃他人之短扬己之长。

其七，参加教学科学实验。这是个快速提高策略水平层次的好做法，参与或主持实验的人一般都是高水平和较高水平的专家和教师，参与其中可以得到全面锻炼和提高。

3. 体育教学策略的评价诊察

①教学行为指向性要求。任何教学策略都是指向特定的教学目标和教学活动，规定某种教学行为，这同时也指明了体育教学策略确定的两个依据：教学目标和学生特点。

②教学结构功能性要求。选择或制订体育教学策略时，要求教师针对具体的体育教学需求和条件，对影响体育教学策略构成的教学方法、步骤、媒介、内容和组织形式等要素加以综合考虑，组成切合教学实践的最佳教学实施措施；在发挥体育教学策略作用时，强调某一范围内具体教学方式、措施等的优化组合，合理构建。

③教学行为启发性要求。它能启发教师主动寻找解决教学问题的简捷途径和方式，从而有效解决问题，促进教师教学水平的提高。

④教学行为灵活性要求。在选择或制订体育教学策略和运用教学策略解决问题时，应据不同的教学目标、内容和任务的要求，参照学生的初始状态，并应随着教学情境的变化而做相应的设计和调整，将最适宜的教学方法、媒体和教学组织形式优化组合，以便实现特定的教学目标，完成特定的教学任务。

第二节　体育学习策略的建构与应用

一、体育学习策略的内涵与类型

学习策略作为一个完整的概念是布鲁纳 1956 年提出的，他认为，“认识策略以后出现的目的是教会学生学习。”学习策略研究在我国长期被称为学法研究，由于学法研究侧重于某一程序、方法、步骤，因而存有相对忽视非认知内隐与整体认知的不足。学习策略在我国大致经历了两个发展阶段：1979—1986 年为自发研究；随着新课改的展开，从 20 世纪 90 年代研究开始逐渐深入，当前学习策略研究进入新的发展时期。其特点是力图和国外先进理论相结合，针对我国新课程教学的实际问题进行研究。

（一）学习策略的“结点”辨析

综述国外比较有影响的观点，学界对学习策略的定义大致有三种看法：一是“学习策略是内隐的学习规则系统”。二是“学习策略是选择、整合、应用学习技巧的一套过程”。三是“学习策略是被用于编码、分析和提取信息的智力活动……”为此，学习策略可定义为：“根据学习情境的特点一和变化选用最为适当的学习方法的过程。在学习活动中，为达到一定的学习目标而学会学习的规则、方法和技巧；它是一种在学习活动中思考问题的操作过程；它是认识策略在学生学习中的一种表现形式。”

以上观点，都从不同角度揭示了学习策略的特征。这对帮助深入理解学习策略内涵丰富的概念有积极借鉴的作用。本文认为学习策略属于学习方法的技巧层面。是学习过程中的动力系统，它对学习过程具有助动和调控作用。是个体学习方法在具体场合的运用，体现着个人的学习风格。由“内在起因、外在诱因和中介调节作用”三大因素组成。

体育学习策略属于学习策略范畴，只不过更注重、更强调体育学习的本质而已，否则显得指导性不强。体育学习策略主要是解决动作知识技能知与不知、懂与不懂、会与不会、乐与不乐的问题。这一特点对于体育学习策略具有重要的影响。基于此，季浏、颜军等学者认为，体育学习策略“是个体在特定的体育学习环境里，为了达到特定的体育学习目标而对学习步骤与学习方法所做的优化组合与精巧安排。”

（二）体育学习策略与学习方法的“结点”辨析

体育学习策略与体育学习方法有明显水平层次区别，即体育学习策略是比体育学习方法更高层次的方法，或者说体育学习策略是使用体育学习方法的方法，如果把体育学习方法视为“战术”，那么体育学习策略则属于“战略”的范畴。它是学生会不会学习的标志，是衡量学生体育学习能力的重要尺度，是制约体育学习效果的重要因素之一。为此，全面理解体育学习策略的基本含义，应当把握以下三点：

①凡是有助于提高体育学习质量、学习效率的程序、规则、方法、技巧及调控方式均属体育学习策略范畴。

②体育学习策略既有内隐、外显之分，又有水平层次之别。如体育学习策略既可是外显的动作操作程序步骤，也可是内隐的思维方式。

③由于体育学习策略本身是由一系列基本技能和相应知识所构成，因此必须遵循体育知识与运动技能学习的规律，合理安排教学内容和进程。

④体育学习策略的教学目的是为了教会学生学习，即能针对在体育学习中遇到的问题，灵活提取、优化组合与精巧安排。

（三）体育学习策略的类型与辨析

美国心理学家迈克尔（Mckeachie）认为学习策略包括认知策略、调控策略和资源管理策略三种。体育学习策略在认知—运动信息加工过程中包括：体育学习认知策略、调控策略和资源管理策略。

1. 体育学习认知策略的指导要求

体育学习认知策略是对体育学习的有关信息进行有效的识别、理解、保持和提取的策略。具体包括选择性注意策略、练习策略、精细加工策略。

①选择性注意策略。选择性注意策略是指将注意指向有关体育学习材料的策略。指示教师教学时应注意：引导学生将注意力集中于运动动作的关键和学习的难点上；指导学生学会合理分配注意力，学会观察的顺序；将注意观察与理解、记忆有机结合。一般运用于泛化学习阶段。

②练习策略。练习策略是指为提高体育学习效果所采取的策略。提示教师教学指导时应注意：帮助学生理解练习的目的、练习的要求、练习的步骤；学会合理选择练习的数量，提高练习的质量，减少练习的盲目性。一般运用于分化学习阶段。

③精细加工策略。精细加工策略是指将新学习的材料与已有的体育知识技能有机联系的策略。指示教师教学时应注意：引导学生把已有经验的知识与新知识、新技能衔接交

流，以类比或比喻等方法同化学习者形成新的高效学习表征。一般运用于分化学习向自动化学习的提高阶段。

2. 体育学习调控策略的指导要求

体育学习调控策略是指根据学习者自身基础和主客观条件调控学习过程，优化学习的具体策略。它指示教师教学前注意：为学习者提供“认知路线图”。通过逐步分化类比揭示学习材料的逻辑顺序，引导学生把握知识不同层次之间的关系。对学习任务、材料、方法与策略等任务操作因素进行自我指向的反馈和调控，增强学生认知结构的组织认知。如我国传统的课前预习、认知学习理论的“先行者组织策略”等，一般运用于课前的学习安排。

3. 体育学习管理策略的指导要求

①在难点上及时给予帮助，增强学生学习信心。

②鼓励学生自己提出所要达到的目标。

③提供学生参与教学和改善教学的机会。

④帮助学生及时分析成功和失败的经验。

⑤引导学生去体验和享受学习进步或成功的乐趣。

⑥教师对学生的进步应表现出充分的关注。

⑦用恰当的表扬和鼓励，避免用威胁和监视的方法去强迫学生学习，那样会破坏学生学习兴趣。

二、体育学习策略的构建与应用

体育学习策略的获得一般经历了三个阶段：第一阶段，例如通过学习篮球使学生初步理解“上篮”和“投篮”这两条动作的规则与技能，而且还可以加以陈述。第二阶段，教师提供该策略在变化情境下进行的练习。如带防守的投篮、上篮。帮助学生体验到策略的有效性，改进学习，提高学习效率，那么这种体验就会进一步激发学生学习策略性知识的动机。例如，如何在不同情况下去运用。第三阶段，在大量变式练习的基础上，帮助学生体会学习策略适当应用与不适当应用的条件，并能够监控策略应用的过程，那么所学习的策略就能有效地在新的情境中产生迁移。例如，使学生不仅能利用投篮、上篮与同学们在一起练习，还能够结合战术用到它们，而且慢慢地还能够把投篮、上篮运用到比赛的实践中去，那么策略学习就得以进行。因而，学习策略对于学会学习、有效学习有非常重要一的作用。因为只有当学习者掌握学习策略，学习者才会产生动机水平，接受它们并进行坚持不懈的练习，才有可能使学习得以进行。这也就是本文为什么讨论体育学习策略的所在原因。如教育家康内尔告诫世人：“现代社会非学不可，非善学不可，非终身学习不可。”正如《第三次浪潮》作者阿尔温·托夫勒在这一名著中所说：“想要学习却不知道学习策略的人叫作文。

（一）应用原则

许多优秀教师在长期的教学经验中深深体会到，把教学策略转化为学习策略包括两个重要的“转化”。第一个转化是指学生获得的学习方法知识向学习技能的转化。第二个转化是指学生形成的学习技能向学习策略能力的转化。为此，有以下具体实施原则供参考借鉴：

①教师要根据学生“最近发展区”特点对学习信息选择和改造，“在问题解决中学习”的思路设计教学，促进策略形成。

②对学习成绩差的学生，注意鉴别并发展学生的弱势运动智能领域，促进策略迁移。

③教师要在教学中有针对性地提供与学习风格相匹配的教学方式。设置情境，生发矛盾，挑起认知冲突，促使学生把学习风格转化为学习策略。

（二）常用方法

①采用灵活多样的教学方法。一是必须能激发学习策略的认识需要；二是能提供学习策略的具体而详尽的步骤；三是要依据每种策略选择较多的恰当事例说明其应用的多种可能性，使学生能形成概括化的认识。

②科学安排教学次序。一是应先易后难，先简后繁，即循序渐进。二是先学基础的，应用范围较广的；后学特殊的，应用范围较窄的，即具有一定的累积性质。

③及时复述策略的使用。实践证实，及时复述策略的使用有助于学生的注意力集中于任务的重要特征及关键点上，有助于知识的编码和贮存。因此，教师在讲解学习策略后，应立即让不同程度的学生复述教师所讲策略，甚至在练习时，也让学生讲评或纠正，促使学生将所学策略内化。

④训练的内容及制订的目标应符合学生现有知识和能力状况。学习策略知识的教学也同一般知识教学一样，必须考虑学生的可接受性。学习策略训练的实践证实，训练所涉及的知识难度必须与学生原有知识匹配相当，否则训练无效。

⑤训练不宜密集进行。实践证实，每次训练只能围绕一个中心进行，切忌贪多求快密集进行。正如遗传学中的变异不一定都能遗传那样，要使学习者有充分消化、理解得到运用和巩固的时间。

第三节　体育学习策略与教学策略的教法论思考

体育教与学策略是体育教师引起、维持、促进学生体育学习的所有行为方式。包括教师的示范、师生对话与指导，辅助行为包括激发动机、期望效应、课堂交流和课堂管理等；体育教师通过教与学策略活动，在课堂上有计划、有组织、有目的地使学生获得体育知识、技能，形成道德品质和世界观，发展智力和个性。为了提高体育教学的质量，在实施教学前，体育教师要对教学行为进行周密的思考和安排，考虑教什么、如何教、要达到什么要求等，也就是必须对体育教学教与学策略设计，才可有效实施教与学。基于这一视域，我们着重从方法论的角度对教与学策略的研究应用进行审视与分析，从而让人们更清楚地了解教与学策略的历史特性及研究中存在的问题，以便更科学、合理地运用。

一、体育教学策略与学习策略的教法论思考

教学策略与学习策略是教学实践中关系极为密切的两个领域。过去，我国教学论深受凯洛夫主编的教育学的影响，对教学的理解局限于教学内容领域。随着新课程教学改革实践的深入发展，正在向着突破“大一统”的教学模式发展，“为学习而设计”“为理解时刻而教”的研究已成为教育界十分关注的课题。近几年来，在检讨我们的教学论建设存在的问题时发现，由于以往对教学论理解的狭窄与片面，在实际运用中出现了教条主义和庸俗

化的偏差。我们在教学论研究中常常出现以教学论的认识代替学习认识论的做法，从教学论的范畴、命题直接演绎学习策略的范畴、命题，指导变成了套用。这样，不仅不利于发展学习论的研究，而且也把教学论简单化、庸俗化了。诚如日本学者柴田义松认为："教学是教师和学生之间的共同活动。在这个过程中必须有：教授—教师的活动，学习—学生的活动。"又如教育家巴班斯基在分析教学结构时指出，教学具有双边的性质。它必然是教师和学生在一定教学物质条件、道德心理条件和审美条件下所产生的相互作用。

改革开放以来，我们虽然从国外介绍与引进了大量的教学思想、观点、理论。但是，在创造、引进、介绍这些知识的同时，却忽视了从教与学整体上、从学科体系的角度进行批判和统整的工作。致使教学与学习许多理论、观点彼此之间缺乏统一的理解与概念运用的混乱，给人造成了教学实践中无所适从的局面，阻碍了教学论研究的进一步发展。同时也使新课程教学改革缺失了理性的秩序和内在的特定规律，导致出现新的困惑，干扰了新课程教学改革继续深化的进程。这对于教学方法的理论建设和科学运用都是不利的。这就要求我们必须重新检视现有的理论、观念和方法，以科学的态度加以总结。加强教学策略与学习策略理论、观念和方法之间的比较研究，逼近新课程"教师为主导、学生为主体"实践应用的情境，是一项势在必行的基础工作。也就是通过教学策略与学习策略概念的含义考察概念的分析，对前人所做的工作进行一番理论清查，明晰所发现的偏差原因，集中澄清那些意义含糊同时又与教学实践有密切关系的概念，对于理解认识新课程教学是极有意义的。正如刘勰云所说："驱万涂于同归，贞百虑于一致，使众理虽繁，而无倒置之乖，群言虽多，而无棼丝之乱。"找出教与学建设存在的问题，也是教学论进一步发展的关键所在。近年来我国体育新课程教学实践证明，不从学习主体出发就难以形成教学最优化，不深刻理解学习策略，不仅不能有效指导我国体育教学改革，而且还会给体育新课程有效实施造成极大的障碍。恰如科学哲学家劳丹在分析笛卡尔物理学时指出，"造成笛卡尔物理学死亡的致命原因，不是它毫无力量的经验记录，而是笛卡尔派一些关键的解释概念，如接触行为和引力概念的模糊不清和不易领悟。"这一命题揭示，自然科学理论是如此，教学理论更是如此。因此，探讨学习策略的可行性及其条件，不仅可以丰富和发展教学认识论的一些基本原理，而且对于帮助我们科学地对待教学理论和有效地进行教学实践活动都具有十分重要的方法论意义。

二、体育学习策略与教学策略的辨析之我见

由于教与学是相互依存的关系。所以，体育学习策略与教学策略虽然有各自的独立性，在教学过程中却无主次之分，无轻重之分。两者在山麓分手，回头又在山顶会合。语出《礼记·学记》的"教学相长"思想，就正确反映了教与学之间相互制约、相互渗透、相辅相成、相得益彰的辩证统一关系。也道出体育学习策略与教学策略是同一事情不可分割的两个侧面。学因教而日进，教因学而得益；所以说教与学各一半，无主次之分，无轻重之分。因此，确立以"教学策略为中心"的理论是不对的，同样确立以"学习策略为中心"的理论也是不对的，要使学生学好，除了要充分发挥学习策略的主体作用外，还要充分发挥教学策略的主导作用才是可为的。诚如王夫之所言，"体俟用，则因所以发能；用用乎体，则能必副其所。"换言之，从教学方法在西方经历的明显变化，也清晰地显示出其更加重视学习者内在的构建过程，反映学习策略构建，是解放学习的力量。揭示出如果

我们只注重教学策略的构建，“学习”人化的意义即缺失了。这一思想正如《教育一财富蕴藏其中》表达的：“教育的基本作用，似乎比任何时候都更在于保证，人人享有他们充分发挥自己的才能和尽可能牢牢掌握自己的命运，而需要的思想、判断、感情和想象力方面的自由。”也恰如巴班斯基曾经指出，“教学方法的本质，实际上取决于学生的学习认识活动（学）和教师相应的活动（教）逻辑——程序方面和心理方面。教学方法是决定学的方式和教的方式，行动上协调一致的效果。”确证了当代教学方法的变革与现状使得“学生为主体”，已成为当代教育的共识，教与学共进的时代特性更加明显，其实质已成为现代课堂教学的精髓。但事实上，许多教师在实际教学过程中，仍然偏重“教”，忽视学生“学”。有的干脆“一讲到底”或“一练到底”。这种历史现状应引起我们体育教育的忧虑。

上述而知，体育教与学策略是当前教学改革的方法与路径，在教学中起着十分重要的作用。对其的理解与把握直接影响到体育教学改革与发展的方向及进程。但客观地说，两者每一类观点都有某方面的合理性，又都表现出不同程度的片面性。单独运用任一策略都不可能产生完整的教学效果。这就需要我们进行整合性的思考。为此，有学者指出，对教学策略与学习策略的运用要避免基于本质主义与二元对立的逻辑、立场与单向度思维方式，以免因两者“钟摆式”的动荡进而导致了教学实践重心的摇曳。经验告诉我们，教学指导离不开学习策略相辅，而且教学指导的目的也在于促进学习能力的发生。抛开学习指导的教学策略是根本不存在的。既然教学不等于单纯地教，也不等于纯粹地学。那么由此启发我们，教学应当既包括将知识经验授予学生，也包括指导学生以适当的方法获取学习经验，换个形象的说法就是既要“授人以鱼，也要授人以渔”，为此，教与学策略共进永远是教学的根本性问题，是教学概念本质内涵的行为体现和最根本的质的完整规定。诚如赫思特说：“教学活动是一个人 A（教师）的活动，其用意在于实现另一个人 B（学生）的活动（学习）。”也如欧阳教所说：“教学是施教者以适当的方法，增进受教者学到有认知意义或有价值的目的的活动。”可见，教学是通过引导学习者对问题或知识体系循序渐进的学习来提高学习者正在学习中的理解、转换和迁移能力。”因而告诫我们，一是要改变只注重教学策略的传统教育方式，尽早引入学习策略思维的教育；二是要学会从教与学策略去选择运用教学方法，贴近教学实践；三是纠正教与学策略分割与疏离的弊端，做到整体思维结合，形成教与学的研习之风，提高实践教学的研究性。因此，辨析和确认体育教与学策略概念的科学内涵，是一项非常有价值的奠基性工作，必将有益于体育教学理论的建构和教学实践的深化。

综上而述，研究体育学习策略与教学策略的目的是促进体育个别化学习、差异化学习的发生，为从“学会”到“会学”的因材施教的行为调控。由此，如何使得学习策略、教学策略与教学目标、教学内容、教学方法和个体学习心理特点得到有机地匹配，将不同性质的学习内容科学设计合理搭配，实现体育教学“懂—会—乐”的整体效能，才是体育新课程教学需要解决的问题。正如一位教师在论文中所说：“现在的教育，已经从教师方面转移到学生方面，从被动的变为主动的，从抽象的进而为实际的了。从前一切划一的、呆板的、有规律的……教育，统统像落叶似的向溪里吹去了，从事教育的人们，自己也觉得应该除旧布新，去适应这澎湃浩荡的潮流，什么启发呀，探究呀，自主呀，学生本位呀……种种的声浪应时而起了。”正如，1969 年第一届国际学科教育会议指出，“各国应尽可能努力推进学科教学现代化的工作……教学方法理论正在形成一门科学，它既包含教学方法也包含学习方法。”

第十六章　体育教与学策略的适配与设计

教学设计是学校体育组织教与学活动序列结构的表述（它是对传统备课更为完整的新认识），是把握构建体育教学活动关系的细化，是实施和完成教学任务的重要载体。所谓的教学设计，是指教师为指导学生学习掌握教材而预设的活动框架。即把所预授课的教学内容、教学组织、教学负荷、学生、场地、器材等在一堂课的时空序列里有效组合，科学展开。它的状态和水平直接影响与制约教与学活动的质量和效果。形象地说，没有教学设计的构建，体育教学活动将是凌乱与破碎的学习，难以产生真正的教育意义。进而本文认为，体育教学设计是指在一定价值观的指引下，将各种教与学要素合理进行排列组合，集结成操作系统与步骤，使之在动态中交集产生合力，激发学习动机，增进学习效果，累计教学功能，达成课程目标的教学程序与组织结构。

学校体育教学设计有广义与狭义之分。广义的教学设计是指把教与学各种要素按学习者认知特点、心理活动规律和生理活动规律的效应性进行排布组合、科学组织实施。狭义的教学设计是指学校体育教学的三种基本组织形式，分组教学、不分组教学与个别化教学。

研究证实，体育教学设计有两大功能：一是通过组织要素的有效安排，激发学习者的学习动机。二是使教与学产生最大的累积效果，达成课程目标。实践发现，良好的体育教学设计必须符合三个要素：一是顺序性。是指为达成学习的累积性，后续教学必须建立在前面学习内容的基础上。按学习者认知特点、心理活动规律和生理活动规律的效应性科学组织实施。二是逻辑性。是指要根据学习任务的性质、知识技能结构的分布、运动负荷组成，科学地处理好由浅入深、由简单到复杂、由分解到整体、由整体到细节等的逻辑递进关系。三是整合性。是指要把教学内容、教学方式和教学方法等各种要素整体把握、综合组织、科学整合，使之融合成一个有机整体，最大地优化学习活动，累计教学效果。

唯物辩证法指出，任何价值观念的产生和确立都根源于事物内部矛盾异化的困境。同样对体育教学设计适配与方式选择的研究也是如此。据文献资料查询发现，2004 年以来有关教学设计组织的专题研究很少，仅有二篇。依然是基于传统教学论角度的论述。沿袭机械的“条件反射论”与“刺激—强化”的观点为支柱对教学设计组织的理解与应用。导致其研究结论重蹈覆辙仍是驻足以抽象化的原理演绎几条原则作为结果，滞构停留于经验的总结。没有融合形成一个准确的概括和表达供我们应用，以契合教学新实践的具体形态，满足广大体育教师对这类教学实践理论的渴望。概观坊间，至今尚未有进一步的后续研究为我们以整体或专题的形式提供有关体育教学设计组织理论的研究论说。而相对其他教学过程本质的探讨、教学原则与方法、教学艺术、教学模式、教学策略、教学手段及方法、教学改革与实验等研究方兴未艾的发展趋势，表现出强劲的反差。在这一命题滞后的十年，我国体育新课程与教学的认识论基础却发生了“位移”。因而亟需针对现有实践中存在的问题，从专题角度促进研究，指导与帮助广大体育教师加深对其在教学实践中的把握和认识，为新课程的正确实施提供支撑。基于此，本章对其驻足与研究是必要的，也是十分重要的。曾如学者吴庆麟在《教育心理学》一书中指出的，“当心理学将自己的事业目标确定为试图理解和改进教学中的实际做法，同时又试图在此基础上提出自己的理论时，一个认知心理学与教学中的实际问题相结合的舞台——教学心理学也就应运而生了。”也有如学者徐继存所说：“教学理论的发展比较是人们对一定的教学实践活动不断加深认识的结果，而且也是人们对变化着的教学实践不断重新认识的结果。”

第一节　体育教学设计的策略与理论

教学设计是体育课程实施的组织蓝图，是把体育知识材料根据学校教育目的、学生年龄特点等有计划、有组织、有选择地进行科学编制。它是学生完成学习任务的方式，是促进和形成学生体育知识与技能发展的具体架构。按照这一价值观，体育教学设计是使学习者获取学科知识，掌握运动方法，形成终身体育技能，领略体育文化所采用的方式与手段的总称。

教学实践表明，教学设计是以某种教学理论与策略作为依据而组织构建的，它的实施是在某种教学理论与策略的假设之上实现的。因而，教学设计是教学理论与策略的具体应用生成存在的形式。教学设计的有效传递与顺利实施离不开教学理论与策略指导。诚如教育史学者们常说的，“离开了杜威，教育史一片空白。”对此，有学者研究指出，教学设计必须按一定的规律组织进行才能变得有效且顺利。犹如建筑物里的钢筋，离开它，教学设计就会颠三倒四、一盘散沙。因而揭示出，教师要把体育知识与技能外化出来，变成学生易于接受的东西，就离不开指导教学设计的理论与策略。恰如一学者所说，教学设计里蕴含着传递教学理论与策略的导引。只有认识它、把握它，才会使教学设计实施有效顺利地进行。为此，以下对影响教学设计的理论与策略进行案例解析，帮助广大教师加深对其的认知。

一、指导体育教学的理论与策略

来自社会学和教育心理学的研究成果表明，教学内容的学习不是一个孤立的、抽象的、远离情境的程序活动。由于不同教学内容的学习过程，涉及学习者不同活动水平的发生及特定结构和功能原理的展开。因而，从理论上对影响和制约教与学的过程和条件进行分析和透视，有助于强化教学设计的有效性和行为准确性等诸因素的教学效果。为此，以下进行驻足解析，以期帮助广大教师获得关于有效教学设计组织实施的理解和把握，为广大体育教师增进这类教学实践提供理论支撑。

（一）皮亚杰的发生认识论

从理论生发学来看，构建教学内容学习过程和条件的发生认识论首先是皮亚杰的“同化（接受）、顺应（不接受）与平衡（联接同化与顺应的中介变量）”理论。皮亚杰的发生认识论认为，个体心理的发生发展过程不存在纯粹的客观认知，客体认知只有经过主体认知结构的改造加工后才能被主体所认识，主体对客体的认识程度完全取决于主体具有什么样的认知结构，即“同化”与“顺应”这种相互作用的过程变量。“同化”是指把外部环境中的有关信息吸收进来并结合到自我已有的认知结构（图式）中，认知状态处于平衡；“顺应”即个体认知结构无法同化新知识则会引起重组与改造，认知状态不平衡；儿童的认知结构就是通过平衡——不平衡——新的平衡不断地协调、建构，逐步形成一系列由低级到高级的心理图式的过程。据此，皮亚杰将少儿认知的这三种动作图式，内化而成为三种最基本的内部运算图式：前运算阶段、具体运算阶段、形式运算阶段。

第一阶段是前运算阶段（2—7岁），由于这个阶段是语言符号功能的出现与发展，儿童开始从具体动作中摆脱出来，凭借象征性图式在头脑中进行刻板的“表象性思维”，如只会做游戏不了解游戏。在他们学习指导中要把学习目标物化于游戏环境之中，通过从自由性游戏引入到诱导性学习游戏，以学习面目出现的辅助性学习游戏帮助儿童补充丰富经验，发现学习的意义。

第二阶段是具体运算阶段（7—11岁），由于图式的不断协调、建构，个体开始具有正向与逆向的操作，能把抽象运算运用于具体的或观察所及的事物，但不能扩展到抽象概念之中。在这个阶段，他们对“图示”运算还离不开具体事实的支持，在他们学习指导中语言要生动形象，多采用直观的方法促使他们动脑筋，培养学习能力。

第三阶段是形式运算阶段（11—15岁），在这个阶段中个体已具备假设演绎的抽象思维。即个体可以不受具体内容的束缚，通过假设推理来解答问题，逻辑运算结合成多种变量脱离具体事物观察经验解决的有关命题。该时期是奠定学生体能和体育运动技术基础的黄金期，应将这一任务放在重要地位。

这一理论使我们明晰了认知发生的本质，更清楚地理解了学生的学习过程是一个意义建构的过程。学习是学习者认知结构（或称认知图式）的不断改组和完善。学习的最重要条件是学习者原有的知识建构在新学习中的作用，这对于体育学习具有重要的方法学意义。它为我们对个体认识发生与认知建构的分段过程及其特点与方式，提供了一个完整的理论解释。揭示出学习者如果原有的知识与经验不能“同化”新知识，为接受新知识与表象创造有利条件，教学的知识意义建构就会发生困难，就会引起“顺应”过程的发生，即对原有认知结构进行改造与重组，这样学习的时间就会延长，教学效果就会降低。它告诫我们，必须把教学结构改造成适合学习者该阶段能普遍接受和理解的形式（如情境丰富形象、内容方法生动、提供先行者组织策略等），使其范围、深度、速度能同教学对象的实际水平相适应，良好的学习行为才会发生。这一论断为我们体育教学不同阶段的设计提供了认知的、生理的和心理的具体依据，为促进学习者图式由顺应向同化的建构，形成系统化、概括化、有良好组织的认知结构，为优化教学找到了提高效率的途径。

（二）桑代克的联结学习理论（三大定律）

从有效条件对教学内容和学习过程进行论说的是桑代克的三大定律（准备律、效果律和练习律）。桑代克根据实验研究的结果认为，学习不是突然发生的，而是通过一系列细小的步骤按顺序达到的。学生学习过程存在三种由低级到高级的认知水平状态，这三种水平状态在学生的学习方式上表现出不同的特征制约着学习的质量和效果。

准备阶段（准备律）：即学生的学习存在着准备状态，学习者是否会对教学内容与方式发生反应，同他是否已做好准备有关。如果教师设计的教学情境是良好的或提出的新学习材料符合学习者的认知性，准备状态就会建立，学习动机就会发生。反之，教学情境是劣性的、学习材料不适合、有困难、不具备传导性时，准备状态就不会建立，有意注意就不会发生。心理学家认为，学习准备不仅保证学生在新学习中可能成功，还可使他的学习时间和精力的消耗取得事半功倍的效果。

学习过程（效果律）：即学习者的满意度决定学习的效果。如果学习者对教师的传导或学习的结果是愉快的、满意的，享受到学习的乐趣，就会增强学习动机，激发出最大的潜力提高学习水平。反之，教学经常让学生感受失败或学习不愉快的体验，就会导致学习水平降低，丧失学习信念。心理学家认为，教学内容新颖性、教学方法生动性、教学系统有趣性、逻辑性、变化性可引发学习者产生动机与高水平的求知欲。诚如桑代克认为，这一效果的扩散决定着教学效果的强弱。

练习密度（练习律）：所谓练习律，是指学习重复的次数越多，知识技能联结的效果就会越好。对此桑代克认为，一个已形成的联结，若加以应用，这种联结的力量便会增强（知识）；一个已形成的联结不予使用（缺少练习或应用），这种联结的力量便会减弱（知识）。但体育教学实践证明，只有当学习者发现重复练习能获得满意的效果时，才会强化练习。单一、没有激励、反馈等的学习环境则会引起学习兴趣的抑制或减弱。

这三大定律概括了有效学习的三个重要条件，即动机、强化和重复练习。呈现出它们之间的形成关系与安排次序，较为清晰地阐明了教学外部活动的认知发生、知识的获得、教学有效条件的组织构建，具有任务分析的思想。这些观点比较切合体育教学实践无疑具有普遍性，是正确的。对于帮助体育教师如何完成教学任务、深化教学设计，积极建构教学过程，解决教学问题，追求效果最优化提供了较为明晰可行的操作性与实践性策略。为体育教学机制的构建提供了科学依据，到现在仍然对体育教学理论和实践产生着重要的影响，值得我们学习与关注。正如巴普洛夫赞赏地说，“我们必须承认沿着这条路走出第一步的荣誉应属于桑代克。”这一理论的不足之处在于，均是围绕以“教”为主的活动而展开，只重视如何帮助教师的“教”。它较多地体现了对教学的控制与支配，而忽视如何帮助学生主动地“学难以符合当代学习化社会教育发展的倾向、以学为中心的教学设计。这就意味着我们在教学中要取其之长、摒弃之短，科学选用。建构学习理论、应用理论、贡献理论的文化自觉。

（三）加涅的信息加工理论

把教学内容按信息加工安排，提出有效学习过程和条件的是加涅的信息加工理论。20世纪60年代，加涅受计算机科学和信息论、控制论、系统论等的影响，提出了以“信息加工”心理学理论的认知革命。加涅认为，人脑也是一个信息系统，可以用电脑加工信息的过程来比拟人类的学习过程和记忆。并以此为据，提出了学习是加工系统、执行控制系统和预期动机系统的协同活动。这一理论的优点是智力和学习的解释与大脑中联想神经元的演化相符合。形象地反映了外界信息在学习者内部认知加工的过程与相互作用的反应变化。从外界信息输入经过感觉登记、进入短时记忆、到与长时记忆提取的相互作用；由形象编码转化为语义编码，并储存于长时记忆系统中，在需要时又可以激活提取完成学习任务等；系统阐述了其间经历的各个加工阶段与规律，较为清晰地解释了学习发生的现象。对学习结果、学习过程和有效学习的内部与外部条件等许多长期不清的概念与错误做出了明晰的解释。促进了学习与教学法之间的联系，提升了人们对知识学习的获得、问题的解决、任务的分析和各种教学体系的认识，为学科内容的实施和设计提供了科学依据。正如1982年美国心理学会给他颁发“应用心理学杰出科学奖”时所说，”加涅在人类学习领域做出了出色的、有重大影响的工作。”

这一理论对于体育学习具有重要的方法学意义。它帮助我们清楚地了解学习者在知识记忆中操作的方式、生发和保持的条件，活动信息的流量从受纳器到反应发生器的序列组织，发生的具体流程与步骤。为提高体育各种学习活动的加工定向，提供了认知能量、认知功用与方式的科学依据。补充和澄清了体育教学中，长期知与行分离相互难以解释的不足。不是技能解释脱离概念，就是概念解释倒置，难以契合技能的两张皮现象，致使缺乏科学规范的定义，难以具体解释体育技能学习活动不能指导教学实践出现的问题。可以讲，“信息加工论”的提出，为学校体育教学理论的进一步丰富和完善，开辟了活水和优质资源，非常值得我们关注、掌握与应用。

（四）奥苏伯尔的同化理论

从有意义学习与机械学习分类入手，对学生知识学习的过程、结果和有效学习条件进行研究的是奥苏伯尔的同化理论。它将认知方面的学习分为机械学习和有意义学习两大类。机械学习过程和条件可以用联想学习或条件反应理论来解释，有意义学习的过程和条件用同化论来解释。机械学习在两种条件下产生：一种条件是学习者认为学习材料无意义（如学习者不喜爱、不想学），在这种条件下学习必然产生机械学习。另一种条件是学习者认为学习材料有意义（如学习者喜爱、想学），但学生原有的认知结构没有适当的知识提供支持可以同化帮助他们学习，在这种条件下学习也会产生机械学习。奥苏伯尔认为第一种条件下的学习是不可避免的。倘若需要进行第一种条件下的机械学习，教师可利用机械记忆规律来促进学习。如有趣形象的材料比无意义的材料保持的时间长，遗忘得慢。多种类型、多种感官的协同记忆比单一类型、感官的识记效果好。但第二种条件下的机械学习是可以避免的，并可改变为有意义条件下的学习。为此，提出三个转化条件：

第一，使学习材料变得有意义，符合学生知识条件与要求。如实行选项教学，或设计有趣的教学环境改变教材的枯燥性，满足学生要求，让学生喜爱教学内容。

第二，学习者认知结构中没有同化新知识的意义条件，教师可采用“先行者组织策略”插进这个条件，帮助学习者建立有意义学习的条件。

第三，为学习者生发学习动机，教师要创设各种情境引发学习者动机，为其提供支持建立有意义学习的条件。

上述三个条件，第一条件为外部条件，第二、第三为内部条件。其中，第二为认知因素，第三为情感态度方面的因素。教师要根据学习者缺失的条件有针对性地选择提供支持，可将机械条件下的学习改变为有意义条件下的学习。

因而，奥苏伯尔将有意义学习分为三种型类。第一种是最简单的表征性学习（如泛化阶段）。即习得阶段，学习者对动作的掌握停留在技能表象的简单感知方面。对于这种情况教师要运用不同方法与情境（即多种表征），加大练习密度与次数牢固动作技能。第二种是形式概念学习（如分化阶段）。即练习阶段，学习者获得了动作要领的应用经验。教师要进行变式练习修正与补救，帮助学习者由彼及此理解知识。第三种是命题学习（如自动化阶段）。即教师要有针对性地结合各种实践情境，帮助学习者领会应用，形成智慧性策略。

据此，奥苏伯尔认为，新知识与头脑原有知识可以构成三种同化模式，下位学习、上位学习、并列学习。

第一，如果学生原有知识高于所学习的知识，则新知识属于下位学习。教师可根据下位学习同化模式安排学习内外条件。如属于派生类学习的，可通过迁移原理派生教学推衍出新知识。当两种技能具有相同因素时，一种机能的变化可增进另一种机能的变化。属于相关类学习的可通过多种表征教学内容，扩展、充实、深化等教学手段综合贯通相关知识。

第二，如果新学习的知识高于头脑中的原有知识，则新知识属于上位学习。教师可根据上位学习同化模式安排学习内外条件。教师可通过逐级归纳总结原有知识的属性、特征等区别获得新知识，理解完成意义建构的学习。

第三，如果新知识与原有知识既无上位学习也无下位学习关系，则可考虑它们是否存在与原有知识某种并列的相互吻合的关系。如篮球与足球属于同场对抗、乒乓球与羽毛球属于隔网对抗。总括它们之间同性、共性的关系与特征进行教学，可尽快获得新知识理解完成意义建构的学习。

该理论从认知方面的学习着手，阐明了认知领域内各种各类学习的性质、过程和条件，为进行教学任务分析提供了良好的工具。使我们明白了教学任务就是帮助学生学习，根据不同学习类型创设与之匹配的最适当的内部和外部条件。这一观点可帮助教师分析新知识与学生原有知识之间的关系，明确了学习活动展开赖以持续的条件和情况，针对不同知识的成熟度和能力水平，进行有效学习之间的相互协作，扩大了认知学习理论的建构。增进了用符合学生认知心理的外部刺激去促进他们对新知识的同化与顺应，完成知识意义建构的理解。为有效学习燃犀了新的视角，值得我们认真学习，在一个更高层面指导教学。

（五）对教学内容组织编排的理论

对教学内容顺序安排和进行分块，提出教学内容学习成分策略各种主张的有以下四种较有影响的理论。

1. 布鲁纳的螺旋式编排教学内容主张

他认为，教学内容的编排应该把最基本的概念与原理作为主体，以保证学生掌握基本结构使下一步教学顺利进行。提出教学内容编排可分别从动作、表象、符号三种不同智力发展水平加以编排和组织。但教学内容应体现出直观程度逐渐降低，抽象程度不断提高，内容不断加深的“螺旋”式上升特点。

2. 加涅的直线编排教学内容的主张

加涅从学习层级论观点出发，把教学内容划分为一系列习得目标。然后按照这些目标之间的关系，从简单的辨别技能学习到复杂的解决技能学习（即从模仿学习到领会应用的学习)，把全部教学内容按等级排列，每一个复杂的部分都是以简单教学为基础的。

3. 奥苏贝尔的渐进分化和综合贯通原则

所谓的渐进分化是指，最一般和最概括的观念应首先呈现，然后按细节和具体性逐渐分化。综合贯通是强调知识的整体性，因为教学内容不仅包括一个知识的各种概念和规则，同时也包括学科本身的特点结构、方法或逻辑。如不注意整体和部分的关系，这部分内容就不可能真正理解掌握。

4. 迪克·凯里的教学内容策略

迪克·凯里提出，一个良好的教学内容策略应包括：教学内容模块顺序的安排、教学中学习成分的描述、教学时学习者如何分簇的说明以及为传递教学而做出的媒体选择。如教学内容模块顺序的安排，先是教学第一步从属技能，然后是教学第二部，沿着层次结构逐渐向上，直至教完所有步骤，最后，对教学目的中的所有步骤进行综合教学和练习。如教学中学习成分分析，要求确定教学的不同阶段学习者须辨识的知识点，既不能给学习者带来太少支离破碎的信息，也不能造成学习者记忆信息检索的困难。如教学内容分块，一种是按照线性程序分块，另一种是按照目标单元逐个呈现信息。两种选择的依据是根据教学内容的大小而设定。如篮球教学按照线性程序分块较好，排球教学按照垫球、上手传球、发球的三大目标单元分块逐个呈现信息较好。

上述四种观点从不同角度探索了教学内容组织与编排的方法，在教学设计理论中具有很强的影响力，为教学内容的组织编排提供了教学策略。我们在具体教学时可根据教学内容特点加以选用。一是由整体到部分，由一般到个别，按具体内容不断分化的教学策略。这类教学内容的组织形式比较适合于一般到个别的学习，属于下位学习。即新知识属于原有认知结构的一部分，可通过迁移原理派生教学推衍出新知识。通过多种表征教学内容，扩展和充实、深化等教学手段综合贯通相关知识。二是从已知到未知的教学内容策略。如果学习的内容高于原有知识，即原有知识不能派生出新知识时，应采取由浅入深、由易到难、由具体到抽象的序列教学。使前一个学习为后一个学习提供基础，成为后面学习的“认知固着点”。三是按照知识材料性质的大小分块，即知识量组织教学策略。简单知识分块教学较好，复杂知识线性教学较好。四是根据教学内容知识之间的纵向或横向联系安排教学策略。如篮球与足球属于同场对抗、乒乓球与羽毛球属于隔网对抗。总括它们之间同性、共性的关系与特征进行教学，可尽快获得新知识理解完成意义建构的学习。

（六）以社会认知论为角度论证教学内容学习过程和条件的理论

从社会学角度的P（个人因素）、E（环境因素）、B（行为因素）的互动作”用论证教学内容的学习过程和条件的是班杜拉的社会认知论、维果斯基的“社会文化历史观”。

班杜拉的社会认知论告诫我们，学生的学习受班级社会氛围的影响，好的班级氛围能促进良好学习态度的产生，反之，不良班风则会降低学习态度。维果斯基的“社会文化历史观”则提出，学生学习的发展不是靠内部条件的制约自发完成的，而是靠存在于个体外部（社会环境的影响）的文化介入。与古代“孟母三择邻”有异曲同工之义。

这两种理论从社会交互的角度指出，人是环境的产物，社会具有能动性的指向性制约，既可增强学习动机也可弱化学习动机，能对学习者施加正面或负面的影响。指出教师如何激发培养学习者的学习态度，指导教师如何诱导学习者从不愿意走向愿意。从社会领域揭示，告诫我们良好的集体学习风范是感染个体学习的主体性条件，水涨船高讲的就是这个道理。为此，把握好教师主导、学生主体，运用榜样的力量培养良好的班级学风、设计处理好学业成绩差是获取最佳教学效果的重要条件。

二、指导体育教学组织设计的方法与方式

由于体育教学活动是以班级授课制为基本单位展开的，教学内容存在感知、理解、巩固等相互联系的阶段与过程，建构产生体育教学时针对一些难度较大、分量较多的学习内容，难以在一个单位时间内完成，需要一系列的“组”共同完成，这样每一组所承担的任务就各不相同。因而，有的组学习新教材、感知新动作，有的组复习教材、巩固动作。体育课教学的基本组织形式框架就出现了分组教学、不分组教学与个别化教学三种不同类型与多样化的结构。它是我国目前学校体育教学的基本组织形式。分组教学又分为不同组数

的轮换和不轮换几种形式。根据课的任务、教材的特点和教学条件确定课的组织形式。保证课的密度和运动负荷，培养和加强学生的组织纪律性，具有重要意义。

体育教学实践表明，三种教学组织形式的类型和结构的提出使课的教学活动进一步完善，科学合理地保证了学生得以在一个统一而既定的课时内，按照运动能力、知识水平和教学任务不在同一时间内学习同样的功课，教师彼此连续而又相对完整地实施课堂教学。可以说，没有分组教学与个别化教学的展开，体育课的教学任务就难以完成。当然，任何教学组织形式都有其优势与局限，学校体育教学的三种基本组织形式在广泛流行应用的同时，也经历了种种怀疑和非难，引发人们不断批判它的同时也不断对其进行改革、发展与完善。虽然我们依稀可以感觉到教学组织的趋势发生了变化——出现从集体教学向个别化教学的回归，试图克服体育教学授课难以照顾学生个性差异的不足。受学科特点、班级授课制与学习者认知运动水平和能力的制约，这三种教学组织的基础地位任何状况都无法替代。

（一）不分组教学

体育课的任务是学习新教材，复习旧教材，使学生学习体育知识与技能，增强体质，教化优良品质，培养终身体育习惯。如果授课时这个教学任务的人数、场地与器材等条件都可以保证学习者顺利学习并完成任务，即可进行集体教学，不分组教学。这种以集体学习为主的组织形式的优点是，学习者与教师始终面对面接触，随入随学，使教师在有限的教学时间内有效地影响更多的学生。保证了课的练习密度和运动负荷，有利于学习者获得教学内容的整体性、综合性。避免了分组教学教师的缺离，无法加强合作，使教学进度与内容等对学习者发生不良影响。

（二）分组教学

按学生的年龄、性别、身体发育、健康状况和体育基础等条件，把全班学生分成若干小组进行教学。有分组轮换和分组不轮换两种形式。分组的方法是先按不同性别分组，再根据分组条件分成若干小组。实行同年组男女生分班上体育课的学校，可直接按条件分组，各组学生均应相对固定。分组教学可以使教学更符合学生的实际，做到区别对待，充分利用场地、器材，增大课的密度和运动负荷，培养和加强学生的组织纪律性，有利于顺利完成课的任务。

“分组不轮换”的教学形式是，把学生分成若干组，在教师的统一指导下，按教学内容安排顺序依次进行学习。其优点是便于教师统一指导，全面照顾学生，合理安排教材活动和运动负荷，相对增大了课的练习密度和运动负荷。条件是人数要少，有足够数量的场地和器材设备。

“分组轮换”的教学形式是，把学生分成若干组，在教师指导和小组长的协助下，各组学生分别学习不同性质的教材，并按预定的时间和顺序，轮换学习内容。其形式一般有“两组一次等时轮换”“三组两次等时轮换”“四组三次等时轮换”的混合形式和先合组、后分组等形式。

进行分组轮换教学，教师应注意：①把主要力量放在学习新教材的小组，适当照顾复习旧教材的小组。②安排教材的轮换顺序时，应照顾体弱组和女生组，使他们获得较好的学习条件。③培养体育骨干在课中起助手作用。④做好分组及轮换的组织工作。在场地器材不足的情况下，可以使学生获得较多的练习机会。但教师不易全面指导学生，不易合理安排教材顺序并使各组运动负荷都符合逐步上升的原则。研究分组轮换教学，对不“断提高体育课的教学质量具有重要的现实意义。

两组一次轮换是将学生分成两组，课中进行等时一次轮换练习内容。通常在学生人数不多、新教材难度较大、复习教材也比较复杂的情况下采用。可使学生获得较多的练习机会，也便于教师对两组学生分别给予指导。三组两次等时轮换是将学生分成三组，课中两次等时轮换练习内容。通常在学生人数较多、器材较少、新授教材难度不大或较简单的复习课上采用。四组三次等时轮换是将学生分成四组，课中三次不等时轮换练习内容。通常在新教材难度较大，而复习教材比较容易，学生又已基本掌握时采用。分组轮换与不轮换混合形式是将学生分成若干组，课中先集体（或分组）后分组（或集体）进行练习。通常在教材的运动负荷差别较大，教材受场地器材限制的程度悬殊时采用，以利于克服场地器材不足或较合理地安排运动负荷。

（三）个别化教学

教学实践发现，学习方式存在着个体差异。只有当教师采用了最适合学习者特质的教学方法时才能产生最大的教学效果。教师要做到这一点，必须因材施教，关注学习方式的个体差异，为学生实施个别化教学。防止学生“有的吃不饱、有的吃不了”。个别化教学源于同步教学，是指由于学习方式存在着个体差异，教师根据个别学生的能力所设定的教学方式予以个别化指导。正如马克思曾说，由于社会性是人的发展目标，每个人的自由发展是一切人自由发展的条件。如当学生通过个别化学习的良好训练改变了学力的差异，必须回归集体的同步学习。个别化的教学组织形式有以下方面。

1. 按学习能力分组

这一方案是建立在教学应遵循学生身心发展特点这一规律的基础上。在教育教学过程中，虽然学生的身心发展在一定年龄阶段上具有一定的稳定性和普遍性，但由于每个人的素质、环境和所受教育的影响不同，以及主观努力等诸方面的差异，使处在同一年龄阶段中的不同学生的身心发展水平又表现出其特殊性和差异性。因此，教育、教学要照顾学生的个体差异，针对不同学生的不同特点，采取特殊措施，以适应每个学生的需要。这种“按能力分组”的方式，就是把相同学习水平或相同素质的同学分成一组进行教学，改变全体学习者都是相同的统一进度、统一要求、统一安排、统一负荷。避免因个体差异导致低水平学生反复受挫，丧失信心。同时也杜绝高水平的学生因满足不了求知欲，致使他们可能成为课堂的“逃跑者按能力分组就是考虑学生不同素质差异的特质存在，创造条件适应学生学习需要而发展起来的教学方式，目的是尽量使不同体育水平的学生都能得到发展。

2. 采用程序化教学

程序教学是一种使用程序教材并以个人自学形式进行的教学。学生独立学习经过特别编制的程序化教材，通过自我选择、自由学习、自我发展、自我评价的方式培养学生自我指导和主动学习的能力与态度。由于这种程序材料能自动提供正确与错误的信息反馈，帮助学生对自己的学习经验进行反思，可避免一些学生因成绩不良在班级带来的尴尬。它以培优补差激活学习行为，促进学生主动积极地去获取知识、掌握技能，使自主学习能力得到发展，能弥补集体同步学习的不足，因而在教学中一直备受推崇。

3. 提供个别化学习包

“教学包”，有时也叫“学习包”，是教师根据各学生的实际情况给学生制订的学习计划，以及所需的各种材料和参考资料，包括学习者行为目标（学习的内容及应达到的水平）、学习准备测验（测查学生学习新知识所必须掌握的基本概念、基本技能）的具体内容和步骤、每一学习阶段的矫正和强化活动、各阶段自我测验和评价表、总结性测验及其评价方法以及有关参考文献。这些材料装入纸袋，由教师分给学生，它是学生独立学习的基本依据。

4. 分层教学

分层教学，是根据学习者在一定阶段内的认知水平、知识基础、发展潜能、兴趣爱好、抱负指向等方面的客观差异性，在尊重主体意志的前提下，教师依据资源配置条件而实施的教学形式。其教育理论的合理内核是因材施教的原则，其哲学的理论基础是具体问题具体分析，一切从实际出发。课堂分层教学，有利于解决避免“好生吃不饱，差生吃不了”的现象，避免了学生学习潜能的浪费。其形式上有教学目标的分层，教学方法的分层，技能练习的分层，辅导形式的分层等。总之以分促合，以分层教学去促进整体教学成绩的提高。

综上所述，个别化教学是将学生的个性差异视为一种可开发利用的教育资源，融入个性化、个别化教育理念，将学生分成若干层次，在教学目标、教学内容、教学途径以及教学评价等方面区别对待，为学生创造尝试、选择、发展的条件和机会，不断鼓励学生向更高一级目标迈进，从而促进学生智力、非智力等个性潜能的良好发展。也就是说，以班级同步学习为特征的教学既有优点也有缺点，只有把同步教学、分组教学和个别化教学相得益彰，有效教学才可实现。

第一，上述研究立足各种角度，一反以往只有理论分析，没有方法应用的框架。力求有层次地指出，一是“教学内容是什么”“为什么教学”“怎样组织教学内容”？二是“有效组织的教学内容过程是什么”“无效组织的教学内容是什么”“怎样组织学习”？意图通过多种框架的理论解释，为教师呈现更多的借鉴方式，希望尽可能引起教师开放性思维的建立，转化为自己的行动品格，构筑起教学的新行为，产生指导实践、改造实践的力量。达到学习理论、应用理论、贡献理论的目的。

第二，任何理论都是人们对一定社会存在的认识，任何理论都不是万能的。教学存在的无限性、丰富性、复杂性、多样性就决定任何理论都具有一定的社会局限性。教学内容组织理论同样如此，我们要根据教学需要科学选择与采用，有的放矢方可取得好的教学效果。

第三，毋庸讳言，当我们把这些成果拿出来应用时发现，除桑代克的三大定律外，这些研究成果主要以揭示认识活动规律的普遍性为导向。对语文、数学等这样以内化“认知”为目的学科比较容易理解应用，但对以外化技能练习为目的的“非认知”体育学科的应用，其解释尚存在距离。尚需我们文化自觉，按照体育学科的特点添加解释表述与细化的会通，方可领会应用。否则难以具体指导体育教学实践，契合教学特点。正如恩格斯曾说，“地球上最美的花朵是思维着的精神。”

第二节　体育教学认知行为的教法设计

在维果斯基的“文化历史发展理论”、班杜拉的“社会学习理论”和布卢姆的“学习理论变量”等理论和观点的形成与发展下。20 世纪 70 年代以来，西方教育科学领域发生了重要的“范式转换”：开始由探究普适性的教育规律转向寻求“知识情境化”的教育意义。正如建构主义学习理论认为，“情境”“协作”“对话”和“意义建构”是教学技能不可缺少的四大要素，是当代学习方式的四大属性。这一命题揭示，在教学中输入内容并不像投进一枚硬币让售货机运转那样简单；教学设计的形式需随认知的条件与知识的分殊不同而改变。教师要针对认知变量设计教学的形式与组织，教学才会产生效果。诚如夸美纽斯在《大教学论》一书中所说，教学技能是指教师在教学活动中遵循教学规律，创造性运用各种方法教学的具体形式。“是一种教得准，有把握的艺术。”也如布鲁姆认为，教学程序是受多种因素影响的，必须根据多种因素的变化来制定，如学生的认知发展状况、学习材料的性质等。对此，Coleman et al.；Jencks et al. 研究结果证明：“认知方式与知识分殊的变量关系是影响与制约课堂有效学习发生的最大因素。梳理出国内外“学习者认知变量”与“知识分殊”的研究成果，可以帮助解开我国目前体育新课程实施中出现的一些问题与纠缠，重新构建认识教学设计与认知方式、知识类型的关系。因而迫切需要结合这一教学理论的研究成果给予进一步分析，帮助教师获得有效教学指导的这种活动能力。

一、体育课堂认知教学的设计与策略

那么，如何认识学习认知变量的条件，正确实施教学认知策略？认知心理学告诉我们，知觉存在着自上而下（认知时间短）与自下而上（认知时间长）的两种加工形式。有效的认知策略（认知时间短），是使新学的材料和头脑已有的知识经验，建立起一种内在联系的过程。即把新学的材料与头脑中已有的知识经验和知识背景，建立起内在的互动——提取、编码、储存。要实施认知策略形成有效学习必须具备三个条件：①具备学习新知识所必需的感性经验或基础知识；②具有把新学材料与头脑中已有知识经验与知识背景联系起来的心向；③具有把新旧知识联系起来的方法和实际操作能力。这三个条件缺一不可，只有具备了这些条件，才能促使学生理解教师所表达的知识，促进外部知识最快的有效内化。否则，就会出现“顺应”，引起知识结构重组与改造（认知时间长），影响教学效果。

这一命题指出，有效认知策略的制订与实施是一个全面、综合而具体的过程，如教师要科学选择组合，教学的根本目的在于根据知识分殊的认知图式（是上位知识、下位知识还是并列知识）形成。创造条件使学习者不是被动地听教师讲，而是积极地参与到学习过程中来就非常重要了。为学习者头脑中提供最佳学习设计，帮助学生建立最佳的知识认知判断与识别。下面围绕这一命题包含的因素，提供一些方法和手段供大家把握与运用。正如刘家访在《上课的变革》一书中所说，“教师应根据新课堂教学中生成的各种资源形成后续的、新的教学行为……上课包含着一定的时间和空间，是在一定的物质因素以及教学环境中展开的，影响着师生在课堂中的行为，需要教师对其调控。”

（一）学习者的背景知识

研究证明，学习的数量和质量取决于学生已经知道的知识（Bruning et al.；Mayer）。有效的教师在上课前，会想办法发现学生知道了什么，针对学生的学习需要提供帮助，并进行连续不断的监控（反馈）。例如下次课学习“网球”，学生头脑中如果没有这一图式，就会产生学习干扰。教学前就需要教师进行“先行者组织策略”的学习安排，提前形成图式感知，以便与学习发生联系。防止教学时认知负载量大，难以记忆，学习慢、错误多，不灵活、呆板情况的发生。

（二）学习任务的设计

信息加工心理学的研究告诉我们，为了避免学习者学习记忆负荷的超载，使他们能够把认知“容量”主导指向学习活动。建立所学概念与学习者的经验之间的联系，就需要科学地设计学习任务，那么教学就要有“预备度”引导。即通过熟悉主题的分导练习，让他们在学习任务前就能形成认知图示。例如，本课教学任务是学习“篮球运球那么，在课的准备阶段教师就要安排“运球接力游戏”等各种练习，帮助学生提前熟悉教材建立图式，以便分出“容量”，注意基本部分抽象图式的学习，即从已知条件中引出未知条件的“思路顿悟”形成学习力。

（三）实例和表征

认知心理学研究发现，由于学习是建构、理解，而不是记录。因此他，们拥有的经验背景（实例和其他表征）将决定他们的理解程度有多大（Spiro et al.）。例如该班级体育活动的环境、学校校园体育文化环境、伙伴们热爱体育的程度、体育教师的影响力等可以提供这些具体的实例和其他表征。诚如苏霍姆林斯基的那句名言：“我们在努力做到使学校的墙壁也说话。”

（四）交互比较、成果分享

根据诺贝尔获得者西蒙教授教学实验证明，斯韦勒的观点除了认知负荷（认知容量）之外，“交互比较、成果分享”是良好的学习方法。例如，学习交流与讨论能帮助学生理解他们所学的主题（Lambert & McCombs）。特别是对于中差生来说，通过交互比较学生可以看出问题之间表面的特征不同，从而形成抽象图式，提高学习力。比如，高明的教师提出的问题能帮助学生发现他们所学概念之间的联系，并帮助他们认识到抽象概念与现实世界之间的联系（Brown；Eggen & Kauchak）。又如，成果分享会促使学生描述自己的想法并与其他人一起来分享。因而得出，如何促进学生进行深水平的加工和有意义地进行学习，这是决定教学效果的一个重要因素。正如 P. D. Eggen 指出，“一个概念与其他概念间链接和联系的数目越多，这个概念越有意义。”

对此，美国教育家布卢姆认为，只要对下列三个自变量予以适当注意，就有可能使绝大多数学生的学习达到掌握水平。

（1）学生已经习得完成新的学习任务需必备的知识技能（即“认知准备状态”）。

（2）学生从事学习过程的动机程度（即“情感准备状态”）。

（3）教学适合于学生的认知程度（即“教学认知状态”）。

布卢姆认为，学生对新的学习任务的认知准备状态、情感准备状态和教学的认知状态，将决定学习结果有效性的性质。如果这三个自变量适宜的话，所有学生的学习结果都会处于高水平。教学理论就是要解释学生特征（认知的和情感的）、教学质量、教学内容与学习结果之间的相互作用，从而揭示学习结果出现差异的原因，进而消除这种差异。国外教育理论给体育教学的启示有以下几点。

第一，学生学习的经历和知识背景是学习的核心。体育教学时教师要考虑到有效教学依赖于学习者已有的知识和经验。教学中予充分注意每个学生认知的不同经历及准备状态等，可以减少学习中的个别差异与错觉发生。研究发现，与学习无关的学习任务事实上是不存在的。即便是最简单的学习任务，也是以某些学习经验或背景为基础的。在教学中不顾及这些因素，有效学习的形成是不可能的。

第二，每一项学习任务所需的生理、心理条件是各不相同的，教师必须能够加以识别，为学习设计有效教学。如在讲解示范中要注意感觉编码的条件，避免马赫带侧抑制现象等干扰的出现。在练习时要注意初级感觉区、运动感觉区和联合感觉区的选择性与顺序性、与运动感知觉的不同刺激条件和刺激时间的位置感受性的建立。如果所有的学生都具备了学习新任务所必须的条件，又有适当的动机和附和他们水平的教学，那么所有的学生都可以圆满完成学习任务。因而，体育教学中采用何种教学策略，如何切实加强教与学的联接，学习主体的实际情况至关重要。

第三，学习是教学主体针对具体情境进行的再创造。体育知识与技能不可能以实体的形式存在于具体个体之外，尽管教师通过语言符号赋予了体育知识与技能一定的外在形式，但这并不意味着学习者会对这些命题有同样的理解，因为这些理解只能由个体学习者基于自己的经验背景而建构起来，并取决于特定情境下的学习历程。因而，教师要为学生创造学习环境，实施邻近性、相似性、对称性和迁移性等有效教学的保障。

这些理论告诫我们，向“为学习而设计”的转变使得对教师的理论与方法的要求更高。对学生学习和指导的“优化”，要比简单地让学生被动听练难得多。正如 Brophy 认为，“一种具有教育知识的教学，它使得教学能够脱离毫无依据的影响，而是以可靠数据和科学事实为基础来进行。”因而指出，所讨论的各种方式和手段，可提升学习认知的有效性设计，可以帮助教师获得指导教学活动的能力。

二、体育课堂认知学习的设计与策略

上述认知学习的研究成果告诉我们这样一个变化：教学只有符合认知因素（认知过程和认知结构）才能获得学习结果和学习效率。一个良好认知因素的构建必须具备两个条件：一是学习时必须有的放矢把注意指向认知图式的形成，而不能把时间花在错误的尝试上面；二是学习时的认知负荷不能超载，必须设法降低教学时的认知负荷，以便分出“容量”去注意认知图式的学习。

因此，当代认知信息加工心理学研究认为，学习过程就是对信息进行输入、编码、储存和提取的过程，以及对这种信息加工过程进行元认知监控的过程（也称执行过程）。为此，当代认知心理学认为，传统教学受行为主义理论的影响，存在着以结果为中心、教材为中心的偏向。比较重视学科知识的传授是很好的，但其忽视认知的过程与方法的锻炼，使学生元学习能力得不到培养和发展。因而这种以结果为中心的教学是低效的，主张以过程为中心的教学思想，强调认知过程是影响学习效率的直接因素。

综上而述，知识有效学习是有条件的，不是向头脑中灌输的知识越多越好，人就会越聪明。知识的学习必须做到概念化、条件化、结构化、自动化、策略化，才是真正有效的学习。

（一）认知的概念化

所谓认知的概念化，是指学生在学习新系统知识技能时能借助文字的表达建立起概念的理解。它告诫教师，如果新系统知识技能的表征不能具体化、条理化、形象化，那么学生学习只能进入呆记，而不能真正理解。犹如体育知识学习堆积得越多越无条理，就像书桌上乱七八糟地堆满了书，想找出所需要的很难。这种消极的情绪对认知动机起着“惩罚”作用，产生认知不协调的困惑，就会使学生产生厌学心理。这一理论提示，教师在讲解示范动作技能与要领时要运用预知简明化、通俗化、形象化的方法手段才有效果。记忆规律指出，形象有趣的材料比无意义的材料利于记忆，同时调动多种感官一起协同活动记忆，不仅可以增加记忆线索，而且可以提高大脑的兴奋度和学习者的兴趣，激活并支持学习过程。如学习跳箱可以采用口诀教学法，“快速助跑双足跳，支撑远端分腿好，用力推箱挺身起，落地屈膝缓冲好。”如武术讲“弓步”时，即“前腿弓后腿绷，挺胸立腰别晃动”。针对体操、投掷、跳跃等空间概念难以掌握的学习，可利用图示分析结合讲解的效果较好。诚如当代著名认知心理学家米勒（Miller）曾经说过，“教师教学要指出认知的戏剧性、美妙之处，引发美感，必须引发智力活动过程，必须产生对知识本身的感受。如果做到这些，那么，学习将是一种令人激动的冒险活动，很少有人会逃避这种活动。这是一种精神的觉醒，这种精神很可能持续人的一生。”

依据心理学“费希纳的对数定律”“斯蒂文斯冥定律”和衰减理论，感觉外量存在刺激与感觉强度、刺激与感觉大小的关系，“赫尔姆霍茨的色觉学”说和“黑林对立对过程理论”则指出不同颜色的物理特性存在着信息识别的功能。根据以上定律为了做好认知的概念同化，有以下实施原则要求：

（1）讲解表达方面：

——讲学习的兴趣“点”，要能唤起学习的高涨心情。

——讲学习的疑“点”，要能激发认知、举一反三。

——讲学习的障碍“点”，要能善喻、善诱、学思结合。

——讲知识“点”，要能启发诱导、藏息相辅。

（2）形体表达方面：

——动作姿势自然优美，能诱发学习向往。

——随着说话音调的高低而变化面部的表情。

——保持与学生目光接触。

（3）声音表达方面：

——说话声调稳定、清晰。

——变化音调，以强调说话的重点。

——说话的音量能使听众听清楚。

——每一个字都能正确发音。

（4）语言表达方面：

——使用能清楚表达意思的精确词语。

——避免不必要的重述。

——用完整的语句表达思想。

——表达的信息有逻辑性。

——表达不同要点时，能简明扼要把握重点。

（二）认知的条件化

所谓认知的条件化，是指教师不仅理解所学知识的信息刺激环境与条件，还要知道同化所学知识在什么情境下应用。如果学生学到的知识不知道在什么情况下运用，那就是僵死的知识。正如心理学研究证明，僵死的知识是难以长久保存的。这就是为什么小学学习打篮球，初中、高中学习打篮球，到了大学还要从头教起。诚如 Brown 等研究证明，将所学的知识与使用条件结合起来形成知识条件化，是智力发展水平的一个重要标志。对此桑代克认为，一个已形成的联结，若加以应用，这种联结的力量便会增强；一个已形成的联结不予使用（缺少练习或应用），这种联结的力量便会减弱。

这一理论又被称为"地基观"，即知识的变式越丰富，创造性和知识呈现性就越高。它告诫我们，一是体育教师不能只管课堂内的教学，还要安排好课堂外学习的应用，复现知识懂一会一乐多维意义。二是传授的知识一定要与多样化条件结合，在教学中要安排多种变式练习，创造条件让学生学习到的知识在尽可能多的情境下使用，特别是在与该学习知识背景迥然不同的条件下使用。如 P. D. Eggen 指出的，"一个概念与其他概念间联系的数目越多，这个概念越有意义。"

（三）认知的结构化

所谓认知的结构化，是指将每节课逐渐积累起来的知识条理化、纲领化，呈水平排列。知识是一点一点累积的，但不应该是堆积。奥苏伯尔在"认知结构同化论"指出的，一切有效的教学都应以帮助学生在头脑中实现构造知识为中心任务。富有意义的新知识必须把它们归类到一个已经存在着的认知结构（一个相互联系着的知识网）才被学会的。对此加涅在阐述学习的条件时指出，学习者必须具有把那些适用的、那种理解了的刺激转变为"有组织的网络结构"的信息加工方法。

正如认知心理学研究证明，当知识以层次网络的方式排列时，知识点就像红线串珠形成内在的联系，就可以大大提高检索的效率。它告诫我们：

一是在教学中，要课内教学与课外作业相联接，注意知识结构层次的积累，扩大知识面，帮助学生形成知识的认知结构。

二是注意教材前后顺序性和逻辑性的构造方式。如在讲解球类项目的技、战术知识时，一定要加强上层的知识结点（抽象知识）与下层知识结点（相对具体的知识）之间的联接，要能够非常顺利地进行从具体到抽象（如对眼前具体知识的归纳判断）和从抽象到具体（如理解抽象知识的实例和具体应用的方法，能够用具体的事例支持抽象知识的理解）的转换。

三是要注意避免学习知识结构正迁移的设计与异化。

（1）在认知结构中是否有可利用的特别适合起固定作用的观念，是影响学习和保持有意义的新材料的第一个变量。

（2）新的学习材料与认知结构中原有的观念系统之间可以辨别的程度，是影响学习和保持有意义的新材料的第二个变量。

（3）原有起固定作用的观念的稳定性和清晰性，是影响学习和保持有意义的新材料的第三个变量。恰如美国心理学家奥苏伯尔在它的有意义学习理论中指出，一切有意义的学习都必然涉及迁移。在有意义学习中认知结构总是一个起决定作用的变量。

(四) 认知的自动化

所谓认知的自动化，是指所学的知识达到熟练掌握的程度并能够运用自由化。按照运动技能形成规律的体育学解释，体育运动作为一种技能必须能够自动化完成某种任务，否则不能算作技能。对此，认知心理学的研究成果也指出，未形成自动化的知识难以保存于长时记忆。恰如人们常讲的："你听来的很快就会忘记，你看见的就能记住，你做了的才能学会。"正如 Eggen Kauchak 和 Mayer 研究指出，由于记忆存在着不同的认知阶段，如初级感受区、初级运动区和联合区，如果教师不关注不同阶段的同化和异化的认知迁移，就会出现"认知浪费或超载"。在学习中就会出现不能及时转换或顾此失彼，学习慢，错误多，难以形成自动化的现象。

这一命题告诫我们，体育教学的任务就是帮助学习者形成自动化，如果达不到这个目标，就会出现小学学习打球，初中、高中、大学学习打球，大学毕业了还是不会打球的笑话。那么，怎样促进其自动化的形成呢？显然只有一个办法："多练"。但是，多练容易导致学生负担过重，怎么办？那就是大家向科学高效的练习展开研究。一是记忆规律告诉我们，过度学习达 150%，保持效果最佳。超过 150%的学习为过度学习，低于或超过这个限度，记忆效果都将下降。二是有意义的记忆材料、形象化的记忆材料保持时间长。三是奥苏伯尔的学习认知理论告诉我们，变机械学习设计为有意义学习设计，可使学习者达到对新知识的理解从而提高教学效果。

(五) 认知的策略化

这一范畴包含了两个层面。其一为教材知识类型的指向性。所学教材内容的知识类型，是否能针对学生认知水平存在的差异科学地把内容之间的层次划分、结构关系清晰地得以体现。其二指的是教法呈现逻辑性的匹配和迁移、方法和手段、选择和运用能否针对学生的认知能力，即认知策略。学习是一个认知建构的历程，不同知识类型有不同的认知途径。把握和处理它们之间的关系，恰当选用适宜的教学方法、手段来组织引导学生学习，启发学生的思维活动，吃透不同知识阶段的目标和内容是该范畴教与学的特征。

恰如美国课程论专家威金斯和麦克泰伊 (Grant Wiggins & Jay McTighe) 的研究指出，学习维度的任务要实现五个步骤：一是课堂学习环境及其学习任务能否帮助学习者建立积极的态度和感受。二是课堂学习环境及其学习任务能否帮助学习者引发思维的认知加工。三是课堂学习环境及其学习任务能否帮助学习者对不同知识进行扩展与精练，即因材施教。四是课堂学习环境及其学习任务能否帮助学习者决策、解决问题，创见、探究和调研，即教学要培养认知能力。五是课堂学习环境及其学习任务能否帮助学习者比较、分类、抽象、归纳、演绎、提供支持，找出错误和分析观点，即学会学习。研究发现，认知教学不仅要提供必要的协助与指引，还应联系学生的经验，让学生理解教学内容，帮助学生优化学习，解除认知负担，重建知识完整的架构。因此，认识和掌握这条规律，善于运用这条规律，把握所授教材的知识类型是有效形成教材知识架构的保障。

第三节 体育教学知识分殊的教法设计

为了便于知识的习得，当代认知心理学把浩繁的教材知识分为三类，即陈述性知识、程序性知识和策略性知识。陈述性知识即通常意义上的理论知识；程序性知识即通常意义上的动作技能；策略性知识即关于如何使用陈述性知识和程序性知识去学习、组织、解决问题的方法。以篮球教材的“运球”为例，关于“什么是运球”的知识是陈述性知识，即运球的概念与特征。关于“怎样运球”的知识是程序性知识，即运球的动作技能。关于“如何使用运球”是策略性知识，即使用运球的方法和手段、程序与步骤。不同类型的知识有不同的学习条件、教学设计原理和技术。其学习规律不同于传统体育教学脱离认知的类型作千篇一律的机械联想和简单解释，来单纯谈论体育教学活动方式的合理与否。它从人类知识记忆的三种图式类型（记忆的认知水平、理解的认知水平、策略的认知水平）和信息表征的三种方式（动作表征、形象表征、符号表征）来强调知识的结构和知识的发生过程，在学习的作用、有效学习的条件以及教育含义方面，可为我国新体育课程有效教学的实施增添参考与指导。

一、体育教学知识分殊的教法论

上述教学观揭示出知识种类存在着选择性和分殊性的特征与条件。我们不能用传授事实性知识（陈述性知识）的方法来教授技能（程序性知识），否则将会造成学生学习成效低下。为此，Good 和 Grouws，Smith 和 Cotton 相关研究认为，能否清楚地把握不同知识类型的建构以便有的放矢地呈现学法，将直接影响学生学习的效果。以下从教学技能与知识类型的范畴，就教师的教法与学法效能的相关研究作分析探讨及归纳整理，供大家把握与运用。

二、体育教学陈述性知识的教法设计

简单地说，陈述性知识是关于事实性的概念知识。活动对象是客观事物反映在头脑中的映像。以“篮球”教材为例，“什么是篮球”的知识即陈述性知识，即讲解示范的指向是描述事物的概念与特征。因而，陈述性知识的教法设计的核心是明确所授教材的核心概念与特征。其任务是领会技能的基本要领，形成定向作用的动作映像，为下面进行的技能练习提供经验依据。

学习的认知加工水平（加工深度）是影响学习的首要因素。正如，认知加工水平的一个经典实验证明，不同概念认知是直接影响学习的因素。实验结果告诉我们，正确率分别为 26%、46%、72%。揭示出由于认知加工的组织不同，学习和记忆的效果也明显不同。

实验揭示出，学生对教材的掌握是一个由感性认知走向理性认知、由低级到高级不断发展的过程。无论是发现式还是接受式学习，知识习得必须以概念（陈述性知识）为基础，才能为学习者获得。例如，学生在学习“运球”时，首先是教师的言语描述（使学生获得运球的表征概念）和动作演示（使学生获得运球的感性表象），然后在教师的指导下，通过各种练习活动（以感性材料为支柱，通过思维加工产生与概念属性或事物间的内在联系），对“运球”就产生了由感性上升为理性的质的变化，从而掌握了运球技能。为此，Mayer 研究发现，学习者是以注意信息开始学习过程的。恰如 Reed 研究发现，概念信息影响着目标的学习行为。

心理学注意理论研究证明，注意具有指向性和集中性。学习始于概念，要想让学生学好概念，取决于刺激物呈现的特性。由于受传统教学观的制约，我们并没有像认知信息那样，把注意作为一个系统考察。很少把其概括和上升为一条明确的教学指导原则，这不能不说是教学理论上的一件憾事。致使对注意的选择性、持续性和分配性认知信息的使用处于断续状态，未得到充分的体现与运用，应引起我们的关注。正如鲍里奇所指出的，“开始的问题是引起学生对学习内容的兴趣和注意，如果把学生的注意力给分散了，那么这个学习开始就是无效的。”因此，在这一阶段高效练习需要重视以下事项：

第一，为了确保将概念转化成下一步教学活动，防止认知产生困难或负荷超载，教师必须针对所授概念的特性，在课前与上课时进行必要的引导及澄清（如先行者策略）。恰如乔纳森所说，首先，学习环境设计应关注知识建构理解的认知水平；其次，应创设能植根于学习者知识经验的联结；最后，教师应担负起形成学生之间、师生之间协商会话的情境，而不是一个知识供应商。

第二，心理学研究发现，注意有两类。第一类是具有警觉功能的注意，第二类是选择性知觉。教学的这一阶段是引起注意，产生警觉，使学习者的大脑保持一定的兴奋水平以接受刺激。注意是学习的门户，假如学习者未能注意到信息，那么，不管教师采取什么样的教学媒介或教学活动，新信息都不可能进入感觉登记器和记忆之中，相应地，与长时记忆中的旧知识相融合达到基本理解更无从谈起。因而，如果教学不能引发学生的认知欲，形成学习力的指向性，保持注意力集中，学生不理解概念，那么就会中断下一步“理解的认知水平”的发生。表现在教学上就是混乱，学生不注意听讲解，示范无效。

第三，教师讲，学生听。被比喻为把信息从一个容器（教师头脑）灌进另一个容器（学生头脑）。皮亚杰认为，不同知识分殊具有不同的认知图式。心理学 SPT 理论认为，运动知觉的加工和处理存有“动作表征、形象表征、符号表征”三种串行认知水平。教学实践证明，良好的认知结构是三者有一机统一的结合。为此，记忆规律反馈证明，多样活动方式、多种感官协同效应的记忆效果更好。恰如 Chi、Carson 和 Weigand 研究发现，即使是学习困难的学生，如果给予指向性帮助，他们在完成新的技巧时与正常学生没有区别。也诚如布鲁纳在阐述学科结构理论时所说，在最适宜的条件下恰当地学习，可使人人都学会学习。注意的研究告诫我们，在教学执行中向学生提供更多的认知资源与多重刺激，困难的学生也会较好地完成学习任务。

第四，国外教学研究表明，“聚焦”有两种形式：语义性的和感官性的。虽然两种形式有内在的联系，但为便于运用，下面分别予以论述。

1．语义性“聚焦”（讲解）

语义性聚焦的功能是引起注意和提高动机。通过准确的术语、转换的信号、即时的表现和饱满的热情来明确教学内容，引起好奇心和提高课程的吸引力等。准确的术语，即语言感染的技巧，发问的技巧、活跃动机的技巧等。转换的信号，即一个节点结束而另一个节点开始的语言或动作要有“强调”的创设，提醒学生注意。即时的表现，即随着讲解音调的高低而变化面部表情与动作姿势（面部表情、眼光接触、身体活动距离与姿势）。饱满的热情，既能发挥以情施教的感染功能（如很棒！做得很好，如果这样做就更好了），让学生体会到知识的攀登不只是充满艰辛，也洋溢着情趣和欢乐。

2．感官性“聚焦”（示范）

感官性“聚焦”是使用一些刺激物——实物、图片、模型、影像、肢体语言等，以有系统、有组织及最有效的方式来呈现教材、维持注意力，理解概念。图式越具体、越有吸引力，就越有助于感官性聚焦。因为体育教学有些动作或技能信息，是无法通过口头信息来吸引学生的注意力的。恰如体育新课程研究学者季浏等指出，“认知心理学理论非常强调基本概念和基本原理在学习中的地位，认为越是基本的概念和原理，对于解决问题、掌握新知识的作用就越大，无论多么复杂的知识技能均可采用不同的形式（实物、表演、图像和符号）呈现给学生。”犹如皮亚杰所说，儿童看见、感知和做得越多，就越想去看、感知和做。

最后需要指出，这一阶段大体包括两个环节。一是陈述性知识（概念）是人类思考和理解的工具，是学习的基本单位。动作学习首先需要以概念认知为支柱开始，然后产生对教材具体的、感性的认识，获得理性知识。依据这一特点，陈述性知识的教学应以“教师为中心”，帮助学生在头脑中有效构造知识为中心的任务。二是依据这一特点，教学应为学习者提供支持“概念”的多样认知条件。对此，加涅概括为三个方面：①要提供富有意义的前后关系。即学习新的言语信息的外部情境必须与学习者已经记住的知识经验发生联系。②线索区别性的增加。即教学的设计条件要防止或减少学习中相似的、易于混淆的信息之间出现相互干扰的现象。③重复的作用。即研究表明，复述可加深记忆检索，大大改善对于学会了的信息的记忆。教师可以这些要素为教学重点，多重激活，促进其由低级认知更好地转换为下一个学习活动的发生。正如奥苏伯尔对认知功能变化的研究发现，认知场的广阔化、复杂化、结构化、意义化、精确化、联系化、专门化等复杂的变化，会对学习产生明显积极的影响。三是教学提示，该阶段讲解示范有三种形式：先示范后讲解、先讲解后示范、边讲解边示范。实践证明，边讲解边示范效果最好。

三、体育教学程序性知识的教法设计

所谓程序性知识是指导学生去操作陈述性知识，又称为操作性知识；活动对象是物质性客体或肌肉。以篮球的“运球”为例，关于“什么是运球”的知识是陈述性知识，即运球的概念与特征。关于“怎样运球”的知识是程序性知识，即运球的程序与步骤。前者告诉我们是什么，后者告诉我们如何做。为此，程序性知识教法设计的核心指向是有效呈现所授教材的组织程序与步骤，使学生形成一定的操作技能。这一阶段的任务是，提供反复练习首先使分立的个别动作建立，然后走向运用性联结。有别于前一阶段的以感性认知为目的的区别。苏联心理学家加里培林把技能形成的阶段划分为五个：①动作的定向阶段；②物质或物质化阶段；③出声的外部言语阶段；④不出声的外部言语阶段；⑤内部言语阶段。皮亚杰关于儿童智力发展阶段的论述认为，动作技能的形成阶段，大致可以分为分解动作的模仿阶段、连贯动作的模仿阶段、连贯动作的独立完成阶段和连贯动作的自动化阶段。为此，这一阶段大体包括两个环节：第一个环节是掌握局部动作的环节，第二个环节是初步掌握完整动作的环节。一般认为高效练习需要重视以下事项。

（一）明确练习的目标

杨博民的研究结果表明，有预定目标的练习比没有预定目标的练习要优越得多。预定目标组与不预定目标组在射击练习中被试，最后成绩比最初成绩，后者只提高了31%，而前者提高了182%，二者最后平均成绩的差异达到了极显著水平。这说明，对学习者提出争取一定学习成绩的目标和要求，就会对练习起到明显的促进作用。如在排球的垫球练习时，教师要有明晰的任务指标，看谁能先垫好15个球，以强化学习者练习的责任，激发练习的积极性。

（二）科学选用整体练习与分解练习

该阶段教学大体包括掌握局部动作和掌握完整动作两个环节。先从局部开始还是先从整体开始，例如，有人在游泳、羽毛球、排球方面做过对比研究，结果表明，排球先从局部开始练习效果好，游泳、铅球先从整体开始练习效果较佳，羽毛球练习哪个先哪个后，效果因人而异。一般说来，比较复杂的、前后可以划分为若干个基本动作的技能，应从局部开始练习；各个动作之间连接紧密不宜分开的一些周期性技能的练习（如跑步、游泳等）应从整体开始练习。总之，要根据技能的特点、难度、学习者的能力等情况来做出不同的安排。但教学实践反映只要能运用整体练习的尽量不要用分解练习，因为教学时间是有限的。

（三）合理安排分散练习与集中练习

练习时间的分配有两种方式，一是分散练习，二是集中练习。Bourne、Archer 和曹日昌的实验研究结果证明，分散练习要优于集中练习。分散练习之所以优于集中练习有两方面的原因：一是因为集中练习容易产生反应性抑制的累积作用，有碍于练习成绩的提高，而分散练习则不容易产生反应性抑制的累积。二是长时间的价值练习容易使练习者产生烦躁情绪，这种状况显然不利于提高成绩。

需要指出的是，分散练习并不是任何时候都优于集中练习。实践表明基于体育学习的特征，在练习的开始阶段进行集中教学，然后改用分散练习要比单纯进行分散练习的效果更好。因此，理想的安排应该是在开始阶段进行密度较大的集中练习，然后逐渐向间距较大的分散练习与个人练习过渡以强化记忆。此外，还应考虑技能性质、练习者水平以及疲劳和遗忘等因素的合理安排。还要注意，在开始练习时，学习者还没有形成表征，此时先讲解粗大的动作要领，在进入分散练习时，再讲解精细的动作要领为宜。

（四）善于利用反馈信息

反馈作为一个经典学习原理是体育教学中不可缺少的有效教学方法，研究也证明了这一规准的重要性。正如董奇、Eggen 和 Kauchak 认为，反馈可为学习者提供与当前行为有关的并能够改善以后行为表现的信息。从理论角度我们知道，在任何一种学习中，反馈都具有至关重要的作用，程序性知识学习也不例外。实践证明，在动作学习中几乎每一个进步都离不开反馈。只有借助反馈，学习者才可能知晓自己的动作是否符合要求以及存在什么问题，才有可能改正错误的动作，形成合乎要求的动作技能。可以说，反馈是动作技能不断形成和发展的重要保证。善于利用练习的反馈信息无疑是高效率练习的一个重要条件。

1．反馈的教学特征

反馈性聚焦具有五个特征，包括动作反馈和语言反馈。为明确反馈的概念属性和特征，反酷刑聚焦又可分为及时的、有针对性的、提供比较的、以表现为依据的以及用肯定的有情感的语气。

2．反馈的教学形式

反馈的教学形式既包括练习过程中关于练习进程的各种认知和评价，也包括练习结束后的结果。因此，根据不同的标准，动作学习中的反馈可划分为以下不同的形式：

一是内反馈与外反馈。根据反馈感觉划分，内反馈是通过内部神经反射（如听觉、触觉等）获取内部肌肉信息来实现的反馈；外反馈是通过外部媒介（如光、声、气味等）达到对行为结果的知悉来实现的反馈。在动作技能的学习过程中，常常既有内反馈，也有外反馈。比如，在学习篮球的投篮动作时，看到球未投中或听到别人说球没中，属于外反馈；而球一经出手，尽管还没有靠近球板，练习者就可能知道球不会中，练习者就会根据力度知觉发现自己用的力量不够或用力方向出错，这就是内反馈。

一般来说，在动作学习的初期，学习者主要依靠外反馈信息来改进自己的动作技能，这些外反馈信息既有对自己动作的直接观察所得，可以由教师和同伴提供，也可以通过观看和分析动作过程的录像获取。在动作学习的后期，学习者主要依靠内反馈来完善自己动作技能。这时，动作学习的目的是为了培养动作的协调性、连贯性、流畅性和熟练性，而这些更多是属于内反馈的范畴。因此，缺乏内反馈，动作技能不可能真正掌握。

二是自我反馈与外部反馈。根据反馈的主体划分，如果实施反馈的主体是学习者本身，那么这种反馈就叫自我反馈，如自己看到、听到和感觉到动作进行的各种信息；如果实施反馈的主体不是学习者本身而是其他人，那么这种反馈就叫外部反馈，如在动作学习过程中，教师的言语指导、同伴的提醒等。

在实际的动作学习中，自我反馈与外部反馈都很重要。在某种意义上，自我反馈是学习者主观能动性的一种表现。有效地自我反馈能帮助学习者领会、及时地发现问题，进而大大提高动作学习的效率。在动作学习初期教师的言语讲解和示范，在动作学习中期教练的指点和提醒，在动作学习后期动作结果的告知，这些外部反馈对于动作技能的掌握都起着重要的促进作用。

三是即时反馈与延后反馈。根据时间划分，动作学习中的反馈可以是及时的，称作即时反馈；也可以是延后的，称作延后反馈。关于内部肌肉信息的感知觉的内反馈通常属于即时反馈；而作为外在行为结果的知悉的外反馈，可以有即时和延后两种形式。动作任务的性质不同，即时或延后的信息反馈效果也不同。如果是连续的动作任务，如当场篮球比赛等，获得结果的即时反馈较为重要；如并不连续的动作任务，则对结果的知悉可以延后一段时间而不失去其效。比如，将体育比赛中运动员的动作录下来，过几天再放给运动员观看，对纠正他的错误动作仍然有效。

最后需要指出的是，程序性知识教学的指向是理解同化知识、合理分配时间、优化教学程序、构建动作技能与心理发展的过程。学习的重点是发展个人的潜力、兴趣和动作技能。体育学习主要是通过一系列身体技能练习去理解知识、体验学习的成功与失败，感受技能建构过程获得的喜悦，实现意识的培养、意志的锤炼、品质的塑造。遵循着“学习方法是在练习过程中逐渐习得的”认知规律。学生心理的变化与生成归根结底依附于学生自身的技能行为。也就是说，学生精彩观念的诞生是在技能练习之路上产生的，其最后的落脚点是练习的实践性。这就是体育学科有别于其他学科的差异性，“体育不是思考得来的东西，而是练习得来的东西”。为此，程序性知识教学应“以学生为中心”，体现出“为学习而设计”的理念是指教师以丰富有趣、逻辑性、系统性很强的内容以及生动的教学方法来吸引学习者，较好地完成学习任务。可通过运用桑代克的“准备律、练习律、效果律”来予以实现。即要达到三种作用：激发动机——准备期激起学生愉快学习的欲望，会促其按，威组织实施的方向努力；效能练习——通过多元组织、多样练习使学生在有效的教学环境中感受到乐趣，强化技能形成；增加活力——能使学生看到自己获得的学习成果，受到鼓舞，感受到学习的成功。

四、体育教学策略性知识的教法设计

所谓策略性知识，即关于如何使用陈述性知识和程序性知识去学习、组织、解决问题的方法。只有在策略性知识的指导下，陈述性知识和程序性知识才能被有效地感知、理解、组织，才能有效地用来解决问题。策略性知识也是一种程序性知识，策略性知识是程序性知识的高级阶段；不过，一般程序性知识所处理的对象是客观事物，而策略性知识所处理的对象主要是个人自身的认知活动。也就是我们平常所讲的“习得了知识、习得了技能，就是不会用”，原因是我们忽视了个人策略性知识的环境安排，即学习的设计。

因而，教材的知识结构与学生头脑中的认知结构存在着重大的差别，我们不仅要明确教材的知识结构，更要研究知识在学生头脑中的认知结构，促进学生所学的知识更好地浓缩提炼、归纳总结、复习巩固、熟练运用、灵活提取。诚如著名认知心理学家诺曼（D. A. Norman）所说，“真奇怪，我们期望学生学会学习，然而却很少教他们如何学习。我们期望学生解决问题，却很少教他们解决问题的思维策略。类似地，我们有时要求学生记忆大量的材料，却很少教他们记忆方法。现在是弥补这一缺陷的时候了，我们需要开设一些这样的课程渗入学生的各门学科中去……例如，《芝加哥掌握学习策略阅读教程》就嵌入了各种学习策略的教学。”

当前在这方面存在的问题是，传统教学中心偏向于结果，以模仿、练习为主要教学方法和手段。在练习和学习反馈过程中，教师只告诉学生学习的是对还是错，没有帮助他们从学习的过程中寻找学习方法，反思自己，学会认知，只是强化了学生生搬硬套的机械记忆。正如加涅所说，“重复地听和重复地做，的确会改进他的学习，不过，这不是有意义学习的心向。”这样做产生的矛盾是，容易使学生头脑中形成浅层记忆、机械思维的定式，不愿独立思考，无法把积累的经验迁移到新的学习环境中，加大了新认知负荷超载的可能。这一命题揭示出，不管过程只看结果，练习和”反馈都将是低效的。为此，提倡在该阶段应用“以过程为中心”的教学方法，以学生头脑中的认知过程为中介来促进图式迁移降低学生学习的认知负担。正如 Cosgrove 和 Osborne 的研究发现，学生必须在下列情况下才能真正学习，其具体的行为指标包括下列五项：①教师必须了解与教学内容有关的知识与技能；②必须给学生提供在真实的日常生活经验中，有深化知识技能的机会；③在学习过程中，学生必须有机会自我澄清对学习内容或技能的看法；④能适时提供学生就彼此概念进行互动学习的机会；⑤提供学生巩固及进一步思考其所学知识技能的机会。

（一）策略性知识的教法设计

记忆规律表明，理解了的知识，不一定能够持久地保持在头脑（认知结构）中，会逐步被遗忘。需要通过合理组织复习，以巩固所理解的知识。复习不仅能增强记忆，而且也会促进和加深理解。教师在教学过程中，应该根据记忆的规律，合理组织学生形成策略性知识。

1. 及时复习

艾宾浩斯遗忘曲线告诉我们，记忆遗忘的进程是先快后慢，遗忘是在学习之后快速进行的，要想防止和减少遗忘，就必须尽早加以复习。所以，复习必须及时进行。有两组被试学习者，练习实验表明甲组在学习后不久进行一次复习，乙组未进行复习。一天后，甲组保持 98%的记忆，乙组保持 56%的记忆；一周后，甲组保持 83%的记忆，乙组保持 33%的记忆。得出理解记忆规律的真正内涵是有效学习得以成功的必要条件，可为有效学习提供巨大的潜力。

2. 合理分配复习时间

许多实验证明，分散复习优于集中复习。例如，一些教师按照"艾宾浩斯遗忘曲线"的研究结果设计出"时间控制策略"。在同一内容讲述后的第 6 天、第 14 天各进行一次测验，发现学生可以在无须课后复习的情况下掌握该内容，而且三次检测以后，学生几乎不会遗忘。研究表明，学习程度越高，遗忘越少。过度学习达 150%，保持效果最佳。比如，学习 20 遍后能正确无误地背诵学习材料，这 20 遍便是 100%。如果再继续学习 10 遍，其学习程度为 150%就是过度学习。我国心理学家的实验表明，33%的学习程度遗忘率为 57.3%，100%的学习程度遗忘率为 35.2%，150%的学习程度遗忘率为 18.1%。超过 150%的学习程度为过度学习的限度，低于或超过这个限度，记忆效果都将下降。

3. 复习与情境条件相结合

复习时动作练习与情境条件相结合的效果优于单纯地一遍遍复习的效果。之所以会发生积极作用，是因为它把"知—情—行—意"的认知思维（观察、思维、实践）和心理体验（理性体验、情绪体验、情境体验）的两大形式：直接感知与间接感知联系起来进行理解。其多样化的形式为学习的认知提供若干资源和条件，诱导学生扩充了他们加工信息的概念体系，可以使脑处于更积极的状态，有助于学生认识技能的局部与整体的关系，帮助学习者加深理解，维护这一过程的自觉化和系统化。恰如周荫昌教授的研究指出，"有节奏的运动不仅注意力集中于它，而且肢体的肌肉，以至循环系统、呼吸系统都会随之引起运动上的变化。人体运动机制的改变，又会引起精神上、情绪上的变化。"

4. 复习方式多样化

单纯重复的复习方式容易引起学生的疲劳感和消极情绪，并会降低复习的效果。如果能够采用多样化的复习方式，就会使学生产生兴趣、积极性，从而提高复习效果。例如，对一个熟练的动作，有趣形象的材料比无意义的材料保持的时间长，遗忘得慢。多种类型、多种感官的协同记忆比单一类型、感官的识记效果好。实验证明，单一视觉记忆率为 70%，单一听觉记忆率为 60%，视听组合记忆率为 80.3%。事实表明，多种感官的识记活动可取得最好的记忆效果。学习程度对遗忘也有较大影响。

（二）策略性知识的教学方法

教学实践证明，任何具体的方法和技术都是各有优劣的，只有在其运用中根据教学的适宜性，按照一定的具体要求将它们组织起来相互补偿，才能形成理想、高效的教学。综上而述，高效练习的教学方法有以下方面。

1. 程序教学法

根据布鲁纳提出的，教授任何一个学科或任何一组有关联的学科的最终目的，是为最佳理解提供一种知识结构。这种课程，是从学习者已经学会的基本知识开始，并在这个基础上增加更复杂的和更精细的类目和条码，当教学向前进行的时候，它经常返回去在以前理解的基础上提高。这一命题揭示，行为主义学习理论的经典模式"程序教学策略"可获得这一目标结果，并与这一要求是完全相符合的。它能与学习者的学习特性相配合，有组织、有系统、由简到繁地呈现教材，将过去所习得的知识与现在所教导的概念相联结，改变传统教师的缺点。可鼓励学生以自己的经验来印证概念的内容，并用自己擅长或喜欢的自由互动应答方式来进行，能促使学生更有兴趣和自信来进行种种知识的迁移。

应答了斯金纳的学习条件理论，低层次的知识技能是学习较高一层知识技能的先决条件。在学习的过程中，随时提供旧经验与新知识的联结机会，并提示前后课程内容概念的关系、提供整体内容的架构是很重要的。

由于程序教学其教材经组织之后能呈现由简入繁、由具体到抽象、由特定到一般的循序渐进流程；让学生经由认知来学习、经由示范或例题的练习一步步达到有效能的学习。尤其是在教学习能力低的学生时，效果更佳。也恰如 Brophy，Evertson 和 Rosenshine 研究指出，有效能的教学是循序渐进的。

2. 样例教学法

样例教学法打破传统按完整的体系向学生传授知识的原则，从庞杂臃肿的教材体系中精选那些对进一步了解事物本质具有实例的、启发性的部分，使学生借助于这些典型范例的研究，理解普遍性的东西。按照克拉夫斯基所说，“样例教学使学生能够依靠例子来掌握一般，并借助这些一般独立地进行学习。”

有些研究发现，通过样例教学提供多种例证或范例的比较，是引导学生触类旁通的良好学习方法。一个以中差生为对象的研究证明（Carroll），使用样例教学能够使差生解题的时间更短，更少需要教师的讲解或辅导。学习能力差的和过去学习失败的学生，从中获益更大，他们在遇到学习困难时可以较好地参考案例解答，而不会像过去那样花费许多时间徒劳地苦想，要么不完成作业。Reeves 和 Weistery、Bemardo 和 Ok－agoki 的研究也证明了这一点，通过案例教学的比较，学生可以看出问题之间的表面特征，从而容易形成抽象的图式，不仅提高了学习效力，而且锻炼了归纳推理能力和发现能力。因而揭示出，样例教学可培养和发展学生的认知策略，这是一个在教学设计研究领域中极受瞩目与肯定的例子。中国科学院朱新民教授和诺贝尔奖获得者西蒙教授的教学实验证明了此者，用样例学习方法可以用三年的时间学完四年的内容。正如类化理论认为，掌握了概括化的原理之后，便可以将其更广泛地应用于新的情境之中。类化（即知识经验的概括化）是动作技能迁移的基础，对动作技能迁移起决定作用。

3. 合作学习法

合作学习是当代教学的发展趋向，是我国新课程提倡的三大教学方法之一。合作学习是指通过促进学生之间的协作以达成某些共同目标的策略。赢得方法就是每个组员都进步，通过个体的相互努力达成集体的目标。这一方法可提高学习者对课堂活动的参与程度与决策体验，促进学生互动互助，有助于培养团队精神与学习策略。合作学习包含三个基本因素：小组目标、个体责任、成功机会均等。正如 Kay Reilly 强调指出，好的合作学习小组不是自然产生的，而是需要发展的。

4. 先存概念学习策略法

教学经验证明，概念和技能的学习并不是始于课上，止于下课的。无论是在课中或课后都必须进行一定的练习，有助于长期记忆，增加与旧经验的联结，促进学习迁移。Rosenshine 研究发现，体认学生的先存概念，这是影响学生学习的最根本因素。若教师能让学生事先了解学习历程采集信息，引导学生根据学习内容制订学习计划，拟定学习策略有利于发生有意义的学习心向。可避免枯燥学习，产生学习认同感，促进课堂教学中师生互动、互相感染、互相影响，可以最大限度地减少教学干扰，节省大量的时间促进有效学习。正如张德锐等研究显示，20 世纪 70 年代中期，利用学生的先备知识理解教学内容，对学习有莫大的影响……可帮助学生解除困惑重建知识……扮演主动学习、积极建构的角色。

5. 学习成果分享法

学习成果分享法是当代教育帮助于学习者认知能力发展的一个有效教学设计，一直以来都是被关注的“焦点”，今后仍将是被关注的焦点（Bransford et al.，Sternberg）。因为教育工作者意识到，仅仅教会学生知道学科的内容是远远不够的，更重要的是教会他们如何获得知识。为此，体育《新课程标准》提出了“三维教学目标”的框架结构，让教师利用这个结构去促进学生在不同领域的实践技能、高级思维和批判思维的发展。引发学生对知识技能的内在联系进行发现和探索，而不是被动听讲与练习。为确保教学效果的清晰有效，教师必须针对学习的存在进行必要的引导与澄清，将教学转化成学生之间适当的学习活动来消化学习，指导学生相互交流学习心得，彼此分享学习成果。将有意义的学习活动转化为有效的学习策略认知模式，促进学生学习与成长是非常重要的。

6. 同伴合作辅导法

同伴合作辅导法与学习成果分享法是异曲同工，都是围绕上述目的而产生的。正如心理学研究发现，学生在学习历程中的反映影响着同伴的学习行为。同伴的学习经验与策略可为学习提供参考，解决学习困难，提升同伴的学习能力，有效增进学习成效。对有效学习有正面的效用。因而，学生们的交流可澄清误解促进有效学习。根据课程目的、学习任务的不同，“同伴合作辅导法”有以下三种形式：一配对一分享、配对检查、联合配对。这种策略之所以有效至少有以下三个原因：它引出每个学生的回答；每个学生都参加，减少了学习的干扰现象；比较容易计划和实施，它给学生提供帮助他人学习的愉悦感，可进一步深化学习者的学习志向。诚如布卢姆所说，如果一个儿童感到他有能力进行学习，那么他的学习兴趣和态度就会提高；反之如果他感到自己无能为力，他就会对学习不感兴趣、厌恶学习。

7. 支架教学法

支架教学法是建构主义学习理论的经典教法，它把教推向了学，以开放式课堂教学、多样式的应答赋予了学生有意义学习的心向，更能维持学生的注意力。

最后需要指出的是，一是认知策略，即学习者调控自己注意力、学习记忆和思维的认知方法。是智力内部组织化高水平的表现，可以改变传统体育教学停留在浅层机械记忆的缺陷。虽然我们的教育理论强调这一能力培养的重要性，强调“会学”重于“学会”，提出“授人鱼”不如“授人渔”，但在实际的体育教学中依然普遍存在“一手硬、一手软”的现象，知识技能的传授比能力更重要，这或许是观念问题，或许是教学技术的问题，希望本文能抛砖引玉。也恰如我国著名教育家陶行知指出：“我以为好的先生不是教书，不是教学生，而是教学生学。”二是 Branford et al. 研究发现，教授认知策略最有效的方法就是给学生提供不断练习的机会，让他们在具体的主题中去实践和运用这些技能，其认知技能和学习策略自然而然也就得到了发展。

上述研究根据体育认知特点，从陈述性知识、程序性知识、策略性知识的三个不同阶段论述了体育教学技能的习得性。从知识与技能学习的外部刺激例证和学习者内部认知因素着手，针对知识特定的领域分别提出了相应阶段教学策略的排序、方法手段和组织形式，为广大教师转变教学方式，减负增效提供借鉴和参考。

第四节　体育课堂练习的教法设计

提高有效教学、为学习减负增效一直是体育课堂教学不懈的追求和努力探讨的一个问题。正如修建一幢大厦前需对其进行详尽的设计一样，体育教师在课前也要对教学技能与课堂学习的设计适配予以把握。将科学的理论和方法与教学经验有机地结合起来，创设体育课堂教学既有共性的合作学习，又有个性的因材施教，实现教学普遍性与特殊性的有机统一。正如叶澜老师所言："一个真实的课堂教学过程是一个师生及多种因素动态的相互作用的推进过程。"为此，本着铺好一砖一瓦，发掘好一点一滴，做好学校体育教学基础理论建设的愿望，本文以学习理论、教学理论和教学技术为研究视角，对新形势下课堂教学所涉及的因素及其关系给予淘解与燃犀，寻绎体育课堂练习设计的"时效"与"有效"的情境适配，为广大教师"建构有意义学习"的课堂练习设计与策略提供支撑。

一、体育课堂练习的教法论

展开体育课堂练习设计的目的是什么？我们认为，一是课堂练习活动的组织与安排呈现了教师教学的方法和技巧，是教学的节奏与乐调。二是梳理出课堂练习设计的策略与规约性，即如何教学（实施什么组织与方法）。三是释清以下代表性观点供大家参考，避免曲折和错误。如桑代克研究得出：准备律——怎样增强学习动机？练习律——怎样练习强化技能？效果律——怎样增强行为的满意度。盛建国、张永贵研究得出：体育课堂教学方法可分为三个层次：一是组织教学法；二是技术练习法；三是教学练习法。著名教育心理学家威廉·詹姆斯对此的研究认为，"如果你仅认为是一门可以从中引出明确的教学程序、计划和方法，以供课堂直接使用的科学，那就大错特错了。它既是一门心理科学，又是一门艺术。"布鲁姆的研究认为，"教学的艺术在于：把一个复杂的最终产物分解为按某种顺序组成的部分。教授任何一种事物，便是在向着终极目标前进，一面汇注所需要达到的最终模型，一面集中力量走好每一步。"钟启泉、崔允漷在《新课程理念与创新》一书指出，新课程教学技能与教学的设计要"充分考虑学生已有的经验和知识，按照认知螺旋上升的规律、不断拓展和深化学习内容，重视学科观念和方法，将知识与经验、任务与活动相结合，给学生的思维和探索留下充分的空间，促进师生之间和生生之间的合作，体现时代的精神和最新的研究成果。"如美国教育心理学家加涅在《教学设计原理》一书中提出影响教学过程的九个活动：①引起注意；②告知目标；③刺激回忆；④呈现材料；⑤提供学习指导；⑥引出作业；⑦提供作业正确性的反馈；⑧评价作业；⑨促进保持和迁移。

上述观点从不同侧面反映了当前课堂练习设计存在的各种逻辑表征与实践镜像，代表了课堂练习设计不同取向的实施与条件。如桑代克的"三大定律"和加涅的"九大教学活动"以客观的针对性，避免了中介间重复的认识，明晰释义了不同流派对课堂练习设计指导，缩短了对客观世界的认识过程。揭示与显化了课堂练习活动和主体需要的那些关系，指出了练习设计应该满足主体的哪些需要，也反映了如何构建运用多种形式引导学生揭示知识发生、发展的过程，为我们找到了课堂有效练习设计不同方法的理解和应用，可为我们教学提供新的指导。正如国际著名的教育心理学家和教学设计论专家乔纳森认为，“教学技能或方法一定要具备用来支持学习者主动、建构、协作、指向、复杂、情境、对话和反思的品质。”因而，对其驻足与研究是必要的也是十分可行的。

以下是指导课堂练习设计的不同流派的基本观点比较：

①行为主义流派的代表人物桑代克、斯金纳认为学习结果是一种行为观察，教学作用是确定学习目标，设计强化条件，学习作用是通过外部条件反馈，引发表现行为。

②信息加工论流派的代表人物加涅等认为学习结果是一种知识的分类和信息加工行为，教学作用是组织信息指引注意，促进编码和提取，使新旧知识形成联系，学习作用是监控学习信息，设计练习方式，防止认知浪费或超载。

③有意义学习论流派的代表人物奥苏伯尔、梅耶认为学习结果是意义学习与机械学习，教学作用是改造内部与外部变量，构建有意义学习条件，学习作用是形成良好认知结构，激发有意义学习产生。

④图式论流派的代表人物诺鲁、鲁梅哈特认为学习结果是形成认知符号，促进知识建立，教学作用是能够清晰认知结构，促进知识联系与建立，学习作用是激活学生原有图式，调整重构新图式。

⑤情境认知论流派的代表人物布朗、格林诺认为学习结果是情感与认知，教学作用是设计情境教学，提高学习效率，学习作用是激发学习动机，引发学习发生。

⑥社会学习论流派的代表人物班杜拉、凯勒认为学习结果是环境与学习行为，教学作用是以学习外部环境反馈，强化学习行为结果，学习作用是通过外部榜样、氛围灯，强化积极学习行为。

二、体育课堂练习的策略与安排

教学实践证明，合理组织与适配体育教学技能与课堂设计，会使教学获得有效的效果。依据体育课堂教学特性，技能是在练习中增长的。对此我们认为，体育课堂教学设计的有效练习性策略有：其一，围绕认知发生“的顺序性和逻辑性进行“同化、顺应与平衡”的构建，准确把握好学生学习的“教学适配”。如利用大脑科学的最新研究，大脑中有三个学习区域（识别网络、策略网络和情感网络）可燃犀学习愿望，形成学习能力；如信息加工理论告诉我们，学习受认知变量（短时记忆、中时记忆和长时记忆）的制约，对此掌握利用可提高体育学习活动的定向认知能量与认知功用。正如维果茨基所言，“学习的一个基本特征就是创造了一个最近发展区，唤醒内部的多种发展过程。”其二，要立足于教为学的策略构建。在方法和手段的选择上，体现出“为学习而设计”“为理解时刻而教”“学习自由度”的教学策略。要清醒地避免输入一输出的传统教学模式。恰如赞可夫指出，“不管你花费多少力气给学生解释掌握知识的意义，如果教学工作安排得不能激起学生对知识的渴求，那么这些解释仍将落空。”其三，教学方法的选择，既要体现出教学的内容性、组织性和负荷性的螺旋上升递进，如练习内容要体现出由易到难、由局部到整体的递进；练习组织要体现出由个人练习、分层练习到综合练习的递进；练习负荷要体现出由低到高、由强到弱的递进。又要掌握好学习发展由量变到质变的记忆规律。如研究表明，学习程度越高，遗忘越少。过度学习达 150%，保持效果最佳。如实验证明，有趣形象的材料比无意义的材料更能引起学习发生；多种类型、多种感官的协同记忆可取得最好的记忆效果。曾如苏霍姆林斯基所说：“建立学习跟知识之间的和谐，是学校面临的最重要的实际和理论问题之一。”

体育课堂练习的策略与安排可分为以下几个方面。

①引起注意、唤起兴趣与动机，聚焦教学任务。

②解析教学目标，明确学习什么技能与作用。

③讲解示范，展示技能，明确特征。

④回忆原有知识，新旧知识贯通，促进要领理解。

⑤模仿练习，加工信息。

⑥个人、分组、综合练习，各种变式的扩展练习。

⑦教学策略：诱导、辅导、纠正，渲染鼓动，深化学习气氛。

⑧观察技能、评估学业，促进学习策略形成。

⑨补救练习、辅助练习，提高或帮助学习困难生。

⑩个人与集体成果展示，促进保持和迁移，复习或进入下一阶段学习。

⑪小结学习情况，布置课外作业，结束。

三、体育课堂练习的方法与实施

围绕上述策略，我们认为有效的课堂教学设计应从以下五种练习进行构建。

第一种练习——着眼于理解的练习。

由于体育技能是一种习得性、重练习、重形态、重经验的练习，初始学习易于枯燥。围绕这一特点，该阶段练习要立足为学习者提供“为学习而设计”“为理解时刻而教”的教学策略。诱使学生在做的过程中领悟“收获”，通过建立起一种感性的经验收获加深对知识的理解。正如行为主义学习理论所指出的，如何为学生的学习提供积极的刺激环境，以使学生能够在这一环境中作出正确的、教师期望的反应行为。为此，教师对刺激环境的调控，就成为教学的一个重要内容。即避免或剔除消极泛化环境和建立积极的学习环境（包括物理环境、社会环境和心理环境）。

该阶段的主要特征是生搬硬套、机械模仿的直观顿悟与试错发生，行为主义学习理论的桑代克三大定律（准备律、效果律和练习律）、认知主义学习理论的奥苏伯尔同化理论等是其指导的理论基础。该阶段教学的形式，是教师配合示范动作，先讲粗大的动作要领，然后在学习者建立感性后，再讲精细的动作要领。通过加大练习密度与次数巩固动作技能，每次练习之后，教师应及时分析、评价和强化（如赞赏），反馈学生了解其练习的结果，使其减少错误，尽快形成正确知识技能的可循环。

此方法的应用包含两个层面：

（1）增强知识的可理解性，如运用认知学习理论的“先行者组织策略”帮助学习者建立同化图式。燃犀“为学习而设计”“为理解时刻而教”的教学策略与方法。减少学习障碍，帮助学习者为下一步学习循环增添动机。

（2）博怀锐识各种教学理论与适用，动机学习者对所授技能有充分的感受，才能产生清晰的学习循环。

为实施好上述两个层面，具体的教学行为包括以下方面：

（1）教学内容、教学组织和教学负荷的流程步骤要与学生学习的心理认，知性、生理活动性相符合。即让学生经由单一模仿的试错练习一步步转入有效能的归纳性学习。

（2）因材施教、关注“学习者自由度”，积极注意辅导学习困难的学生，不要让其因困难而丧失学习的信心。

第二种练习——归纳性练习。

该练习主要是让学生由单一模仿练习进入组合或综合练习。即通过一系列由简入繁的动作技能类化，把低级感性认识上升为一种高级理性的图式（结构）形成学习策略。即着眼于使学生思维从表象的感受抽象为类化的图式，使其能将所学知识广泛地应用于复杂学习情境的可循环之中。恰如类化理论认为，类化（知识经验的概括化）是动作技能迁移的基础，对保持动作技能继续深化起决定性的作用。

该阶段是技能的动作分化期，教学形式的主要特征是由感悟、体验形成能力。行为主义学习理论认为，“一个已形成的联结不予使用（缺少练习或应用），这种联结的力量便会减弱（知识）。”教师应由集体共性学习辅导转向个性化学习辅导。促进学习者“有意义学习发生”，学习发现更多的联合因素，并特别要考虑如何维持学生学习动机的循环。注意运用多种变式练习，指导学习者知识迁移和运用的联接，使枯燥的练习变得津津有味。正如苏联教学论专家斯卡特金指出：“我们建立来很合理的、很有逻辑性的教学过程，但它给积极情感的食粮很少，因而引起很多学生苦恼、恐惧和别的消极感，阻止他们全力以赴地去学习。”

此阶段包含两个层面的体现：

（1）将过去所习得的知识与现在所教导的概念相连接。对此建构学习理论认为，学习的最重要条件是学习者原有的知识建构在新学习中的作用，它是有意义学习发生的基础。（2）提供多种情境或变式，引导学生触类旁通产生新学习应用的成功。如运用成功教学模式，低起点、小步子、快反馈；如运用快乐教学模式挖掘教材内容的情趣美，帮助学习者补充经验发现学习的意义。

为实施好上述两个层面，其具体的教学行为指标包括以下方面：

（1）设计有意义性的练习及作业，指导与提升学生的学习成就感。

（2）每节课结束时，应给学生提供回顾所学知识的要点与支架式的作业，帮助学生加深印象，整合学习概念与技能。（开始学生不习惯，教学实践证明，只要长期坚持就会收到显著成效。）

第三种练习——运用性练习。

这种练习就是升级各种类化性练习的迁移，使学生领会知识，有意识地运用知识，形成策略图式。记忆规律研究表明，学习程度越高，遗忘越少。过度学习达150%，保持效果最佳。只有动作熟练掌握了才能运用自如。这就要求教师善于把握启发与多练的运用。最需要突出的是一个“悟”字，很多理解要让学生在“习”中自然地领会，不需要刻意地多解释。如运用领会式与启发式教学模式帮助学习者意义建构（或称认知图式）的不断改组和完善。

该阶段是技能的动作组合期。教学形式主要特征有：一是教学过程由单层次模仿逐步向多层次发展。二是由固定性练习逐渐到合作性练习、自由化练习、自主性练习展开。三是该阶段注意练习的次数和时间的有效安排，过少达不到巩固提高的目的，过多又会浪费，丧失学习进度。练习的趣味性仍是教学设计的核心，让不同练习的刺激性与新颖性使学生遗忘学习过程的枯燥性，为促进体育认知和情感的培养等奠定基础。行为主义学习理论、建构主义学习理论、人本主义学习理论、多元智能理论等是其指导的理论基础。

该阶段包含两个层面的体现：

第一，课堂教学要活泼多样、有趣，引起并维护学生学习动机。

第二，课外要提供活动练习的条件与环境，给予学生成功的经验，维护学习动机。如安排课外活动定时辅导，课外班级比赛、小组比赛等。

为实施好上述两个层面，其具体的教学行为指标包括以下方面：

（1）依据教材需要，应用多元的教学方法。即经由单项练习到组合练习再到综合练习，再到情境应用（如比赛）。

（2）活动变量，即经由个体学习到合作学习再到师生共同参与的学习。怡情施教，亲其师信其道，增强学习动机。

第三，动作难度与强度，呈现阶梯式的上升递进。不断挑起认知冲突，激励学生跳一跳就能摘到果子。

该阶段推荐的教学用法与要求有以下方面：

（1）“固定比率强化”，是指学习者达到了一个可以预知的、固定的反应后，即可以得到强化，如成功教学模式。

（2）“变化比率强化”，是指学习者再达到一个不可预知的反应后即可以得到一次强化，如领会教学模式。强化技能的主要方式有：语言强化、活动强化、符号强化、体态强化等。

（3）创设情境、协作、对话、意义学习的建构，展开师生、生生共同参与。

（4）体现为乐学而设计，为成功而教的时机。

（5）教学最优化必须以个性学习为指针。

第四种练习——迁移性练习。

通过各种迥然不同应用情境的变式练习，使练习不仅要达到熟练化程度，而且做到“条件化”，即知道在什么条件下可以用这个策略。该练习的目的是策略运用、策略迁移与策略巩固，认知主义学习理论、建构主义学习理论等是其理论基础。恰如美国心理学家奥苏伯尔在他的有意义学习理论中指出，一切有意义的学习都必然涉及迁移。因此，在有意义的学习中认知结构总是一个起决定作用的变量。

该阶段是技能的动作领会期。教学形式应运用的方法有：领会教学法、合作教学法、游戏法、竞赛法、个人、小组成果展示法、伙伴交流法等。改变传统演绎式的教学只有单一（模仿一练习）的刺激，强化的不足。一般而言较关注学生对动作要领的理解，不能令学生体察到学后应用的连接，不能享受到知识获得的反馈体验。这是一种低层次的认知，只能说是一个粗糙的原则。如果运用迁移性教学则具有两大形式：自我直接感知与间接外部感知联系起来进行理解，更能强化学生的学习力，有助于帮助学习者加深对技能的理解。复现了知识的知、情、意、行的多维面孔，让学生享有“懂—会—乐”的收获与高峰体验。曾如美国教育家布鲁纳指出：“简单地说，学习结构就是学习事物之间是怎样相互关联的。”

该阶段包含两个层面的体现：

（1）联系旧知识，巩固新知识。

（2）巩固新知识，拓展新知识。

为实施好上述两个层面，其具体的教学行为指标包括以下方面：

（1）创设障碍性情境。即在学生原有知识技能储备和经验的基础上，设计新的条件，形成新的认知冲突，唤起学生对新知识的挑战和探索的渴望。

（2）创设发现性情境。即通过呈现一定背景材料，引出新问题，产生新的知识与技能。（3）围绕某一知识技能的应用。即通过一个应用情境的探究，产生新的理解，新的应用。

第五种练习——巩固性练习。

该时期是奠定学生体能和体育运动技术的黄金期，应通过多层次的、课内与课外相结合的活动完成这一任务的实施。该练习着眼于策略性知识的巩固，防止遗忘，是动作技能的统整期。恰如苏霍姆林斯基所说，“教给学生能借助已有知识去获取新知识，这是最高的教学技巧之所在。”

为此，最为有效的方法就是围绕各种“活动”给学习者提供不断练习的机会，让他们去实践和运用这些技能，策略自然而然就得到了发展。该阶段是个体技能动作风格形成的特色期，学习的重点是发展个人的潜力、兴趣和应用动作的能力。教学形式的主要特征是个性化练习与竞赛性练习等相结合，与课内课外大小体育活动的多种方式相结合，促进学生收获成功、运动高峰体验，巩固完善、形成特色与强化行为。建构主义学习理论、人本主义学习理论、多元智能理论、后现代教育理论等是其指导的理论基础。

该阶段包含两个层面的体现：

（1）课内教学课外应用相连接。

（2）个人学习与集体活动相连接。

为实施好上述两个层面，其具体的教学行为指标包括以下方面：

（1）设计开展有意义的单项比赛，游戏性与竞赛性相结合。

（2）设计开展组与组、班与班之间各种比赛，游戏性与竞赛性相结合。

（3）个人学习与集体活动展示相连接。如个人成果与小组成果展示活动的各种单项的投篮比赛、运球上篮比赛。

综上所述，教学是踏着科学的节奏走向艺术境界的。课堂教学设计对有效教与学起着决定性的作用。教师应为不同的教学目标使用不同的练习策略。正如苏联心理学家加里培林所说，“它的基本观点，在于心理活动是外部物质活动向反映方面一向知觉、表象和概念方面转化的结果。这种转化过程是通过一系列阶段来实现的，而在每一个阶段上都产生新的反映和活动的再现以及它的系统改造。”

最后需要指出的是，由于教学过程是一个由教学技能和教学设计等诸要素组成的复杂系统。要使这个系统成为有机的系统，就必须保证各要素之间的有机联系。因为任何一种因素作用的发挥，只能收到局部的效果，而不能取得教学的整体效果。要想取得最优化的整体效果，应力求使教学的各要素按照它们之间内在联系的规律性合理地加以情境适配。因而教师如果能科学把握正确处理上述五种方法之间的关系，并能根据实践需要加以调整或改进，学生学习一定会在知识、思想发展方面取得积极的效果。这五种练习策略，虽不能百分百地保证我们实现有效教学目标，但它确实能帮助并让这些事情变得更加可能。

参考文献

［1］曹可强，席玉宝．体育产业经营管理［M］．北京：高等教育出版社，2017.

［2］曹可强．体育产业经营管理［M］．北京：高等教育出版社，2017.

［3］高晓光，季磊，张燕，杨晓东．体育管理［M］．北京：经济科学出版社，2015.

［4］韩立森．论休闲体育与高等体育教育［J］．当代体育科技，2021（25）：123－125，129.

［5］何玲，徐立功，唐春凤．浅谈我国体育管理体制的改革趋势［J］．首都体育学院学报，2006（4）：92－94.

［6］李钦峰．小学体育与健康教学评价措施的改革应用［J］．学周刊．2019（1）：141－142.

［7］刘红建．学校体育教育与人的基本素质教育［J］．魅力中国，2013（28）：278－278.

［8］马昕，崔春芳．体育与健康［J］．甘肃高师学报，2000（5）：82－84.

［9］潘梦秋．中国式体育教育［J］．文体用品与科技，2018（7）：134－134.

［10］苏文婷．高职体育教学中体操教育的思考［J］．科学导，2015（7）：285－285.

［11］孙学东．体育与健康［J］．考试周刊，2012（74）：119－119.

［12］谈群林．体育场馆经营管理实务［M］．广州：华南理工大学出版社，2011.

［13］谭建湘，等．体育场馆经营与管理导论［M］．北京：高等教育出版社，2014.

［14］汪秀芬．体育与健康［J］．青春期健康，2019（20）：12－15.

［15］夏正清．体育产业经营管理［M］．西安：西安地图出版社，2011.

［16］肖林鹏．现代体育管理（第3版）［M］．北京：北京体育大学出版社，2015.

［17］肖志民．论休闲体育与健康［J］．阴山学刊（自然科学版），2010（3）：87－89.

［18］闫贝贝．论休闲体育与体育教育［J］．新一代，2017（13）：178.

［19］张兵．体育文化教育是学校体育教育之根本［J］．中国高教研究，2003（11）：90－91.

［20］张春萍．体育赛事管理教程［M］．北京：经济管理出版社，2016.

［21］张劲松，张树巍．高校体育管理理论与实践［M］．沈阳：东北大学出版社，2016.

［22］张明杰．论德育与体育教学的关系［J］．试题与研究（教学论坛），2015（3）：60－60.

［23］张瑞林．学校体育管理学［M］．北京：高等教育出版社，2014.